SLOW
慢 下来
[英]丹尼·多林 著
童文煦 译

大加速的终结,以及为什么这是一件好事

DOWN

生活·讀書·新知 三联书店

Simplified Chinese Copyright © 2022 by SDX Joint Publishing Company.
All Rights Reserved.
本作品简体中文版权由生活·读书·新知三联书店所有。
未经许可,不得翻印。

图书在版编目(CIP)数据

慢下来:大加速的终结,以及为什么这是一件好事/(英)丹尼·多林著;童文煦译.—北京:生活·读书·新知三联书店,2022.4
ISBN 978-7-108-06207-9

Ⅰ.①慢… Ⅱ.①丹…②童… Ⅲ.①社会学 Ⅳ.① C91

中国版本图书馆 CIP 数据核字(2022)第 041659 号

© 2020 by Danny Dorling
Originally published by Yale University Press

责任编辑	丁立松
责任印制	张雅丽
出版发行	生活·讀書·新知三联书店
	(北京市东城区美术馆东街 22 号 100010)
网 址	www.sdxjpc.com
图 字	01-2022-1519
经 销	新华书店
印 刷	北京新华印刷有限公司
版 次	2022 年 4 月北京第 1 版
	2022 年 4 月北京第 1 次印刷
开 本	880 毫米×1230 毫米 1/32 印张 15.5
字 数	318 千字 图 67 幅
印 数	0,001-5,000 册
定 价	69.00 元

(印装查询:01064002715;邮购查询:01084010542)

目 录

致 谢　　1

第 1 章　焦虑：一种想象　　3
大加速　|　回归常态　|　衰退　|　结束的开始

第 2 章　放缓：无处不在　　22
乳香树下　|　稳定　|　四万十市的稻田　|　难以看出的放缓
相图（phase portrait）　|　从外向里看

第 3 章　债务：放缓的标记　　50
上升中的学生贷款　|　汽车贷款　|　美国房屋贷款　|　美国国债

第 4 章　信息和技术：不再汇聚新的浪潮　　85
维基百科　|　古老的信息——印刷术　|　老书　|　书籍之巅
新书　|　技术的放缓

第 5 章　气候：工业、战争、碳和混乱　　117
最早的人类碳排放　|　第一次世界大战前的工业排放
战争与疾病改变了一切　|　进入摇摆的60年代　|　汽车、加速和归因
衰退、萧条、工业和碳排放

第 6 章　气温：灾难性的例外　　154
温度的发明　|　五代人　|　气温在2018年升高了1摄氏度
气候变化的怀疑者

第 7 章　人口统计：踩下了人口增长的刹车　　　　　　　　177

全球人口增长放缓　|　美国与中国的放缓　|　非洲与英伦三岛的放缓
印度与日本的放缓　|　欧亚大陆全面放缓　|　大洋洲与美洲的放缓

第 8 章　生育率：史上最大放缓　　　　　　　　　　　　　225

放缓以数代人为尺度，而非几十年　|　放缓是向更稳定的世代回归
如今放缓已无处不在　|　始于 X 世代的放缓　|　放缓无处不在
人口增长的终结

第 9 章　经济：生活水平趋向稳定　　　　　　　　　　　　287

增长巅峰　|　生活水平　|　金钱的幻象　|　股票投机

第 10 章　地缘政治：在一个放缓的时代　　　　　　　　　　328

民主与进步　|　更高、更干净、更聪明　|　速度、两性关系和时代精神
未来的世界　|　物种变迁

第 11 章　生活：后大加速时代　　　　　　　　　　　　　　359

全球经济放缓　|　技术奇迹　|　让世界失望　|　认知变化

第 12 章　人：认知与鲶鱼　　　　　　　　　　　　　　　　394

世界的变化中心　|　不平等、放缓和无聊　|　安定下来

附　录　如何读懂和绘制时间线　　　　　　　　　　　　　417
注　释　　　　　　　　　　　　　　　　　　　　　　　　424
索　引　　　　　　　　　　　　　　　　　　　　　　　　465
图表索引　　　　　　　　　　　　　　　　　　　　　　　484

致 谢

感谢我的父亲,大卫·多林,他现在大部分时间都在他的森林花园里清扫树叶和喂鸟,但他还是亲自为我修改了这本书的第一稿、第二稿和第三稿。感谢我的母亲,布朗温·多林,她总是告诉我,我能做任何我想做的事,无论结果如何。艾莉森·多林总是比较现实地指出我的不足之处,但是她仍然充满热情地相信这个项目是值得做的。罗比·多林、依奇·多林和索尔·多林在青少年阶段一直备受困扰,直到哥哥长大成人并找到了第一份适合他的工作。

我要特别感谢澳大利亚的安东尼·凯拉-卡内尔,尽管血友病一直影响着他的健康,国民健康保险制度(NHS)的血制品污染丑闻也对他产生了影响,但是他仍然在距离我16000公里的地方坚持读完了我的所有终稿,并且在我绕圈子的地方保持着清醒,发表了精彩的评论。我也衷心感谢凯伦·舒克和克莱尔·汉,在我收集了那么多人的思想使书稿达到了超越我自己的水平以后,她们仍然可以使我的每一稿持续进步。苏珊·莱蒂随后接手了一本复杂的书的制作工作,书里的图表均由她制作,她还把我介绍给了罗宾·杜勃朗,我见过的最有思想、最有礼貌的编辑。书是这样一个庞大团队合作的成果,而非像市场宣传说的那样是作者个人的思想结晶。

我也特别感谢克里斯汀·麦克卢尔，书中的图表形式都是由他设计的，他把我粗糙的Excel表格重新画了出来。

还有很多人提供了帮助和建议。感谢史秋洁和中谷友木，他们分别对中国和日本的统计数据提供了帮助。秋洁还通过其他数据制作了很多时间线，这些时间线都在本书网站上（全部免费）。

我还要感谢洛伦佐·安托努奇，本·艾尔，安尼克·霍瓦特，卡尔·李，约翰·麦基翁，西蒙·赖德，克雷格·特威福德，塔拉·范·迪克，等等（我应该列一个表），他们友好地评论了书稿的早期版本。当我慢慢地试图把大量的思想、观点和零碎的证据整理进这本书时，我有些厌倦地发现，几乎我研究的每一个主题都显示出一些放缓的迹象。

我非常感谢剑桥的理科本科生，他们是在2019年2月第一批听我介绍这些理论的人；感谢伦敦学院经济系的研究生，他们在2019年3月对本书初稿提出了建议；2019年5月，我在牛津马丁学院就这个话题发表了第一次公开演讲，感谢那些对此作出评论的人；还要感谢伦敦大学经济和社会研究委员会资助的博士生，他们对我2019年6月的演讲给出了反馈。

最后，我必须感谢耶鲁大学出版社的编辑乔·卡拉米亚，如果没有他，这本书就不会取得如此巨大的成功，甚至有可能成不了书。他有耐心，冷静，而且非常和善，我想他会适应新的未来。

第1章
焦虑:
一种想象

> 周三公布的最新政府统计数据显示,2018年,我们国家的生育率——平均每个妇女生育后代数降低到了0.98。
>
> ——宋京雅(Song Jung-a),韩国首尔,2019年8月28日

过去的160年,我们见证了人口总数翻了一倍,再翻一倍,紧接着又翻了几乎一倍的历程。人口总数在短短数代人时间里出现如此巨幅的增长,在历史上不仅空前,而且肯定绝后。当前人口增长速度已经放缓。1859年,查尔斯·达尔文写下:"当自然环境变得适宜,并且能够维持两到三个生命周期时,生命的数量会在自然状态下迅速增长,其速度之快令人惊讶不已,此类现象不止一次出现过。"[1]从小苗到大象,他探讨了那些在自然界中难得一见的物种数量呈指数增长的现象。事实上,达尔文漏掉了反映该现象的最佳例子——他自身所属的物种,也就是人类。在那个年代,人口数量刚刚开始在全球范围内以史无前例的速度呈指数级增长。

今天的放缓(直到19世纪90年代slowdown一词才见诸

使用，其含义是以更慢的速度增长）所带来的影响远不止人口数量这一范畴，它几乎影响到了我们生活的各个方面。正在发生的放缓给我们对加速发展的期待带来巨大挑战，将引领我们踏入一个未知世界。我们今天的信仰体系（经济、政治和其他方面）究竟在多大程度上建立在技术发展和经济增长会永无止境这一期待之上？接受放缓的态势，将迫使我们根本性地改变对"变化""创新"和"发现"这些概念的理解，它们不再是包治百病的万能良药。我们是否能够接受技术革命不会永无止境这一事实？可能我们无法理智地承认这一事实，这本身就让人不寒而栗。如果我们矢志不渝地坚信放缓不会发生、依然会有巨大的革新在不远的将来等着我们，我们会因此犯下怎样的错误？如果一切都如同今天，不再有什么巨大的变化发生，发展的速率终将会放缓，世界又将发生什么？

不妨想象一下，你一辈子都生活在一列高速行驶的火车里，直到有一天制动装置突然被启动，那是一种怎样的感受？你会担忧接下来将发生什么。现在再想象除了你自己，还包括所有你认识的人，再加上你们的父母、（外）祖父母和曾祖父母，以及所有能够记得的祖先，你们一直以来都一起生活在这列飞驰的列车里，而且在你们经历过的所有时期，列车都在加速。对你来说，急速向前已经成为熟视无睹的惯常，但现在却要面对放缓这一全新感受，这确实令人焦虑。然而，列车放缓后仍保持着较快的速度，周围的人们也依然谈论着加速——日益加快的变化节奏，但事实上列车前行的速度已不再加快。变化已然发生，窗外风景后退的速度正在变慢。一切都在放缓，一个时代正在结束。

近几代人所熟视无睹的大加速创造了我们的文化，它让我们期待某种特别的进步。此处我用"我们"这一称谓来称呼当今生活在地球上的绝大多数年长者。与他们的父母辈和祖父母的经历相比，这些人在自己生命的绝大多数时期内都经历了健康、居家与工作环境各个方面的改善，他们在自己的一生中见证了教育的延伸、绝对贫困的消退。但是，我所关心的是他们是否已经意识到下一代的生活未必会比自己现在所经历的好到哪里去。"我们"就是这些已经感知到放缓这一全新趋势的一代人。

正因为在过去的几个世纪中几乎找不出什么发展放缓的例子，现在的经历才会愈发让人迷惑。然而，这种放缓确实又是一件大好事——不放缓才糟糕透顶。除非我们放慢速度，不然将无法躲避近在眼前的大灾难，我们生活其中的星球——人类的家园将不可避免地成为废墟。我们需要这种放缓，因为现在的发展速度已经快到无以复加，任何进一步的加速只会带来灾难性后果。放缓意味着我们无须担忧保罗·艾里奇（Paul Ehrlich）和安娜·艾里奇（Anne Ehrlich）在他们1968年出版的《人口爆炸》（*The Population Bomb*）一书结尾所描写的席卷全世界的大饥荒这一噩梦般的场景成为现实。在该书中，他们为印度安排的结局是国民将全部被饿死："（他们建议）在紧急状态下，印度将不再获得食物。"[2] 此类悲惨结局在并不遥远的过去屡见不鲜，加速失控之后，这样的景象会变得愈来愈普遍。譬如，一位名为乔尔·E. 科恩（Joel E. Cohen）的数学生物学家在 1992 年写道：

> 早在 1970 年，普林斯顿大学的人口学家安斯利·科尔（Ansley Coale）就已观察到，与 1940 年相比，美国的人口增加了 50%。根据他的计算，按这样的速度，不用到 2100 年，美国人口将超过 10 亿。未来六七个世纪之后，在美国生活的每个人平均占据的陆地面积将只有 1 平方英尺，如果人口还是以每 30 年增加 50% 的速度增长，大约 1500 年后，我们后代的总重量将超过地球重量。我们甚至还能计算出，如果维持这种增速，短短几千年之后，把我们的后代堆叠成一个肉体球，其半径的增加速度将超过光速，要是可以忽略相对论的话。[3]

事实上，在安斯利·科尔得出这个结论之前一年左右，他所测量的数据就停止了加速增长。到了 20 世纪 90 年代早期，我们开始不再担心这种加速，就从那个时间点开始，我们意识到这类加速是不可能持续的。

放慢脚步，
再后退一步，
看看你的周遭正在发生什么。

2019 年元旦那天，我从晨间电台广播中听到一个节目，他们正讨论如果人类计划在今年出发前往天王星和海王星旅行,并且立刻付诸实行,要到2043年,我们的飞船才能到达目的地。也就是说,我们需要等上近1/4个世纪才能就近观察这两颗行星。

困住我们的是时间和空间,如果要去其他星系,显然将更为遥远和漫长,我们在未来的很长时间里(希望如此)将被困在地球上。幸运的是,人类人口总数的增长在20世纪60年代后期开始显著放缓(说来凑巧,人类首次在月球行走也发生在这个时间点)。如今,世界上没有一个地方的人口增长还在加速,放缓已经成为常态。在欧洲大部分地区、远东地区和美洲的许多地区,人口总数不增反降。

人口增长的放缓并不意味着我们就实现了稳定,但至少我们正走向稳定。有很大的可能在未来一个世纪后,一个家庭的平均子女数将小于2。这种放缓意味着一个世纪后,地球人口总数慢慢减少将成为新的常态。这也意味着在未来的好几十年里,地球人口将持续老龄化。然而,因为人均预期寿命(life expectancy)的增长也在放缓,老龄化的速率在不远的将来也会放缓。[4]世界最高龄老人的纪录在过去20年里并未增长。[5]

当然,伴随着放缓的深化,一定会出现许多意外状况,我们完全无法对此进行预测,但我们可以确定地说放缓进程已经开始。要想切实地理解这个趋势,我们就不得不跳出观察自身所处时代的习惯思维,以全新的角度审视现在以及最近的过去。但是在此之前,让我们先考虑一下如果加速一直持续下去,会发生些什么。

大加速

变化无处不在，但想要做到真正的见微知著——身处变局之中也能够体会变化的本质——最佳方式莫过于观察时间线图。本书所采用的方法异于寻常，在西方社会科学研究中堪称异数[6]，但却相当有效，它能够在展现巨大总数的同时还显示出总数在极短时期里以及在整个历史进程中的变化。不仅如此，本书所展示的时间线图还能够显示变化的二阶导数（second derivative），也就是变化速率本身的变化。本书末尾的附录将更详细地解释这些图表如何得出，又该如何解读。

艾萨克·牛顿和他的同时代人（如果他们知道变化速率是什么意思的话）在理解、制作本书统计图的方法上一定毫无障碍。已知人类最早的统计图可以追溯到1623年，比牛顿出生早了几十年。[7]今天，这个工具已经得到相当广泛的应用，不像在当年，获得绘制图表训练的人寥寥无几。正因为这类技术的使用范围越来越广，新发现的增长速率也开始迅速增长。随着新发现的增长速率一直持续到最近都在不停增长，我们对发生在每一代人身上的变化的认知，也因此变得越来越快——凭借的是新的图表、新的数学、新的物理学，以及以全新的科学真相，替代了过去的神祇。一切都是全新的。

图1展示的是一个虚构国家——空幻国（Nosuchland）的人口数量。1950年时，该国人口总数为1亿，在随后的每一年里人口增长2%。日本在1950年时的人口总数差不多就是1亿，而且那一年的增长率也正是2%。一年过后，空幻国的人口增

长了200万,总数变成1.02亿。即便以这种看起来非常温和的速率增长,人口总数的增加速度也相当迅速,35年后将翻一番:到了1985年,将有2亿人居住在这个我们想象出来的国家里,而且每年增加的人口数量已经增长到400万。再过仅仅21年,到了2006年,人口总数将增加到最初的3倍,达到3亿,并且以每年新增600万人口的速度迅速增长。该时间线只是将相对增长速率与人口的绝对增长进行简单对比,相对增长速率一直维持在2%,而绝对增加的人口数则不断增加,因为随着基数增加,其2%所对应的人口数也在随之增加。时间线图表中的摆锤从左边移向右边的过程表示人口的增长以及增长速率的变化。

在图1的时间线中,不变的增长速率呈现出一条直线,而每一年人口数的增量——也就是线上的小圆圈,逐年变大。这正是此图表的独特之处,以这种方式绘制的时间线能让我们看到变化本身的变化速度,越来越大的绝对增加值对应着越来越大的增量。图表下部的摆锤总体上起着装饰作用,它强调了人口从最初到最后时间点之间的变化,也就是反映了两个时间点之间变化的变化。

那些较富裕国家在1970年前所经历的就是图1模式。但时至今日,类似此图所描绘的增长模式正变得越来越罕见,通常只有在经历了战争或大灾难之后的恢复期,或者是地球上最穷困的地方才能见到。在那些地区,几乎一无所有,毫无发展可言,甚至可以说一切都变得更糟,充斥着不公、暴行与绝望。作为对比,在典型的真实国家,譬如日本,实际的年度人口增

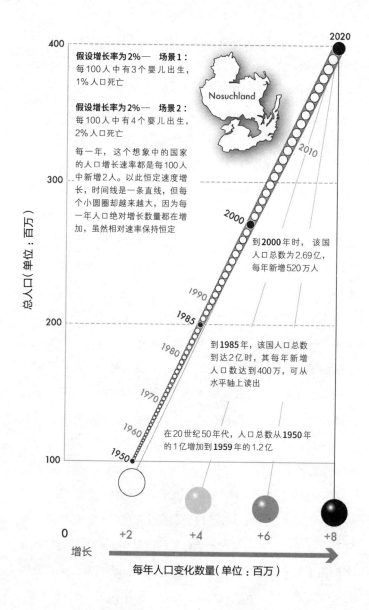

图1 空幻国人口总数变化，1950—2020年（假设增长率为每年2%）

长率从1950年的2%降低到1958年的1%,在1973年又回升到1.5%,1977年又回到1%,到1986年更下降到0.5%,并且在2012年首次出现负增长——人口数量开始减少。

今天世界上几乎没有哪个国家的人口增长符合图1所示的曲线,然而,在我出生时(20世纪60年代),几乎所有国家都符合图中的曲线,人口增长率徘徊在2%上下(上下浮动大概1个百分点)。尽管并非我的本意,我的出生也为当时逐渐形成的集体焦虑推波助澜——那时有许多人确实感觉到了对人口增加的恐慌。[8]我出生于1968年,那一年,有一小群人意识到图1所反映的人口增长模式正被最新的真实统计数字所证实,不少人开始思考人类将要面对的悲惨未来。

那些在1968年看了这张图表的人只能看到从1950年到1968年的部分,1968年之后的部分只能依赖想象。一年之后,也就是几个人踏上月球的1969年,我们似乎已经进入可以离开地球的时代,因为那几位勇者已经迈出了第一步。毫不奇怪,艾里奇在他们的《人口爆炸》一书中提出,离开地球能让少数幸运儿逃脱必将到来的全球性大饥荒。但仅仅50年之后,斗转星移。

今天出生的孩子将能够亲眼见证全球人口总数减少——不需要任何大灾难的发生。如果未来真的有杀死数以百万计人口的大灾难发生,其后果很可能是催生总人口的加速增长,而非持续减少。我们能够越来越确定地预言,如果我们可以避免此类大劫难发生,人类历史上将首次实现人口总量的自然减少。世界将进入大放缓时代。

回归常态

在许多方面,大放缓将带我们回归到大加速之前的常态。比如,全球物价将趋于稳定。一个更稳定的未来不需要通货膨胀。我们的孙辈或许会发现,当他60岁时,一杯啤酒的价格与他21岁时的价格一样。在那时,他们或许无法通过简单的"投资"获得巨大的金钱回报,因为投资收益的绝大部分依赖于未来庞大的人口数量。例如,我会借钱给自己造一座房子,因为我相信这座房子在未来会更值钱。但如果未来的人口总数变小了,我的房子可能永远没有升值的机会。我的投资将一败涂地,我不会在未来获得巨大利润,但同时——至关重要的是——其他人也不会被剥削。

当人口总数的增长放缓之后,大规模的经济不平等很难继续存在,从缩水的人口和老龄化的人群中获得利润将困难得多。随着发展趋于停滞,人们也更倾向于节约保守,复杂和纷繁的"最新"商品很难再从消费者口袋里骗钱。而且技术创新的脚步也在放缓,也就是说,新的商品里真正的创新含量实际上正变得越来越少。

大放缓期间,尤其是后期,那些只是凭借社会、经济、政治和人口的加速变化以及随之而来不断扩张的市场而起作用的推销策略将无法收获过去的回报。这就是有那么多高科技公司每天用各种广告向我们轰炸的原因,他们大力推销的未必是我们真正需要的产品。那些想要说服你需要,但事实上未必带给你益处的产品将越来越难找到买家。因为作为整体,我们正变得越来越聪明。

我们必须停止视停滞为坏事。放缓意味着我们的学校、办公室、医院、公园、大学和家庭都会停滞,不再像在过去六代人中所表现的那样快速变化。这也意味着商品变得更耐用,相应的浪费也将减少。我们忧心忡忡的社会和环境问题在未来将不再成为问题。当然,那时的我们也会面临新的问题,包括那些现在的我们无法想象的问题。

放缓本身就是一个全新的问题,没人能够轻易预言其后果。因为除了今天仅有的几个刚刚迈入放缓阶段的国家,我们没有任何模型可以借鉴,我们不得不利用有限的经验来推测。唯一可以确定的是放缓进程已经开始,事实上,它已经开始一段时间了。当我们注意到放缓问题之后,会为此焦虑不安。自古以来,人类就一直被某些烦心事所困扰,未来也很有可能会一直如此。进行某种类比或许有所助益。300年前,人们有许多事要操心,比如如果没有严格按照宗教教规生活,就会面临遭受地狱之火炙烤的危险。直到今天,依然有许多人心怀这种担忧,但肯定比以前少了许多,而且也不会再像那个时代那么恐惧。许多潜在的不信者明显比以前更有安全感。西方世界在新兴的大城市里建造了许多教堂,来减少在地狱中被(永远)炙烤的危险。与此同时,这些教堂建造者却直接或间接地从奴隶贸易中获得利润。

美国直到1865年南北战争结束才废除奴隶制,英国及其殖民地直到1883年,巴西直到1888年才真正实现废奴。因为奴隶贸易回流至欧洲的利润巨大,大家并不情愿正式终结奴隶制。在废奴之前很长的一段历史时期，无论是奴隶主还是奴隶，大多数人很难相信会有这一天——奴隶制会被大多数国家视为非法（血汗工厂依然存在，当代奴役制度在今天仍然屡见不鲜）。同样，就在并不久远的过去，被认为不可能发生的事还包括那些教堂和礼拜堂会有一天无人光顾，许多不得不改造成民居甚至夜总会。

即便我们已经经历过许多变革，却依然难以想象未来的世界可以有多大的不同，尤其是当未来的不同缘于变化速度放缓时。

人们所担心的事情的变化贴切地反映了代际差异。哪些今天我们看起来非常合理的恐惧在未来人眼中将是杞人忧天？气候变化可能是其中的一个。并不是说气候变化的问题不真实或不严重，而是该危险缘于时代的巨大变迁，主要是过去六七十年间人类行为的变化，然而未来的污染问题将不像今天这样严重。现在我们不知道的是需要多久才能抵达这样的未来，时间拖得越久，后果就会越严重。

这个过程可能需要几代人的时间，大约50年，或许更久。在需要做出改变成为显而易见的共识之后，我们就会自然而然地调整自己的行为以适应变化。因为人类是一种缺乏耐心的物种，在我们尚未认识到自己能够做出何等改变时，改变实际上已经悄然发生。改变在一开始可能显得过于缓慢，但我们总是能够迅速适应新环境，因此也应该很快就能适应放慢的生活。

人类永远焦虑，这根植于我们的本能。在进化过程中，我们既是捕猎者，又是被捕猎的目标。视野广阔、能够看到有什么东西正在靠近的人有更多的存活机会。200多年前，我们开始把煤炭当作主要能源，却对其所产生的不可见的副产物——二氧化碳的巨大破坏力一无所知。毋庸置疑，现在我们从事的某些活动肯定也会在未来产生可怕后果，而现在的我们对此毫无意识。我们毕竟只是一种动物，就像一位著名思想家所说，人类能够养活自己已经是一种奇迹了。[9]

我们曾经害怕核冬天，以及下一次"自然"冰河期的来临。几年前，我列了一个单子，列举了20世纪人们所忧虑的各种大灾难。其中我最爱提起的是"杀人蜂"入侵加州的例子。当我还在孩提时代，就听到过从电影衍生出来的蜜蜂故事。最初是1974年爱德华·阿尔伯特（Edward Albert）和凯特·杰克逊（Kate Jackson）的电影《女蜂王》（*Killer Bees*），之后又出现了1978年的电影《杀人蜂》（*Swarm*），以及2011年上映的《1313：杀人巨蜂！》（*1313: Giant Killer Bees!*）。[10] 与其他物种相比，我们似乎更喜欢将蜜蜂与世界末日联系起来。然而现在的事实却是，人们开始担心蜜蜂数量下降，不足以为我们的作物授粉。

放缓并非世界末日降临，也不代表我们正走向乌托邦。尽管对于大多数人来说，与从前相比，放缓的生活或许不再充满挑战，住房、教育条件也许将获得改善，工作也会更轻松一点，将获得更多稳定性。对于那些醉心于五光十色的生活的人来说，稳定或许有一点沉闷乏味，有点像匹兹堡、斯德哥尔摩、京都、赫尔辛基、渥太华和奥斯陆。而且，我们一定会发现新的焦虑。

此类忧虑对我们颇有助益，因为它们保护了我们，人类正是通过担忧来确保自身安全。但有太多时候，我们担心错了：害怕自己的孩子从树上摔下就是一例。事实上，爬树远比你想象的安全。[11]我们可能从未意识到人们担心的常常是过去经历过的危险。恐高症在人类进化过程中被编写进人类基因中，但是人们却对大块金属的高速运动熟视无睹，因为直到发明汽车之前，很少有此类物体威胁过我们的生命。

试着想象一下在2222年你的后代会担心什么——经济平等高度发展；地球不再继续变暖，甚至随着间冰期慢慢结束，气温开始降低，海平面也稳定下来，尽管仍然会比今天高出许多；能源变得更加安全，并且大多数不具有污染性，全球性污染已经持续减缓了几十年时间；人工智能投入使用，但依然显得过于"人工"，不那么"智能"。在这个未来场景里，我们都能吃饱吃好，但过度肥胖者的人数将少于今天。那时我们还会担心什么？肯定会有某种焦虑——不管是什么，人类总是要为想象中的事物忧虑，比如对大灾难的恐惧，试图寻找永恒的乌托邦。[12]

放缓已经开始，这是一件足以令我们庆幸的好事。一个人口不停增长、经济愈发不平等、人均消费日益增加的社会才是一场大灾难。如果人口和经济同时停止增长，资本主义也许会演化成某种新形式，虽然我们对它已经熟悉到无法想象它的终结。与过去相比，新体系将变得更加稳定和理智，尽管我们无从知晓生活其中的人是否会更快乐，但是他们会意识到人无法通过财富和离奇的体验而获得快乐。现在的我们有太多东西无法预测，但至少我们应该认识到放缓已经开始，在许多领域它都能让我们大吃一惊。

我们被迅速卷入某种全新未来的可能性越来越低。过往的经历如同坐过山车般跌宕起伏，人类被漫天风尘所笼罩，随着脚步放慢，尘云逐渐散去，前面依然是好风景，但并非是人口、新发明和财富积聚增长的沃土。事实上，我们的人口将很快停止增长。前几代人在见证了伟大进步的同时也经历了巨大痛苦，战争中的伤亡、种族灭绝政策使人类的可耻程度登峰造极，更别说足以给人类带来灭顶之灾的核武器的发明。

我们或许需要更长时间才能面对这一现实：在未来，新发现更少，新奇玩意儿更少，"伟大人物"也更少。但这真的是一颗痛苦药丸吗？相应的将是更少的暴君、更少的破坏和更少的贫穷。我们再也不崇尚20世纪的经济学家在大加速时代所鼓吹的"创新性破坏"。这个奇怪的理论认为公司破产是大快人心的好事，因为只有那些生存能力弱的公司会被淘汰，它们的消失将给其他公司更多的机会。这种虚无主义的花言巧语只是看起来合乎逻辑，符合适者生存的奇谈怪论（这可是那个时代的主流理论）。

考虑到科学家们依然为新发现而努力，许多人会难以接受放缓的暗淡前景。但进步总是相对的，有些进步——比如妇女解放，就是催生放缓的原因。进步的原动力并非全部来自那些男性的伟大成就和奇妙发明，也来自妇女为自己赢得权利（工作、投票和规划家庭的权利）之后所做出的选择。

衰退

放缓会以什么方式呈现？让我们继续讨论那个虚构国家，1950年时人口已经达到1亿规模，并且年度增长率为2%。如果我们让它的年度增长率每年降低0.1%，也就是第2年的增长率是1.9%，那么20年后（1970年），其年度人口增长率为0。

1952年，居住在这个国家中的人口数将是1.02亿乘以1.019，而到了1973年，将是1.23亿乘以0.997，不同于你在图1中看到的直线，现在人口数将呈现为一条曲线。这个虚构国家的人口数量最高峰出现在1970年，然后逐渐下降，1991年回到1亿的水平，2015年更进一步降低到4500万。类似这样的人口增长放缓正成为现实，本书除了图1之外的其他图表都以某种方式向下弯曲，而非持续呈指数增长。图2显示的是最具戏剧性的放缓效果。

图中的小圆圈代表着相应年份的人口数量（每一个数据点代表每年正当中的一天），1970年之前，所有圆圈都均匀隔开，而非随着时间延续间隔变得越来越远。每一年的变化都非常接近，但增长速度其实在缓慢降低。1970年到1972年，这些圆圈越来越靠近。如果按照我们设定的增长率发展，你会看到人口总数将逐渐接近0，因而1970年之后圆圈将越来越小，因为这个虚构国家的人口总数开始逐渐下降。

图2是图1的反乌托邦镜像。图1显示了一条人口不停增长的曲线，而图2中的人类将彻底灭绝：不是人口增长放缓，而是灭绝。这是1992年出版的《人类之子》（*The Children of*

Men）一书中的情节（该书在2006年被改编成同名电影），其场景虚构的是2021年的英国。[13]

在图2里，人类朝灭绝的方向飞奔。每一年的新出生人口数都比前一年少，一些人死亡，却没有足够的新生成员填补他们的空缺。即便吸纳移民也不够，人口的空缺越来越大，最终完全归零。当每年的人口总数与增长率被画在同一张图上时，就能一目了然地看出这一趋势。如果平均下来，我们每个家庭的后代数目低于2时，就会出现图2所描绘的情形。不仅如此，如果每年离开这个虚构国家的人数超过到来的人数，出生率不用降到这么低就会出现这种情况。人类历史上出现过这类衰退，尽管其涉及的人口规模是数千或数万，而非百万千万之多。譬如丝绸之路上那些古老的伟大城市：楼兰、尼雅、讹答剌和苏巴什。

你可能从未听说过上面那些古城，因为这些城市都已经被废弃，留存到今天的只有遗迹。近几十年里，它们成了考古界的最新发现，让我们能够再次听到它们的名字。还有许多类似地方等着我们发现。开辟一条新的丝绸之路或许会发掘出许多遗址，但未必能再次促进交通和商品贸易的发展。因为消费者的数量将开始减少，所有的发展终将放缓。图2中的摆锤最终将停向零点。

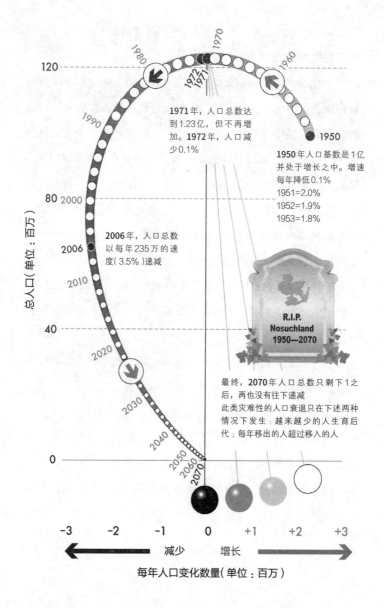

图2 空幻国人口总数变化，1950—2070年（假设人口从增加转为下降）

结束的开始

奇怪的是很少有人担心人口衰退，实际上当今大多数国家平均每个家庭生育后代数低于2个的现象已经持续了几年甚至数十年。即便大多数家庭养育了2个小孩，但还是有一小部分家庭只要1个孩子或不要孩子，要3个或更多孩子的家庭就更少，平均下来就会远低于2个。我们常常难以理解这个数字背后的深意，这也就是为什么我们的担忧跟不上现实。只有通过足够的时间积累，我们的想象力才能产生新的恐惧来替代旧的。人们常常害怕过去的魔鬼，哪怕父母害怕的东西现在已经不再对我们构成威胁。

很快，即便是今天生活在最贫穷国家的人们，也将摆脱饥饿与发育不良的威胁。过去，生活在贫困地区的居民随心所欲地生育，因为在那里婴儿的死亡率很高，他们必须多生几个孩子以确保后代存活；缺少避孕措施也是导致高生育率的一个因素，但这样的地区正在减少。很快，我们将不需要担心食物短缺，担忧的重点将转移到食物是否有益于健康，肉类消费量将大大缩减。

我们的后代回顾我们生活的时代时，会讶异为什么我们对已经开始出现的转变视而不见。从我们的角度来看，当你身处高速飞驰的列车之中，刹车被突然启动时，你的第一感觉是自己被抛向前方。只有环顾四周，才会发现自己已不再以从前的速度前进。这本书的目的就是带你回过头来，看看四周发生了什么。

第2章
放缓：
无处不在

希腊的经济正处于并将维持在一个放缓的状态，这种状态至少将持续到[2019年]7月……2009年到2017年之间，其年度国民生产总值已经萎缩了约25%。

——经济合作与发展组织（OECD），中国，2019年1月25日

一个年轻人居住在希腊希俄斯岛（Chios）上的古老村落里，看上去比大多数同龄人平静得多。他离开雅典回到这个小村子定居，他的祖父母、曾祖父母以及往上难以尽数的祖辈们都居住在这里。雅典太热、太拥挤、太忙碌，也太疯狂，吞没了整个城市的经济危机在2006年尚未露出端倪，瓦斯里斯和他的妻子劳拉就搬离了扩张中的希腊首都，来到这个村庄。相对而言，这里的生活节奏慢了许多。

瓦斯里斯与劳拉一家的故事出现在许多杂志里，这在当时是一件稀罕事儿。所有文章的隐含疑问都是为什么这对年轻夫妇想要放慢生活节奏，搬到一个收割乳香树脂的地方。他们的朋友伊利亚斯·斯迈尼奥底斯管理着一家当地工厂，收购他们

采集的树脂。斯迈尼奥底斯对自己选择生活在此处的解释是"喜欢自己的工作，并且可以每天到海里游泳"。[1]斯迈尼奥底斯拥有分子生物学的博士学位，可以轻松找到一份阿尔卑斯山脚下的瑞士制药公司的工作。但他还是与瓦斯里斯和劳拉一样，选择了一种低成本、节奏缓慢、破坏力较小、围绕着乳香树脂的生活。

乳香树下

世界上大多数以商业采集为目的而种植的乳香树都在希俄斯岛上，这个小岛位于爱琴海中，距土耳其海岸只有几英里。在今天，地中海的生活方式被看作平静与缓慢生活的典范，其食谱被认为能够使人健康长寿。事实上，地中海的生活节奏并不缓慢。应该说欧洲，尤其是北欧，在过去这几百年时间里，生活节奏快得出格。

传说中的荷马就出生在希俄斯岛。荷马可能是几个人物原型拼凑出的传说，许多学者相信《伊利亚特》(*Iliad*)和《奥德赛》(*Odyssey*)来自数代吟游诗人的集体创作，而非仅仅出自一人之手。古代的希俄斯岛据说有大约12.6万居民，远多于今天定居其上的5.2万人。[2]我们已经习惯于人口的加速增长，以至于忘记了人口增长并非逃不脱的终极宿命。地球上所有地方的最后人口都会少于历史上的人口数量，逃不掉的宿命是衰退而非加速。希俄斯岛只是最早发生衰退的几个地方之一。苏格兰高地是另一个例子，还有爱尔兰和前面提到的丝绸之路上消失的城市，以及现在已经变成鬼城的北美和澳大利亚大淘金时期的定居点。

希俄斯岛位于世界的十字路口——世界上独一无二的三大洲交汇处，世界最早的海上贸易的必经之处，因此该岛被一次又一次地侵略与征服。但是，它最大的一次人口减少发生在非常近的过去——城市化。雅典的飞速发展将大量年轻人吸引到大陆，去追寻更好的发展机会。

放缓开始于涓涓细流。在雅典生活时，"劳拉和瓦斯里斯是典型的工作狂，就职于大的信息技术公司"。[3]去国外安静的地方度假开始让他们向往缓慢的生活，于是他们抛弃了拥挤的首都，搬到瓦斯里斯的祖父母居住过的希俄斯岛，开始种植乳香树和橄榄树。2007年，他们成立了"乳香栽培"（Masticulture）生态旅游公司。不到10年时间，世界上著名的旅游指南出版社"孤独星球"的《希腊指南》（*Lonely Planet Guide to Greece*）就将该公司列为希腊10个最佳生态旅行选择之一。"与当地人一起生活，吃他们种植的作物和捕捞的鱼虾，观看采集乳香，在沙滩间散步，划着小船在海上漂荡"，乳香栽培公司的宣传资料如是说。除此以外，它还可以加上：在这里窥视未来。除了生活舒适度大大提升，希俄斯岛看起来与遥远的过去并无特别不同。考虑到其优越的地理位置，也许有一天又会有12.6万人选择在希俄斯岛上长期生活？

人们需要逃离平淡乏味的日常生活，生态旅游提供了这样一种逃离的机会。尽管大多数情况下人们更愿意在自家门口进行此类旅行，因为避免长途跋涉才更具生态意义，但随着我们生活节奏的放慢，选择一个能让自己了解世界的旅行将越来越普遍。但愿我们能够享受更慢的旅行，而非一直行色匆匆。在将来，如果你想去希俄斯岛了解乳香树，你可以慢慢到达那里，因为那时的世界将不再那么贪婪地榨干你的时间。

30年树龄的乳香树产量最高。每年7月，人们将每棵树下的地面清理干净，在硬土表面撒上一层碳酸钙，割开树皮，乳香树脂便会渗出，试图愈合树干的伤口。树脂滴落到地上，最大的树脂块有小砖块大小，但大多数滴落成微小的颗粒。一个星期后它们结成硬块，被收集起来进行清洗，最终用来制作饮料、天然药物、口香糖、牙膏等不同产品。

放缓的状态稳定下来以后，每一天看起来都和前一天一样。新闻不再报道层出不穷的犯罪，焦虑和不确定感被生命趋于停滞的烦闷感取代。在过去，正是乡村生活的沉闷让年轻人被城市里多姿多彩的生活诱惑。有些时候乡村生活也会失去宁静，就像在希俄斯岛和许多地方发生过的那样，入侵者摧毁了一切。入侵者将当地人中最奴颜婢膝的一批提拔成地主，开始了圈地的进程，村庄趋于死亡，而城市日益膨胀。但这一切都只是过去。

稳定并不意味着永远不变。人口可能在代与代之间上下波动，但是总体趋势是从高峰逐渐跌落。人口变化的速度也越来越慢。即便大多数因素已尘埃落定，婴儿潮对未来的影响仍然将远超一百年。在这种情形下，人口变化的主要推动力是迁徙，而非死亡率或出生率。但当一切都慢下来以后，连迁徙都会不那么普遍。当今的许多迁徙只是缘于人们的无知，他们不知道城市已经不再像过去那样遍地黄金。时代已经改变，故事的节奏慢了半拍，动乱、战争、饥馑、瘟疫所驱动的大规模迁徙随着放缓的到来而消失，谁愿意让自己仅有的几个孩子搬去世界的另一边？

当然，未来，人们依然会保持流动。在一个不那么疯狂也更理性的世界，我们拥有更多旅行的时间，但我们不会为了工作搬家，或者搬离变得贫瘠的土地。已经有许多人指出，没有必要花那么多时间去生产那么多没有用处的产品。我们会拥有更多闲暇时光，这些时间应该得到可持续利用，因此生态旅游得以发展。未来大多数的旅游都将是生态旅游，就像现在大多数国家使用的油漆都是无铅油漆。

当人口趋于稳定后会发生什么？在传统图表里，这就像伸缩中的弹簧或摆动中的摆锤失去动能趋于静止的那一刻。在本书图表中，平缓地接近平衡看起来就像一个向内运动的螺旋。[4] 比如，今天欧洲人成为父母的平均年龄是 31.4 岁，但在美国，只有很少几个地方如此（譬如旧金山），而东京人生育第一个孩子的平均年龄早已远超 31.4 岁。[5] 当下一代生育更少或更多孩子，但孙辈生育孩子的数量与祖父母辈差不多时，这个图就会呈现出向内螺旋的模式。

稳定

我们仍以 1950 年有 9900 万人口的虚构国家为例，但这次它的人口总数非常稳定，变化非常缓慢。一开始，人口只有很小程度的增长，增加到 9930 万，这仅仅因为人的寿命变长。

但因为婴儿出生人数变少,随着年老者死亡,人口在70年代开始下降,并在1980年达到最低值。随后,或许是受到政府鼓励生育的政策影响,出生率上升了一些,同时又出现了一个来自更早年代的人口变化的回声:由于80年前出生的人数较少,现在变老的人数也变少了,因此死亡率也降低了。

在图3里,到了1980年,人口降低到9898万。但因为死亡人数多于出生人数,其人口变化率也再次降低到每年(净)减少3.2万人。同时由于流入人口的补偿,到2000年,人口变化率再次回升到每年(净)增长1.4万人。到2010年,人口总数几乎回复到9900万。但这个虚构国家的政客们高喊这是一个糟糕的局面,试图以此转移公众的视线,好让公众不再关注他们的贪腐,继续支持他们的工作。或许在你看来,此处人口波动的幅度微不足道,因为今天关于人口问题的争论几乎很少基于真正的数字变化。

图3中的螺旋一圈圈地重复,每一圈都比上一圈小一点点。1880年有大量婴儿出生,大多数活到20世纪60年代或70年代,以八九十岁的高龄去世。这些老人并没有生育太多孩子,但出生于1950年左右的孙辈比儿辈略多一些,因此当孙辈们在30岁左右开始生育孩子时,部分弥补了人口的减少,到曾孙辈人口开始上升。人口迁徙也可以对冲一些增加或减少的人口,二三十年前较少孩子出生的时期,恰好是更多移民进入的时期。而有大量婴儿出生的时期,相应流出的移民也随之增多,因为留在家乡意味着机会的减少。

在这个虚构国家里(这是本书第三次,也是最后一次使用

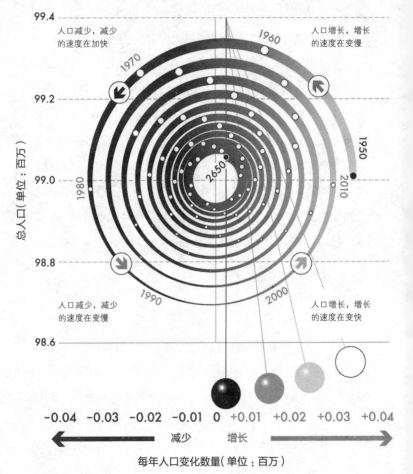

图3 空幻国人口总数变化,1950—2650年(对数螺旋)

人口变化速度(增加或减少)随时间推进而降低

虚构数据，接下来我们将讨论现实数据），平均每个家庭的孩子数量在代与代之间存在轻微波动，部分缘于这个虚构国家属于富裕国家，另一部分缘于先前提过的原因。当人们生育更少孩子时，就会有更多移民进入。所以，当出生率降低时，这些新的移民可以弥补少出生的孩子。但随着时间流逝，此类代际波动幅度减小，每一年人口总数的上下变化少于1万，相当于人口总数的0.01%。这样的稳定性并不见于现在，但在未来却很有可能出现。要想实现这种完美的螺旋曲线，需要某种近乎夸张的移民控制政策，为每年的移民数量确定精确的数字。我们都希望这样的事情永远不要发生，谁会愚蠢到提出将移民控制在"几万人规模"，或认为"建一道墙"就能阻止迁移？[6]

此处的螺旋时间线具有与鹦鹉螺壳上的纹路或星系螺旋相同的形状。[7]据说游隼从天上扑向猎物时的飞行路线也是这种完美的螺旋线，因为这是最高效的飞行路线。[8]一种被完美控制的放缓就应该遵循这种曲线。然而没有人可以控制我们正在经历的放缓进程，因此我们看到的任何真实数据都无法呈现或接近如此完美的形状。我们在此处展示的曲线代表着走向彻底稳定状态的过程，但如果只看其间的一个时间点，是显示不出螺旋形状的，这就是为什么意识到正在发生的放缓进程绝非易事。

四万十市的稻田

千佳是日本大阪一家商店的经理,她的丈夫健史是一名司机。这对夫妇30多岁,并不觉得生活有什么问题。但从安静的澳大利亚塔斯马尼亚度假回来后,他俩决定追求一种慢节奏的生活。见过与自己大不相同的生活之后,他们才意识到并不喜欢自己的日常生活,大阪的快节奏生活不适合他们。与日本其他城市一样,大阪也非常安全。我曾经一个人探访过大阪最穷的街区,完全不需要日本导游伴同。那里确实很安全,但周边的一切显得疯狂、嘈杂和令人不安。千佳和健史想要住在一个节奏慢一些的地方。

大阪是日本第二大城市,大约有2000万人口居住在大阪城市圈里,依据《经济学人》杂志的说法,它也是日本最具活力的城市之一。也是这家杂志,记录了千佳和健史的故事。[9] 2017年5月,他们带着两个非常年幼的孩子,移居到日本4个主岛中最小的一个岛上的四万十市(Shimanto)。他们定居在城市南部的海岸边,决定以种植为生。千佳说:"这是一个有风险的决定,但我们很快乐。"

与希腊(2010年希腊人口达到峰值1130万)一样,日本人口也在2010年达到峰值,2011年开始从1.28亿的峰值向下回落。人口高速减少大多发生在农村地区,因此一对年轻夫妇带着孩子搬去四万十市定居成为新闻。千佳和健史搬入的社区(Kleingarten)一共有22栋朴素的小房子,边上就是田地。该社区所在的高知县的人口高峰出现在1955年,到了2015年,县人口是 72.8 万，只有高峰时的 1/5 左右。

千佳和健史并非孤例，2015 年，来自日本其他地方的 45 位移民来到四万十市，2016 年来了 73 人，2017 年 139 人。仅 2017 年一年，一共有 33165 人咨询搬来四万十市居住的事宜，在短短 4 年时间里翻了三番。而且并非只有老人寻找安静的地方退休，一些年轻人也开始追寻不同的生活方式。

移往乡村的人口只是涓涓细流，永远也成不了大河，否则乡村就变成了新的城市。然而，这些细流是放慢节奏来实现新的稳定的必经之路。在地球上的许多富裕国家里，乡村已经快成为无人之境，只有更多具有开拓精神的人移入才能稳定其人口。逐渐地，他们中的一部分会从事（相对当地化的）生态旅游行当，为世界上生活在人群密集的城市之中的大多数人提供休憩的机会。但即便是那些大城市，也会变得越来越不那么拥挤，就像平均过后的每个家庭一样，与上一代相比，家庭规模越来越小。

出现在日本的这股"搬去乡村"的新风尚既源于对更好的工作—生活平衡、找到便宜住所和逃离激烈竞争的想象，也得益于想要放慢节奏的人越来越确信自己的同道越来越多，对另一种生活的梦想变得越来越普遍。更多人定居到乡村能够改善所有人的工作—生活平衡，因为乡村不仅为人们提供了休息、放松的场所，还可以缓解城市居住压力，原本只有依靠降低出生率才能做到这点。"搬去乡村"打破了唯有激烈竞争才能实现资本主义永不停歇发展的迷信。

在日本，政府鼓励愿意尝试的年轻人离开城市。希腊尚未有如此的措施，但不难想象很快就会有这么一天。这种激励将风行于大多数欧洲农村地区，这也是为什么经济学家们在他们最受欢迎的杂志中对此大谈特谈。《经济学人》的文章如此结尾："在那儿生活了3年之后，31岁的高濑直文计划开一家提供住宿与早餐的旅馆。22岁的加势真雪离开了自己位于千叶——一个东京东边的城市——的酒店前台工作，想要开一家蛋糕店。'我爱这里'，她说。"她的新生意成功的前提是许多人从城市来到这里旅行——并且吃蛋糕。

从故事到数据，再从数据到故事，我们就是通过这种方式进行研究。放缓只能通过数据展现，它反映的是正发生在数十亿人身上的事情，但它也同样能够通过一些个人的故事被了解。我们对于发生范围大大超出自己所熟识的几十个人之外的事，往往不会感同身受。没有数据时，我只能依赖故事，与一些人交谈或许会告诉我一个关于这个时代大加速的故事。但这个故事是错的，因为数据告诉了我们为什么会这么说。今天，几乎找不到任何数据证明正在发生大加速，相反，数据几乎都指向放缓。因此，我选择用这些故事来说明现实世界中的放缓到底是什么样子。

未来乡村的田园生活如何发展将取决于旅游业，游客大多来自城市，不会是自给自足。如果此类旅游足够分散，应该不会破坏宁静生活，甚至还能给现实罩上一层神话色彩。[10]放缓并不需要将大量年轻人迁往农村，只要农村能够稳定，倒挂的人口金字塔就不会更加头重脚轻，人口老龄化就不会更加严重。放缓开始于一些最富裕的地区。在世界最贫困地区，农村人口依然快速增长，其向城市中心的迁移令城市变得愈发巨大。但现在已经出现了足够迹象预示该趋势将很快发生变化，在人口下降最快的地方甚至已经开始发生。

美国和欧洲（不仅是日本、韩国、中国和大洋洲）的许多农村地区近几十年来年轻人的数量一直在下降。在农村上完学，准备生育的准父母们常常离开故土，去城市寻找更好的工作。对于生活在农村的夫妇来说，其中一人也许能找到一份收入还过得去的工作，他或她的伴侣却很难获得同样的运气。在美国或英国这类收入不平等的国家，此类情况显得更为明显。收入的高度不平等意味着当今正处于工作年龄段的绝大多数成人夫妇必须都出去工作，才能维持基本生活需求。对于收入不高的工作者来说，一人的收入过于菲薄，无法养活全家。

除了不多的几个不愿离开家乡的人，"农村生活"对于年轻人并不具有太多吸引力。一旦搬去城市生活成为可能，数以百万计的农村人不会犹豫，部分是为了摆脱社区的关注与控制，另一部分则是因为他们没有选择，拖拉机进入农场，替代了大量人力劳工。在许多富裕国家，农村人口的流失远早于农业机械化的发生，主要原因是圈地（小块农场被大型农场兼并，后者往往只被一个家族拥有和耕作）。厌倦了大城市的忙碌生活，但又不想完全隔离于社会的退休者会喜欢一些小村庄，但一个所有村民都是退休老人的村子很可能没有商店、服务业、孩子和热情。

一些年轻的理想主义者崇尚与世隔离的生活，在远离罪恶城市的世外桃源建一处小小的但又"自给自足"的房子。这种

25　方式就只能容纳一个家庭或非常小规模的社区小组,因此永远不会成为大多数人的选择。要想让这种方式成为社会主流,除非发生某种无法想象的大灾难,数十亿人毁灭,只剩下少许幸存者。对于那些勇于尝试并付诸行动的人,很少有人能够维持这种生活方式超过10年。大多数人最后还是选择了规模大一些的村庄,这也就是选择可持续的"替代生活"的家庭如此稀少的原因。所有那些希冀寻求纯粹"田园牧歌"乐园的人,只有很少人得偿所愿。许多人对此充满幻想,但真正能够坚持这种选择、适应几百年前生活水准的人则少之又少。未来社会中人们之间的联系必然会更加紧密,而非相互隔离。对于我们绝大多数人来说,未来生活还是基于城市的。

此处所描述的未来,都来自经切切实实发生在现实中的趋势,这些趋势的开端可以追溯到半个世纪之前,也就是在20世纪60年代出现的一些现象。当时,一切已开始改变,但"为时尚早,没有人能够断言"。到了今天,我们终于能够对此确定无疑。60年代后期,全球各地年轻人的生活方式发生了翻天覆地的变化。本书后面还会详细讨论这些让全球人口高速增长的趋势发生迅速反转的事,我们离那个年代越久远,就越能强烈地意识到大范围的放缓开始于20世纪60年代末期。

20世纪60年代发生了什么?一位中国政治家给出了答案,那就是出生于1898年的周恩来。1972年2月,在自己74岁生日到来前夕,他与当时的美国总统理查德·尼克松进行了会谈。尼克松问周恩来对1789年法国大革命有何评价,据说周恩来如此回答:"现在评价,为时尚早。"这句话后来成为名言,尽管事后，一位出席该会谈的外交官解释道，几乎可以肯定周恩来误解了提问，以为尼克松问的是他对1968年巴黎学生运动的看法。如果询问的是后面这个问题，周恩来的回答无疑非常正确，该事件才过去4年，马上对其进行评价确实过于仓促。现在再回顾该事件，那些学生只是当时刚刚拉开序幕、规模宏大的历史大剧中的一个小场景，这就是大放缓的开端，但为什么发生在彼时彼地，或许现在依然"尚无定论"。

有时候，动荡实际上源于对长期一成不变的反应。1968年，学生们的生活并未发生变化，至少没有在他们父母成为父母的年纪成为父母，挑唆他们行事的仅仅年长几岁，同样没有照顾孩子的负担。他们知道世界政治已经完全失控。他们被"越战"所震惊，害怕父辈会将整个世界带入第三次世界大战。他们中的一部分人向往田园牧歌式的生活——一种简单的生活，但似乎现实与他们的梦想渐行渐远。

与父辈们相比，他们养育较少孩子，并推迟生育年龄。他们的孩子也继承了这个传统，养育更少孩子——通常不要孩子或只要一个，最多两个。60年代的这些年轻人带给这个世界极大的改变，并非是因为他们游行、抗议和示威，而是因为他们中的大多数不再复制父母的生活。1968年，当所有的目光聚焦在巴黎街头年轻的抗议者，以及他们在美国和其他富裕国家的同伴们的时候，在世界范围内还发生了许多其他的转折，我们将在后面章节的时间线中见证这一切。

在我们讨论这些转折之前，不妨再看一个虚构时间线。图4显示的是以传统方式绘制的图3场景，也就是用水平轴表示时间，纵轴表示人口。想象一下，如果图表的大部分数据丢失，而你现在生活在2020年，只能看到20世纪60年代之前的人口飞速增长，后来因为人们养育较少孩子，人口急剧下降，然后在过去25年，因为移入人数超过移出人数，人口数量上升。如果这就是你能看到的所有，就很难想象自己面对的是一条趋于稳定的曲线。或许你会说"移民已经失控"，移民是否失控从来与数据无关，而是出自政治立场的花言巧语。

两个原因导致人们相信移民问题已经失控，其一是他们获得的信息太少（"现在评论，为时尚早"），另一个原因则是他们没有看到以最清晰方式呈现的信息。虚构的图4显示，2020年移民进入导致的人口增长将大幅降速，然而，这个虚构国家的人口总数将依然保持增长。被绝对数字迷住双眼，弄不清人口总数变化（一阶导数）与速度变化（二阶导数）区别的媒体与政客们依然大谈特谈移民危机论，认为他们的国家人口太多是因为有太多移民。媒体从来不会，评论家也几乎不会谈论二阶导数——变化速度的变化。

难以看出的放缓

我们还是以这个在1950年时刚超过9900万人口的虚构国家为例。一般人们感受到的人口数量变化相当缓慢，基本上保持稳定，然而图4未必给你留下这样的印象。你不妨想象自己只能看到短期内的状况，看不到更长期或者其他历史时期的信息。更重要的是你看不到更长期以前的历史环境，也就是

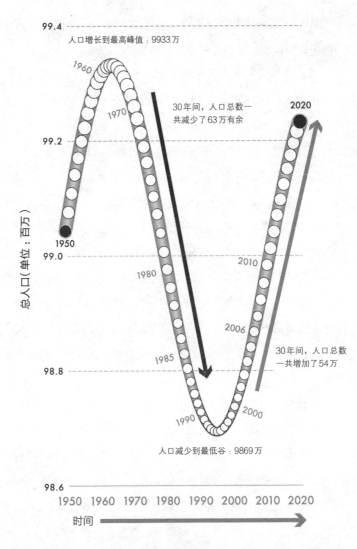

图4 空幻国人口总数变化,1950—2020年(传统图表)

这是一个看起来像是发生了人口巨大变化,而实际上稳定性不断加强的假想例子。

1950年之前发生了什么。相反,你只能看到一小段时间线,过去被从左边截断,未来则是藏在右边的未知,你只有这71个小圆圈可以比较,还有连接相邻圆圈的短线。

你需要构建一个故事来解释这个图表意味着什么。你不会说:因为人们活得更长,导致人口数量略有增长,而人口总数只增加到9930万。相反,你会说:"二战"后的婴儿潮带来了人口的迅速增长,然而,到了60年代中期,这种增长放慢了,避孕措施变得更加普及,还有在"一战"时期出生的人开始逐渐死亡,那些在60年代中期刚刚步入老年的人。到了20世纪八九十年代,更多的"一战"婴儿走到了人生终点。两次世界大战之间出生的那代人人数较少,因此他们的儿辈人数也相应较少。这个国家的人口从1970年的9930万降低到1980年的9900万,到了1990年,更是进一步降低到9870万。这种下降速度的增快非常危险,仅仅10年时间里就减少达30万之多。以这种速度看,几百年后,这个国家就将成为无人居住的蛮荒之地。

虚构的故事听起来非常合理,将图中的模式与历史上真实发生的事件联系起来更是为该故事的可信度增色不少,它还将人们的出生数字与怀孕和避孕趋势相联系,并且将这些趋势与图中曲线的速率变化对应起来。时间线甚至还包括更早的一代人,尽管没有直接展现在图中,但他们的回声反映在图里。但是,这个完美的故事有一个问题:图中的曲线斜率并没有内在变化,看起来只是图表绘制方式的不同。这条时间曲线所用的数据与图3的完全相同,就是那个对数螺旋。不管怎样,我们将以一种独特的方式讲述这个故事，让我们继续。

到了90年代，因为人口下降得如此之快，婴儿出生数如此之少，没有足够多的人来从事通常被称为"低技术"的低薪工作，譬如清洁办公室、采摘田地里的水果和当咖啡店服务生。这个国家曾经是某个帝国的一部分，这个帝国的一些前殖民地依然处于较为贫困的状态。来自殖民地的移民进入这个国家，填补了这些空缺。他们从事了那些在70年代本该出生而没有出生的婴儿长大后会从事的工作。慢慢地，人口停止减少了，每年死去的老人也在减少，移民们也在生育，还有更多移民从其他地方到来，尤其是东方那些新近打开国门的国家，以前它们的公民不被允许进入这个虚构国家。一下子来了太多人，"挤压了"当地原住人口。新移民并未彻底融入社会，不像那些早期移民一样已经被老一代居民认作是朋友。

到了2011年，人口又开始迅速增加，达到超过9901万的水平——对于这个假想中的岛国来说过于拥挤了。到2015年，又增加了10万人，2016年，举行了全民公投决定是否应该采取控制移民的措施来遏制移民增加的势头。等到了2020年，人口总数达到了"无法持续的"9923万，虽然未来看上去不再那么危险，但似乎不可遏制的人口增长风险依然萦绕在人们头脑中。

当然，这个说法就是胡扯，因为它是基于对传统图表下降曲线中很短的一段时间线的观察。看看图表纵轴上的数字就能知道，该时间线的数字波动非常微小——就像今天英国和美国的人口增长速度一样。所谓移民失控的说法非常可笑，但在那些对数字没有真实感觉的人眼里,这个说法是那么具有说服力。他们认为在2020年这个时间点,这条曲线看上去还是在快速上升中。

相图 (phase portrait)

图3的摆锤从一边摆到另一边,在我们眼里,它在接近轨迹最外缘时的移动速度最小,几乎与该处的渐近线重合。在那些以某种特别方式观察的人眼中,它在处于垂直位置的瞬间具有最高移动速度,然后它的速度再次下降,直到接近另一边的渐近线,它在那里短暂停留,紧接着,沿着它过来时的轨迹逆向移动,由慢到快。我们看到的景象,来自受到限制的感官感受,还有其他方式描述这种摆动:当它速度降低时,势能在积累,将摆锤代表的速度做一张图就会发现摆锤的移动轨迹是一个螺旋。与"一级导数"——绝对数量的变化相比,摆锤代表的就是速率的变化,这些变化都与时间有关。

每次想到时间流逝就会在脑海中反射般响起"嘀嗒—嘀嗒"的声音,这可以追溯到1656年——克里斯蒂安·惠更斯(Christiaan Huygens)在那年发明了摆钟。[11]人们认为他的钟摆让机械钟表的误差从一天15分钟下降到15秒左右。[12]在他的发明普及之前,时钟往往只有一根表示小时的指针。惠更斯成长在今天成为荷兰的地区的海牙,在当时,那里是世界上最具实力的经济和政治中心。荷兰人通过全新的商品贸易积聚的财富让富家子弟们能够摆弄钟表,研究数学。在大加速即将开始的时代，惠更斯让人类测量时间的精度大大提高。这场加速涵盖了思想、合作、发明和财富积累各个方面，并且伴随着被英国人称作光荣革命的1688年革命，这场加速从海牙和阿姆斯特丹扩散到伦敦，革命意味着变化。

惠更斯的发明出现不到一百年，英国的木匠和钟表匠人约翰·哈里森（John Harrison）就发明出航海计时器，它的精确度高到足以让水手在一望无际的海洋里确定自己所在位置的经度，实现这个目标意味着年度误差低于1秒钟。今天的时间测量精度已经高到极限，几乎没有什么可以继续改进的空间。20世纪80年代，在纽卡斯尔大学读书的我遇到过一位"时间大臣"，他的工作就是把当时尚在襁褓中的互联网计时误差控制在1纳秒之内。他骑着哈雷上下班，工作在克莱门特塔（Claremont Tower，当时纽卡斯尔大学的信息中心教学楼。——译者注）的一间半地下室里（我不得不承认，那辆机车是当时我对他最深刻的印象）。今天，我们的时间测量如此精确，甚至能让我们测量出时间本身因为时间膨胀效应（time dilation）而出现的加快或放缓。这个很少被大众了解的机制来自爱因斯坦的预言，并且早在1938年就被首次观测到。[13]

我们是如何获得这么快的发展速度？仅仅在282年的时间里，从最初仅能以钟摆非常粗略地计量时间，到了解时间本身并非以一成不变的常速流逝。从1656年算起，你可以把整个发展过程分成6个阶段，每一阶段跨度为47年，时间测量的精度在每一阶段都提高至少一个数量级。从大约每天误差1分钟到每天误差几秒，再到一个星期、一个月甚至一年误差1秒左右。1938年石英晶体被用于钟表,时间测量精度发展到一年误差不超过1/3秒。当今的原子钟如此精准,以至于我们必须将它们调慢以减小由于地球自转速度变慢而导致的误差。

你今天使用的智能手机即便有微小的铌钽(钶钽铁矿石大多产自刚果)电容器帮助,依然不能达到最精准的时间测量标准。因此,你的手机会时不时地询问一台中央服务器,让它来修正自己的时间。那台服务器不停地与网络上其他服务器交流,以保证所有服务器都拥有相同的时间。服务器之间彼此帮助,互相提供报时服务。即便如此,我们依然需要在一些大学里安排一些"时间大臣"来保证他们管辖下的中央服务器上的时间不出错。直到70年代初,差不多就是周恩来与理查德·尼克松讨论法国大革命意义的时候,最初设立的那几台计算机服务器才开始互相之间的交流,也就是美国国防部资助的高级研究计划署的网络计划(ARPANET)开始后不久。有时候你能感觉到自己身边的一切都在加速发展,因为有这么多事情发生,但看待这些最新发展的另一种方式是将它们看作始于1656年的可见加速进程的一部分。在许多方面我们甚至可以说,ARPANET被发明之后创新的速度放缓了,只是当前发生的创新事件更容易被我们意识到而已。自20世纪60年代后期以来,我们对于如何测量时间抑或是对于时间本身又有什么进一步的了解呢?所有加速发展之事最终会慢下来。

以不同方式看待时间需要想象力的飞跃。你必须想象自己跳出时间本身,审视你所思考的时间到底是什么。将你自身抽离在外,而不是将时间简单地视为前行的东西。抛弃自己永远处于某个时间点上的想法，而且抛弃时间永远以一成不变的恒定速度流逝这一观念，你必须把自己想象成一名置身于时空之外的观察者。[14]

想象力之所以被形容为飞跃是因为其并非易事，但一旦实现，它又会显得显而易见、自然而然，甚至无须想象力。时间一成不变地流逝这一观念就像我们走路时将一只脚放到另一只前面一样容易想象。当我们开始奔跑，相对于时间流逝的速度，我们就会移动得更快（尽管我们并未让时间本身加速），但我们的速度不会永无止境地增快。然而，当我们谈论创新与技术时，却相信永无止境地进步是可以实现的，或者说如果给予足够的时间，是可以实现的。我们需要想象力的飞跃才能意识到我们的进步正在放缓。

创造出相空间（phase space）这一概念的是生活在同时代的三位数学或物理学家：奥地利物理学家路德维希·玻尔兹曼（Ludwig Boltzmann），他的祖父是个钟表匠。玻尔兹曼应用相空间理论推导出他著名的方程式；[15]法国多才多艺的大师亨利·庞加莱（Henri Poincaré），他发明了数学地图，最初用来观察行星轨道，看它们如何随着时间发生细微变化；几乎在同一时间，美国科学家约西亚·威拉德·吉布斯（Josiah Willard Gibbs）在一篇发表于1873年的论文中提出了相图的概念。他们共同生活的时代令他们几乎同时提出这些想法。今天，放缓程度最甚的地方莫过于日本，而相图理论的最新发展也恰巧发生在那里。[16]

一个相空间指的是这样一个区域，所有变量的值都落在这个区域内，任何一种可能的状态都能用一个点表示。图1和图2就是一个相空间的地图。假设人口总数永远不可能达到无穷大，那么所有可能的人口总数和它们的变化都能画在这张地图上。与之对比，图4就不是一个相空间，它只能表示一段有限的时间，因为时间是它的一条坐标轴。

相图是一幅显示相空间里状态变化的轨迹图。[17]本书中的图表就是以相同方式画出的相图，展示的是每条时间线所反映对象的最简单的两个变量组合。反映对象的数值总是用纵轴表示，因此这个数据点的位置越高，代表着该数值就越大，位置越低，数值也就越小。这些对象可以是某一年居住在某处的人口总数，或者某月某政党所获得的支持，或某一天的黄金价格。但不管其所代表的是什么东西，每张图里，数据点位置越高，意味着数值就越大，而位置越低，所代表的数值越小——人数更少、支持更低、金价更便宜等等。

在本书所展示的相图或时间线中，横轴用来表示速度，也就是测量对象的变化速度。每年人口增长或减少得有多快？每个月该政党获得的支持增加或减少多少？每天金价升值或贬值幅度是多少？当一个数据点被画在较右边时，表示其数值快速增加；当它位于纵轴上面，意味着该数值既不增加也不降低；而如果位于最左边，则意味着该数值在快速降低。靠近左右边缘，变化速度很快，靠近中间，意味着变化速度较慢。

最后，数据点用曲线相连接。每段曲线将时间上相邻的两个数据点连起来。之所以使用曲线是为了避免给人以错误印象，让读者觉得变化速度发生了突然改变。本书使用的贝塞尔曲线

（Bézier curve）就是为了让整条曲线更光滑，数据点仅仅是曲线上的一个普通点而已。通常情况下，该数据点并不代表某种重要含义，最重要的是我们所看到的整条曲线的总体形状，它可以给我们以信号，帮助我们判断当今的变化速度是不是放慢了。曲线上的数据点以圆圈表示，其大小对应于其在纵轴上对应的数值，并标以日期——年份、月份甚至具体某一天，这样相图就能同时显示时间、变化和变化速度。但任何时候，最重要的永远是曲线的形状，以及曲线形状正在发生的变化，而非某个特定事件。作为结果，这些时间线最适用于回答"我们是如何到达这里的""它将去往何处"之类的问题。

本书的每一幅时间线都表示一个单一系统的统计数值，每幅时间线都展示了在某些特定时间点上的数值以及该数值变化的速度。当变化不多时，时间被自动压缩，而当变化很大时，时间则相应放大，让读者更容易领会变化。我们可以用这种方式画出无数种统计数据的相图，但本书只选取了其中很少的一部分。虽然这种方式不常见，但并非是完全新颖的创造，仅仅是采用了一个不同的视角而已。如果想要了解更多，尤其是想自己试着绘制这类时间线的话，请参阅本书附录。

难以理解今天到底在发生着些什么的原因之一是我们每个人只有非常短暂的时间，却要学习这么多东西，比前几代人所需要的多出许多，这是我们正在经历的信息大爆炸带来的众多影响之一。放缓或许会让学习变得容易一些，或许多少有些不那么激动人心，但是如果我们正进入一个新发现减少的时期，至少我们能够将已经发现的以及近来出现的那些东西更好地理顺并整合到一起。

从外向里看

今天，我们用钟摆教孩子们减速原理。在维基百科上搜索"相图"，你看到的许多简图中有一张是克里什纳维达拉（Krishnavedala）关于钟摆运动的插图，它被我们再现于图 5。我们对于原作者的了解是他或她于 2014 年 11 月 29 日上传了该图像，该作者只给出一个名字：Krishnavedala（可能来自 Krishnatej 与 Vedala 的结合）。[18]

图 5 中的第一个画面是你通常看到的钟摆，从一边摆到另一边，摆向左边最远的位置以数字 1 为标记；当它被重力拉着摆向中间时，一路加速，在图中数字 2 所标记的位置达到最高速度；接下来它继续向上摆动到位置 3，这一路速度不断降低，在位置 3 短暂静止（小于 1 秒钟的最短时间），这也就是它摆动的最右边界；接着再一次向下回落到位置 4，从空间上看，位置 4 就是位置 2，唯一的不同是此时的钟摆正朝着相反方向运动，接着再一路减速回到位置 1。这种模式周而复始，但在现实中并不能永远无限循环（因为空气阻力和来自钟摆支点的摩擦力）。本书附录中的图 67 显示了摆动变缓时的相图。

图 5 中右上方的图显示的是同一个运动，但是从时间角度的展现，还同时显示了速度与位置。钟摆在位置 1 和 3 时速度为 0，在 2 和 4 时速度在最高（但运动方向相反）。钟摆从位置 1 摆动到位置 2 时，其速度在增加，而当钟摆从位置 2 摆动

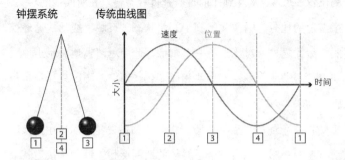

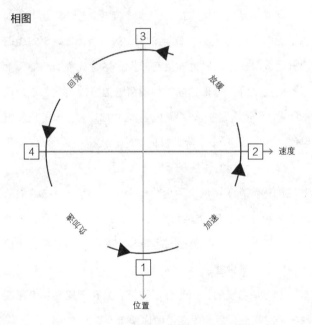

关键点:

1 最低位置点,速度为0 2 速度最快 3 最高位置点,速度为0 4 速度最慢

图5 表现钟摆摆动的三种方式

取材于维基百科"相图"词条中的示意图,原图作者或许是Krishnatej Vedala,下载于2019年9月7日。https://en.wikipedia.org/wiki/Phase_portrait#/media/File:Pendulum_phase_portrait_illustration.svg

到位置3，以及从4到1时，其速度在减慢。在时间线的尽头，最右边的地方，图像又回到了开始状态，反映出摆动的循环模式。除此之外，对比于第一个图像，此图更清晰地显示出速度随着位置的变化发生了哪些相应变化，而第一幅图只显示了位置信息。

图5下面的最后一幅图则将时间轴略去。这幅描述钟摆运动轨迹的相图呈现出一个逆时针的圆周形状。钟摆在接近其最高点——也就是真实空间中的最右点（位置3）时，处于负加速状态，此时它已经历了从位置2到3的放缓。2到3的相图展现的就是放缓模式，因为速度在减慢，尽管位置依然处于上升状态，但是上升得越来越慢。相图清晰地将钟摆状态划分成4个区域，它们依次是（从位置1开始）：加速并上升；依然上升，但负加速（减速）；下降并反向加速；最后依然下降保持负加速。人类今天所处的就是开始放缓的阶段。

相图的优势在于可以展示变化的变化。钟摆在其右侧的放慢过程中依然保持上升趋势，但看到它最终状态才是至关重要的，因为它帮助我们了解整个过程其实正在放慢。显然，很快钟摆就会回落。当钟摆已经开始负加速了，却依然为其处于上升状态而担心是愚蠢的，因为你不知道它处在钟摆模式中速度变化的哪个时间点，而相图能帮助你预知未来。

相图可以是理论上的，就像在图5里，钟摆在真空中摆动，完美支点也不存在摩擦力。但也可以应用实际数据，看看现实中的钟摆运动的相图到底是什么样的（详见附录中的图67）。支点处的摩擦力和空气阻力意味着，如果没有外力加持，钟摆的每一次摆动都不会到达上个周期到达的那么远，每个周期的最大速度都比上一次慢了一点点。如果我们画出几千个周期之后的相图圆圈，将会看到其最终将收敛成一个点，钟摆将停在那个点上不再摆动。事实上，这就是一条螺旋曲线，与生活中的大多数事物一样，钟摆也在变慢。

第3章
债务：
放缓的标记

学生贷款还在增加，尽管增长得比前一年慢了一些。去年（美国）毕业生中有大约66%欠着学生贷款。

——安妮·诺瓦，CNBC报道，2018年9月20日

我可以用一些不那么简洁的文字做本章和随后两章的标题：放缓中的例外——债务、数据和环境破坏。这是我们认为没有放缓的三个领域（但事实是要么已经开始，要么不马上就会开始）。这是本书采用真实数据的第一个章节，关注几个很罕见的现象，这些现象依然令许多人认为放缓尚未发生。这些罕见到堪称"奇迹"的现象更容易吸引我们的注意，并常常让我们忧心忡忡，因为它们看上去似乎正走向失控。我们将在这里讨论它们，你或许有些迷惑，为什么我们要在一本讲述放缓的书中讨论这些例外，因为我想以最难的例子开头，借此希望你更有兴趣看下去！

当我们讨论社会形态正在发生的变化时，先从例外开始是一种合理的策略。随着收入上的不平等在世界上大多数国家得

以缓解，我们需要探寻现在面对的更严重的问题是什么。[1]今天，大多数事情正回归常态，但有些问题仍然朝着不可控制的方向发展，它们几乎都是过去的某些事件、决定、错误或无知所带来的后遗症。

财富上的不平等，以及随之而来的债务不平等还在持续增长，尽管收入上的不平等很久以前就开始改善；生成和处理信息的能力达到顶峰之后很久，大量信息依然喷涌而出（大量假新闻的出现可以说是放缓时代开始的标志之一）；经济发展带来的环境污染可以在增长结束之后很久依然造成危害，包括堪称罪魁祸首的全球变暖。

债务是财富的另一面，没有日益增长的财富集中，也就不会出现债务增长。如果我们不再相信那些拥有巨大财富的人配得上他们的所有，并认为他们无权继续依靠积累的财富不劳而获——无论是什么形式，这些资产性收入的最终本质就是来自债务的利息，那么财富将不再像现在一样高速增长。随着财富增长，我们中的大多数，在平均意义上讲，会变得愈加贫困。就像当今的信息一样，尽管生产与储存信息的能力在飞跃，在数量上出现了爆炸性增加，但淹没在其中的我们，却未必因此而变得更聪明或更多识。

由于放缓表现为负加速，而非跌落，因此意识到其已经发生并非易事。放缓的发生来得不紧不慢，有时会经历数代人的时间。今天的我们依然习惯于寻找新鲜、刺激和不同寻常之事，期待着社会的快速进步，以及伴之而来的危险和意料之外的改变。几星期后的天气预报可以在大体上做到与今天的天气预报有着差不多的精度，但再往后，天气的变化或许与我们的预测大相径庭。

时间到了，人类扩张、层出不穷的技术创新和地理改造正逐步放缓并趋于稳定。我们无须对此满怀惧意，改变还是会有，只是不再那么剧烈。繁荣时代——远非让我们普遍得益的时代——持续不了多久，尽管我们中的大多数之所以能够活在这个世界，得益于这次人口爆炸和大加速。

对于一个物种来说，最佳环境是那些能让其种群数量快速增长的环境。一般来说，最佳环境很难出现。在人类的例子里，人口增加的问题转化成人类意味着什么的问题。对于地球上大多数人来说，最佳环境直到1900年左右才得以实现。人们迁移到城市，住宅变得更高大也更干净，也得到更好的教育——或许也变得更贪心。如果我们想在现在这样的人口数字之下更好地存活，就需要迅速做出大量改变。对这些改变的最有力支持将来自我们对到底有哪些东西将会彻底放慢速度这一问题的探究。

加速发展越发罕见这一事实本身就回答了为什么几乎在我们生活的任何方面，我们都已经不再经历快速的变化，至少没有我们的父辈或祖父辈所经历的那种快速变化。本章从讨论美国和其他几个在近几年允许学生贷款大幅上升的地方开始。学生贷款跟随大学生数量一起上升。后者是一件好事：没有这样的大学生数量扩张，也就不可能有多少人能够理解类似本章所讨论的问题。但不断上升的学生贷款可能是，却并不必然是后者带来的副作用。

上升中的学生贷款

债务增加为我们提供了一个让自己相信世界并未放慢，反而还在加速增长的例子。学生贷款问题最严重的国家是美国，其次是英国，随后可能是加拿大、智利和韩国。其实学生贷款问题的出现和随后的增长在很大程度上缘于这些国家的经济放缓、腐败和无能，而这些国家的政治策略更是令这些问题愈发严重，进一步加剧了经济上的不平等。一个高度不平等的国家，或一个正变得越来越不平等的国家，或许能够实行高额学生贷款政策，但只能维持一小段时间，因为该策略无法持续。

理解学生贷款已经无法持续的要点之一是认识到我们需要改变自己的认知，不再相信自己依然生活在一个加速增长的时代，看到在那么多地方，负加速已经开始。如果一切依然处于加速增长阶段，未来的工资会巨幅增加，那么大额贷款会在未来变成小额贷款，可以轻易得到偿还。这种论调听起来一点也不疯狂，我们可以以贷款总额为参照来计算，学生贷款的增长已经有了放慢的趋势。

美国学生贷款的增长速度在2009年7月达到高峰，但如今依然处于增长状态。如果我们能够估计在那些需要支付高昂学费的国家里所积累的学生贷款总额的话，毫无疑问，我们会看到该数字依然处于增长状态，这属于全世界的普遍现象，其他形式的债务总额也同样处于增长之中。但美国对于债务加速增长的控制呈现为一种有趣的模式，而且这种控制的开始正好就是全球金融危机开始的时间点。尽管如此，就像在本章一开始的悲观引文所证实的，放缓直到10年之后才被新闻机构注意到。

美国学生贷款的增长速度放慢了，并非是由于现在进入大学学习的年轻人变少了，也不是因为美国大学降低了学费标准。从1969年到1979年，美国大学每年授予的学位数从127万增加到173万，增加了36%。[2]在下一个10年里，也就是里根当政的主要时期，这个数字上升到194万，也就是增加了12%。到了90年代，每年授予学位总数上升到238万，在这10年里，其增长率是23%。进入21世纪后，2000—2009年，该数字进一步增加到335万，增加41%，2010年增加到355万，2011年则是374万。然后，增长停滞了。2017年授予的学位总数低于2016年：进入美国大学并获得学位的年轻人总数在最近几年变少了。

美国学生贷款的持续增长不仅因为利息积累增长，还因为越来越多的年轻人还不出钱。学费每年都在上涨，尽管毕业生们发现与自己的父辈相比，高薪工作变得越来越难找到。然而，在美国选择进入大学的年轻人总数开始下降之前，学生贷款增长的负加速就已开始。如我先前所说，这个进程已经持续了至少10年之久。尽管无论国内还是全球债务都在持续上升，超级富豪的财富也在持续增加，而快速致富的案例数量却成为第一个一落千丈的数字。学生贷款将成为明日黄花，不仅在欧洲大陆和中国的大部分地区它会依然处于几乎不存在的状态，并且也会逐渐消失于试行了这种只能维持一代人时间的金融投机伎俩的地区。

图6描述了在短短12年时间里，美国的学生贷款金额从4810亿美元增加到15640亿美元，但也显示出在同一个时期里，其增长速度变慢了，2009年7月就是明明白白的转折点。

来自美国储备银行圣路易斯分行的研究显示，自2006年1月以来，全美各地由贷款发放机构所持有的美国学生贷款总额的计算方法都是一样的。到了2007年，大约4019亿美元被以联邦家庭教育贷款的方式贷给2260万学生，每个学生的贷款平均为17783美元。[3]再加上对另外700万学生的总额为1068亿美元的联邦直接贷款以及帕金斯贷款（Perkins Loans）和其他较小规模的贷款，2007年第一季度的总数大约是5100亿美元，每季度大约上升150亿美元，每年增加11%。

从2006年到2011年的短短5年时间里，从联邦贷款系统获得贷款的学生人数从2830万增加到3830万。每个学生的平均贷款从18233美元上升到24757美元，2011年联邦机构所持有的贷款高达9482亿美元。贷款总额翻了将近一倍，而（贷款）学生数量只增加了1/3。不管从哪个角度来看，这种增长都能被恰如其分地称为"失去控制"。然而，如同图6中的时间线所示，加速增长的峰顶出现在2009年7月，仅那个季度，贷款总额就增加了300亿美元——但是这已经成为过去。如果这种增长速度（新生贷款的速度）持续下去，那么学生贷款的总额将很快远超美国其他所有种类贷款的总额。这种增长速度是无法持续的，仅仅出于这一个理由，我们就能知道学生贷款不可能以曾经的方式无限增长下去。

近期学生欠下的贷款远远大于过去的学生。这些贷款之所

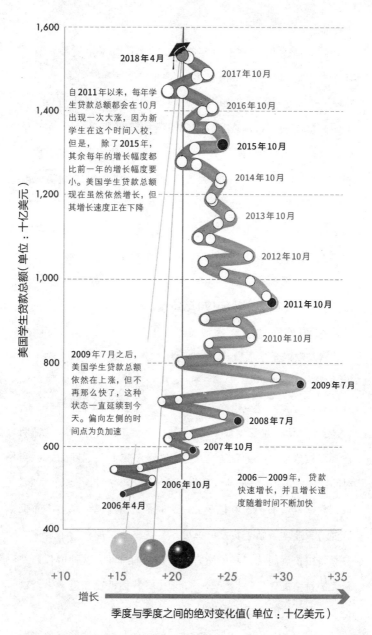

图6 美国学生贷款，2006—2018年

数据来自美国联邦储备银行理事会"学生贷款与证券化余额[SLOAS]，2018年第二季度"，数据于2018年12月28日下载自圣路易斯联邦储备银行FRED，https://fred.stlouisfed.org/series/SLOAS

以受到欢迎是因为他们被灌输：以后的学生将不得不借更多的钱，他们会更悲惨，学费会涨得更高，他们所欠下的债务也更高，他们还将与越来越多的毕业生竞争那些工资足够高、能够偿还贷款的工作机会。这种说教所传达的信息是：别担心，尽管你所处的境遇挺糟糕，但那些在你之后读大学的人会更惨，因此相对而言，你过得挺好。当然，美国最富有家庭的孩子上大学不需要贷款，所以他们遭受剥削的程度最低。正是那些最富有的人设计出这个针对其他家庭的孩子——那些有理想的孩子们——的糟糕系统，鼓励贷款而非设立奖学金。

每年10月，也就是新生入学并借到新贷款时，美国学生贷款总额增长最多。但在2009年和2011年两个年份却并非如此。到2012年，仅仅一年，新进入这个系统（净增长）的180万学生就获得了联邦政府借给其所在大学的额外1000亿美元的等额附加贷款补助，并记入他们的累计利息。但从2012年开始，该项目的增长速度就开始逐年降低，因为学生人数的增长速度迅速下降，甚至有一年出现了负增长。但无论如何，贷款总额从来没有减少过。

2018年，美国学生贷款总额的季度增长已经下降到每季度200亿美元，相当于800亿美元一年。到2018年第四季度，其总额达到1.56万亿美元的规模，虽然还在增长，但是每年增加的越来越少。当时，美国年龄低于25岁的学生平均每人欠了联邦政府14753美元，年龄在25岁到34岁之间的学生平均每人欠了35553美元。他们的债务已经上涨到远超清偿能力的程度。对于年龄在35岁到49岁的"前学生"来说，他们的平均贷款甚至更高：这些人在当时获得的贷款金额远低于今天，因为当时的学费比今天低许多，但因为巨大的利息负担，现在平均每人还欠着38593美元。而那些年龄处于50岁到61岁之间的人，他们的平均债务下降到37828美元，而年龄更大的那些债务更低，但依然平均每人34316美元。当然，这些人去世之后，联邦学生贷款就一笔勾销了。[4]

美国学生贷款总额还在上升，但比以前的上升速度慢了，只有这样才能假装维护整个明显不合理的体系的表面合理性。在其他国家，譬如英国，学生贷款总额依然处于加速增长阶段，迄今为止，尚未见到负加速出现。但它终将慢下来，尤其是当英国的两个主要反对党——工党和苏格兰民族党都反对其存在时。[5]任何东西都不能维持永远加速。

汽车贷款

好吧，美国的学生贷款总额仍在上升，但其增长的负加速已经出现，那么购车贷款又如何？当有些不可或缺的东西，譬如教育或住房等只能通过借钱才能负担时，债务就产生了。在那些实行免费教育的国家，这个负担通过全民税收实现，针对人们接受教育的需求，可获取利润的空间少了许多。生活在没有开放、公平的渠道接受教育的国家的年轻人，遵循家庭的建议他要去读书，但又没法一下子拿出那么大的一笔钱，才不得不求诸借贷来给自己一次机会，以谋求未来更好的人生。

在世界大多数地方，大多数人都没有汽车，即便在一些非常富裕的国家，汽车的使用也受到很多限制。日本就是最好的例子。早在2014年，就已经有数据显示，日本家庭的平均汽车拥有量已经连续多年下降，并将很快降到平均每户拥有不到一辆汽车的程度。[6]作为鲜明对比，2001年的调查数据显示，许多家庭所拥有的汽车数量超过了该家庭达到合法开车年龄的家庭成员数量。

一个秩序良好的富裕社会会放慢节奏。它越来越依赖公共交通，骑车以及步行，而非乘员不足、铺张、导致拥堵和污染的私家汽车。我们有着非常快速的火车，但这超出了大部分人日常使用的需求。通常我们的旅行需求并没有那么快、那么远，开着自己的小车就可以满足。那些没有意识到节奏正在放慢的人正热切地讨论着未来的我们将坐着机器人驾驶的汽车飞驰在城市之间。除了这是另一种让自己更快变胖的方式之外，还有什么理由让我们向往这种生活方式？为什么不重新安排我们的生活，来摆脱这么无趣的旅行呢？

美国是一个加速前进的国家。这是一个要把一切造得比别人更大、更好、更快、更长、更高、更宏伟的国度。在今天，这一切显得多么愚蠢！这种愚蠢也不是人们在过度消费这一不幸源泉时获得快乐的理由。不管哪个国家在人类最伟大的加速时代——20世纪五六十年代——成为世界上最富裕的国家，都会发明出世界上最大的烤肉炉，推出大到荒诞地步的套餐，拥有最重的身体质量指数（BMI）和最费油的汽车。美国甚至还用最快的速度将几个白人送到月球，以此显示美国的伟大。美国愿意斥巨资来提升国家自豪感，以修补被苏联空间计划伤害的自信心。[7]

今天，在美国，没有汽车是一件非常困难的事，汽车在通常情况下是去单位、学校或商店的必要方式。对于无家可归者来说，他们的汽车，或者别人弃置不要的汽车就是栖身之所。早在多年以前，美国的汽车产业就已经成为债务产业。汽车是作为梦想来销售的，它们的曲线造型就像梦一样，成为美国通衢大道上自由之梦的真实体现。

2003年，美国与购车相关的债务总额大约为6220亿美元，平均每个家庭5600美元左右；到了2018年，这个数字几乎翻了一倍，达到1.27万亿美元，平均每个家庭10400美元。然而，就像继续增长的学生贷款总额一样，尽管全国汽车贷款总额仍在增长，其增长速度却不像过去那样迅速。美国离日本已经实现的目标还有着遥远的距离，后者在最近几年行驶在路上的汽车数量持续下降。缺乏公共交通投入的美国或许无法实现日本的成就，但美国汽车贷款增长也出现了负加速的迹象，潮水正在退去。

几乎整个20世纪，富裕国家私人贷款增长的最大推手之一就是购买新车的需求与渴望。旧车的驾驶寿命其实远超许多车主实际驾驶的年数，但汽车行业需要人们购买并驾驶新车。当人们没有足够的积蓄购买新车时，汽车行业发明出一种新的贷款，一种由汽车本身作为抵押物的贷款产品，让你得以在负担得起之前很长时间就开上新车。

债务与欲望常被认为相伴相生，但只有具备信用时债务才成为可能，而信用又只能来自足够的贪婪和盈余的财富。要想大规模扩张债务，就必须将财富集中到少数人手上。少数人拥有的财富越多，能够出借给别人的钱就越多。在经济的巨大不平衡和人口增长同时出现的环境下，私人银行被允许以创造新贷款的方式赚钱。这些银行的所有者，以及那些高薪雇员从这个过程中获得最多利益。对于其他人来说，只有物价的上涨和债务的增加。

你或许会认为如果没有巨额而且还在增长中的汽车贷款，就不可能有新车。然而，这与学生贷款的例子一样，其他国家的千百万人现在也能接受大学教育，也并没有欠下巨额债务。你或许觉得对于大多数拥有合理生活方式的人们来说，不贷款就不可能购买新车，但在这方面美国更像是一个例外而非常规。

某人的债务可能是另外一个人的资产，也是那个人的收入来源。这个人或许已经拥有了巨量的财富，一辈子都花不完，但他们永远想要更多。贪婪是让人上瘾的，令人沉醉其中，不能自拔。通过借钱给别人，并对所有的贷款征收利息，那些最富有的人可以什么都不做就让自己的财富增值。而其他人却不得不开着用借来的钱购买的车上班赚钱，来偿还自己的各种债务，他们中的大多数将永远存不下足够数量的财富。如果他们能够存下钱来，并选择不再背负债务，整个系统就无法运作。

富有的人能够间接出借，譬如，他们借钱给联邦政府，购买部分美国国债。通过这种方式，他们的部分财富被间接地作为联邦贷款出借给大学生。在理论上，那些连本带息偿还学生贷款的大学生中，能够偿还的可以补偿无法偿还的钱款，因此联邦政府还得起富人的贷款，包括附加的利息。但最终，这个巨大的庞氏骗局终会破灭，因为如果我们以现在的方式生活，只能有极少数人成为富人。

富人们或许尚未意识到，将自己的钱出借给别人去接受教育，让他们学到世界原来可以以更好的方式运作，从长远看，这么做无疑十分愚蠢，但人们常常过于关注短期的利润最大化。

有些人认为基于债务的国家经济是必需的，尤其是对于那些拥有私人养老金计划的少数人而言，他们需要养老金的增值，但基于债务的经济却缺乏一种能够为所有人提供足够养老金的机制。在一个尚未实现平等富裕的社会里，大多数人进入老年时都处于比较贫困的状态，等待他们的将是一个更加穷困潦倒的退休生活。那么，这样一种体系怎么可能出现在一个理论上实行多数人统治的国家里呢？为什么在自由的国度有这么多人被沉重的债务压弯了腰？其答案或许部分建立在对未来加速发展的信念之上，但这个信念现在正逐渐消失。

基于债务的美国经济在20世纪五六十年代看起来表现良好，这要感谢从国外注入的大量现金。彼时的美国的工业正处于成功的光辉巅峰，其背后是实力强大的美国军队。冷战笼罩着全球，事实上，在许多贫穷国家的国土上，上演的是货真价实的热战，尤其是被认为维系着美国利益所在的那些国家。美国从生活在世界其余地区的人民头上赚取了比自己花出去向他们购买商品与服务的费用更多的钱。当这样的状态结束时，大多数美国人所处的摇摇欲坠的危险现实才变得越来越清晰可见。

自30年代以来，购买美国汽车大多数都是借助贷款实现的，贷款的金额与卖出的汽车数量几乎每年都多于前一年，1978年达到峰值：将近1500万辆车的年销量。[8]发生在80年代初期的衰退导致销量下降，但等到1986年，销量就又涨到1600万辆的新高，接下来又是一个回落，直到90年代末期才恢复，在2000年实现了1700万辆的突破。随后，年度车辆销售总数出现了急剧下滑，到2009年时，年销量只有1000万辆出头，随之而来的是经济大衰退。

大衰退结束之后，美国的汽车销量开始回升，但速度缓慢，再次回到年销1700万辆的高峰是2016年的事儿了，现在又再一次进入下降通道。[9]从2003年到2013年的10年里，美国汽车贷款经历了大起大落。但退后一步观察全局，你就能再次看到在汽车与相应的贷款行业，伟大的美国加速在今天正表现出明显的放慢迹象，而且已经持续了好一段时间。

尽管美国汽车贷款总金额依然处在增长状态，但增长速度比之前放慢了。美国满街都是修补一下就能使用很久的旧车。如今所面临的放缓趋势还有极大的发展空间，但如果想要继续这种放缓趋势，美国必须开始放弃对汽车的热爱。从2003年到2018年仅仅15年间，全国存续汽车贷款总额就从6220亿美元飙升到1.238万亿美元，更别提在这段时间内，美国曾经历过威力无比的经济衰退。美联储每季度会发布美国人的存续汽车贷款总额，在大多数年份（至少自20世纪70年代后期以来），这个总额就一直处于增长状态。2003年之前，伴随着美国人每年购买新车数量和车辆价格的双双上涨，贷款总额增长速度基本上处于一年比一年快的状态。与此同时，美国处于能够合法驾驶车辆年龄的人口数量也在增长,但这些潜在消费者中能够不依赖债务购买汽车的人数并未增长,因此美国的汽车债务不仅持续增长,而且加速积累到2003年令人目眩的6220亿美元之巨。

21世纪头十年早期,美国汽车贷款总额以平均每季度250亿美元,每年1000亿美元的速度增长。每三天就有10亿美元的净增长被添加到汽车贷款之山上。在旧债被偿还或注销的同时,又有更大金额的新债生成或延期。但到了2004年底,汽车贷款系统发生了地震,油价的上涨贯穿了2003年一整个年头。全世界需求增长的高峰出现在2003—2004年度,倒是在这一年里,汽车需求仅增长了3.4%。[10]但是那年年底,买新车的人变少了。2005年初,贷款总额进一步下降,随后几个月有所回升,直到2005年底再次下滑。汽车贷款总额在图7的时间线上画着圈,2006年又有所回升,到2006年底和2007年底再次下降,然后从2008年中期到2010年中期持续下滑,每个季度都如此。到现在,银行都已经自身难保,无法为汽车公司一心想要继续推销给顾客的贷款放款。

到2011年开始的时候,汽车新增贷款的整体规模已经低于其在2003年底时的水平。直到2013年年中,美国汽车贷款的增长速度才恢复到10年前的常态。现在,又有一些根本性的变化发生。

从2015年开始,每年的第二季度与前一年的第二季度相比,美国汽车贷款的增长率都略有降低,而且全部大大低于2005年的第二季度——那个季度的数值是之前加速时期的最高

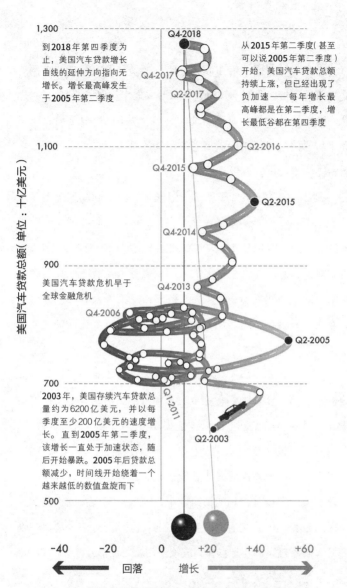

图7 美国汽车贷款,2003—2018年

2019年第一季度贷款增长了0.5%,2018年第一季度增长率是0.7%,2017年第一季度的增长率则是0.9%。时间线数据来自纽约美国联邦储备银行发布的《家庭贷款与信用的季度报告》(*Quarterly Report on Household Debt and Credit* [HHD_C_Report_2018Q3]),纽约联储微观经济数据中心,2018年12月28日下载自 https://www.newyorkfed.org/microeconomics/databank.html

点。图 7 中的时间线向左倾斜，曲折地攀升至汽车贷款总额达到峰值的年份，我们不知道它什么时候发生，但能够看出趋势。再一次的油价地震随时可能发生，至少从中间部分来看，美国汽车贷款的趋势是走向负加速的。贷款总额还在上升，但与之前相比，步伐正在放慢。

到了 2018 年第二季度，美国汽车贷款总额在这个增长最快的季度只增加了 180 亿美元，在此之前两个季度的增长分别只有 80 亿和 90 亿美元。大多数美国人依然处于相对贫困状态，作为对比，有一些为数不多的人却变得惊人富有（处在两者之间状态的人数正在减少），贷款将依然是美国人购买汽车的主要方式。只有在美国贫富差距开始缩小时，汽车贷款的重要性才会降低。

100 年前，美国人只有在付完全款之后才能开走自己购买的福特 T 型汽车。他们将定金交给福特经销商，每个星期定期缴款，直到付清全款，然后才能提车开走，也不用背负债务。人们不应该通过借债来维持生活。购买一辆自行车无须贷款，城市应该设计成不需要开车就能上班。随着世界上越来越多的人开始生活在设计周到的城市之中，需要汽车代步的人的数量将逐渐减少。公共交通应该变得更加便宜，而对于少数住在郊区无法摒弃汽车的年老群体，应该使用积蓄而非借贷购买汽车，这就是今天日本的常态。终有一天，美国的汽车贷款也将成为陈年往事。

今天为 1.2 万亿美元债务所支付的利息或许比 2003 年总额只有一半的贷款所产生的利息都低，因为今天的利率已经降到如此之低。但现在美国的利率又开始略微上升。从长期看，借钱购买贬值资产有违常理。上升中的利率同样也会阻止人们借钱买车，只要他们能够找到其他出行方式。

美国房屋贷款

贷款存在于世界每一个角落，但美国的贷款金额却比任何其他地方都高。对于年轻人来说，学生贷款还在增长，但增长速度正在放缓，虽然放慢的速度还是不够快，因此总额依然在慢慢变大。美国的汽车贷款也一样处于增长状态，但增长速度一样在下降，而且比学生贷款增长速度的下降还快一点点。接下来讨论的，堪称是所有贷款中最要紧的一种，也是你在今天这个国家获得长期安全感的必要方式——购买房屋的抵押贷款。在美国，你只有购买自己的房子才能确保长期稳定居住，如果你只是租房，意味着会被随时赶走，即便你有足够的钱支付房租。

在许多国家，你可以选择买房住，也可以选择租房住。国家管控房租，通常由地方政府管理，迅速提高房租或者收取高出平均水平的房租都是不被允许的，而且只要租客支付租金，就有权一直住在其中。在世界上管理得最好的富裕国家里，如果房东想要收回房子，必须为租客提供经济补偿，如果补偿不够高，租客可以选择继续租用原房屋并生活其中。不管怎么说，这是一个家，家绝不仅仅是一件财产。

只有当稳定租赁不存在时，房子和公寓价格才会飞涨。今天美国的大部分州，租户的权利非常有限，房东可以单方面决定租金，因此可以通过涨房租而轻易赶走租客。出租的房子可以非常破败，房租可以比房子的抵押贷款利息高出许多，所以那些买得起房的人都努力买房。然而，对于绝大多数人来说，买得起的意思就是能够借到钱买房，而这又取决于他们的信用历史。美国的贷款利息可以随时间以及他们是谁和住在哪里而变化——尽管歧视在今天属于非法，[11]但每个人还是有自己的信用评级。

在美国买房与在许多欧洲国家买房不一样，后者的房屋抵押贷款利率常常在20年或更长时间里保持稳定。买房好过租房，但同样充满风险，如果你还不上分期贷款，贷款方就会把你赶出去并收走你的房子。美国的有钱人通过全款买房来避免这个风险，而他们用以购房的钱，常常来自直接或间接的利息收入，这些利息来自他们借给不富裕的人们的贷款。当经济不平等大量存在时，保持富有是最佳状态，但只有一小部分幸运儿有机会成为富人。

建造一栋房子或公寓没有那么难，人类这样做已经很长时间了，难的是控制投机和通胀。"二战"结束后不久的1949年，全美存续的房屋抵押贷款总额仅仅是540亿美元而已，包括了房东与自住家庭借出的贷款。[12]到了1953年，这个数字翻了一倍多，达到1120亿美元，到1960年又翻一番到2270亿美元，1969年再次涨到4500亿美元，1977年突破1万亿美元，1984年2万亿美元，1992年4万亿美元，2002年8万亿美元。从1949年开始，每个季度都出现增长，从无例外，直到2008

年的第二季度，然后连降20个季度。在2013年第三季度，一些根本性的变化出现了：一个在之前60多年里看起来一直运作得相当成功的住房金融系统崩溃了。

真相是，美国的住房系统运行良好只是对少部分人而言，尤其是对那些足够富有、能购买多处房产的人。美国几乎不存在社会福利住房，也没有由地方政府或慈善机构管理并以低廉租金出租的房屋。几乎每个买不起房子的人都只能通过私有房屋租赁市场解决住房问题，而有些能够付首付的人又可能无法每月支付房贷，如果你失去工作、患病、与伴侣离异，继续还房贷会变得更加困难。大部分人不得不长年累月地偿还房贷，但依然无法完全拥有自己的房子。还有一些人只能选择"只付利息的贷款"，因为他们被认定不符合偿还本金贷款的标准。在20世纪后期和21世纪初期房价不停上涨的年代，大多数美国人失去了买房的机会，尤其是年轻人与穷人。

我们购买住房时所支付的钞票与建造房子的成本没什么联系，也未见得与任何关于供需关系的规则有什么关系。2008年的住房需求并未突然降低，但能被借出来用以购买房屋的钱切切实实发生了崩塌式下滑。我们常常被告知房屋的价值主要反映在其所建造的土地价值之中，但这依然是一种假象。美国的土地价值并未在2008年突然贬值。从来就没有什么神秘的土地价值维持房价，相反，整个房地产市场就是少数几个人操纵的游戏，他们向大量需要某个地方安身的人出借越来越多的钱。房价反映的是房屋贷款的货币供应，出借方推高了房价，他们游说政府，给借款者以税收优惠，好让自己看上去不那么唯利是图。他们利用了大众对房产的需求与恐惧。当放缓到来的时候，房贷系统的穷途末路就是一个标志。

人们常常把各种债务问题分开讨论，但实际上在更深层面上，它们互相联系。制造汽车所需要的成本与今天汽车的价格并不相符。顾客所支付的大多数金钱都用来支付贷款成本，除此以外，你支付的是汽车生产商的利润，以及说服你和其他许多人相信这辆新车值这么多钱，为此不惜支付更多甚至不惜背负更多债务来购车的广告和营销成本。而且你还买到了某种社会地位，这相当于一场竞价。再接下来，如果这辆车是美国生产的，你还要支付造车工人们的工资，但这些工资中的大部分将被用来支付工人们高昂的居住成本、工人们自己的汽车，以及让孩子接受教育的成本，因此这些工人们必须因为自己居住在美国而获得更高工资，因为美国从住房到其他一切都如此昂贵。所有这些增长的成本都互相联系在一起，而且，在一段时间里，它会持续并强化。

对大多数本科学位来说，教育学生所需要的成本微不足道。学生们只需要一把椅子、一张课桌，以及一家图书馆（虽然今天的学生从网络得到的帮助远胜于书本）。教授们的工资成本主要反映了当地住房成本，以及他们上班的交通成本。如果他们只能开车上班，就不得不要求更高的工资。然而，美国学生每年支付的巨额学费中的大部分并未作为工资进入教职员工的腰包，也没有成为大学图书馆的日常开支，相反，这些学费变成了大学高级管理人员急剧上升的工资（直到最近才有所改变），以及为了建造光鲜亮丽的大楼所需的巨额费用，还有大学为了给人以高昂学费确有所值的印象而费尽心机大做广告的所有开支。

美国的大多数人并未生产商品，譬如汽车，也不从事教育，同样他们也不建造房子，他们只是参与金融业并安排各种中介事务的人。从前没有这么多中间人干预的时候，我们一样过得很好。现在每个组织都有律师参与，还有会计、投资者和咨询顾问，换句话说，也就是官僚。他们使经他们之手的每样东西的成本上涨，直到有一天，泡沫破裂。

你不能无休止地提高价格，借出越来越多的钱。当房价上升时，许多银行家不在乎自己把钱借给了谁，他们或者坐收利息，或者收回价值几乎总是远远高于贷款的资产。2005年之后不久，贷款不再是持续性的涓涓细流，大量家庭的房屋抵押贷款开始出现断供。[13]

2006年与2007年，银行家们开始对借贷警惕起来，借贷的真实成本开始升高，能够获得贷款的人变少了，房价开始下跌，银行对于依靠贬值中的抵押物出借贷款感到不安，一个下降的房贷螺旋开始形成。物价下跌在通常情况下会被认为是个好消息，但房价下跌对于习惯了房价持续上涨的国家来说是一场灾难。由此可见我们的经济结构错得多么离谱。

所有的债务都相互关联。一张大学文凭、一辆汽车、一栋房子——这些东西都不应该让人为了获得它们而背负一生的债务。在世界的大多数地方，也确实并非如此，甚至在美国与英国人的记忆里，也不是一直如此。当人们允许债务过度增长，个人以及整个家庭都无法偿还时，他们所购买的资产的价格就会下跌，因为别人无法借到足够的钱去购买。如果大家都拥有大学文凭，大学学位就会贬值。人们也停止频繁地购买新车，因为它不再令自己看上去更成功。同样，虚高的房价也会下跌。

近年来，美国房主（而非房东）所承担的房屋抵押贷款总额在房屋贷款总额中所占比例持续增长，因为出租房房东们将正在贬值的房产售出，以减少自己的债务负担，他们的租客被赶走以"帮助"销售。当船开始下沉时，那些最早知道实情的人最早逃离。那些想要借钱给别人的人变得越来越慌乱，因为他们能找到的安全借款人或安全借款项目变得越来越少。这是曾经被预言会一直增长下去的系统增速大幅度放缓时不可避免的后果之一。

短短15年时间，美国房屋贷款总额就从2003年的4.942万亿美元增加到2018年的9.14万亿美元，但再一次，其增长速度出现放慢（见图8）。发生在2008年的经济大衰退是你第一眼就能注意到的事件，但仔细看看该事件前后的情况，注意2006年、2007年、2017年和2018年这几年的斜率，在经济暴跌之前与之后它们都移向左边。

纽约联邦储备银行公布房屋贷款的季度数字始于2003年，当时美国房屋抵押贷款总数低于5万亿美元。随着房子和公寓价格同时上扬，越来越多的房子被造出来供人贷款购买，随着美国人口的持续增长，房屋抵押贷款也一涨再涨，增长速度还不断加快。

这场加速在2004年初略有放缓，但到了同年秋季，美国存续房屋贷款总额跨越了6万亿美元的大关。更多家庭借了

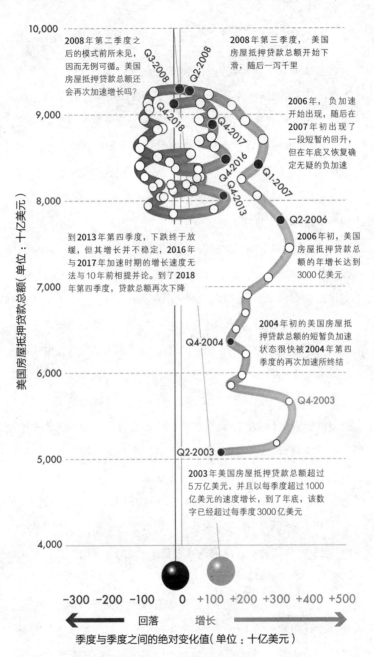

图8 美国房屋抵押贷款,2003—2018年

数据来自纽约美国联邦储备银行发布的《家庭贷款与信用的季度报告》(*Quarterly Report on House hold Debt and Credit* [HHD_C_Report_2018Q3]),纽约联储微观经济数据中心,2018年12月28日下载自https://www.newyorkfed.org/micro economics/data bank.html

更大金额的贷款，比其他人偿还的金额大得多，以每季度大约2000亿美元的速度净增长。2005年，美国房屋抵押贷款总额继续增长，而且速度依然加快，同年秋天就跨过7万亿美元关口。到了2006年春季，每季度净增长已经超过3000亿美元，2006年秋季总额超过8万亿美元。虽然增长速度略有降低，但在2007年出现了最后一段加速冲刺，秋季达到了9万亿美元。但一个根本性变化终于要到来了。

2007年的下半年，房屋贷款的增长率就已开始明显下滑，在某些人群的子类人群中，其下滑出现得更早。到2010年秋季，整体增长率连降9个季度。从下滑的第一个季度来看，危机已很明显。如今回过头看，这个危机早在被广泛报道之前就已开始，远早于2008年的大衰退。然而，先前出现的贷款增长放缓后来又全部逆转，包括2003年第四季度、2004年第三季度和2006年第二季度之后。近期历史并没有确切的模型可以预测以后会发生什么。从前放款谨慎的出借方经常会错失债务增长中的金融机会，因此后来"聪明钱"在放缓出现以后依然坚持发放，直到大衰退开始，一切才变得真实：借出那么多钱一点都不聪明。

利率被大幅降低，以确保更多家庭能够不断供。总贷款金额在2009年第三季度降低到9万亿美元之下，到了2013年第一季度，更是降低到8万亿美元之下。这已经不是放缓，而是硬着陆。房价一泻千里，抵押房产借钱的人少了，申请房屋抵押贷款延期的人数也少了，美国各地的人们都开始以更快的速度还钱，还款金额超过了借款金额。那些通过向成千上万普通人提供贷款并收取高额利息的富豪的获利规模也逐渐变小。

2010年底房屋市场的第一次表面恢复在2011年再次崩溃，2012年初再一次企稳恢复，但随后再次下跌，发生在2013年的第三次恢复，看上去会持久一些，最终依然没有熬过2014年。2015年出现了第四次复苏，比前几次更强烈一点，终于在2018年第三季度再次爬上了9万亿美元大关。然而，现在房屋抵押贷款总额每季度的平均增长速率只有从前的零头，在500亿与1000亿美元之间徘徊，未来出现更深度衰退的可能性越来越大。

到2019年，美国住房抵押贷款经纪人都在自问，他们的产业到底是陷入一个半永久性的陷阱，还是有一天他们能够逃出，借贷生意再现往日一路向上的雄风？没有人能够解答这个谜题。不过可以确定无疑的是，一个规模巨大的放缓已经发生。难以确定的是增长曲线是否已经发生根本性变化，这个根本性变化的发生与巩固需要依靠政治改革，或通过一场更大规模的危机来倒逼政治做出改变。

美国政府需要阻止出借方轻易以这么高的利润率贷出资金。人们必须集体解决住房问题，而非经常性地从富人那里借来贷款购买住房。所有这些都需要深远的政治改革，也就是，开展社会福利住房建设、根据需求而非按照可支配收入的支付能力进行分配、引入有效的房租管控、针对银行和其他房屋抵押贷款机构实行更加严格的管理。我们必须摆脱这样一个陷阱，在这个陷阱里，人们愿意为获得一个稳定家园付出"一切代价"，而这个"一切代价"就是放贷者压榨出的最大利益（只要刚刚能够避开严重的断供就好）。如果这些改革没有发生，那么债务肯定会再次上升，在未来几年之内导致又一次债务泡沫。

美国国债

生活中有许多事被错误地认为不仅会持续增长，而且增长速度还在加速之中，债务就是其中之一。这种错误的假设源于事实确实如此的年代的回声。世界上大多数富人的财富在第一次世界大战之前的10年时间里获得极大增长，作为结果，那些年也是债务快速积累的时期。十八九世纪的欧洲遍布欠债者监狱。作为对比，在19世纪中期，这些监狱基本上从美国土地上消失，当时的美国正处于经济最平等的时期：联邦债务人监狱在1833年被废除。

一个国家的债务负担程度常常与该国收入和财富的集中程度密切相关。当大多数人只有少得不能再少的财产，特别是几乎没有积蓄时，他们就变得非常容易依赖债务。与此同时，一些人有着大量财富，如果不进行投资，这些财富就会缩水，而投资总是会创造出他人的债务。在大规模平等得以实现的时期和地方，人们能够投资自己的家庭和生意，不需要向他人借贷。但在欧洲，以及随后的美国，在19世纪下半叶，逐渐变得越来越不平等，债务也因此上升。在此之前，许多人极度贫困，但他们并不欠债，只有一些略有富余财产的人会放一点债，但慢慢地，借债成为常态。政府在战争年代也开始积累债务，因为仅靠税收政府已经无力支付快速上升的战争开支，特别是那些拖了很长时间的战争。对生活在"一战"结束之后工业不景气和大萧条之中的许多人来说，债务大幅上升。

北美，欧洲，特别是日本，第二次世界大战结束后的经济不平等问题大幅改善。战后重建的前20年的财源来自对富人征税而非向他们借款。更平等的社会会更有效率，与经济上非常不平等的社会相比，前者更少依赖债务。但是，经历了几十年的平等发展之后，许多人习惯了现状，不再防备那些偏爱不平等的人们对平等的大肆破坏。在英国和美国，从20世纪70年代之后，经历了80年代的大加速，收入不平等逐渐加剧，债务也因此上升，贫富差距开始螺旋上升。那些飞速上升的债务也包括国家公共政府所欠下的国债。

债务只可能以加速的方式增长，因为那些有了钱的人认为自己能够通过借钱给别人而获得更多钱。钱有各种各样的产生方式，例如，它们能够被私有银行合法地凭空印出，只要那些银行获得政府的许可。

随着一个国家的人口增加，以及整个世界人口增加，必须创造出更多货币，否则就会出现通缩。但最近几十年来，许多国家新印出来的钱大多数都进了本来就已经拥有许多钱的少数人的腰包，随后被他们出借给其他人，如果那些借了钱的人从他们的投资中所获得的收益大过偿还所借贷款的成本，就也会慢慢变成富人。然而，这种投资利润只能来自其他人所付出的代价，后者常常依赖举债来购买前者生产的产品。这是一个终将在某个点被打破的循环。可能乍看起来，巨额债务一直伴随着我们，但持续向那些获得了金钱控制权的人还债以养肥他们，实际上只在部分时期被视作常态：大加速时期，大多数人被诱骗，相信将自己的辛苦所得支付给富裕的教会或国王是一种宗教或公民责任。

主权政府可以按自己的意愿为自己创造货币。有多种方式来达到这个目的，从印钱到为自己的中央银行提供资金，除此以外，政府还能发行债券。当今世界上最有名也最大规模的主权债务是美国政府所欠的国债。多年以来，这种国债不仅增长，而且增长速度还在加快。尽管如此，还是有一些时段，美国国债的增长出现了负加速。这个时段发生在1991年到2000年，并且在我撰写本书时再次发生。美国国债总额还有几次出现短暂的回落，分别出现在2000年、2013年、2015年和2017年。但在大多数年份，美国国债一直快速增长，但凭此就认为该趋势将一直如此并不准确：不仅是因为该债务并非一直在加速，它确实发生过下降，而且这种下降在过去10年时间里的发生频率高于美国最近历史上的任何其他时期。

1835年，美国没有国债。那一年，美国政府还清了所有债务。美国国债在南北战争和两次世界大战期间都出现上升，但在战争结束后都被逐步偿还，出现国债总额下降的趋势。然而，从70年代初开始，美国政府选择降低对税收的依赖，更依靠借贷的方式。特别是，对高收入群体的最高税率从70年代的近70%降低到80年代的50%，并在90年代早期进一步降低到25%。近几年来，该税率停留在35%左右。[14]通过向富人借钱，而非收税，美国政府让自己深陷在债务泥潭里。它还向外国借来了巨额债务。事实上，当美国付不起从中国购买商品的货款时，它开始从中国借钱购买那些产品！这个把戏可以短期维持，但持续不了多久，这也是拒绝接受放缓所导致的反应。

美国政府的国债利率在80年代初上升到超过10%，那也正是它对富人收税最低的时期。[15]随后，这个利率在最近一次金融危机时下降到最低——0.5%，近来又开始上升，2019年开始的时候是2.25%。因此，美国政府依然借巨额债务，但它在未来偿还时并不需要支付太多利息，除非利率被再次提到很高。美国政府应该增加税收还是国债在本质上是一场政治斗争。债务本身就是政治斗争，并且一直如此。[16]

今天我们认为人类将永远摆脱不了债务，包括国家公共债务。但就像在短短200年时间里完成了从零到今天这样巨大规模的增长，它也能够再次缩回到零。债务并非什么自然现象，完全是人类制造的，它是一种政治选择。债务将在未来缩减的第一个信号就是它的缩减已经出现，而且在刚过去的10年，其出现频率已经超过了在此之前的50年。今天，没有一种债务形式持续向上加速。许多债务依然处在增长状态，但比先前增长得慢。但要想让债务持续下降，需要我们集体改变政治观念——重新绘制所谓"良好运行的经济"这一图画。

近年来，学术界发表了一篇又一篇论文，阐述这种借债度日的方式无法持续，以及"我们可以通过贷款/债务创造出货币，但利息却无法凭空创造，所以系统中的债务会永远大于偿还能力"。[17]破产和其他形式的债务违约是全球范围内减少债务总量的唯一方法。

当我们看到美国国债增长速率放慢时，通常意味着其他形式的实体或个人负债在上升。例如，在许多富裕国家里，试图通过借贷来为养老金注资。这些养老金公司所进行的"投资"，很多时候就是简单的放贷，他们错误地相信数量更少的未来人口有办法连本带息偿还这些债务。只有在世界人口持续增长的情况下，这种预期才有可能实现。最终债务必然会收缩，就像这个星球上生活的人口伴随着我们都生育更少后代而发生收缩一样。许多我们现在面临的经济问题正是由于我们没有对自20世纪60年代后期开始的人口增长放缓做出相应调整。

债务是人口增长加速，尤其是20世纪60年代后期之前的成年人口大幅度增长所留下的后遗症。在短短52年时间（1966—2018）里，美国国债总额从3210亿美元上涨到21.516万亿美元，但增长速度现在已经放缓。我们倾向于忽略这个事实，因为我们的注意力完全聚焦在近年来债务总额的飞速上升上，但它并非一直稳步上涨，而且在未来也很难有可能持续稳步增长。

为什么美国国债总额不沿着一条光滑曲线增长？20世纪60年代末期，每100万美元的国债债务，每年大约增长50美元。到了1968年，这个数字变成每100万美元国债，每年增长约20美元。1971年时，美国国债总额为4000亿美元，联邦政府每年增加国债400亿美元，每个季度新增仅100亿美元，如图9所示，你几乎看不出这种微小变化。

进入20世纪70年代后，美国国债总额迅速增长，其增长速率是整个60年代增长速率的两倍。最快的增长速度出现在1974年，连着几个季度债务巨额增长。1974年底，美国政府的债务总额每个季度新增140亿美元，1975年底时，每季度增长230亿美元，即每100万美元的债务中有150美元是新增加的。1976年时，美国国债总额为6000亿美元，其增长速率降了一点点，但还是在1977年跨越了8000亿美元的大关，1980年，美国国债总额再次加速增长，每季度增长达到300亿美元。在这个速度下，国债总额毫无悬念地在1980年和1981年分别跨越9000亿和1万亿美元大关。在罗纳德·里根入主白宫的那几年，是美国历史上国债增长最快的时期。里根不喜欢征税，但喜欢花钱，尤其是在军费开支上。不可避免的结果就是债务增加，凑巧的是，从中获益的正是有余钱可以借给政府的富人们。

20世纪80年代堪称美国国债增长的10年。它在1984年飞涨到1.5万亿美元，1986年超过2万亿美元。美国国债的最高相对增速出现在1982年底，每100万美元的现存债务每年增加了185美元。该时间点之后，每季度的增长额依然不停上升，但新增贷款/现存贷款的比例，再也没有突破过之前的高点。1990年，国债总额超过3万亿美元，1992年超过4万亿美元。随后，债务增长速度开始放缓，在比尔·克林顿的第二任期出现了负加速。到1996年，美国国债总额才超过5万亿美元，2002年超过6万亿美元，2004年超过7万亿美元，2005年超过8万亿美元，2007年达到9万亿美元，2008年第三季度跳升到10万亿美元，这也是到当时为止，历史上国债总额增长幅度最大的一个季度。

2008年出现金融灾难,银行需要重建,如果你不想增加富人税负的话,唯一的办法只能是增加国家债务,而且是大量增加。在2008年第一季度,就增加了"区区"1310亿美元,第二季度增加了2940亿美元,第三季度6040亿美元,第四季度5510亿美元。2008年后期的几个月中,债务增长的相对速度几乎赶上了里根时代,达到了每100万美元债务增加170美元新债。因为此时的存续债务总额已经如此之高,新增债务总额也比之前多了许多。2007年之后,美国国债总额以每年1万亿美元的速度增长,从2005年的8万亿美元到2018年的21万亿美元,13年增加了13万亿美元——增长虽然快速,但仅就增长速率而言,仍然稍逊于之前。

图9中的时间线显示,现在的趋势已经明显偏向左边,说明即便是美国国债,现在的增长速度也已比不上从前。再重复一下,从绝对数字看,最快的增长发生在10年前的2008年第三季度,当时的国债总额三个月增加了6040亿美元之多。该增幅比2015年第四季度5570亿美元的增幅高点还高。后来几年还出现过几个季度,美国国债总额不升反降。如前所述,以年度为单位平均来看,发生在20世纪80年代的相对增长速率比2008年和2015年的还高。美国国债没有再出现类似80年代罗纳德·里根或2001—2009年乔治·W.布什治下的高速增长,共和党总统们似乎一心要让他们的国家陷入越来越深的债务之中。债务的巨额增长是催生大加速的部分原因。

从400多年前的英国、法国和荷兰东印度公司开始,到今天遍布全球的美国银行系统,债务就是用来扩张贸易、实力和

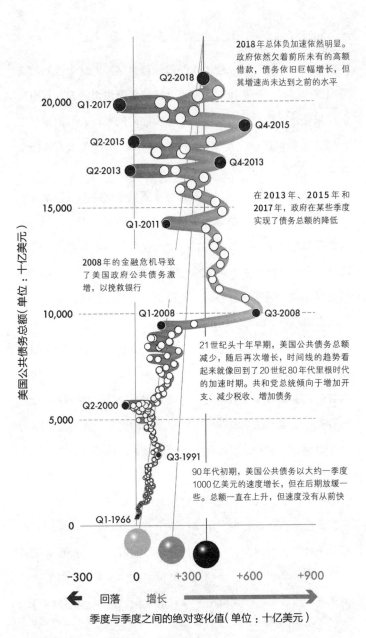

图9 美国公共债务，1966—2018年

数据来自美国财政部发布的《财政服务，联邦债务：公共债务总额》(*Fiscal Service, Federal Debt: Total Public Debt* [GFDEBTN])，圣路易斯联邦储备银行FRED，2018年12月29日下载自 https://fred.stlouisfed.org/series/GFDEBTN

特权的利器。随着潜在债务人的数量越来越多,这个把戏的效果也越来越好。那些让别人掉入自己债务陷阱里的人通常声称自己只是进行投资,这些投资是属于他们的财产,他们对其拥有权利,哪怕这些财产或许是另一个人的家、交通工具甚至教育。

本章的4幅图表中,美国几种主要债务的时间线都朝向中间轴移动,预示了从整体上看,债务总量虽然现今还在增长,但正受到整体趋势的控制,其终结就在眼前。不可否认,这个趋势发生在世界上债务问题最严重的国家——加速扩张的国度,但是现在这个国家该趋势正在放慢。为什么我们还需要观察其他国家的趋势?因为不仅是美国,全世界都在放缓。

1903年,查尔斯·庞兹(Charles Ponzi,原名Carlo Pietro Giovanni Guglielmo Tebaldo Ponzi)从意大利来到美国。如果你对庞氏骗局以及这种"好事"能将你带入何种境地感兴趣,不妨查一下他的故事。在一个快速发展的世界,他的许多骗局一开始都是成功的,但却没有一个能够长久维持。在一个所有一切正在放缓的世界,能让此类赌徒哪怕只在一开始成功都变得几乎不可能。我们之所以知道庞兹这个名字,是因为他的许多投机性骗局在他有生之年就已破产。还有一些其他采用同样可疑手段发了财的人,一直手握着自己的财富,并没有身败名裂。如果将来有一天,他们成为后世的笑柄,我一点都不会感到奇怪。所有一切,都取决于现在的年轻人将如何偿还他们已无法负担的债务。

第 4 章
信息和技术：
不再汇聚新的浪潮

> 想想吧，变化的步伐从未如此之快，但未来的变化将永远不会像今天这般缓慢。
>
> ——贾斯廷·特鲁多，2018年1月23日，达沃斯论坛

对于变化发生的速度，人们一次又一次地作出可笑预判。我们创造出史无前例的巨量数据，并且被告知更多信息将带来更多知识，两者的体量都以超乎想象的速度飞涨。当然，信息带来知识的说法有一定道理，但确定无疑的是，在刚过去的几十年时间里，与人类历史的其余阶段相比，我们并没有创造更多具有真正重要意义的信息。这几十年的成果不过是人们掌握了复制和保存信息的手段，这些方法在近现代历史中堪称无与伦比，但在本质上，它就像历史上出现过的信息复制形式一样，并没有特别稀奇之处。只是这次的信息规模大了许多，其带来的后果却未必比先前扩大了多少。

人类最初的信息复制是讲故事。没有人知道人类语言发展了多久之后才出现故事传说这一传统，但直到今天，讲故事依

然是我们学习和传播信息的最主要方式。你现在阅读的就是一个故事，一个我根据自己的所见所闻和所阅读的其他故事而构建出来的新故事。这本书的目的就是试图再次呈现（从各个方面看，都已经为人所熟知的）一个特别的故事：人类世界的变化如此之快。故事是一种数据形式，以并不高效的方式传播，一边扩散，一边演化——复制并发展。随着听过这个故事的人越来越多，许多版本都加入了自己的美化。在古代，以及在许多地方，除非听过故事的人将其记住并传播给下一个听众，否则故事将会湮灭在历史长河之中。

文字能够将故事更可靠地保存下去。我们对文字历史的了解远胜于对故事的历史的了解。借助于一些罕见的穿越了漫长岁月依然留存至今的古代文字书写遗迹，我们得以了解一些非常古老的故事。《吉尔伽美什史诗》就是一例，它讲述的是一位生活在公元前21世纪的美索不达米亚国王的经历，是一个综合了历史与神话传说的故事，我们今天对这个故事的了解主要来自大量制作于公元前1800年左右的陶板。这类故事传说包含着希伯来语《圣经》中关于伊甸园和挪亚方舟的故事的影子。书面文字令真相与神话得到同样的保存。

文字让大体量信息的储存与传送变得更加可靠，确保了原始数据不被篡改。就像所有我们有办法测量统计的东西一样，书面文字在出现之后很快就被加速应用。随着越来越多的人学会阅读和越来越多的人学会抄写经文，书面文字材料爆炸性增加。但当时的制作工艺依赖于繁重的劳动来生产大量文字材料，能够被写下以及能够被保留到今天的文字资料终究很少。

就像今天一样，历史的倾向一直是实力强大的少数人影响多数人，他们控制了信息的生产、获取和传播。如果你是统治者，通常情况下，你会更愿意只让少量人民具备读写能力。但如果书写能够被机械复制，对于文字材料的获取就会方便许多，因而也会让更多人获得识字的机会。

雕版印刷早在约翰·古腾堡发明活字印刷术（公元1440年左右）之前很久就已出现。古代最高效的书写者是中国人，他们能够用一个字实现一个单词的功能。公元9世纪时，中国的僧侣们通过在木板上涂上墨水来印刷多本书籍。韩国的和尚则在1377年使用金属活字印模来印刷佛经。[1] 在这些例子里，全新技术的应用就是为了分享最古老的故事。最早被大规模复制的书籍都是宗教经文，包括佛经《金刚经》（制作于公元868年的中文版本是人类历史上标注有明确时间的第一本完整印刷书籍）、1377年的《直指心体要节》（韩国佛经），以及随后出现在欧洲的基督教《圣经》。

随时间快速增长的信息及其起伏变化，与我们先前看到过的债务异曲同工，而且这两种现象有着内在关联。如果没有书面记录，就无法追踪债务。没有印刷技术，就不可能大规模制作印有"我承诺支付该票据持有人数额为……的款项"的汇票，也无法避免被轻易伪造。最早出现在11世纪中国的银行汇票就是一种债务凭证。在电报和计算机出现之前的世界里，国际金融贸易的支撑是金条、详细记录的账簿，以及"一诺千金"的道德律令。

计算机可被看作与上述技术本质相似的最新发明。从语言到故事，到文字，再到印刷术，想象一下此类技术的每一步发展越过多少亿万的人口，并且每一步所经历的人口总数没有太大差别。按事后诸葛亮的眼光来看，创新与创新之间好像联系越来越紧密，但这只是因为我们以时间为单位，而非生活其中的人口数来计量。按人口来测量新发明出现的速率，得到的或许是一个稳定的常数。但这毕竟难以量化，因为创新的数量和重要性的界定都颇为模糊。

今天，我们把数据和信息的爆炸归因于计算机技术的发展，但我们更应该将其视为知识发展和信息分享这一长期进程中的一部分。计算机已经不再是新事物。当我还是年轻学生时，老一代讲师们用来存储数据的打孔卡纸让我们头疼不已。而当我念研究生时，对只需要100多块大号磁盘就能存储英国所有公司的股份登记数据惊讶不已。我更着迷于编写一段程序来读取这些数据，并罗列出那些拥有大量股票的人的通信地址，由此统计出每个邮编所对应地区占有股份的平均数和中位数。

我一直无感于所谓数据增长已经失去控制这种说法，因为很久以前，我就已经拥有巨量数据，甚至自己都不知道应该如何应对。而且从很久以前，我就不再担心应该如何储存自己的数据。我念博士的时候万分小心地守护着400多张软盘，那里存着我用来撰写博士论文的所有数据。除了这份拷贝，我没有其他备份。今天，我依然恪守传统，皮夹里一直放着一个小小的U盘，里面存着所有自己分析过的数据和撰写的文字。如果我能紧跟形势的话，或许应该更多依赖云存储，但我尚未对其完全信任。所有的一切，包括我的U盘，都在我每一台计算机里留有备份,尽管在今天,硬盘几乎永远不会损毁。

第一张计算机软盘问世时我只有3岁——计算机存储盘是旧技术。今天计算机软盘已经无处可寻,越来越多的事例显示硬盘也将追随软盘的足迹。我们所能储存或拥有的数据量越来越多,当记者们被问及世界会存有多少数据时,他们几乎无一例外地给出这种答案:"没人知道,因为数据量的增长如此之快。有些人说今天世界上90%的数据都来自过去几年时间。据预测,智能手机在全世界的渗透率将从2013年的61%增长到2017年的接近70%,这个数字只会进一步增加。"[2]

没有理由相信数据只会"增加",反而有许多理由认为它不会持续增加。首先,全球人口数量的增长正在放缓,如果我们期待90%的数据永远只产生于之前几年的现象一直维持下去,要么未来人口总数必须保持指数增长,要么删除越来越多之前收集的数据,以确保绝大多数数据都是新生的。拥有智能手机的人口比例显然不可能超过100%,同时每个个体的自拍照或视频数量也存在一个上限。

在未来一段时间里,收集与储存信息的方式可能不那么高效,数据中有着大量重复的信息。尽管地球上人口总数还不到80亿,但我们每个人至少已经在计算机上储存了超过80亿字节的数据。虽然这些信息中的大部分与人无关,从遥感图像到古代艺术照片的数字扫描,但毕竟收集它们的是人,其服务对象也是人。根据估算,到2020年,地球上每个人每秒将生成1.7兆字节(megabytes)的数据。

2018年,根据《福布斯》杂志的估计,"我们现在以每天

2.5quintillion字节的速度生产数据，而这个速度正随着物联网的发展而加快。"[3] 1quintillion是10的18次方，而1个字节是一个很小的信息单位，能够表达256种不同的状态，相当于单词中的一个字母。你在本书中读到的每一个字母都以1个字节单位存放在我的计算机中。

综合各种估算，我们或许会认为自己正在撰写一部堪称鸿篇巨制的故事，相当于在任何一年的任何一个月里，每个生活在这个星球上的人都写下了相当于80亿个字母之长的篇幅。当然，这些数据中的绝大多数就其内容而言都是过时而重复的，更不用说促进人类知识的进步了。绝大多数只是某个信息的拷贝，而这条信息已经被拷贝了许多次，存放在不同的地方。

如果我们想回答世界上的数据量是否正以指数增长的问题，就需要区分有用的数据、不太有用的数据和完全无用的数据。大多数数据可以说几乎没有用处，而其余数据中的大多数也只有很小实用价值。即便我们查看那些对于世界上绝大多数人来说最有用的数据——譬如维基百科上大量不领报酬的志愿者们呕心沥血收集并输入的数据，其中也只有非常微小的一部分被经常使用，许多维基百科的词条几乎就没人阅读。

先忽略并非所有维基百科上的信息都有用这一事实，我们依然能够利用这个网上百科数据量的增长来估算有用信息随时间增长的真实状况。不妨将维基百科看作信息海洋中的一滴水，与其他水滴相比，它具有更高价值。接下来，再假设维基百科在每天新生成的2.5quintillion字节的数据量中的有用部分占据着一个固定比例。换句话说，我们假设每天汹涌而至的数据洪流中有固定的一小部分是为增补维基百科而创造出来的。如果这个假设符合事实，那么我们可以预测维基百科自身体量将迅速增加，因为每一个新添置智能手机或电脑的新用户都具有向这个数据库贡献信息的潜能，这种增长应该会变得越来越快。但事实是，维基百科的增长速度并未增加，实际上，不管是以每年新加入的词条数，还是以这些词条的字节大小来统计，其增长速度都在放慢。

如果对于数据的指数增长这一判断是正确的，那么维基百科增长的放缓只能说明：互联网上的其他数据比维基百科上真实有用的数据增长快得多，没什么用处的垃圾数据占比越来越高，换句话说，如果这些信息是写在纸上的，就会被完全丢弃。如果再考虑到维基百科里的许多内容也没什么用，你就会发现我们每天向互联网这个数据大坑输出的大部分数据都是垃圾！

维基百科

我可以选择许多不同的数据库作为例子，但很少能比得上大家都熟悉的维基百科。维基百科是一个很好的创意，以至于甫一上线，短短几个月里就有数以千计的用户立刻发现了它的好处（见图10）。短短19年时间里，维基百科的词条数从19700条增长到5773600条之多。

维基百科上线于2001年1月15日，没有一个中心机构控制其内容和发展方向。不到一个月时间，2001年2月12日，增加了1000个词条，上线6个多月后，词条数量超过10000

条,2003年突破了10万条,2006年3月突破100万条大关。[4]到彼时为止,词条数量呈指数增长。但随后不到一年,其增长速度放慢了,为什么?

根据维基百科自己的说法,"维基百科英语平台上的活跃编辑人数在2007年达到高峰,超过了51000人,随后出现下降"。一篇发表于2013年的文章指出:"这些问题的根源并不神秘,运行这个网站的90%是男性,他们组成了一个松散的合作机制,以越来越压抑的官僚主义方式,催化出越来越僵化的氛围,阻碍了原本可能愿意参与维基百科并扩展其覆盖范围的新人加入进来。"[5]但这种观点解释不了为什么维基百科的放缓开始于2007年,而非2006年或2008年。

对于维基百科增长放慢的原因,还有许多其他解释,最可信的解释很可能最接近真相。可能到2007年时,大多数重要的词条都已经被创建和撰写完毕,在接下来的新增内容中微不足道的词条所占据的比例越来越高。维基百科最初相当迅速地增长被随后缓慢地负加速所取代,图10的平滑曲线倾向于支持这种解释。或许,遍布全世界的用户感兴趣的词条数量就在100万到200万条之间,当词条数量达到这个水平之后,每新增加的100万条的内容在重要性上都不如在此之前的那100万个词条。过去出版的百科全书词条数量远小于100万条。

2015年,维基百科的增长发生了一次短暂的加速。一种可能的解释是,词条创建者认为所有重要或有趣的东西都应该有一个维基百科词条与之对应,因此那些能够编辑词条的人(那是一个计算机快速普及的时期)加入了很多"标记",让那些

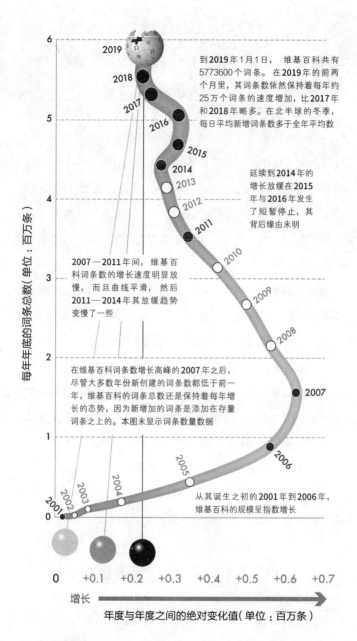

图 10 维基百科词条数，2001 年 1 月 15 日—2019 年 1 月 1 日

数据来自《维基百科：维基百科的规模》，2019 年 2 月 24 日下载自 https://en.wikipedia.org/wiki/Wikipedia:Size_of_Wikipedia

空缺的词条更加明显,其他人被页面上的"标记"邀请,做出填补空缺词条的贡献。

如果有人撰写维基百科的发展历史,所有的可能性都将事无巨细地呈现出来,众多解释中最有趣的部分应该是接下来维基百科会怎么演化。维基百科会成为像《圣经》一样刻在石头上的标准典籍吗?未来"版本"是否只是在过去20年奠定的基础上修修补补以合乎越来越标准化的形式,还是维基百科将继续革新,如果那些编辑者没有被吸引到其他更好的平台上去的话?

维基百科增长速度到达峰值的那几年,全世界网民数量以每年增加一倍的速度增长。互联网这一新事物正散发着激动人心的魅力,维基百科正是它最激动人心的部分之一——我们最初的"信息高速公路"上的主要景点。

近年来,网络信息量的增长已经开始放慢,其内容的年增长率仅在10%左右。随着时间发展,作为整体的互联网的发展最终也难逃负加速的命运。作为比较,当汽车刚被发明时,让汽车行驶在其上的公路建设也曾出现指数增长,在最初的短短几十年里,总里程翻了一番又一番。维基百科作为互联网这一全新高速公路上景点的一部分,其早年的增长已经结束了。

古老的信息——印刷术

我们在维基百科这一例子中所见到的是不是所有新生事物的共同特征?一开始,新事物飞速发展,随后又不可避免地放缓脚步，但以这种方式来衡量进步无法告诉我们是否真的深陷在这种发展模式的陷阱里。幸运的是，这个问题的答案是否定的。我们经常看到一个创新诞生、受挫、飞跃，似乎获得巨大成功，随后又似乎走向衰落，然后再次复活。然而，绝大多数创新从未完成这整个模式，它们在一开始就走向失败，因此我们中的大多数人从来就没有听到过它们。

让我们回到从前，从计算机时代回到印刷时代。当人类开始运用活字印刷时，新发行的书籍总数以何种模式增长？在1500年，伴随着几十年前印刷术的出现，书籍的售价降低了一半。1600年时，参考当时的平均工资，书价相当于最初的1/10，到了1680年，更是降到1/20。有趣的是，自此之后，以真实物价计算，生产和购买书籍的价格不再出现大幅度下降，至少直到19世纪70年代时一直如此，我赖以分析的这一历史的统计数据就终结在这个时期。[6]跨越了很长历史时期并能保持稳定的数据系列相当罕见，因为统计方式常常会在其间发生变化。今天，形式统一的数据往往只能回溯几十年，而且常常只有几个特定国家的数字称得上可靠。

给书籍计数并非易事。按联合国教科文组织（UNESCO）的定义："书籍指的是非期刊类印刷出版物，封面不算，页数最少要达到49页，在某一国家面向公众的出版物……一本（部）书的书名是用来指称某一能够独立存在的印刷出版物，无论是单册还是多卷系列。"[7]

联合国教科文组织曾经发布过每个国家平均每个人每年对应的新出版书籍数的数据，但最近几年，该组织的统计学家们越来越担心自己所收集数据的有效性。互联网的发展意味着数十亿人如果愿意，总能制作一本书，并通过某种方式分享给公众，即便只是以数字形式。互联网的崛起和购买电子图书的时尚导致了对纸质书的需求下降，就像当年印刷术的兴起导致了手抄本的终结。50年前，很少有人会质疑这个假设：全球日益增长的受教育人口肯定会带来新书印数无止境的增长。我们的预言这么快就被事实推翻了！

可供获取的数据与信息的极快增长在历史上多次发生，并非当代所独有。例如，"仅在1550年，西欧就生产了300万本书籍，超过了14世纪完成的手抄本总数"。[8]如果我们只考虑出版的新书数量，而非真正的书本印数（欧洲最早的出版物绝大多数都是《圣经》），变化的速度或许并没有那么快。这是因为在能被大规模印刷之前，一本新书必须被某个人或某些人构思并撰写出来。"书籍可以不必基于事实，而是作为虚构的产物出现"也是一个之后发展出来的概念，此后才出现了新书品种的迅速增长。

十七八世纪的欧洲，书籍出版与购买最快的增长出现在今天的荷兰。当时这块地方被称作尼德兰，在统计当地出版的书籍销量时，我们还会将今天比利时的部分地区（鲁汶和安特卫普）包括进来。1600年时，平均每6000名生活在当地的居民拥有1部新书，到1650年，同样数量的人口拥有2部新书，新书数量翻了一番，18世纪40年代时，又翻一番，平均拥有4部之多。在我们继续讨论荷兰出版业之前，不妨先考虑一下从印刷作坊的出现到1688年威廉三世登船驶往英国的这段时间，故事中出现的地理变化。那一年，英国成为紧随荷兰之后，人均新书出版量第二的国家，居于第三的是德国。

人类语言最初的进化发生于非洲，而人类最早的故事记载出现在亚洲，并从那里传遍世界，包括美洲。文字的出现与起源被追踪到大陆交会之处：5000年前的美索不达米亚和埃及（亚洲与非洲的连接处），以及2000多年前连接南北美洲的中美洲。另外一些非常不同的文字体系也在世界各地得到独立发展，包括4000多年前的中国，那里聚居着一个规模宏大的人类社群。贸易越繁盛的地方，对于文字的需求也越旺盛，社会的稳定性也是文字得以演化并存续的必要条件。

但印刷出版的爆炸出现在欧洲，尽管这是一个在塑造古代历史方面敬陪末座的大陆。用木活字印制书籍很早之前就已在中国出现，但那里却没有随之出现巨大的印刷出版需求。作为对比，欧洲早期的印刷试验恰好与财富积累、债务增长、宗教冲突以及始于1492年入侵美洲的历史同时出现，这些事件一下子让欧洲成为当时世界的地理中心。

在某种意义上，从地理上看，互联网起源于美洲是一件颇为公平的事。在这个伟大故事里，每个大陆都扮演过重要角色，而且这个伟大故事历久弥新，一直持续到现在，被一遍遍重复。说互联网诞生于美国国防部也算顺理成章：信息增长不仅与记录债务相伴相生，同时也与筹划战争息息相关。发布、控制和生成信息的速度对于战争来说，重要性往往出乎我们的意料。关于荷兰书籍出版起起落落的故事被战争搅得支离破碎。

老书

从 1500 年到 1688 年，在两个世纪不到的时间里，荷兰的每年新出版书籍数从每百万人 41 部增长到 395 部。此处所列的数字是以 10 年为单位算出的平均数，因此非常短期的起伏不会带给整体太多影响。一开始，新书数量迅速增长，从 16 世纪头十年每年每百万人 41 本上升到第二个十年的 49 本，随后，20 年代在鲁汶发生了公开焚烧新书事件，随后又在安特卫普焚烧了 400 本。被焚毁的书籍中包含马丁·路德的著作，它们被直接从书店中没收，随后焚毁，甚至都没卖出去过。1521 年，乌德勒支发生了一场大规模焚书事件，1526 年阿姆斯特丹也发生了历史上首次焚书。[9]这些事件开启了随后持续数十年的焚书历史的先河，与其他许多因素一起限制了荷兰出版业的发展，直到 16 世纪七八十年代。

16 世纪 70 年代末期荷兰共和国的建立让出版业再次加速发展，直到 17 世纪 20 年代又一次放慢。这次出版放缓的部分原因是人口的增长超过了新书出版的速度，但该变化也同样受到 1621 年在经历了长期和平后，荷兰与西班牙之间战争重启的影响。无论如何，当荷兰征服巴西，以及随着荷属东印度公司财富与实力的不断积累，荷兰人均新书出版数恢复加速增长。60 年代开始的荷兰与英国的战争，再次逆转上涨的趋势，带来负加速，接下来的 10 年时间里，每年的新书出版量都比前一年低。到 70 年代，新书出版率再次增加。图 11 显示了三段放慢时期和三段加速期。

图11里的时间线很有意思，因为它以一种简单的方式展现了一系列特别事件如何打乱和阻碍一项全新技术的应用和推广。这种凸显速度变化的制图方法，让趋势变缓更加明显地显现在图中。在普通图表中被认为是"一点上升或一点下降"的变化在我们的时间线中变成一个明确的事件。

你在观察图11时，注意力肯定会被时间线三次跨过纵轴移向左侧所吸引，这个变化意味着与前10年相比，在那几个时间段里，荷兰每百万人口对应出版的新书数量发生了下降。近年来，此类趋势通常会以"最佳拟合线"（fit，拟合，意即把数据点连成一条曲线）的方式处理成图中的一条直线。如果这样还不够，图表的作者或许会画出两条直线，以表现"趋势发生了改变"。然而，趋势通常并不发生直线状的变化。我们的时间线更明显地显示了趋势的变化，此类转变在相图中非常明显——向右或向左转向的时间点被强调出来，这些就是趋势发生了真正改变的时间点，它们在横轴代表时间的普通图表中很难被注意到。

反映了荷兰出版业180年发展历程的时间线还强调了每个增长阶段的强劲表现。16世纪70年代的后30年，新书出版每年增加了50部。我们前面提到过，该时间线使用的数据是每十年的平均数，以消除短期波动的影响。因此，在短短30年时间里，每年新书出版数量从每百万人口50本增加到200本之多。在这30年刚开始的时候，一个人可以通读在荷兰出版的所有书籍，而到了30年的尾声，这已经成为不可能完成的任务。

值得记住的是，即便在17世纪初期出版增长处于停滞状态，其出版数量依然保持在每年新出200本书。就像今天我们在维基百科看到的稳定增长的平台期。之所以称其为增长停滞或平台期，是因为新出版的书籍数量增长得没有以前快，但每年依然会有许多新书出版，除非你可以在一天时间里读完一整本书，并且几乎天天如此，否则你很难读完当年所出版的所有新书，更不要说之前出版的所有书籍了。但你依然可能读完其中的重要作品——如果你识字，并且足够富有，还有时间和精力投入到阅读中去。

日益发展的印刷出版业想要保持盈利，人们的识字率就必须提升。每个人都应该读懂《圣经》这一宗教信念是欧洲印刷业最初加速的重要原因，但一开始，并非每个灵魂都被视作平等。识字率在每一代人中的增长是越来越广泛的社会成员被视为有阅读需求的结果：最初是出身于上层的男子，然后是上层的少数女性，然后再以同样方式扩展到中产阶级。人们普遍学会阅读，有时候还学会写字，为了娱乐——并非仅仅出于宗教或生意目的，并且也开始专注于某一题材的阅读。莱昂纳多·达·芬奇（1452—1452）之所以成为大师，就是因为在他的青年时代印刷出版的或手抄本的读物数量尚未达到不可能读完的地步。

17世纪时，出版业朝向专业化发展。不仅是因为这个时代出现了那么多新发现，更是因为这些新发现及其背后的知识能够传播给更广泛的受众，其传播方式，即印刷，已经变得越来越便宜，传播范围越来越广泛。知识的传播本身就会带来更

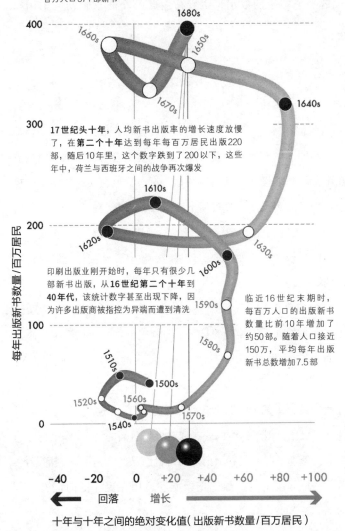

图11 荷兰出版新书数量,1500—1680年

数据来自《我们的数据世界》,https://ourworldindata.org/books,其数据来自乔纳森·芬克-詹森(Jonathan Fink-Jensen)的《人均新书》(*Book Titles per Capita*),2015年12月13日下载于 http://hdl.handle.net/10622/AOQMAZ 中的 IISH Dataverse V1 入口

多创新。1650年，每百万人平均每天就有一本新书出版，这还只是一个国家的数字，尽管荷兰是那个时代最富有的国家之一。

书籍之巅

我们在维基百科所看到的，与任何创新成果的发展路径都并无不同。一开始，创新得以飞跃，使用者数量增加，销量或点击量增加；随后，不可避免地，增长开始放缓，但整个趋势起伏中可能会出现许多表面下滑。书籍出版业的早期发展与后来的演化都合乎这个规律。但最终——甚至有时候来得很快——所有的新技术都会变得老旧或过时，没有什么能够逃脱时过境迁的命运。

除非你在电子阅览器上阅读，或坐在车里或走在路上听这本书，不然你手上捧着的是一个非常老旧的技术的产物。它至今尚未被淘汰，因为你（希望还有更多的人）依然使用着它。通过分析书籍生产的历史时间线，从印刷技术出现到今天，或许我们能够更好地判断书籍到底是过时了，还是仅仅处在暂时的下滑之中。对于这个问题，你能根据后面的图12作出自己的判断。但那条时间线展示出来的是我们已经到达了"书籍巅峰"阶段——如果荷兰的数字记录能够适用在更广泛的范围之内的话。

我们一直被告知新的技术奇迹将永久地改变我们的世界，但我们并不会记得那些被寄予厚望却落了空的"新技术"。如果你是一个和我差不多年纪的英国人,或许你会记得辛克莱C5(Sinclair C5)汽车,这是一款电池驱动单人汽车,并没有给汽车业带来深刻变革。其失败的原因之一是当人们开着它在公路上被夹在正常大小的汽车与卡车中间时毫无安全感。但如果我们能够让道路变得更安全,为自行车、电动车和电动轮椅修建一条专属车道,或许能够开启辛克莱C5时代。

为了推广一种新技术,我们需要招募一批市场部门、公关公司和广告巨头。大学鼓励其教职员工成立"初创公司"和"派生公司"。人们成立创新孵化器,进行商业孵化。我在牛津大学工作的几年里,遇到过的相信自己能够成为成功创业者的富裕青年数量超过我一生其余时间所遇到的总和。或许你已经感觉出来,我对他们的态度更多的是怀疑。我并不觉得这些年轻人有多强的创造力,而是更倾向于认为牛津大学的研究生群体中有更高比例的这类人群:他们来自富裕家庭,拥有足够多的金钱可以推动梦想的开启,促使他们去为那些大多数注定失败的异想天开寻求更多资金。我们很少意识到,每一个成功的想法背后都有着几百万个被尝试但最终失败的想法。我们还常常难以认识到那些奇妙而且复杂的群体性发明的消失,譬如某些语言,现在已经消亡,这种消亡的发生频率是如此之高。

列举一些至今你还在使用的古老技术吧。可以从轮子或棉布与羊毛纺织开始,有多少东西发明于1000年前?字母就是一例。当我还是孩童时,我的父亲念克莱夫·金(Clive King)的《22个字母》给我听。这是一本童书,讲述大人们如何遵循当时的方法来重现古人们的新发现。当他朗读这本书时,世界上已经有数不清的语言随着最后一个使用它们的人的离世而湮灭。同时,历史上曾经有那么多以多样化语言写就的作品,可是如今书写文字已经减少到寥寥数十种,而所有写作者都会使用的更是屈指可数。越来越多的情形下,出版其他语言的作品仅仅是翻译版本而已。

你正在使用多少古老技术?你所居住的房子是用什么技术建造的?你住的是带电梯的公寓吗?如果是的话,你觉得电梯算不算旧技术?电梯让居住在高处成为可能。大约1850年就有了以蒸汽为动力的"电梯",第一台名副其实的电梯诞生于1880年前后。在此之后还有什么伟大创新出现在你家中?或许你会说电视机,但是它的发明并不比电梯晚多少,这些技术的现代版本只是变得更顺畅、安全、普及而已。电梯的作用依然是带你上下大楼,不用费力走楼梯,电视机也依旧仅仅将图像显示在屏幕上而已。

有多少新技术是不可或缺的?那些在你父母处于你现在的年纪时开发出来的技术?我发现自己没有手机几乎无法出门,但这种感觉已经伴随了我30年(我从拥有手机的那一刻就有了这种感觉)。我还发现自己越来越想不起那些新发明,那些我们用不上的新玩意儿,它们的数量如此巨大,每年获批的专利数多达数十万。想想过去发明的但现在已经不再使用的药物吧,被发现具有非常严重副作用而弊大于利的那些。[10]

你所使用的新技术又有多少?或许你戴着运动手环,但是10年之后你还会戴着它吗,或者它会步吸汗带的后尘?你是一个"尝鲜者"吗?如果答案是肯定的,是否意味着你花了许多钱在许多并不像你最初想象的那么有用的东西上？你有没有保留着自己的旧活页手册（Filofax）作为青春纪念，还是你年纪尚轻，根本不知道我说的是什么东西？你问过阿利克夏（Alexa）今天天气如何吗？让她放首歌给你听，或让她读一段古老字典中的词条来回答你"放缓是什么"。或许你完全不知道阿利克夏是谁，如果你是中国读者，几乎可以肯定你从未听说过她。她是亚马逊公司于2014年末推出的电子助手，其灵感源自20世纪60年代的一部科幻电影，从幻想变成现实花了整整半个世纪。

新发现一直都有，但其出现的速度不再像从前那么快，或者在质量或数量上也比以前逊色。有人认为创新的高峰是20世纪30年代。对人类基因组的最新揭秘堪称奇迹，但现在已经很清楚该发现的实际作用还配不上人们对它的殷殷期待——除了告诉我们一些曾经被广泛相信的想法实际上过于天真，比如没有特定基因对应特定才能之外，这些令人眼花缭乱的新发现依然不能帮助我们解决饥馑、战争、瘟疫与疾病等古老问题。

许多产业存在的目的就是试图说服我们，一切都正变得越来越好。我所从事的工作就是其中之一——学术研究，它花费大量时间告诉任何愿意听的人，学术界能够带给我们新的药物、新的机器、新的软件以及至关重要的新发现。其中许多只是一枕黄粱，并非因为人类创造力发生了退化，虽然与从前相比，现在的大学确实变成了一个令人窒息的工作场所。但是从来就没有什么黄金时代，即便我们在20世纪30年代发现了一些更有用的东西，比如意识到电能的作用，也仅此而已。[11]我们今天所面临的问题是，大多数相对简单的创新成果已经悉数被创造出来。我们现在有更多人口来探寻下一次突破，但此类胜利近来变得越发罕见，因为可能达成的目标已经变少。

在可以利用活字印刷术制作书籍之前，学习的范围非常有限。一旦思想能够通过印刷书页传播扩散，一旦越来越多的人学会阅读，一旦限制人们发表意见的规定得以放松，以及古老的宗教约束被废除，新发现必然会蜂拥而至。印刷技术催生了电力、半导体、拉链、回形针、尼龙魔术贴、洗衣机、青霉素等令我们的生活变得更光明、更简单、更干净、更便捷、更安全的各种发明。这些新事物都与书籍的传播与普及有关，正是书籍带给发明家们必不可少的知识储备。

书籍还改变了我们对自身的认知，同样被改变的还有我们的娱乐方式。小说（一种新的故事形式）被发明出来，取代了过去的传说，并迅速繁荣。针对一个论题发表不同观点的书籍只有在取缔"异端"禁令之后才有可能出现。这些书告诉我们地球可能并非宇宙中心，但这并不意味着我们必须放弃对万能上帝的敬意。查尔斯·达尔文在《物种起源》中写道，我们的进化过程"让上帝的作品不再可信"。[12]他并不怀疑一个超越一切的神祇的存在，他怀疑的只是上帝行事的"神秘方式"。

考虑到书籍在激励我们想象力上的巨大推动力，当人们了解到新书的撰写与出版的增长速度正在放慢时，一个自然反应就是怀疑创新的速度是不是也发生了相应的减慢。然而，更可能的原因是愿意阅读新书的人数在减少，尤其是与年长者相比，年轻人不那么醉心于阅读。只有当书籍是我们获得信息的唯一来源时，它们才是至关重要的。

我的父亲读《22个字母》给我听是因为他喜欢读书，他特别喜欢读书给小朋友听（至今依然如此），他也希望我能爱上阅读。然而，他的一屋子知识性藏书在今天已经变得越来越过时，而且从来没有派上过用场。我的孩子在我听父亲读书的年纪时，已经无法忍受《22个字母》这么长的故事，尤其是那种没有巫师和魔法的故事。他们有那么多方式获得信息，电视机、计算机和电话已经被整合到一个只有燧石手斧大小的机器上，可以轻易放在掌心或塞入衣兜，将你与世界上的一切联结起来。

新书

我的孩子会读什么书给他们的孩子们听？如果我们真的处于放缓之中，他们就会像我，或者他们的妈妈当年那样，他们的孩子依然会每晚聆听父母读书给自己听，而非一个假装成父母的机器，因为读书给孩子听的意义远不止于单纯的信息传递。一个未来的儿童故事或许会包括从1600年到2000年这400年里所发生的变化：荷兰每百万人口每年出版新书数量从168部增长到3219部，几乎增加到20倍。现在，不仅其增长速度在放慢，甚至每年每百万人口新出版书籍总数也在下降。到2020年，新写的故事将呈减少态势，我们是不是已经江郎才尽？

前文所述的荷兰出版业的起步故事已经结束，一直到

1680年其发展趋势都相对简单，除了被偶然的衰退打断，其数据一直保持增长趋势。但17世纪80年代之后，荷兰新书出版数量稳定在每年每百万人口400部到600部之间。它不仅不再继续加速，连增长也很有限，到达了一个平衡状态。

在出版业稳定的年头里，荷兰处于主导欧洲贸易的巅峰时期。1670年，荷兰港口进行了大约568000吨货物的贸易。这些记录显示，该数字超过了法国、英格兰、苏格兰、神圣罗马帝国、西班牙和葡萄牙等国当时的贸易总额。荷兰成为超级霸主，成为生产谷物的波罗的海国家（还有波兰）和最主要的粮食进口市场，以及欧洲贸易的中转站，阿姆斯特丹成为那个时代的商业中心，最重要的航运贸易枢纽。来自欧洲南部和更远地方的香料、糖、丝绸、酒和白银源源不断地运到荷兰以换取其他食品。[13]

书籍只是国际贸易中微小的一部分，大部分书籍只流通在荷兰国内市场。商贸给那些能够从中获得最大收益的人带来越来越多的财富，这些财富使这个当时地球上最富裕地区的出版业持续加速发展，直到进入财富稳定积聚的状态。

其间也有起伏。18世纪20年代是荷兰出版业的一个低点，其时，随着邻近的英国实力的增长，荷兰的经济开始放慢。作为对比，19世纪60年代则是一个高点，随着荷兰的城市发展，识字率也大幅提高，然而，如图12所示，并没有出现一个全新的模式，曲线上升到一个类似平台期的状态。进入20世纪后不久，出版业才再次开始慢慢增长。

到1900年，荷兰每年每百万人口新出版的书籍的增长数量已经超过700部，而且在接下来的一个时期，每十年每百万人口新出版的书籍都比上个十年增加800部。到了30年代，出现了一次大滑落，并随着第二次世界大战的进行延伸到了40年代，战后迎来了巨大的加速。1945年后，荷兰成为出版商们的梦想市场，这个蜜月期一直延续到80年代初期。整个20世纪，人均新书出版数量超过了之前所有年月人均书籍出版量的总和。

图12中的时间线与之前的略有不同，我们在纵轴上使用了对数坐标（log scale），因为在20世纪50年代到90年代，增长量非常大，在紧接着的一段时间，其下降速度也同样迅速。这张图表采用半对数方式，纵轴（纵坐标）采用对数，而横轴（横坐标）不采用，此类图表出现在近一个半世纪以前，但很少被使用。我们的理解能力和计数能力，以及用合适的图表展示发展轨迹的能力也取得巨大进步，所以突然看到自己正在经历放缓是一件难以置信的事。

在古腾堡之后的时代，人类迅速完成从活字印刷术衍生的进步。20世纪70年代，荷兰已经成为一个几乎全民识字的国家，10年后，大多数荷兰人已经富足到能够经常性地购买图书，许多时候，还能一下子买许多书。购书不再是中产阶级的特权，越来越多的图书被购买，甚至永远不会被读完，比如那些"沙发图书"。

然而，进入20世纪90年代后，荷兰新出版图书数量在整体上停止增长，到21世纪头十年，该数字出现明显下滑。这个下滑并不意味着当今阅读新书的荷兰人变少了。大多数生活在荷兰的人除了荷兰语之外，还至少掌握一门外语，越来越多的人或许转向阅读英语或德语图书，而且几乎所有人都阅读电子书，这也导致图书购买量的减少。

1981年荷兰的图书出版出现小幅下滑，但随后恢复。它在1986年和1989年再次下跌，但幅度只有1%，而且都仅持续了一年，但1996年下跌3%，1997年又再次跌了6%。这些年度变化在图12中被平均掉了，但如果那几年你正好从事出版业，或许会经历失业、市场收缩以及随之而来的忧心忡忡。该数字在2003年又跌了6%，然后在2004年增长了5%，但2005年和2009年又分别下跌7%和4%。这些细节也没反映在图12的时间线上，因为该时间线反映的是每十年间的变化，而非年度波动。如果注意长期趋势，这些变化在很早之前就已显露踪迹，早在20世纪70年代，该时间线就已经朝向负加速方向移动。21世纪头十年出现的下滑并不是偶然发生的事，这种现象在很早以前就埋下了伏笔。

当然，永远不要说永远不会，荷兰的出版业或许会再次回升。考虑到网络这一因素，1995年每百万居住人口出版3402本新书如果成为永远不会被超越的高峰，也没啥可惊奇的。毕竟，这意味着每296个居民就对应着一本新书出版。这些新书可能只是略作修改的再版，引进书的翻译版本或以出口为目标的书。但不管怎样，一个人一年里能读几本书？买的时候真心想读，却连第一章都没有翻完。所有事物都有到达其顶峰的一天，包括出版新书数量。

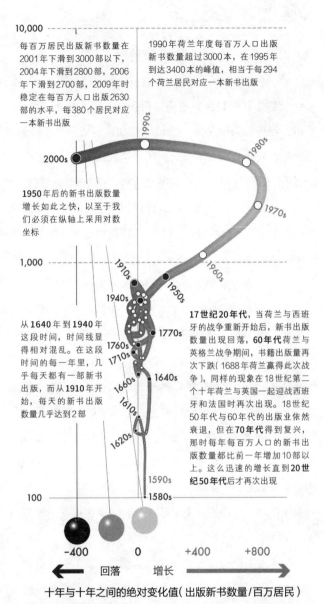

图12 荷兰出版新书数量,1580—2009年

数据来自《我们的数据世界》(*Our World in Data*),https://ourworldindata.org/books,其数据来自乔纳森·芬克-詹森(Jonathan Fink-Jensen)的《人均新书》(*Book Titles per Capita*),2015年12月13日数据下载于 http://hdl.handle.net/10622/AOQMAZ 中的 IISH Dataverse V1 入口

技术的放缓

新数据和新想法的喷涌局面正在放缓。在21世纪第二个十年,我还认为这是尚且能够保持加速发展的几个领域之一,至少在我刚开始撰写本书时,还是这么认为的。然而,等我真正着手统计数据时,无论是维基百科,还是荷兰出版业,以及其他各种数据,我都没能找到任何依然呈指数增长的迹象。所有数据都已显现出负加速的态势,即便仍然保持增长,它的增长速度也比之前要慢。

微处理器的效率提升是说明技术进步的最经典事例。1965年的摩尔定律(Moore's Law,集成电路上的晶体管数目每两年增长一倍)是否走到尽头的问题已经激起过无止境的辩论。2018年的预测显示"我们应该为摩尔定律的终结做好准备,现在值得思索的问题是它将以何种方式终结,而非何时终结"。[14]我们可以通过2019年一篇名为《临床预后虚拟模型并无真实效用》的论文来观察计算机的效率。[15]如果计算机和人工智能被视作未来的分析师,那么这篇来自流行病学家的综述就给这个未来蒙上了一层阴影。我们应该开始担心,对未来的预测是不是存在某些普遍意义上的误导,至少在被寄予厚望的人工智能领域。

技术发展的速度已经不再像从前那么快的说法遭到强烈抵制,如果你要我举出更多的证据才能相信我所言非虚的话,那么你能找到许多同伴。有些人会说我们对新技术不敏感,他们认为技术依然在飞速进步,只是我们现在看不到,我们只是误以为一眼望去未来困在平台期。他们说我们没能看见未来向上飞跃的曲线，是因为我们缺乏想象力。考虑到过去深厚而稳定的历史，一代人与一代人之间并无巨大变化，这种说法或许有其道理，但最近的数代人见证了巨大的加速，我们可能已经过于习惯了这种加速。

从长期看，我们或许更适应一个发展得越来越慢的世界，我们喜欢这个世界已经建立起来的稳定性。然而，在接受万事万物不再飞速快进之前，许多人会抓紧未来的每一个微不足道的技术进步，希冀它是一个伟大突破。我希望将来有一天，不再使用现在的QWERTY键盘打字，但这一天或许早已到来。这种键盘的设计就是为了放慢——键盘的排列模式就是为了降低打字员的打字速度，避免老式机械打字机在半途卡顿。

我的一些同龄朋友因为打字手上都磨出老茧，现在改用语音识别来记录自己的思想，就像当年商业人士对着秘书口述文件让后者记录一样。但比讲话更快的技术已经出现，当我还年轻时就有人发明了一种精巧的五键鼠标，你将右手五指放在这五个键上，一共可以出现32种组合，足够输入26个字母、空格、句号、逗号等等。稍经训练后，就能掌握快到惊人的打字速度，只要轻轻按动几个手指，就能输入一个字母，不用去找这个字母在键盘上的位置。你的左手可以控制另一个鼠标，可以获得另外32个"控制"键功能：加粗、斜体、下画线、大小写转换、字体大小转换、下标、加重，等等。但这个设计从来没有推广开来，现在这种五键鼠标已无迹可寻。

我们很容易忽视传统的力量，却过分关注创新的增长，哪怕实际上并非总是增长。同样，我们很容易忽略未来的技术进步是否能够帮助我们减少气候变化的灾难性影响。[16]技术突破很可能帮助我们实现我们想要实现的成就，但它们中的绝大多数很可能只是旧技术的改良，而非全新发明，譬如电池技术和量子遥传技术。

即便已经出现了许多创新放缓的迹象，甚至还有一些故意避免创新的事例，人们依然声称技术一定会加速发展。摩尔定律或许不再有效，但平行计算（parallel computing）意味着摩尔定律的失效不是个问题，计算机将继续保持运算能力越来越强的发展趋势，因为现在一台计算机能整合进越来越多的处理芯片。一些摩尔定律的拥趸已经在维基百科上提出，到了2025年，摩尔定律会明显失效；另一些人则认为失效已经发生，处理器速度在1975—1984年间达到高峰。[17]很少有人能指出多出来的计算能力会被用于何处，最终收益的提高显然在减慢。幻想家们认为（他们一直如此）真正聪明的人工智能已经呼之欲出，迄今为止，图像与语音识别代表了人工智能中的大部分成就，但两者都只是模式识别方面的简单进步而已。

同样值得注意的是，在经典的摩尔定律示意图（很容易就能在网上搜到）里，处理速度自20世纪70年代以来就保持不断加速的处理器是在80年代开始进入大规模生产的通用处理器，而在此之后出现的是更专门化的特殊处理芯片。[18]不仅如此，早期的大多数处理器位于指数增长的曲线之上，而1990年之后的处理器则大多数位于该曲线之下。这条增长曲线正在向下弯曲。摩尔定律事实上已经有几十年时间不能被称为

"定律"了。如果我们想看看真正的技术进步，就应该看看近代通信技术的发展：信件、电报、电话、电子邮件、网络电话（Skype）、社交网站，确定其中哪些属于真正的创新，哪些不算，并自问我们今天是否还在迅速向前发展。投寄信件曾经是一种革命性进步，但即时传送留言到好朋友的手机上是现在孩子们热衷的方式（上岁数的人更倾向于不这么干）。

今天，连我们的洗衣机都能彼此交流，但这有什么必要吗？那些数据通过5G技术在几台洗衣机之间传递，还是从一台洗衣机发往某个中央控制中心？如果洗衣机在这个物联网中彼此联结，我们会在某一天看到它们起来造反吗？[19]洗衣机本身是一个伟大的突破性发明，但让它们彼此交流却算不上。当然总还是有些技术突破能够实现。

太空望远镜收集的数据或许还在加速增长，但越来越高的分辨率真的比得上将月球表面细节展现在人类眼前的第一台望远镜那般意义重大吗？或者它能否与使人类第一次听到太空的声音的射电望远镜相比？很快，我们将能够看着爱人的全息影像与他们隔空交谈，但与第一次听到从大西洋对岸传来的声音相比，其魔法般的效果似乎很难说更令人印象深刻——事实上，就魔法效果而言，前者很可能大大低于后者。

世界上的知识已经不再被深锁于积满灰尘、仅有精英才能进入的图书馆里。每时每刻都有新的想法诞生，但整体上看，它们在新颖程度和深刻程度上比不上我们的父辈、祖父辈和曾祖父辈所经历的。

说起信息与技术，我的孩子们今天所接触到的与我当年接触到的几乎没有什么不同，我们这代人可以说是接触这些东西的第一代人。对于我的孩子们来说，一切都很方便，操作也很简单，但他们并没有经历过发送人类历史上第一封电子邮件、打出人类第一通移动电话——这是我们这一代的经历。在Spotify（网上音乐服务平台）听歌或点播电影虽然很酷，但与20世纪七八十年代的技术变化带给我的震撼相比，还是逊色不少。对于年轻一代来说，这些都是寻常之事，因为在他们眼中，这些技术无处不在。他们所见到的，数十亿人都已拥有，只是一种寻常技术而已。孩子们再也不会有身处发展前沿、看向未知前方的感觉了。

第 5 章
气候：
工业、战争、碳和混乱

> 很久以来，政客们在对抗气候危机和生态危机上毫无作为却能安然无事。现在我们必须确保他们不再继续置身事外、逃避责任。
>
> ——格蕾塔·桑伯格（Greta Thunberg），2019 年 4 月 22 日

2018 年 8 月的一天，一个瑞典女孩发动了一场罢课运动。一开始，还几乎称不上罢课，参加者仅她一人。她的父母试图说服她停止，但她不为所动。她在一个星期五来到位于斯德哥尔摩的议会大楼门口，一个人举着一条标语，开始了"为气候罢课"（Skolstrejk för Klimatet）运动。下一个周五，她再次出现，再下一个周五也一样。最初，她的同学们没有加入的兴趣，"路人们看着这位默默无闻的 15 岁女孩坐在石头上，举着一块手写标语，觉得又好气又好笑"。[1] 2019 年 3 月 13 日，格蕾塔·桑伯格获得了诺贝尔和平奖提名。[2]

2019 年 4 月，她坐上火车前往伦敦，对那里的气候问题示威者发表演讲。复活节周末结束前，几乎有一千名示威者因

堵塞了伦敦的道路与桥梁而被捕。2019年夏天，年仅16岁的格蕾塔·桑伯格飞越大西洋，再次以简单明白的语言演讲："'玛利琪亚2号'花了13天又18个小时从英国普利茅斯港出发横渡北大西洋，穿过亚速尔群岛，到达纽约市。"[3]在我撰写本书时，格蕾塔·桑伯格正巡回在美国各地，宣讲自己的主张。

那么，这个故事又是从何而起的呢？

最早的人类碳排放

90　　所有一切都相互联系。债务驱动的资本主义鼓励了越来越多的生产与消费，它们又与知识的传播与加速相关联。数据与新信息的增长和传播导致创新以越来越快的速度涌现和扩散，远超从前。基本能源从风力、水力和木柴发展到煤炭、焦炭，又发展到石油与天然气。随着机械化生产的推广，纸张的成本大大降低，只要有越来越多的人购买和阅读，以及有足够的树来制造纸张，越来越多的书籍就能够被印刷出版。

但让我们回到没有多少人具备读写能力、刚开始学习如何生产越来越多（至今还在增长）的产品以满足我们自身渴望的时代。最初，远在大多数家庭连一本书都不曾拥有的时代，人们对铁制品有着巨大需求。大加速起源于久远的过去，而引发了这场加速的火花来自1492年的一次横跨大西洋的航行。这场大火一开始只是慢慢地焖烧，如果当时有一个来自外星的观察者来观测我们这个球的大气构成，他将很难发现有任何明显的变化。直到18世纪，新旧大陆的地理、政治与经济合为一体之后，火焰才开始真正燃烧。

1750年时，全球仅有很少的工业活动，每年释放到大气里的二氧化碳只有10亿吨的1%。[4]这些工业活动大部分是为了熔化金属，主要是铁。到了1791年，全世界因人类活动而释放的二氧化碳总量上升到10亿吨的2%，1802年上升到3%，1810年4%，1816年5%，此时近代工业化进程刚刚开始。菲利普·詹姆斯·德·劳瑟博格（Philip James de Loutherbourg）1801年的画作《夜色下的煤溪谷》（Coalbrookdale by Night）在今天看来古意盎然，特别是与后来的烟囱与厂房的工业化景观相比较。但即便是当时尚处在黎明之中的工业时代也已经透露出一丝地狱气息。位于英国什罗普郡的煤溪谷是一个小村庄，也是欧洲第一座用于炼铁的焦炉的诞生地。

到1816年为止，采用焦炉大规模炼铁在欧洲已经超过100年，最初只集中在少数几个地方，常常与世隔绝，附近正好有铁矿和煤矿。焦炉所需的煤炭并不多。事实上，与前40年相比，18世纪90年代全世界每年释放的二氧化碳量第一次被测量到排放加速，新出现的工业活动对煤炭和其他化石燃料的使用飞速增长。此时，主要是欧洲，特别是英国的工业处于快速增长阶段。其增长如此之快，仅仅在1810年到1816年的6年时间里，释入大气的污染物就相当于18世纪90年代整整10年全世界释放的污染物总量。短短60年时间里，全世界二氧化碳污染增加了6倍多，而且速度还在增快。

如果假想中的外星人用某种非常灵敏的仪器观测地球大气，他们大概能在200年前看出大气成分的一点点变化。我们需要考虑到当时他们无法区分这种变化究竟是缘于人类历史上第一次大规模的二氧化碳排放增长，还是一次大规模火山爆发，因为两者的释放量是相当的。如果他们真的能够确定这些二氧化碳的来源，就能够看出它们中的绝大多数来自英国，以及欧洲其他一些地区的工业活动。尽管他们很可能无法确认碳排放增长的来源，也很难了解这些现象的影响，以及持续到今天的政治含义，譬如荷兰（直到1795年还是荷兰联邦共和国）在贸易和领土上的统治地位被英国所取代。

此时在远离欧洲的北美，13个英国殖民地正为了摆脱宗主国统治而战。尽管他们的独立对于英国来说是一件烦心事，但并未对欧洲最初的工业化以及随之而来的碳排放加速带来什么影响。没有人能够预测后来的美国会成为世界上史无前例的最大碳排放国。

想要了解对工业产品——那些利用化石燃料生产出的产品——的需求程度，并非一件易事。这种需求在19世纪发生了爆发。人口在增长，尤其是欧洲，增长速度最快，那里本来就有最强的有效需求——背后有由支付能力支撑的需求。而支付能力又来自欧洲人从他们飞速发展的海外殖民地所攫取的大量利润的支撑。

在欧洲各地——不仅仅是英国，如英国教科书经常暗示的那样——全新的技术被发明出来或从国外引进。蒸汽机可以从更深矿井更快地开采煤炭和泵出积水，可以更有效地炼制钢铁，可以纺织羊毛和棉布。而蒸汽又来自于煤，而非以前低功率的水轮驱动。1825年，世界上第一条使用蒸汽机引擎的公共铁路开始在英国运营，其燃料是煤。与此同时，在美国最大河流上，世界上第一艘蒸汽驱动的船只开始运送货物。

煤炭成为万物之王。煤矿数量大增，工厂、焦炉和蒸汽引擎就像那些爆炸式增长的动物一样迅速蔓延。越来越多的煤炭被开采出来，被越来越多地消耗掉。有些地方的煤炭足够便宜，已经能被用于家庭取暖。将产品运出工业区和运煤的船只迅速增加。随着大量煤炭的燃烧，碳元素被转化为二氧化碳从烟囱中释放进大气——越来越多，多到每一年的排放量都超过前一年。

每1吨的固体碳元素（煤炭中的碳含量约为50%到80%）在燃烧后会产生3.664吨的二氧化碳。每个碳原子的重量只有每个氧原子重量的3/4，而在燃烧时，1个碳原子会与2个氧原子结合形成1个二氧化碳分子，换算成重量，相当于你从地下挖出3.664倍的新产物。而且，因为二氧化碳的密度很小，它的体积是原先煤炭体积的400倍左右。最初，这类污染相较而言程度轻微，在整个地球上所产生的影响几乎可以忽略不计。今天，加上其他燃料废气和其他形式的温室气体，碳污染已经成为我们这个时代最严重的全球问题。

那位想象中的外星访客或许对碳原子与氧原子的特性以及两者如何结合知之甚多，当他们200年前从宇宙飞船俯视地球时，他们或许还没注意到人类。那时的我们只是一种不那么重要的物种，只是散布在地球表面的许许多多生物里的一种而已。我们所建造的城墙、运河、金字塔，以及清除树林之后露出的田地比闲逛的人类更容易被注意到。那个年代绝大多数人聚居在被小块耕地围绕的小村庄里，无论是旱地还是水田，农田与村庄周围都长满杂草，相当数量的人依然依靠在野外打猎或采集为生。

几百年来，人们认为自己造成的大气污染最终都会消失。不多的几个具有想象力的头脑开始怀疑是否真的如此，但直到工业化早期时代过去好几十年之后，大气污染导致的巨大问题才第一次露出真实面目。毕竟，直到 1900 年左右，我们才刚刚弄清原子是什么，以及它们有多重，更不要说了解 1 个碳原子与 2 个氧原子的结合会产生一种覆盖了整个地球的温室效应，并带来毁灭性的气候变化了。在此之前，原子之小就像地球之大一样难以想象。使这种用显微镜都看不见的小微粒发生组合，形成一个同样看不见的二氧化碳分子，并预测其能导致全球变暖这样巨大的后果，对于我们人类的想象力来说，已经是一个巨大的飞跃。

1836 年，全世界每年因人类活动而释放的二氧化碳总量为 10 亿吨的 1/10，1852 年增加到 2/10，1859 年 3/10，1864 年 4/10，1868 年 5/10，1872 年 6/10，1877 年 7/10，1880 年 8/10，1882 年 9/10。每突破 10 亿吨的 1/10 所用的时间从 16 年缩短到 7 年，再缩短到 5 年、4 年，然后在 19 世纪 70 年代延长到 5 年，接下来又缩短到 3 年，并在 1882 年缩短到了 2 年。回过头看，从 1873 年持续到 1879 年的经济危机正好与地球首次被测量到的总体污染停滞同时出现。在美国，这次危机始于以煤炭为能源的铁路公司所累积的债务，随着此类投机性投资的失败，铁路的疯狂归于平静。

蒸汽火车吐着黑烟，就像那些制造铁轨和引擎的钢铁厂一样。不管看得见的黑烟如何令人不快，事实上带来真正长期危害的是那些看不见的污染，二氧化碳的排放才是让我们今天忧心忡忡的罪魁祸首。与此同时，位于欧洲的维也纳股票交易市场在1873年也遭遇了股价崩塌，又是因为太多钱被借给（或"投资于"）新的煤炭驱动的工业。随着债务（投资）的减少，污染水平也随之下降。但依然没有人知道这种污染不会消失。他们又怎么可能知道？或许他们觉得这些废气会飘散进入太空，或被海洋吸收，但更可能的是他们就从来没有为这些事担心过。"他们"是我的曾祖父母辈，这一切发生在并非很久之前。

19世纪70年代的长期经济危机终于慢慢过去了。即便在危机期间，全世界每年作为燃料烧掉的碳元素都比前一年多，仅仅是生产与污染增长的速度降低了。在1878年，威廉·阿姆斯特朗（William Armstrong）位于英国诺森布里亚郡卢斯布里的克拉格赛德（Cragside, in Rothbury, Northumbria）家中的画廊里装上了第一盏弧光灯。1880年，那里又装上了第一盏家用白炽灯。[5]阿姆斯特朗是当时世界上最富有的人之一。他的同时代人中，很少有人能够想象，在不到100年的时间里，大多数英国人都能住进一幢被几十个各式各样灯泡照亮的家，至少在灯光照明上，现在比阿姆斯特朗那时好太多。

无论是工业，还是住房拥有率，能够迅速发展的原因都是债务。可以轻易借贷推动了生产与消费，这也与大气污染的增长速度密切相关。到1884年，全世界每年因人类活动而释入大气的二氧化碳总量已经超过10亿吨。人类因工业化和其他原因大量使用燃料，还有土地利用方式的转变，第一次带给世界这么大的影响。[6] 1884年之后，不出意料地，与人类相关的一切都加快了速度。那时依然没有人认为这会是一个问题。有什么原因让他们这么想？

仅仅用了17年，从1884年到1901年，全球每年排放二氧化碳总量又增加了10亿吨，达到每年20亿吨。造成这种翻倍的主要原因是交通与工业的发展。在这17年时间里世界上大事频发，其发展并不像之前那么平稳，但重要的是，仅仅17年时间，人类的年度碳排放就增加了这么多，比1884年之前每十年、每百年工业活动碳排放所增长的都多。然后，又只用了9年时间，从1901年到1910年，来自工业和燃料的碳排放增长进一步加快，每年进入大气的二氧化碳总量超过30亿吨。我的祖父母辈中最年长的两位就出生在这个时期，这是相当晚近的事。对耐心、安静地观察着我们并测量大气成分的外星人来说，事情开始变得有趣了。

在过去的100年里，我们往大气里排放的二氧化碳堪称规模巨大的加速进程的最佳写照，就像坐在垂直发射、飞离地面的火箭里所能体验到的加速（这个过程本身就会燃烧大量燃料）。然而，即使在二氧化碳排放加速增长的早年，也有一些时段，在12个月或更长一点的时间里，碳排放比前一年或前几年少一点点。人类活动现在已经成为影响碳排放的关键因素，火山爆发对碳排放的影响早已变得无关紧要。因为在世界范围内，人类活动开始出现巨幅波动，其对应的污染水平也不再单方面稳定增长。商业周期，以及波谷与波峰决定碳排放何时增长更快、何时更慢变得尤为重要，而这些趋势又相应依赖于债务、贸易和新技术的发展。

本书的第3章以讨论相对更近一些年代的债务开始——住房、汽车和学生贷款。然而，正是最初的债务为身处襁褓中的工业提供了资金，投资令工业得以快速发展。而这些债务、资金又来自在殖民主义时期迅速发展的世界贸易中所获得的利润。1910年之后很久，大规模房屋抵押贷款才成为可能选项，其对消费和污染的增长也贡献良多。在此之前，城市的大多数居民只能住在租来的房子里，而且与我们不同，他们一般不会在自己租来的房子里填满各种物品，这些物品都是工业产品，而且其中的许多在生产出来后（利用电源）会消耗更多碳基燃料。我的祖父曾经给我讲过一个故事，还是一个孩子的他坐在一艘运煤的驳船上，他的祖父掌着舵穿过约克郡的运河（转去铁路），他的祖父就是驳船工人。而祖父的父亲曾经操作蒸汽泵从当地的一个矿井中抽水。祖父的祖父和祖父的父亲都没有什么财产，尽管他们一辈子都以"淘黑金（煤炭）"为业。

1910年之前，大众购买消费品的能力非常有限，不仅是因为存放空间太小，大多数人基本只买自己必需的食物，除此之外很少购买其他商品。他们在把旧衣服彻底穿烂之前不会购买新衣，奢侈品更是少得可怜。大多数人的家里都不通电。今天的贷款，对于他们可能是天方夜谭。信用卡直到20世纪50年代才与计算机先后出现，后来发展到无处不在。第二次世界大战结束后的第一个10年里，如果说有比例高一些的高中毕业生能进入大学深造，就被视为不可思议的事。由政府背书的学生贷款是听从了当时的经济学家米尔顿·弗里德曼（Milton Friedman）的建议，直到1958年才被美国人发明，1989年玛格丽特·撒切尔才将学生贷款机制引入英国。然而，在世界的其他地区，不依赖贷款发展教育是常态。正是那些一直以来最迷恋贷款的国家累积了最多基于贷款生产的工业品，并且制造了最多的污染。

与我的祖父以及他的祖父所生活的时代相比，今天是如此不同，但这种不同发生之快也没到我们经常宣称的那个程度。今天的我们生活在一个幻觉里，在这个幻觉中，技术迅速而持续地发生着整体性变化。但事实上技术发展的速度正在放慢，就像维基百科的词条增长速度正稳定放慢一样。我们常常发现这种论点不能令人信服，因为我们已经变得习惯于相信相反的故事。

1968年，第一架波音747飞机滑向跑道。迄今为止，它依然是世界上使用得最广泛的飞机。波音747在起飞时消耗大量燃料，其航程的前1/3要用去燃料的大多数，在降落时只留下很少燃料以减轻载重。这些飞机是高效制造污染的能手。莱特兄弟开创飞行时代的壮举就发生在我们上面讨论的时间段里，他们第一次结伴飞行发生在1910年。在那个年代，几乎不可能有人会想到仅仅几十年后，上百万人会乘坐飞机旅行，这就是最近几代人所经历的加速。这也是为什么我们很难想象在1968年后的50年时间里，与前50年相比航空上的创新是如此之少。我们依然不善于此类想象，我们还没做好接受放慢的准备。

关于创新正在放慢的故事我们很少听到。今天，我们被告知人工智能（AI）是未来的发展方向，而且现在已经有了人工智能被广泛应用的说法。只要计算机足够快，程序写得足够好，它们就能迅速学会一切，像我们一样思考，像我们一样行动，并最终做得比我们更好。我还清晰地记得在20世纪70年代，我第一次为计算机编写程序。事实上在那以后，人工智能的进步速度相当缓慢。在我写于80年代的博士论文里，我恶作剧地将其发展速度称作海蛞蝓速度，因为海蛞蝓是当时计算机能够部分模拟的唯一生物。迄今为止，还没有人能够用计算机创造出一只人工机器宠物，能够真正在现实意义上模拟真实动物的行为，更不要说人造人了。20世纪70年代之前的技术进步速度相当快，但其后的速度则慢得令人吃惊。

人类之所以那么难以被模拟，并非因为我们都是伟大的思想家，而是因为我们是动物，而非机器，正因为这个原因人工心智的创建才如此困难。我们以一种非常奇特的方式思考，这种方式并不一定快速、卓越或聪明，只能说怪异。计算机能通过程序辨识车牌、文字和单词，能通过"机器学习"在不同的语言之间进行翻译，但无法深度分析为什么让其他人挨饿是不对的，或者思考自己的行动所导致的长期后果。计算机无法像那个15岁的女孩那样担心气候变化。威廉·阿姆斯特朗位于卢斯布里教堂墓地的墓碑上刻着如下墓志铭："他的科学成就为他赢得世界美誉，而他的慈善伟业则得到穷人们的感激。"[7]但是碑文没有提到他的钱财从何而来，他从事的是生产和贩卖军火的生意。今天的人工智能在模拟人类对于此类不道德行为的担忧方面,并不比其刚被发明出来时有多少长进。

今天早晨,我问放在我家厨房的机器人阿利克夏:"为什么人类挨饿是一件坏事?"她的回答是:"呃,我对此没有答案。"如果你问谷歌,或许会找到某位经济学家告诉我们让人们挨饿在经济学上是不是一件好事(可悲的是,居然有人真的做了计算)。机器永远不会本能地分析某件事是否在道德上不正确,只有人类才能了解,道德范畴上的恶意味着以不人道的方式对待他人——可悲的是,真的有人会如此之恶。向一个人工智能引擎解释这些,并且让它不要鹦鹉学舌般的回答你,是一件相当困难的事。

第一次世界大战前的工业排放

20世纪开始时,全球二氧化碳年度排放量增长得非常迅速,到1910年已经达到每年30亿吨,比半个世纪前1859年的排放量整整增加了10倍。如果你生活在那个年代,你所能见证的变化会令你难以相信,因为如此巨大的变化在今天已经不可能发生。直到96年后,用了将近一个世纪的时间,才出现了下一次10倍增长——我们太心急了,留待后面再详述。现在,还是让我们回到这场大加速刚开始的阶段,思考为什么它没能更早出现。

当某种技术刚刚出现时,几乎都会加速发展。最早的化石燃料是煤炭和焦炭(来自煤炭,而非来自木柴的木炭)。砍伐并燃烧木柴比开采煤矿容易得多,木柴并非化石燃料,新树成长从大气中吸收的二氧化碳几乎与燃烧旧木柴释放进入大气的二氧化碳总量相等。如果这些树未被烧掉,木头里的碳大多数被储存在腐烂的树干或枯枝败叶里,经过亿万年的变迁,其中的一些最终变成煤炭或石油。

工业用焦炭始于中国,1000年前就已出现,规模虽小,但也颇为显著,不容忽视。中国11世纪的典籍中就已提到铁与钢的生产,以及利用风箱来增加燃烧焦炭的炉子的温度,历史学家威廉·麦克尼尔(William McNeil)评价:"即便这些技术分开来看都很古老,将两者结合到一起却是创新。使用焦炭来熔化矿石,钢铁产量就可以以相当快的速度增长。"[8] 表1展示了麦克尼尔所说的中国重要地区铁产量的增长速度,它说明了污染加速期完全可以提前近1000年出现。

表1 中国铁产量

年份	产量(吨)
806	13,500
998	32,500
1064	90,400
1078	125,000

威廉·H.麦克尼尔,《力量的追求》(*The Pursuit of Power*),Chicago: University of Chicago Press,1982

因此,世界性的化石燃料驱动的工业革命完全可以开端于11世纪宋朝时的中国,但12世纪中国的铁产量出现下降。战争导致运河贸易中断,运送这些金属的成本上升了,而且政治动荡也导致了首都的金属需求出现下降。来自北部的入侵者破坏了钢铁生产，一个世纪后成吉思汗的军队又扫荡了钢铁生产的最主要区域，铁制品被严格限制，只能用于"为军队打造甲胄与武器"（异曲同工的是在那么多个世纪之后，威廉·阿姆斯特朗对钢铁的主要应用也是生产军火）。[9]武器制造常常在钢铁产量波动中起着关键作用。表1中的小规模加速在1194年黄河决堤并改道入海之后夭折了，黄河在1034年和1048年泛滥，造成大面积洪灾。人类历史上出现过太多大灾难，我们只是不善于记住它们，特别是当它们发生在离我们遥远的地方和过去。

在17世纪或18世纪的任何一个时间点，都有可能扼杀新生在欧洲的工业革命。幸运的是，它们没有发生。图13显示了从1750年到1910年每年排入大气的二氧化碳总量，但决定全球变暖的最重要因素不是年排放量，而是这么多年来的累计总量。进入大气的二氧化碳似乎有着无限期存留的可能，直到它们被陆地上的植物或者海洋植物吸收。人类活动排放的污染气体还有其他成分，但碳无疑是最重要的。雪上加霜的是，随着越来越多的森林被砍伐破坏，被吸收的二氧化碳变得越来越少。

1807年时，大气里已经积聚了10亿吨人类燃烧化石燃料而释放的二氧化碳，到1827年时，该数字就翻倍到20亿吨，1847年时达到40亿吨，1862年时达到80亿吨，1877年时160亿吨，1892年时320亿吨，1908年时640亿吨。总量翻倍的时间间隔从20年缩短到15年，然后又微微延长到16年。这次延长包含了美国两次巨大的经济危机（见表2）。然而，即便发生了衰退，整体工业污染并未改善，只是增长得比没有经济危机时稍微慢了一点点。

19世纪70年代的放缓在图13中只是一次小小的下滑。发生在1882—1885年的经济衰退所带来的影响更为明显（1883年位于现在的印度尼西亚的喀拉喀托火山发生了火山喷发，也为大气贡献了几亿吨二氧化碳）。同样，1907—1908年间因1907年银行危机引发的经济衰退带给碳排放的影响也很明显。但除了在这些经济衰退时期，污染的增长依然越来越快，直到第一次世界大战爆发前几年。

表2 1929年前美国几次主要的经济衰退

年份	持续月份	衰退率
1873—1879	65	-33.6%
1882—1885	38	-32.8%
1893—1894	17	-37.3%
1907—1908	13	-29.2%
1921—1922	18	-38.1%

维克多·扎诺维茨(Victor Zarnowitz)，《商业周期：理论、历史、标志及预报》(*Business Cycles: Theory, History, Indicators, and Forecasting*)，Chicago: University of Chicago Press，1996

战争与疾病改变了一切

从1910年到1960年，人类二氧化碳排放量的变化呈一片乱象，自1946年后，开始变得稳定，在没有战争的时期数据一直上扬。如果要对该现象追根溯源的话，我们会注意到该

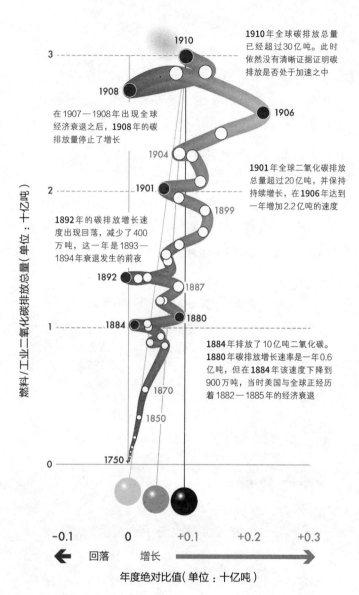

图13 全球燃料/工业二氧化碳排放量，1750—1910年

时期不仅开始了大规模的电气化,还恰逢汽车生产大加速。

大规模的汽车制造开始于1901年,并随着1913年第一家福特汽车制造厂的建立而快速发展。从一开始,美国就占据了全世界汽车制造业的统治性地位。到1961年,美国生产了全世界一半的新车,共550万辆。德国年产量是180万辆,英国和法国各生产100万辆,意大利70万辆,加拿大30万辆,日本25万辆,澳大利亚18万辆,俄国15万辆,瑞典11万辆。[10]

一种很普遍但却错误的看法是,如果全世界人口总数增加,碳污染也会随之增加。有些人甚至认为如果减少婴儿出生数量,总体污染也会因此下降。事实是如果你能正确培养自己的孩子,让他们投身到减少污染的宣传中去,会比不生育后代对环境作出更多的贡献。历史数据表明,全世界人口中一部分占比非常微小的人群在特定时间和特定地区造成了最严重的的污染。如果仔细审视的话,我们发现寥寥数个国家制造了每年污染的绝大部分增量,其来源往往是最富裕人群才负担得起的特别商品。譬如,汽车不仅在生产阶段消耗了大量化石燃料,更在使用过程中依赖化石燃料驱动。早期汽车简直就是专门按照最大限度地排放二氧化碳这一标准来设计的。

最初只有很少的汽车,卡车数量就更少了。世界人口从1900年的15.6亿增加到1913年的17.9亿,增长了15%。[11]同一时期,工业碳排放从一年19.6亿吨增长到一年34.6亿吨,增长幅度为77%。1913年,世界上大多数年轻人与他们父母所经历的人生非常相似,他们在村子附近的田地里劳作,犁地播种,如果幸运的话,拉犁的会是一匹马或一头牛。他们种植的大多是大米或小麦，几百年来一直如此，以手工方式播种。如果他们非常幸运，自行车或许已经在他们的生活之处普及开来。他们并未消耗越来越多的化石燃料或钢铁。他们没有燃烧汽油的汽车，甚至没有电灯，因为他们的村子不通电。

从1913年到1920年，世界人口增长了4%，达到18.6亿。第一次世界大战虽然残酷，但从世界人口增长的角度来看只是一个不起眼的小事件。它只波及欧洲，造成4000万人口死亡，其中的大多数是身体虚弱的士兵，大多死在他们负伤几星期或几个月之后。1918—1919年暴发的流感又造成额外的5000万人死亡。如果这两起大灾难事件没有发生，我们预测1920年全世界人口总数将为19.5亿，这样的话在那7年时间里人口增长速率应该达到9%。但如果是那样的话，1919年的战后婴儿潮或许就不会发生，后来的人口增长有可能会少一些。不管怎样，实际上在这7年时间里，从头到尾，世界人口增加了7000万。污染增加了多少呢？答案是：污染减少了！人口增长污染却会减少，反过来也成立。

从1913年到1920年，全世界年度二氧化碳排放总量降低了1%。最大的降幅发生在1919年，正是世界上已知致死人数最多的流感刚刚结束之时，此时身体足够健康能够从事劳动的年轻人的数量极度萎缩。因病导致的劳动人口减少远多于死亡所导致的，因为人们在染病后消费需求会大幅减少。流感对年轻人的打击尤为沉重，或许能够解释为什么全球碳排放在1918年和1919年间下降了14%，但下一年随着大多数病人的恢复又增长了16%。流感对工业生产和消费的影响远超过"一战"。

从1920年到1940年，全球人口总数从18.6亿增加到23亿，增长了24%。同一时期，全球工业碳排放总量从每年34.2亿吨增加到每年47.6亿吨，增加了39%，比人口的增长快得多。再说一遍，这两个数据之间只有非常弱的相关性。世界上污染增长最快的地方往往是人口增长最慢的地方——那些工业化国家。按人均算的话，世界上最穷的国家污染正在降低。这些国家往往才成立几十年，生活在那里的大多数人都没有电器和汽车，他们的生活依然与他们父母辈没什么两样。

殖民主义破坏了一些地区先前的相对稳定的人口。1920年到1940年间，世界上最贫穷国家的人口开始迅速增长，这个巨大的人口增长跟随在少数富裕人口所造成的污染爆炸性增长之后——而且这些新增人口也变得相对富裕。了解这一点非常重要，关键点并非是更多人口导致了更多污染，而是少部分人所选择的生活方式导致了大量污染。同样，更少的拥有权威的人把我们带入了世界大战。

从排放二氧化碳的角度来看，第二次世界大战截然不同于第一次世界大战。这场发生在1939—1945年的世界性大冲突是一场工业化战争，决胜因素是子弹、炸弹、坦克、战舰、潜艇和飞机的数量。这还是一场真正意义上的世界大战，影响到全球大多数国家。1929年，全球年度碳排放达到42亿吨的高峰，但随着那年全球性经济危机的到来，碳排放也随之下滑。直到1937年全球碳排放才恢复到1929年的水平。这段时间里全球人口年复一年地增加，但因为污染与人口总数没什么关系，污染只与富裕国家人们的行为方式有关,全球人口的持续增长并未给20世纪二三十年代的全球污染水平带来影响。

20世纪30年代的大萧条意味着人们购买的汽车变少了,因而生产出来的汽车也变少了,驱动汽车所需要的燃料也变少了。1929年的银行崩溃耗尽了信贷供应,因此债务也无从产生。造车所需的钢铁需求也减少了,用来驱动生产线的燃料也减少了。家用奢侈商品的生产与购买也大大减少。严重的经济危机之后,富裕国家的工业生产出现了整体性下滑。保护主义抬头,全球贸易萎缩,所有的一切都导致污染减少。商品生产少了,用来运输这些商品的旧式蒸汽轮船或正取而代之的装有新式柴油引擎的远洋货轮所消耗的燃料也相应减少。

第二次世界大战和在此之前的军备竞赛导致了全球军事生产和军事消费的繁荣,从而导致1939年污染增长了4%,第二年又翻了一倍多,增长速率达到9%。然而,战争又减少了日常商品的消费,尤其是富裕国家中的汽车等奢侈品,导致了另一次污染减少。尽管世界大战正在进行之中,全球碳污染在1941年只增加了3%,1942年增加1%,1943年增加4%,然后在1944年降低1%。随后因为战争进入尾声,军事行动基本上停止,1945年的碳排放出现了高达16%的巨幅下滑。自此之后,碳排放再也没有出现过类似幅度的减少。那一年(1945)世界历史上最大规模的婴儿潮开始了,碳污染却出现最大幅度的下降。还能得出什么更明确的结论呢?导致污染增长的并非更多人口,而是少部分消费者的行为选择。

1945—1946年之后又发生了什么?战后的世界迅速变成

一个更公平的世界，至少在富裕国家如此。美国的工人们拿到了更高的工资，开始购买汽车，欧洲的同伴们也开始梦想拥有汽车。顺理成章地，更多汽车被生产出来，当所有富裕家庭都有了一辆、两辆或三辆汽车之后，汽车生产依然在扩大，因为工会争取的更高工资意味着更多家庭买得起汽车了。

这个年代，即便在富裕国家，汽车依然属于奢侈品，当时并没有太多真正需要汽车的理由，绝大多数人步行、骑自行车或乘坐公共交通工具上下班。当时的城镇与都市不断扩张，工作地点往往离家不远，而且公共交通四通八达向全面覆盖发展。就在这几年，英国的铁路系统扩张到历史高峰（其中有许多在60年代停运，因为越来越多的汽车让铁路变得不那么高效，但这是发生在很久之后的事）。这个时期故事发展过于迅速，还有许多复杂转折，很难以线性方式平铺直叙。

第二次世界大战之后，尽管少数富裕国家内部的平等程度上升，但富裕国家与贫穷国家的消费水平依然有着巨大差距，世界变得更不平等。富裕国家的人口增长在经历了1945—1946年的婴儿潮后迅速放慢，但每个家庭的商品消费则大大增加。在贫穷国家——当时是，现在也依然占据了地球上的大多数，消费几乎没有什么增长，但人口却开始迅速增长。这是因为发生在这些国家的政治动荡和匆忙实行的改革打破了确保人口相对稳定的制约与平衡。被殖民的历史导致了一些非常持久的有害后果，那些殖民主义导致的变化持续到20世纪八九十年代，而世界银行和国际货币基金组织推动的结构调整政策进一步加快了非洲的人口增长（本书第7章的图25会详细解释该现象）。

当时的世界已经开始被冷战的阴影笼罩，美国（相对主要）和苏联（相对次要）想要影响别的国家人民的政治选择。这种影响包括向拉丁美洲的独裁者们提供支持，独裁者乐意见到穷人变得更穷。没有什么比贫困和不稳定更能促进人口增长，考虑到自己的孩子会不可避免地夭折就会让人们愿意生育更多孩子。冷战还见证了中国从一个半封建、半殖民地国家通过革命变成社会主义国家，转变初期出现的新旧制度交替促使中国人口出现快速增长。在充满巨大不确定和动荡的年代，穷人们所采取的唯一保险策略就是养育更多孩子，以便在将来照料自己。然而，社会主义社会很快就稳定下来了，仅仅用了一代人的时间，每个妇女平均生育孩子数量就从 6 个降低到 2 个。但中国政府并不满足于这个程度的减少，决定推行一个更严格的限制人口增长的政策——独生子女政策。人口增长是本书第 7 章与第 8 章的主题，特别是关于中国的。

进入摇摆的 60 年代

全球碳排放增长最快的时期是 20 世纪 50 年代，到 1960 年时已经达到每年 94 亿吨。从我父母出生的 1942 年，到他们年满 18 周岁时，多达 1230 亿吨的二氧化碳被释放进入大气，比从欧洲工业化初现曙光的 18 世纪早期到 1930 年人类所排放的二氧化碳总量都多。

从 1940 年到 1960 年，全球人口总数从 23 亿增加到 30

亿，增长了32%（见表3，1951—1960年）。同一时期，全球年度二氧化碳排放从每年48亿吨上升到每年94亿吨，增长了96%，3倍于人口增长速度。图14里1910—1960年的时间线显示了碳排放如何在一个飘忽不定的环境下翻了一番，而同时期人口则处于稳定增长。它还向我们展示了1945年后出现的根本变化。

表3 全球以及美国年度人口增长，1951—1960年

年份	全球人口（十亿）	年增长率（%）	美国人口与全球人口比例（%）
1951	2.6	1.7	16.6
1952	2.6	1.8	16.6
1953	2.7	1.8	16.6
1954	2.7	1.9	16.7
1955	2.8	1.9	16.7
1956	2.8	1.9	16.7
1957	2.9	2.0	16.7
1958	2.9	2.1	16.8
1959	3.0	1.9	16.8
1960	3.0	1.5	16.8

来自安格斯·麦迪逊（Angus Maddison）的估算：http://www.ggdc.net/maddison/oriindex.htm。也可见安格斯·麦迪逊的《世界经济概况》(*Contours of the World Economy*)，1‑2030 AD: 宏观经济史论(Oxford: Oxford University Press, 2007)

1945年的二氧化碳年度排放量还在下滑，停留在40亿吨出头的水平，这是一个我们今天打死也达不到的目标。但在1946年与1947年，每年的排放增量都几乎达到5亿吨。工业化国家的战时工业都已被重新组织成和平时期的机器制造业。美国的军工复合体正朝向今天的形态演变，因此美国不仅保留

了其军事生产和由此而来的碳排放，同时还创造出另一个巨大的工业基础服务于国内消费市场，以及被美国强大军事力量覆盖的海外市场。美国工业产量在1948年出现短暂下跌，这一年是美国1949年10月经济低谷的前夜，随后美国经济再次增长。[12]这个时期的美国是全球碳排放首屈一指的支配力量，在碳排放方面，除了美国的商业活动，其他地区的所作所为都无关紧要。

1950年二氧化碳年排放达到了接近60亿吨的全新高度，并且比前一年增加了6.4亿吨，这也是前所未有的最高增长速度。接下来出现了一个短暂的放缓，直到经济在1954年5月走出低谷后再次恢复增长，同样的事在1959年4月低谷结束后又发生了一次。美国小小的经济波动给全世界大气污染带来巨大影响，而在这些起起伏伏中，世界人口的变化与此几乎毫无关系。决定一切的是世界人口中最富裕的一小部分所生产和消费的商品。

到了20世纪50年代，世界上最富裕的人大多数都居住在美国。1950年时，全世界每16.6个人中就有1个生活在美国，作为一个整体，美国应为二氧化碳排放中的绝大部分负责。而且这些排放大多数都是这个超级大国中最富有人群的行为导致的，这些人控制了美国的工商业。全球人口在50年代从25亿增长到30亿。

世界人口增速加快，在1958年达到年增长率2.1%的高峰，这个速度在后来又一次被触发，并且从1968年到1971年维持了整整4年。然而，从碳排放上来说，全球人口增长基本上不

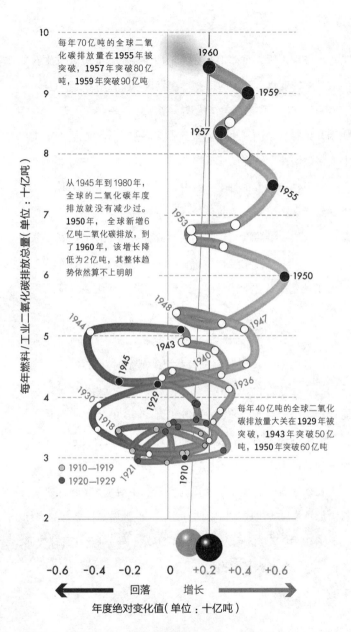

图14 全球燃料/工业二氧化碳排放量,1910—1960年

数据来自全球碳规划组织《2018年全球碳预算补充数据》(第1版)。下载于全球碳规划组织的官方网站 https://doi.org/10.18160/gcp-2018

是它的影响因素，重要的是在美国所发生的事，以及发生在欧洲与日本的变化，那里的工业正被重建。

到了50年代末，美国人购买了全世界一半的新车。50年代刚开始时这个国家生产了世界上大多数汽车，也生产了世界上大多数钢铁，尽管只有不到1/16的人口居住其中。每个被发现蕴藏石油的地方都打下了油井，煤炭不再占据统治地位。人类找到了能将更多二氧化碳排入大气却略微"清洁一点"的能源——汽油、柴油以及后来的航空煤油。与此同时，在夏威夷的一座小岛上，开始进行系统性的大气跟踪测量，这个测量系统后来证实了人类碳排放与全球大气中二氧化碳浓度的直接联系。

20世纪50年代——尽管对那个时期的记忆尚存在于今天一部分人的脑中，却很少有人意识到那个时期对后世的意义。看到图14里终止于1960年的时间线，你会觉得污染放缓从那时就已开始，尤其是你关注1950年到1960年的时间片段的话。但随后到来的并非放缓。如果那个时候就已知道这种污染所能导致的后果，这个难题或许更容易应对。可悲的是，我们将工业发展看作进步，不断提高产量和生活水平。汽车被看作自由的象征，飞机成为探险的方式，人们渴望更快更远的旅行。1959年9月，苏联的无人宇宙飞船"月球2号"降落在月球表面，人们对这一壮举满怀敬畏。

汽车、加速和归因

越来越多的二氧化碳被释放进大气，气候变化和全球变暖的进程依然在加速，如果人类作为一个物种还想良好存续下去（甚至放弃繁荣），这一过程肯定不能无限制地持续下去。相对于人类生活的大多数方面现在已经进入放缓状态来说，碳排放是一个例外。我们尚未放缓自己的碳排放，甚至这些排放的增长速度都没变慢，尽管增长速度的增长已经开始放慢。第一个转折的迹象可以在图15的时间线中看出，它所显示的是一个刚刚开始的趋势。

化石燃料二氧化碳排放积累总量在1928年达到1280亿吨，1955年达到2560亿吨，1976年达到5120亿吨，2000年达到了10000亿吨。[13] 2015年，该数字突破了15000亿吨。这些数字除了令人震惊之外，还告诉了我们一些更有用的东西：预测下一次翻倍所需要的时间。

全世界化石燃料二氧化碳排放积累总量从1928年到1955年的翻倍用了27年，到1976年第二次翻倍用了21年，然后又用了23年到2000年再翻一倍，翻倍所需时间有了拉长的迹象，然而没有谁会对该事实感到欣慰。虽然翻倍时间放慢到23年，我们所面对的情形却更糟糕了。该放缓始于1976年，那一年的油价在很短的时间里上涨了4倍多，上涨导致了碳排放增长的加速度出现了微小的放缓迹象，而非全球碳排放增长速度本身。

许多人认为这种放缓趋势来得太晚。我们每年依然往大气中排放比前一年更多的二氧化碳，有时还多得多，这个数量远大于森林和海洋增加的二氧化碳吸收量。我们越来越确信自己所居住的星球将不可避免地变热，而且速度越来越快。我们现在认为大气中的二氧化碳数量与地球变暖之间呈线性的正相关关系，也就是一个量上升时，另一个量也随之上升，但我们不知道该关系是否会一直如此。或许在将来会出现某种变化，关系直线向上或向下弯曲成曲线。然而，至少在我的整个生命周期里，这种对应关系应该一直是线性的。

在我们看到气候发生最终改变前，每年排放进入大气的二氧化碳会翻倍、翻倍再翻倍。这种翻倍带有巨大的惯性。我们一定会不可救药地想要生产越来越多的商品，至少一小部分人必定想要如此。我们仍然困在堵塞的交通中，让飞机飞满天空，穿梭各地。我们以债务驱动这一切，分期付款购买汽车，用信用卡度假，所有这一切背后的原动力都是贪婪。而最贪婪的就是想要用最快的速度变得更富有的富人们，他们借钱给别人，让人们飞去海外、购买汽车，同时又不遗余力地游说政府停止公共交通系统建设，并且阻止发展当地旅游业。

那我们是如何实现二氧化碳排放量在1955年和1976年翻倍的呢？我们是如何生产出那么多商品，释放的二氧化碳比先前历史所排放的二氧化碳总和还多？要找出这个问题的答案，我们不仅需要考察生产线与油井的发展，还需要考察为所有赚钱行为赋予正当性的自由市场理念。

我们所发现的油田储量巨大，能让我们建起更多发电厂，加大力度发展工业和交通业。煤矿开采的机械化让古代地质变

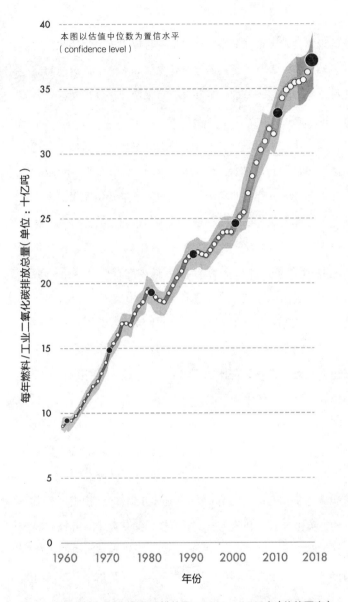

图 15 全球燃料/工业二氧化碳排放量,1960—2018年(传统图表)

来自 Corinne Le Quéré 等 "2018全球碳排放计划",《地球系统科学数据》(*Earth Systems Science Data*),2018年12月5日,根据2141—2194的数据重新绘制,https://www.earth-syst-sci-data.net/10/2141/2018/

迁所积累的碳元素从其富集的矿床中释放出来，远超我们之前的想象。煤气表和管道网的建造让煤气和天然气的运输与储存变得可能。隔热较差的住宅和办公室采用天然气供暖，只要天然气供应尚且充足。

排入大气的二氧化碳急剧上升，几乎所有增量都来自富裕国家居民们的行为选择。我们给住宅加热，在门口停一辆车，现在大部分家庭都有两辆车，也是我们最早开始大规模飞去阳光普照之地度假。期待拥有越来越多的东西已成为常态，在旧东西用坏前就迫不及待换上新的。

1961年，全球生产的1140万辆小汽车中有将近一半产自美国。美国的小汽车产量在整个60年代增长了55%，而其他国家的汽车产量增长得更快。1971年，全世界一共生产了2650万辆小汽车，此时几乎所有在1961年驶下流水线的小汽车还都在路上开着，与刚出厂时相比，在连续使用10年后它们排放出更多二氧化碳。

1971年，美国小汽车产量占全球比重下降到1/3多一点，共生产860万辆，但依然比10年前高出200万辆。德国1971年小汽车年产量380万辆，比1961年增加了一倍。日本1971年产量是370万辆，比1961年增加了15倍。法国则生产270万辆，英国与意大利各生产170万辆，加拿大110万辆，接下来是苏联，在1971年"仅"生产50万辆。如果有人告诉你因为世界上人口太多而导致大气中二氧化碳总量倍增，不妨提醒他们对全球污染"贡献"最多的国家名单竟然如此之短。

当然，让二氧化碳排放增长失控的并不仅仅是小汽车，还包括高速公路建设、卡车数量与运输货物量的增长、肉类产量的增加，它们都向大气释放各种温室气体，还有混凝土的大规模使用，每生产1吨水泥就会产生1吨二氧化碳。飞机与轮船、时尚与音乐、奢侈品和塑料唱片（以化石燃料为原料），还有去远方度假，使用自动咖啡机和熨烫机的理念，几乎所有广告都在提醒我们，又有了更新、更好、不可或缺的新款产品在等着我们。[14] 新一代的金融家们怀揣着一夕暴富的梦想，一如往昔愿意借钱给别人。现在的债务更加充沛，因为他们找到了定义金钱的新方式，纸币背后已经不需要有真实的黄金支撑。1973年美国正式将美元与黄金脱钩，从当年10月开始，美元开始自由浮动，带来了债务的爆炸性扩张。对于接下来可能发生的事情，经济学教科书并未给出任何警示，因为这种事在过去从未发生过。这个时代的借贷典型还是小汽车。1986年，英国首相玛格丽特·撒切尔说年龄超过26岁的男子还乘坐巴士旅行应该被视作一种失败——他应该开自己的车。

1981年的全世界小汽车产量再次增长，但幅度不大，一年时间里总共有2740万辆小汽车驶下全世界各条生产线。美国对小汽车生产（尽管不是汽车消费）的贡献终于开始下滑。80年代初期美国的汽车产量不仅在相对意义上，更在绝对数字上出现下降。美国在1981年仅生产630万辆新车，比日本700万辆的年产量低了不少；德国产量也略微下降，不过年产量依然接近380万辆；同样，法国的年产量也略微下降到260万辆。但作为对比，苏联的年产量则翻了将近3倍，达到了130万辆。产量上排在下一位的是意大利，但也经历了24%的下滑，年产130万辆。但与英国高达45%的下降、年产不足100万辆的下滑相比，前面这些下降只是小巫见大巫，英国的汽车产量只比西班牙多了10万辆，而后者在10年时间里汽车年产量增加了89%。重要的是它们都是富裕国家，而且进入80年代后它们依然是全球新车生产与消费的主力——同样也占据了排放二氧化碳的主要比重。

几百年来，可以说几乎所有因为人类活动而新增排放的二氧化碳都出自美国、欧洲与日本。这些碳原料或许开采自中东地区的油田，非洲或许也出现了更多的汽车，但这些汽车几乎都是富裕国家所生产，发达国家的人也依然驾驶着世界上绝大多数的汽车。推动全球污染加速的决定性因素依然是购买力，而非人口数量。生活在富裕国家的人数占全球人口比例在迅速下降，但他们所造成污染的比重却随着越来越多的人选择开车出行而持续上升。

1991年，全球小汽车年产量再次上升，达到3530万辆。随着越来越多的制造业向海外转移，美国的汽车产量降低到全球总产量的1/4以下，日本依然排名第1，美国第2，德国第3，法国第4，西班牙已经上升到第5，远超英国。韩国成为新来的挑战者，占据第9名的位置。后来新崛起的玩家是以前几乎被彻底忽略的中国，1991年时还只生产了81000辆小汽车，在全球汽车生产联赛中排名第26。

快进到10年之后的2001年，当时全球每年新车产量已经上升到了4010万辆左右，大多数在日本，然后是德国，位居第3的美国只生产了12%的小汽车，法国依然第4，韩国排名

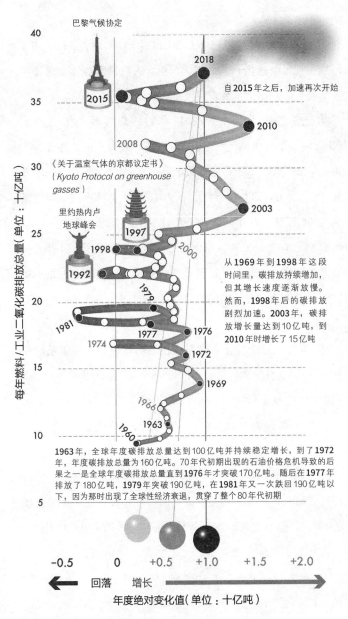

图16 全球燃料/工业二氧化碳排放量，1960—2018年

来自《2018年全球碳预算补充数据》（第1版），下载于全球碳规划组织的官方网站https://doi.org/10.18160/gcp-2018

第5，巴西成为第8，墨西哥第13，中国第14，印度第15。终于，在污染出现最高速增长之后很久，世界人口最多的几个国家才进入工业生产和污染排名表中较靠后的位置。

再往后快进10年，到2011年时，全世界一年生产了5200万辆新车。中国生产了其中的1/5，成为产量最高者，日本排在第2，德国第3，美国下降到第4，韩国依旧第5，印度第6，巴西第7。再快进5年，在2016年，全球小汽车年产量达到5660万辆，其中将近1/4来自中国，美国与英国的产量占比分别只有7%和3%。只有在这时，我们才看到世界上人口最多的国家在全球汽车制造业所排放的二氧化碳中占据了相当比例，但即便如此，这些国家所生产的许多小汽车还是出口到富裕国家。

图15中关于全球化石燃料碳排放的数据来自科学家们在2018年12月5日所做的估算，并以传统图表形式（并加入误差）呈现。[15]终点那段向上的曲线看起来尤为触目惊心，虽然最后一年的数据来自估算——图表发表时整个2018年还没结束。

图15这种传统图表中，我们很难看出在某一时刻，增长趋势是否增长得更少，甚至下滑，而另一些时刻则处于增长加速状态。[16]但是图表对应的全套数据都开放给公众。[17]我们参考这些数据绘制全新图表，以不同的方式呈现。比较图15和图16，两者数据完全一样，但是图16采用的是本书的"相图"方式，并标注了为控制全球气候变化而召开的重要国际会议的时间。

衰退、萧条、工业和碳排放

在我们生活的时代,全球二氧化碳排放量已经增长到每年371亿吨。一旦了解了我们是如何制造并扩大污染的,接下来的问题一定是,我们应该如何迅速减少这种污染?问题的答案就隐藏在近年来全球碳污染的波动起伏之中。

有什么恒定的因素能够解释图16中二氧化碳排放从1960年到2018年的起起伏伏? 20世纪60年代,碳排放每年都在增长,在其中的一半年份里,它的增长量大于前一年的增长量。到1970年,年度二氧化碳排放已经增长到令人震惊的150亿吨,而10年前这个数字还只有100亿吨。随后开启了一段放慢的时期,1974年的二氧化碳排放量比前一年还低,上一次出现这种现象还是很久很久以前。1976年以后,似乎一切又恢复正常,直到80年代初的经济衰退让碳排放再次减少,不仅是1980年,1981年和1982年同样如此。

那些当年就认为不断增长的碳排放会导致巨大问题的人,如果能够看到碳排放自1969年开始有所放缓,一定会宽心不已,尤其是到了80年代,这种趋势已经相当确定。然而,80年代后期的统计数字将这种乐观击得粉碎。1992年碳排放的再次下降或许会再次燃起短暂的希望,但这只是90年代初期全球经济衰退的副产物,而且这次衰退很快就恢复了。最后一次全球增长进入平台期,出现在1998年,其背后的原因是前一年的石油价格上涨,每桶超过40美元。一年后的1999年,油价跌到了自第二次世界大战结束以来的最低水平。

当油价上涨，汽车制造公司削减产量，因此1998年全球只生产了3730万辆新车——前一年的总产量是3850万辆。随后，小汽车生产恢复，并且在1999增加到3880万辆，2000年增长到4070万辆。2001年，互联网泡沫破裂（以及随之而来的小额信贷收紧）时汽车产量再次短暂下跌，碳排放增长也发生了停滞。但2002年小汽车生产再度发力，增加到4120万辆；2003年达到4170万辆。随后，汽车产量再次下降，但持续极短时间，在2008年急剧下跌并在2009年全球经济危机后发生断崖式崩塌。最近，汽车产量再次恢复，虽然在2015年又一次下跌，但随后又开始增长。必须说明的是：汽车制造只占碳排放中微小的一部分，但有趣的是，它一直与全球碳排放总量的涨落保持同步。

表4显示在短短15年时间里，可以发生多少变化，中国从几乎不生产小汽车到制造了全球小汽车总量的1/4；也显示了美国的汽车制造业从战后开始失去了巨大的市场份额后，终于在2011年实现了稳定；还显示出英国汽车工业从全球产量的9%下降到3%，1961年时超出了德国的一半产量，现在连德国的1/3都不到；除此之外，它还显示了全球汽车总产量的增长速度已经开始放慢。20世纪60年代的增长速度和绝对增长高峰尚未被超越，正是这个现象让正迅速变暖的世界感到一丝凉爽的慰藉。

2018年10月8日，气候变化国际委员会（IPCC）发布了一篇关于全球变暖的特别报告。[18]该报告确认，如果大气中增加的二氧化碳总量能够维持在4200亿吨之下，我们有66%的可能性将全球气温上升控制在1.5摄氏度之下。按照现在的

表4 全球小汽车产量以及各国小汽车产量在全球占比,1961—2016年

(单位:百万辆)

	1961	1971	1981	1991	2001	2011	2016
全球小汽车产量	11.4	26.5	27.4	35.3	40.1	52.0	56.6
中国	0%	0%	0%	0%	2%	19%	23%
日本	2%	14%	25%	28%	20%	14%	14%
德国	16%	14%	14%	13%	13%	11%	10%
美国	48%	32%	23%	15%	12%	6%	7%
印度	0%	0%	0%	1%	1%	5%	5%
西班牙	0%	2%	3%	6%	6%	4%	4%
韩国	0%	0%	0%	3%	6%	6%	4%
墨西哥	0%	1%	1%	2%	2%	3%	4%
巴西	1%	1%	1%	2%	4%	4%	3%
英国	9%	7%	3%	4%	4%	3%	3%
其余国家	23%	29%	28%	27%	30%	26%	23%

数据来自交通统计局,"部分国家的世界汽车产量"(华盛顿哥伦比亚特区:美国交通部),2019年9月9日下载于https://www.bts.gov/content/world-motor-vehicle-production-selected-countries

碳排放速度,这个总量将在2030年被突破。如果碳排放保持自2015年以来的增长速度,该限制被突破的时间将更早到来。作为对比,如果我们现在就采取行动,突破该极限的时间会延后。彻底避免这一天的到来似乎已经没有可能,虽然自从该报告在2018年发表以来,最初是一位,然后是几百位,然后几千位,再然后数万名遍布全球的学生开始发出持续性的抗议声音——要求行动。他们以这种数量走上街头时,我们不应该惊讶,因为受害最深的将是他们。当我在2019年秋季写下此段时,气候与生态是不多的几个尚未放缓的领域之一——与地球表面温度的升高一样。

第 6 章
气温：
灾难性的例外

120 　　就算全球成功地减少了温室气体排放，也无法避免北极地区气温急剧上升3—5摄氏度，以及随之而来的严重后果。

——联合国环境计划署，内罗毕，2019年3月13日

　　几乎一切都已放慢，除了一个例外：包裹在我们身体周围的空气温度，即便在有些地方和有些年份二氧化碳排放的增长速度，在大多数人的记忆中，出现了放缓，我指的是增长速度，而非排放总量本身。我们认为还在加速的领域，实际上正在放慢，甚至已经发生下降。我们在前面章节已经讨论过，这些放缓或下降的过程有各种信息佐证：贷款、书籍（事实上我们今天所购买的商品数量都比几年前少了，如果按重量计的话），以及最要紧的，我们养育孩子的数量。但气温却真的在持续上升。

　　全球气温的上升与我们往大气中排放的碳污染物数量几乎成正比，如果我们想让气温停止上升，就迫切需要使人类排放的二氧化碳不超过大自然可以吸收的二氧化碳数量。但我们今

天离这个目标十万八千里。你可能会认为,既然在这点上无可奈何,那么人类生活其他方面的放慢也终究没有意义,但是考虑一下我们在如此短暂的时间里就对气候变化有了这么深入的了解吧,就在不久之前,我们对这个重要领域还全然无知呢。本章讲述的就是关于气温与人类学习、思考和适应能力的故事。

我们花了整整一代人的时间才学到,我说的是真正学到:在你的一生中,一直相信自己在学校中学到的东西。那些知识正好在你生命中最恰当的日子渗入你的大脑里并驻留在那里。当然,你可以试图更新你的知识,也可以阅读,就像读这本书,但你选择接受还是拒绝某些知识同样取决于你在年轻时所受的教育,以及这些知识的说服力。这就是人类大脑的天性。

我们的脑回路在童年时就已大致构建完成。在人类历史的大多数时期,童年都是学习的最高效时期。虽然最近几代人见证了巨大变化,而在此之前的每一代人终其一生也看不到什么变化,战争与其他灾难同样会发生,但对他们好像没有什么影响。在大加速之前,大多数孩子没有进入学校学习的机会,但童年时期学到的东西对其一生都是有用的。

大众教育是大加速的一个组成部分,但即便如此,它也未能跟上变化的脚步。学校教给孩子的观念往往在他们后来的人生中被证明有误(当我在20世纪80年代的英国上学时,老师说迟迟未来的冰河期即将到来)。成年人认为孩子需要掌握的信息在面对翻天覆地的变化时不再有益。孩子们才是实现未来根本变化的主角,问题是他们能在多快的时间里实现这些变化。

我们在前面的章节里只讨论了碳排放,却没讲其后果。欧洲早期工业化的二氧化碳超量排放确实具有积累效应,但大部分会被海洋吸收,或进入陆地上的植物光合作用循环。尽管碳污染远早于此,人类二氧化碳排放大规模增加却发生在最近几十年。可怕的后果在污染水平上升之后很久才得以显现。这就是现在气候变化能够引起广泛争论的原因。尽管人类已经排放了巨量的二氧化碳进入大气,但仅仅在最近几十年,我们才意识到碳污染严重的长期后果,而且还没有简单的方法迅速弥补我们已经造成的破坏。

气候变化曾经改变过政治,在遥远的过去,气候的短期变化有时会导致连续几年庄稼歉收。而大规模灾荒常常源于大规模的火山喷发,譬如1883年的喀拉喀托火山喷发,或者是其他极罕见的自然事件,譬如小行星撞击地球而导致的大规模森林火灾。有一种论点认为短期气候变化是引爆政治动荡并最终改变社会结构的重要原因之一,其中最著名的例子便是法国大革命。[1]在不久的将来,人类导致的气候变化会不会产生类似后果?

当面包或大米的价格上涨时,或者当食物供应出了问题时,或者关于未来的承诺被打破时,就是信任破灭和权力重组之时。当今的政府对越来越难以预期并迅速变暖的气候充满恐惧的原因就在于此,这种现状会给未来的统治带来威胁。许多政治家——但远非所有——真心在乎这个问题。然而,因为这种变化并不集中在几年时间里,与其他更紧迫的问题相比,气候变化的问题优先等级较低。再加上大多数政治家属于从未在学校里学过全球变暖的一代,他们从未真正有过这种担心。

过去，当天旱无雨时，人们认为是触怒了天神；如果旱灾持续，他们就寻找一个全新的神来保佑，以后再有天灾出现时，他们就起来推翻国王、女王、沙皇或其他独裁者的统治，因为独裁者自称依靠某种神圣力量管理众生。更近一些，人们就开始质疑民选领导人，因为他们和他们的经济学家告诉大家一切安好，但现在，信奉新上帝的僧侣们——科学家却告诉我们截然不同的真相。好消息是因为其他方面都在放慢，我们有了更多精力可以集中对付气候变化。

温度的发明

温度曾被认为是一种主观感受，就像快乐一样，直到我们发明了温度计。在发明出第一个精确的温度计之后，才有了真正的温度记录，虽然有些间接方法可以估算出过去2000年来还算准确的气温记录。将早期的二氧化碳水平与当时的全球气温精确联系起来还是最近才开发出来的研究成果。[2] 2007年气候变化国际委员会（IPCC）发布的第4版评估报告得出结论："20世纪下半叶北半球气温很可能高过过去500年里任何一个50年，也可能是过去1300年中气温最高的50年。"[3] 现在古气候学的发展已经能够画出过去5亿年的全球气温曲线。但仅仅数代人之前，人们甚至还不知道温度是什么东西！

加布里埃尔·华伦海特（Gabriel Fahrenheit）去世于1736年，安德里斯·塞尔希斯（Andres Celsius）去世于1744年。我们对温度有精确认知仅有500千年，直到1868年才能可靠地测量人的体温。人们开始测量体温的同时，也在全球不同地点开始了气温测量。图17就是美国国家航空航天局（NASA）发布的年度全球地表平均气温的时间序列，[4]并对数据进行了每5年一次的平均化处理，以消除单次数据的误差，让曲线更平滑。[5]

估算气温平均值有多种方法，与二氧化碳排放不同，在全球气温测量方面，没有一个单一确定的数据来源。将卫星测量和地表观测综合起来能够成为得到未来精确数据的手段，但现在对全球平均气温的统计还停留在估算水平——对遍布全球的气温数据加权平均，各种不同的估算方式其实都差不太多。如果不进行平滑处理，图中曲线会显得更不规则。[6]

我们开始用温度计测量体温（正常情况下是37摄氏度左右）和地球表面气温（当时的平均气温在15摄氏度左右）的时间，大致就是我们首次认识到人类是无数动物物种中的一种的时间。我们在很短的一段时间里，应付着喷涌而至的新知识，包括最近对全球经济网的认知，这个经济网络所产生的后果也必然是全球性的。地球的尽头，就像我们身体的肢端，倾向于更低温一些，也与其他部位较少关联，但它们一样都无法独立存在。

人类历史上一次又一次地发生变化速度本身在加速的情形，譬如植物被驯化、新宗教散布到整个大陆、古老的瘟疫催生的社会秩序的根本变化，但从来没有任何情形可以与我们最近的经历相媲美。最近新知识的涌现与新市场的开放速度之快已经到了令人目不暇接的地步。在某种非常微观的尺度上，该现象对应于温度计向全球各地扩散的速度，并且伴随着我们对了解周围环境的痴迷——如果还谈不上控制与改变的话，我们进行了越来越频繁的气温测量。

散布在世界各地的白色板条盒子被打开，通常一天几次，温度计读数被记录在案。这些被称为史蒂文森百叶箱的装置发明于19世纪60年代，发明者是托马斯·史蒂文森（Thomas Stevenson），他是《金银岛》（*Treasure Island*）一书作者罗伯特·路易斯·史蒂文森（Robert Louis Stevenson）的父亲。最初，我们发现气温在不同年份之间变化不大，但接下来，变化出现了。一场加速已经悄然降临。

五代人

全球气温出现可被测知的上升仅仅发生在过去五代人的时间里。如果我们使用英国的人口出生数据来定义代际（孕育第一个孩子时母亲的平均年龄），第一代是那些出生在1901年到1928年间的人们。[7]他们来到这个世界时陆地的平均气温只比第二代出生时的平均气温低了0.004摄氏度，几乎无法分辨出差异，甚至可以想象地球正在降温，而冰河期正在慢慢接近。一代人之后确实有许多人这样认为。

第二代（出生于1929年与1955年之间）体验到的平均气温只比第三代低了0.005摄氏度。在本书里，我与其他人一样称第三代人为X世代，他们出生在1956年到1981年之间。[8]我就出生在这个时期的正中间。对我以及其他这一代的人来说，世界比我们父母出生时温暖了一些，但也只是一点点。

正是在X世代人出生的那几年，冰河期和间冰期交替出现的观念获得重视。当时只考虑了地球轨道以及地球角度的缓慢变化对间冰期的影响。[9]我们现在正处于间冰期，在其他因素保持不变的情况下，地球应该逐渐变冷，但其他因素显然没有保持不变。

第四代，也就是Y世代，那些出生在1982年到2011年之间的人，所经历的气温上升比前几代人都高了至少3倍：0.015摄氏度（依然很难被注意到）。然后第五代，也就是Z世代见证了比第四代又翻了3倍的气温升高。当第五代中的最后一位成员出生，也就是2042年时，气温的升高将更明显。然而，在本书开始策划到完成的时间里，一个新的数据点被加入图17，加速度再次上升，虽然只是一点点。

如果我们想要真正感知这种变化，就应该退后一步，以一种与平时不同的方式看待时间。图17显示了不久之前，曲线中向上的趋势很不明显。但未来的趋势更令人担心，而非过去已经发生的事，我们担心的是未来，对于刚经历的过去，除了今天应该如何解读，并没有什么可以担心的。但我们依然能够从生活在遥远过去的人类如何生活、组织社会和相互交往之中学到许多。

呼吁富裕国家减少消费的声音在近几年逐渐响起，尽管1000年前就有人提出人类需要过更简单的生活，避免物质追求的主张。英国经济学家和气候顾问尼古拉斯·斯特恩（Nicolas Stern）最近发现如果想要避免灾难性气候变化的发生，富裕国

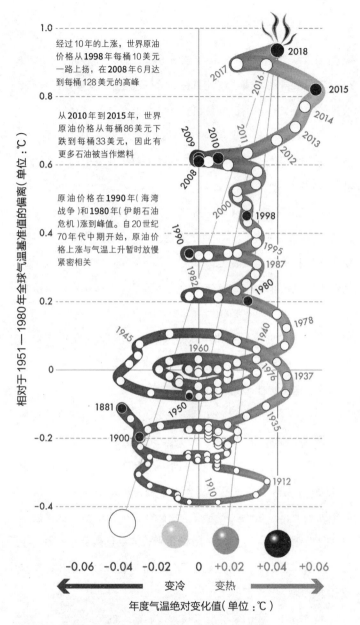

图17 全球陆地与海洋年度平均气温,1881—2018年

数据来自美国国家航空航天局戈达德空间研究所,GISTEMP 2019年第4卷《全球陆地与海洋数据平均值估算》,2019年9月19日下载于https://data.giss.nasa.gov/gistemp/graphs/graph_data/Global_Mean_Estimates_based_on_Land_and_Ocean_Data/graph.csv

家就应该从2015年开始每年减少6%的生产与消费。有人提出以禁绝广告的方式实现此目标。[10]我们到底应该如何调整？改进的措施又有多少已经付诸实践？我们必须面对这样一个事实：迫在眉睫的全球灾难来源于最近几代人所犯下的错误——虽然在很大程度上是无心之过。但我们对正在发生的事真的了解了吗？

10亿吨（gigaton）是温室气体（greenhouse gas，简称GHG）排放的单位，10亿吨二氧化碳，相当于2.11亿辆汽车每年的碳排放量，或者美国1亿户家庭每年在取暖和用电上的消耗。这是体积大到难以想象的气体数量。据说零售巨头沃尔玛要求它的供应商在2030年前减少10亿吨的碳排放，相当于减少了整个加利福尼亚州年度碳排放3倍的量。[11]在沃尔玛作出该承诺的宣传海报中，10亿吨的温室气体相当于600万头蓝鲸或1亿头雄性非洲象的总重量。

如果只考虑二氧化碳的话，每个美国人平均每年因消费和旅行排放17吨，以2017年时美国3.23亿总人口计算，全部美国人一年排放55亿吨。再借助一点点算术就能得出这相当于3300万头蓝鲸的重量，或者换一种说法，平均每个美国人一年因为开车、坐飞机、过度消费、在家中使用空调而排放的二氧化碳相当于一头蓝鲸1/10的重量，或将近两头非洲象的重量。沃尔玛忘了告诉我们是它们公司而非供应商，现在每年排放几十亿吨二氧化碳。

表5列出了2018年全球收入排名前十的公司（最新的统计数据）。它们的业务包含了石油和天然气、汽车制造、超市

经营，这些超市都有巨大的停车场，方便顾客开着汽车前来购物（沃尔玛就是一例）。还有美联航和达美航空，西南航空和美国航空，沃伦·巴菲特管理的伯克希尔·哈撒韦公司是它们排名前三的大股东。[12]

表5 2018年全球收入排名前十的公司

公司	产业	收入（百万美元）	国家
沃尔玛	零售	514,430	美国
国家电网	电力	363,125	中国
中石化	油气	326,953	中国
中石油	油气	326,008	中国
皇家壳牌	油气	311,870	荷兰/英国
丰田	汽车	265,172	日本
大众	汽车	260,028	德国
BP（英国石油）	油气	244,582	英国
埃克森美孚	油气	244,363	美国
伯克希尔·哈撒韦公司	金融	242,137	美国

维基百科"全球公司收入排名"，下载于2019年4月22日 https://en.wikipedia.org/wiki/List_of_largest_companies_by_revenue

气温在2018年升高了1摄氏度

图17就是全球二氧化碳排放上升所导致的结果。每年6月都会在夏威夷岛的一座高山上测量碳污染程度。但对地球表面平均气温的预测则难了许多，因为它不像气体似的平均分布。气温不仅在昼夜之间差别巨大，同样还受天气、季节、地点、地面及海拔的影响。有各种方法估算平均气温变化，既有适用

于最近几年的，也有针对好几十年的。这些不同的方法都以某种平均基数为参照来对比各自的估算结果，但该基数也因方法和时间不同而不同。读到这里，如果你已经摸不到头脑，请相信还有许多人与你一样。

图17—19和图20（图20为传统曲线图）显示了由三组科学家采用三种不同方法估算全球气温变化的结果。他们都得出同样的结论：地球正在迅速变暖中。他们结论的差异仅在于温度上升的幅度，以及温度上升或下降的精确时间点。这种差异在于其所用的平滑处理方法不同，这些平滑处理或者来自原始观察者，或者是本书作者出于展示一条明确清晰曲线的需要。不管怎样，这三组数据都很特别，因为它们都具有在近期持续加速的特征。

图17中几乎所有1990年后的数据点都分布在右边，年复一年地增长，而且其增长幅度本身也在增长，或者说，增长速度在加速，这也是时间线会越来越朝右延伸，气候变化越来越成为我们当今所面临最大风险的原因。我们前面已经说过，此类图表需要高质量的数据，图17与图18中的数据质量很高，但它们全部来自位于陆地的温度计，密集分布在较富裕的国家。

相对来说，海上的气象站较少，地球上最冷地区的气象观测站就更少。图17中起伏不定的曲线多半归因于局部或短期因素，譬如在哪里进行的测量，以及火山喷发等。厄尔尼诺效应对太平洋风向、经济危机的影响，或者全球战争都会导致污染程度的暂时性降低。想要尽最大可能利用已有数据，必须给各个地区赋以权重才能更好地估算全球气温平均值。

当我们计算出全球平均气温后，如图17所示数据，似乎可以看出原油价格的波动与全球气温升高的快慢有关。[13]用来绘制图17的数据来自美国国家航空航天局旗下的戈达德空间研究所（GISS）。此处所用的数据经过了局部加权平滑处理（locally weighted scatterplot smoothing，简称LOWESS），即将这些组织所发表的年度陆地—海洋温度数据以5年为单位进行加权平滑处理。如果你查阅原始数据来源，将获得更多细节，另外也会发现该平均数只涵盖了那些全年不被冰封的洋面。这些数据来自最常见的数据库，在本书中，它也仅仅是换了一种方式呈现——采用了不同于传统方式的图表。

值得再次重复，尤其是对那些迫不及待越过第1章跳到中间阅读此书的读者，图17中的曲线被我称为时间线，我在此处用了一种在社会科学中颇不寻常的处理方法：它所描绘的是变化速度随时间的变化，两者被同时呈现在图像中。当年度平均气温的上升速度变慢时，时间线向左摆动；当年度平均气温的上升速度变快时，时间线则向右摆动。摆动的幅度取决于变化的速度。而时间线上每一数据点的高度则显示了当时的平均气温。数据本身经过平滑处理，以使总体变化能得到更清晰的反映。只有数据具备极高质量才适用该方法，否则只能绘制出错误的摆动。我们并不直接使用数据，而是将每个数据与其前后数据取平均值以进一步平滑曲线，该处理消除了许多表面异常。

图17明确显示了与1950—1980年间的平均值相比，全球平均气温升高接近1摄氏度，事实上，这个升高量在本书付

印前很久就已被突破。该时间线还显示出两次世界大战和其他事件如何减缓了人类对气候的改变,这些大事件包括发生在20世纪70年代的石油价格急剧上涨所导致的碳排放减少(我们在前面章节中也提到过),同样,这个时期的平均气温上升也相对较慢。90年代早期和2008年的经济衰退或许也是导致那些年气温没有上升的原因,看了图17的曲线或许能让你做此猜测,但不妨看一下图18与图19再做定论。

考虑到全球气温在80年代以前上升的速度之慢,能够用这些方法检测到气温上升是一件令人惊叹之事,与此同时,如今全球气温上升速度之快,我们却没有足够关切,同样是一件令人惊叹的事。或许,我们就像寓言里那只温水里的青蛙,水热得过于缓慢,等我们最终意识到的时候已经无法跳出。我们已经习惯于被告知世界正在缓慢变暖,而当升温开始加速时,我们却不以为意。无论是什么变化,一旦真正发生,只要很短时间,我们就会对其习以为常。根据美国国家航空航天局的数据,上一次被探测到的地球温度下降发生在1969年。后面也曾经下降过,譬如1981年和1990年,但却已无法测知。

我们需要特别关注一下2011年之后的年份,这些年确实令人瞩目,那些否认气候变化的人开始闭嘴。2008年金融危机后,整个世界陷入自20世纪30年代以来最严重的经济萧条,事实上,它比那次著名的大萧条更严重——然而这个事件却没有对全球气温升高造成任何影响。我们已经进入这种状态:大气中的温室气体如此之多,每年还有新的二氧化碳排入,经济衰退对于碳排放的微小扰动已经无法影响气温升高的定局。

2016年初期，全球气温上升看起来就要失控。与两万年前相比，今天的海平面已经升高了130米，自1880年以来上升了23厘米，现在更以每十年超过3厘米的速度上升。越来越频繁出现的极端天气更是雪上加霜，海平面上升的后果只会越来越严重。如果所有冰山和冰川都融化，海平面还会再上升好几十米。其实海平面只要再上升1米，就能毁灭许多人的生活。已经发生的变化是不是危险的"正反馈"？我们有理由感到害怕。

最后，我们终于看见一点点希望。2016年的气温上升速度比2015年略低。或许我们尚未进入人类灭亡螺旋。然而，人类除了排放二氧化碳之外，还有许多其他行为对全球气温造成影响，包括毁坏森林、冻土层和全球畜牧业的发展，全球畜牧业现在已经达到10亿头牛和10亿头羊的规模。我们还不了解海洋对温室气体的吸收以及热量能够传入海中多深，还有缩小的冰盖对阳光的反射，很多未知的危害可能会令我们再次感到绝望，它们能在多大程度上加剧地球变暖尚未确定。尽管关于地球变暖的科学研究已经如火如荼，为数众多，远超之前任何一个时期（不过现在已经不再加速），关于这一主题的书籍和论文现在已经汗牛充栋，但是仍然有很多问题尚未被仔细研究过。

当然，争议依然存在，图18里的时间线就使用了另一套数据，这套数据来自英国约克大学的凯文·考坦（Kevin Cowtan）和罗伯特·韦（Robert Way），是英国气象局气温记录的修正版。这套名为HadCRUT4的数据涵盖了从1850年到

2018年的气温，[14]覆盖了地球表面的5/6，排除了两极地区。经过调整的数据能够代表整个地球，其结果与上图非常相似，除了在2016年与2017年没有减速以外基本一致。想要在这套数据中看到好迹象的希望落空了。[15]

图18的时间线开始得比图17略早，它显示在1850—1922年间，气温没有什么系统性变化。第一次世界大战和1918—1919年大流感导致的工业生产缩减对全球气温变化没产生什么实际影响。然而，1922年之后，发生了一些根本性的变化，但如果你只看图17，便得不出这样的结论。

图18的作者们曾经指出："传统的气候学家只关心气候的长期变化——30年或更长时间。然而，媒体与公众更关注近期变化，更倾向于关注过去的十五六年。短期趋势常常更加复杂，因为它们会受许多短期因素影响，而这些短期因素在长期趋势中会互相抵消。在解释一个持续16年的趋势时，我们必须考虑到所有影响因素，包括火山、太阳周期、远东的碳排放和洋流变化。我们所讨论的偏差只是拼图中的一块，尽管是相当大的一块。"

图17和图18都提出了这个问题：1978年之后发生了什么？为什么在这个时间点之后，全球气温表现出失控的迹象？如果你回顾一下图16，能看到1978年前的二氧化碳已经积聚到巨大体量。80年代早期的经济衰退造成了气温上升的短暂平台期，然后气温恢复了一涨再涨的过程。近几十年来地球上并未发生过规模巨大的火山喷发，太阳活动周期（太阳黑子）也没有特别反常，亚洲西南部发生过巨大的森林大火，或许对气温升高有

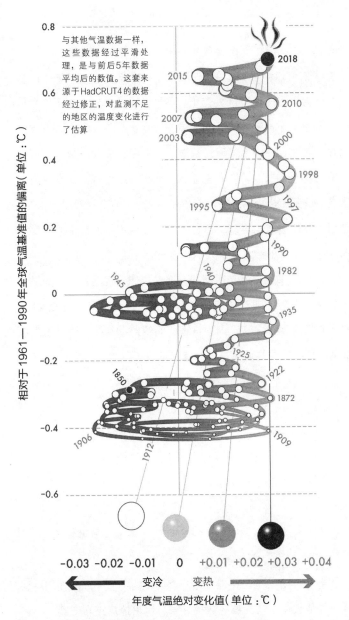

图18 全球陆地与海洋年度平均气温，1850—2018年

数据来自凯文·考坦和罗伯特·韦，《1850年至今的气温记录》(第2版)，更新于2019年6月21日。修正了HadCRUT4数据组中的偏差，英国气象局，http://www-users.york.ac.uk/~kdc3/papers/coverage2013/series.html

所影响，除此以外，也没有发生过大规模的洋流异常。

我们可以相当确定的一件事是自70年代末期以来，许多人的行为模式发生了巨大变化。如果全球经济建立在不停增长的消费主义（所有生意人的梦想）、债务（许多金钱出借方更愿意称其为投资）上，以最快速度积累财富成为一个人最值得赞美的优点，那么将会发生什么？要想迅速变富，最有效的方法之一就是燃烧更多化石燃料以制造更多产品，尤其是小汽车，它们本身还会产生更多二氧化碳，这样做也是以最快的速度增加温室气体。不久之后，人们知道这会导致全球变暖。

总会有一天，这条时间线会向左延伸，跨越纵轴。如果今天的你还年轻，或许还能看到这一天。我们希望当它发生时，曲线并没有升得太高。因为这条时间线向上延伸主要是人类造成的，同样，尽早结束这种加速也取决于我们。

气候变化的怀疑者

> 我们是意识到自己正在毁灭地球的第一代人，也是能够对此采取行动的最后一代人。
>
> ——塔尼娅·斯蒂尔（Tanya Steele，世界野生动物基金会首席执行官）[16]

有些人对人类正在摧毁生态圈的说法不屑一顾。他们主张使用其他数据，认为那些数据并未显示出地球正在变暖。第三套对全球气温估算的数据来自亚拉巴马大学（UAH）的气温数据第6版，也就是图19的数据来源。与前两套数据相比，这套数据显示出更为剧烈的波动。此套数据来自据卫星图像推算的每月气温（请注意此数据开始于1978年，因为从这一年之后，才有卫星传回的气温数据）。

与前两张图表相比，第三条时间线看起来大不相同，因为用来构建此时间线的数据来源也大异于前例。此处所用数据来自美国国家海洋和大气管理局（NOAA）的数代卫星，这些卫星上装有能够测量辐射的装置，准确地说，它们测量地球大气中的氧分子所释放的自然微波热辐射。经过对数据的多次修正，亚拉巴马大学的约翰·克里斯蒂（John Christy）和罗伊·斯宾塞（Roy Spencer）得出了此套数据。此处所用的数据是对流层下层年度平均气温（它们并未经过平滑处理，图17与图18则进行了此项处理）。卫星的飞行高度越低，其测量范围也就越小，这一点已经得到修正，新的卫星上使用了不同的仪器。如今的卫星所覆盖的地理范围更广，比传统温度计所记录的气温数据更接近实际，所以我们没有对它们进行进一步的平滑处理。

如果没有长期显著趋势的话，图19这样的图就会显得杂乱无章，尤其是未经过平滑处理的话。本章结尾处的图20则以一种更传统的方式来展示同一套数据，看了图20，或许你会得出结论：第三套数据与图17和图18所采用数据在本质上展现了同样的趋势，只是波动更大而已，它们并未证伪全球变暖的结论，还证实了变暖过程就发生在近期，而且现在完全看不出放慢的迹象。

图19里时间线下部的年份大多处于20世纪七八十年代，而最近的年份则高高在上，也就是处在最暖的时期。另外，此图以1981—2010年的气温为基准线，因为基准线只能从卫星数据开始。因此，按定义，1981年到2010年的平均气温与基准线的差异就是0。请注意1997—1999年间全球气温出乎意料的上升又回落。这是真实情况还是测量错误？整个地球气温真的在一年时间里上升了将近0.5摄氏度，并在接下来的12个月里下降了将近同样幅度？采用原始卫星数据来估算大气温度是一个复杂的间接方法，另一个研究小组（远程遥感系统）使用了完全相同的数据，得出了高出几度的结果，更符合前两幅图呈现的趋势。然而，在此处我依然采用亚拉巴马大学的数据，并非是我觉得他们的数据更准确，而是因为质疑气候变化的人更经常引用这套数据。

过去10年气温的上升令这场辩论得以终结。世界上大多数对该问题有所了解的人在2019年初都已确信，如果想要避免地球平均气温升高1.5摄氏度的话，人类只有12年时间将自己产生的二氧化碳排放总量降低50%。气候变化国际委员会（IPCC）可以选择其他减排目标，如果这样，留给我们的时间也会相应改变，而非12年，但本质还是一样。二氧化碳排放量与温度的上升已被证明呈线性关系。对这一点及其含义的理解至关重要。

如果我们不从2019—2020年就开始行动，那么将来就不得不以更快的速度减少二氧化碳排放，甚至实现负排放——找出从空气中吸收比排入更多二氧化碳的方法。种树并非一个能

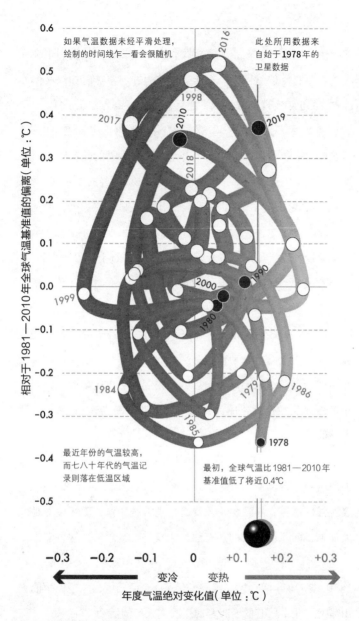

图 19 对流层的气温异常,1978—2019年

数据来自亚拉巴马大学亨茨维尔国家空间科学技术中心卫星气温数据第6版,对流层低空数据,2018年12月更新,https://www.nsstc.uah.edu/data/msu/v6.0/tlt/uahncdc_lt_6.0.txt

够解决该问题的答案，树需要很长时间生长，而且我们现在产生的二氧化碳体量巨大。但所有这些也并不意味着如果我们不能在2030年实现碳排放减半的目标，就一定会万劫不复。

世界并不会因为平均气温上升了1.5摄氏度就走向毁灭，但在此之后，气温的进一步上升对地球和人类的伤害将加倍增加。我们不需要等到那一天去验证，现在就已经有了足够证据。2018年底定下的12年目标适合制作博人眼球的标语，但是口号具有某种随意性，我们并不能据此认为客观上存在着某个终极日期，一旦错过人类就会万劫不复，如果赶上就万事大吉。

变化已经开始发生，到2100年时，海平面将上升1米到2米。这个数字听起来并不惊人，但对海边城市来说却相当可怕。因为当气候变暖时，水会膨胀，再加上极地冰盖融化，我们能够根据平均气温上升来预测海平面的上升幅度。现在被广泛接受的结论是：如果不能将温度升高限制在2摄氏度以下，并防止极地冰盖加速融化的话，海平面上升可能高达10米（全球平均值）。

许多极端天气，包括热浪与干旱，已经变得越来越频发。强飓风和龙卷风也越来越多，相应地，弱飓风反而出现得少了。喷流强度增强，导致冬季风暴变得越来越频繁，破坏性更是大大加强，同样被放大的还有热浪、夏季洪水。未来的科学论文将为我们带来更多详细解释，但现在我们就能够确定的是在1850—2020年间，世界已经变暖了1.1摄氏度，除了偶尔的火山喷发，几乎所有的变暖都源于我们人类的活动。

将这种加速理解成失控是正确的，朝我们飞来的箭矢和巨

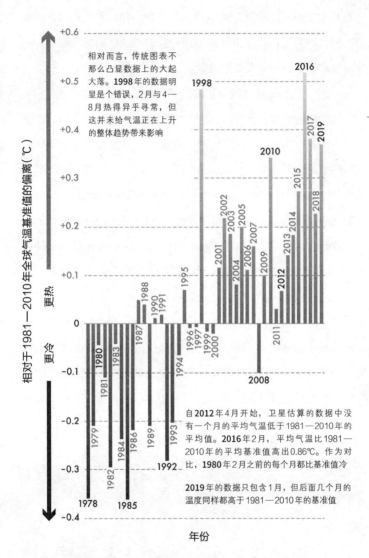

图20 对流层的气温异常,1978—2019年

所使用数据与图19完全一致,只是采用传统方式绘制

石是无法预知的危险。但面对这些问题,我们并没有紧迫的危机感,因为为近现代才出现的加速与我们对危机的想象脱节,我们很难想象一种从未见过的危险。

即便是受质疑气候变化的人青睐的数据也已清晰地显示出全球变暖的迹象。图 20 所用的数据与图 19 的完全相同,零基准线就是 1981—2010 年的平均气温。有时候传统方法能更好地展示多变的数据,特别是有明显趋势时。以传统方式绘制的图 20,能轻易地判断出 1998 年的数据可疑,还能看出 1996—2000 年的平均值只比 1995 年略高一点,比 2001 年的略低一点,但或许只是巧合。我们不知道为什么图 20 中有几年的数据突然升高,但这些细节并未改变地球正变得越来越热的趋势。

关于气温的故事已经进行了一半,接下来我们将讨论气温升高对人们生活的影响,以及联合国对未来 80 年全球人口增长的预期,并与 2020 年人口实际增长相比较。少数人的过度行为加速了气候变化,从今天开始控制这些行为,能在多大程度上修正过去犯下的错误,未来将有多少人生活在地球上?

第 7 章
人口统计：
踩下了人口增长的刹车

越来越多的人认为联合国搞错了，到 2100 年时，全球人口不会达到 110 亿。事实上，全球人口将在 21 世纪中期达到最高峰值，处于 80 亿与 90 亿之间，接下来就会开始回落。

——达雷尔·布里克（Darrell Bricker）和约翰·伊比特森（John Ibbitson），2019 年 1 月 27 日

2019 年初时，越来越多的人意识到全球人口数量的增长正走向终结。时任益普索公共事务研究公司（Ipsos Public Affairs）首席运营官的达雷尔·布里克和他的同事约翰·伊比特森出版了一本题为《空荡荡的地球——全球人口下降的冲击》（*Empty Planet: The Shock of Global Population Decline*）的书，一位评论家如此评价："该书充满令人着迷的假设，充满激情，只是偶尔蜕化为一些扬扬自得。"[1]

达雷尔·布里克和约翰·伊比特森为自己的中心论点准备了大量证据，证明联合国对未来的人口预期有着巨大失误。他们引用了挪威学者乔根·兰德斯（Jørgen Randers）在 1972

年做出的预测,他认为到2030年,世界人口将达到难以维系的150亿之多。而最近他修正了自己的预测,因为近年来出生率出现大幅下降,"世界人口将永远到不了90亿……它将在2040年达到80亿的峰值,然后开始回落"。

兰德斯还在一家位于奥斯陆的气候战略研究所担任教授,他相信出生率会比联合国当前的预测下降得更快。兰德斯并非乌托邦式的幻想家,尽管他相信在未来80年中,世界人口会比联合国的预测少大约30亿,但是"这个世界将依然行进在通往21世纪下半叶的气候灾难的路上",二氧化碳排放将在2040年达到峰值,到2050年时,全球气温将比当前平均值高出2摄氏度。[2] 即便将来人口增长放缓发生得比预期更快,也不能得出未来就会变好的结论。这是因为污染问题从来就不是人口问题。

布里克和伊比特森关注人口增长的放缓,而非更大的问题,因此显得乐观得多。他们报告说世界上最受尊敬的人口学家之一,沃尔夫冈·鲁茨(Wolfgang Lutz)与维也纳国际应用系统分析研究所(International Institute for Applied Systems Analysis)的同事们相信地球人口将在2050年稳定下来并开始回落,但是在2018年,鲁茨和他的同事们还曾预测世界人口总数将在2070年后不久达到峰值,这是因为人口增长的放缓现在已经开始加速。他们最新的预测意味着到2100年时,世界人口总数将比联合国的预测少20亿到30亿之多。[3]

有一小部分人口学家在很久以前就已确信,人口增长早已开始放缓,只是最近才发现这种放缓到底发生得多快。人口增长的放缓在某些国家出现得更早，尤其是在一些拥有极低出生率的城市。全球最大的变化，或者说转折点，出现在1968年前后。放缓降临的证据现在已经越来越多，布里克和伊比特森引用了一篇德意志银行的桑杰夫·桑亚尔（Sanjeev Sanyal）撰写的报告，该报告认为全球人口峰值将出现在2055年，数字是87亿，并在2100年回落到80亿。

当前对激进的人口放缓预测有着不少批评。[4]这些批评常常针对认为放缓会自然发生的假设，这种假设不考虑其他因素，譬如免费和高质量的中级教育所带来的影响，免费获得高等教育的机会还能扩大这一因素，这可以被认为是最佳避孕手段，而并非通常所认为的城市化。低估人口增长的人假设在未来几十年中不会出现世界大战、大饥馑、流行病，以及其他打乱我们既定社会秩序的新灾难，而这些因素，从长期的角度来看，恰恰可能促进人口增长，这些正是他们被诟病的地方。我们能够在21世纪20年代、30年代、40年代、50年代和60年代避免大灾难的观点显得非常天真，尽管后期我已不在人世，只有我的孩子们能够见证。但如果你真的相信从过去历史中学到的教训，那么凭借教育的普及和女性权利的提升，或许有些灾难真的可以避免。

全球人口增长放缓

人口增长放缓在很久之前就已经发生，这在进入21世纪后成为人口学家的共识。我算是后知后觉的，在2013年写了一本题为《百亿人口》(*Population 10 Billion*)的书。编辑还加了一个耸人听闻的副标题：迫在眉睫的人口危机及应对之道。这个副标题与该书的主题背道而驰——并没有什么危机，并且我们知道全球人口永远到不了百亿。当时我认为2060年将达到人口峰值，约93亿左右，然后逐渐回落到2100年的74亿。我的错误在于在书中的第350页才提到这个关键信息，但很少有人能阅读到350页，我应该把这个结论放在封面上！老实说，当时的我对这种锋芒毕露也多少有些担心，2011年时我就发表过类似预测，是在一本冷门的统计学杂志上。[5]统计学杂志是一个隐藏自己的好地方，一旦预测错了，影响也不大，因为几乎没有人读它们。我的预测数字比德意志银行的桑杰夫·桑亚尔要高一些，但回落速度则比现在大多数学者所认为的要快一点。

随着时间推移，事实演变，我为自己隐藏预测的选择庆幸不已。就在《百亿人口》出版的那个星期，联合国对2100年全球总人口的估值从100亿提高到了110亿。如果我真的将"74亿而已，别太担心"放在新书封面上，会显得相当愚蠢。但与认可联合国相比，我的那点儿小尴尬还真算不上什么。2015年，联合国再次修正，说2100年全球人口将达到112亿，2017年维持该数字不变。联合国的人口学家更确信自己的结论，但是同样的问题依然存在，并没有得到解决，我和许多人多年以前就已经看出来：联合国的人口学家们忽略了一次婴儿潮。2011年至2019年之间的出生率之所以高，是因为"二战"后婴儿潮一代的孙辈出生了，曾经的人口高峰通过代际发挥着余下的影响。联合国也没有认识到近年来非洲国家出生率如此之高的原因（后面会有详尽的阐述），以及世界处在提升女性权利的巨大转变之中。

你或许会认为人口学家们一定对婴儿潮了如指掌，但显然他们并未把它考虑在内。确实，联合国人口学家没有把婴儿潮数据统计在内。印度分裂（1947）和中国内战时期（1947—1949）死亡人数激增，但与此同时，也有更多的婴儿出生。动荡发生时，人们倾向于生育更多后代，当天下太平、岁月静好时，人们倾向于减少生育。如果人们获得了真正的安全感，生育数量会进一步降低，因为你相信社会会照顾你，就会选择不要孩子，或者只要一个孩子，不用依靠养育更多孩子来养老。只有孩子的存活率降低时，才需要通过多生来增加孩子存活的机会。随着女性能够自主决定是否生育或生几个，一切都发生了改变。

联合国最新的人口报告中也出现了增长放缓的预测，报告预测2100年时全球将有112亿人口，已经显示出明确的增长放缓。虽然我仍然认为这个数字过高，但还是决定采用联合国发布的数字，因为这是对放缓最保守的估计，未来人口增长最快也就只能这么快了。全球人口增长在20世纪40年代、50年代和60年代初期幅度巨大，而且增长速度本身就在增加。但是突然地，也是情有可原地，增长速度开始放慢，好像踩下了刹车。

从1980年到今天，全球人口增长速度变得稳定，大约每年增加8000万人口。这种稳定增长源于较低的出生率和较低的死亡率，人口还在增长主要是因为人的寿命变长了。人类平均预期寿命的增长总有个限度，联合国认为从2020年开始，全球人口的增长速度将以相当稳定的速度回落。到2030年，每年增加人口将在7000万左右，到2040年将每年增加6000万，2050年每年增加5000万，2060年每年增加4000万，2070年时每年只增加2000万，接下来的放缓速度又会放慢，为什么？因为联合国的人口学家们认为整个世界将朝向养育两个孩子的正常状态靠拢。但是，这个假设既无历史先例，又无事实依据，而且这个假设让我们相信人口将不会达到112亿的峰值。一切都已发生变化，不要小孩或只生一个孩子将成为未来大多数妇女的选择，可能跟选择生育两个孩子的可能性一样高，甚至更高。

有时候我们能在最不可能的地方窥见真相。英国报纸《每日邮报》在2019年2月发表过一篇报道，该报道取了一个耸人听闻的标题："世界会出现人口荒吗？"作者保罗认为这并不是一个无稽之谈，任何一个看过人口曲线和了解基本算术的人早在很久之前就明白。保罗说："人口随时间的二阶导数变为负值（就是增长放慢），已经像天上的太阳一样明显，必将走向一阶导数变成负值（人口数量出现下降）"，"为什么在其他方面充满智慧的人（譬如史蒂芬·霍金）看不到这一点，实在令人吃惊"。[6]

史蒂芬·霍金曾在一年前发出警告："人类必须在未来200年内离开地球，只有这样我们才能幸存。"[7]当然，人类作为一个物种，并不能被干净利落地分为两个阵营：聪明绝顶者和愚蠢透顶者。大多数人只能算平均水平，都有可能在某些时刻变得蠢笨,但时不时地,会出现一些人,具备思考的时间与空间,并且足够幸运,在恰当的时间和地点被冠以富有洞察力的美名。如果我们更聪明的话,或许就不会过于轻易地冠人以智者的美名,将为数极少的几个人推到高台之上膜拜,而视其余人为缺乏远见的庸常之辈。

在这篇《每日邮报》文章下发表评论的读者们应该在文化水平与教育程度上位居全世界人口的前10%。对保罗的评论包括:"这个世界将因为没有人类而变得更加美好","人口过多已经成为问题,但上帝的干预将拯救地球,上帝将以他无限的慈悲和智慧,与过去一样,用饥馑、战争和瘟疫来解决人口问题。所以要有信仰","成吉思汗杀死了那么多人,让地球变得更凉快,或许他才是真理掌握者","我觉得是奥巴马编造了这一切。我们完蛋了",以及"只说对了一半。这个世界只会出现白人荒而已"。

不要期待那些将毕生精力用于研究大爆炸和黑洞的人对人口学有什么洞见,同时也不要指望那些在网上肆意发泄的男人(偶尔会有女人)能有什么有价值的观点,他(她)们的言论除了反映其浅薄的怒火,毫无意义。这两类人都没有深入思考过人口问题,保罗之类为数不多的人偶尔会比其他人思考得更仔细一些。

仔细看图21,你会发现整个人类的人口历史,除了最初的1700年时间线被挤压在图中最底部的1/11,其余时期一直处于增长状态。增长的真正起飞,出现在1850年左右,当时的大英帝国正如日中天,入侵了现在联合国193个成员国中的

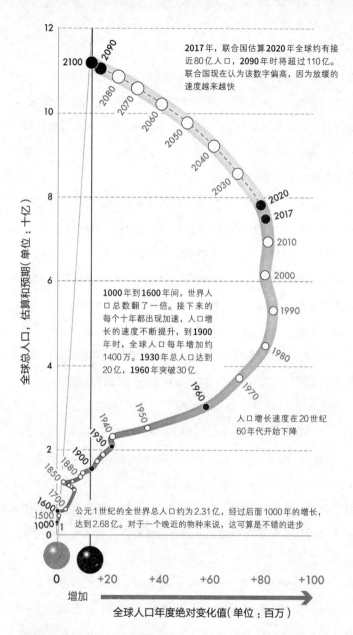

图21 全球总人口，1—2100年

图21—31的数据来自格罗宁根大学主持的安格斯·麦迪逊项目2018年数据库，下载于 https://www.rug.nl/ggdc/historicaldevelopment/maddison/releases/maddison-project-database-2018，并参考联合国经济和社会事务部发布的《联合国全球人口展望：2017年修订版》数据，https://www.un.org/development/desa/publications/world-population-prospects-the-2017-revision.html

171个,虽然它们中的大多数在当时还远未成为真正意义上的国家。[8]这些入侵所导致的后果极为严重,热衷此道的远非英国一国,甚至英国都不是最早的侵略者,但无疑它是最暴虐的一个。

入侵一个孤立的大陆,譬如美洲或澳大利亚,对当地原有社会的冲击就如同外星人降临地球一样,带去了致命的敌意和从未出现过的细菌病毒。最初,被入侵的地区人口数迅速下降。下降的规模之大可以让全球人口总数出现下滑,你可以在图21中1850年之前的10年找到证据。"瓜分非洲"发生的时间晚于欧洲奴隶贸易的兴起,奴隶贸易就是为了向美洲输入奴隶。横跨大西洋的奴隶贸易摧毁了非洲,最初的冲击过后,非洲大陆(和世界上其他被殖民的地区一样)千百年来的社会结构被破坏殆尽,而之前的社会结构维持着人口的相对稳定。随后而来的是人口增长大加速,全世界人口数量从19世纪50年代到20世纪30年代出现了巨大增长。

图21还未显现人口增长放缓的大势,但我们知道它确实已经发生,因为出生率正在下滑。现在人口数量还能持续增长是因为人们活得更长。图22强调了毁灭性事件后的人口增长,这些事件包括入侵美洲和殖民非洲。

开始于1939年的第二次世界大战使人口增长短暂停滞,不仅是因为许多人失去生命,还有避孕和两地分居的原因。在整个30年代,欧洲和北美的生育率都快速降低,"二战"期间更加一落千丈。但随着战争结束,被耽误了的夫妇们开始迅速孕育孩子。这场婴儿潮不仅在战后的富裕国家蔓延,还出现在

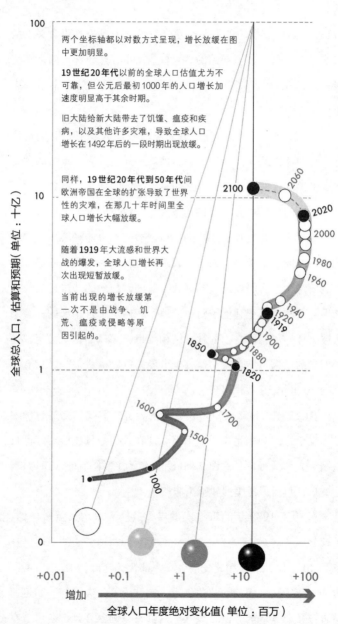

图22 全球总人口，1—2100年（对数坐标）

中国（长期的动荡终于结束）和印度（1947年分裂导致的灾难之后）。60年代出现的第二波规模略小的婴儿潮让加速进程得以延长。但60年代后期，人口的增长速度开始下降（图中圆点开始集中），直到最后的加速余波爆发——第一代战后婴儿潮的孙辈在80年代出生，以及最近他们的曾孙辈出生。如果以对数坐标重画图21，也就是图22，这一切将变得更加明显。

图22所采用的是对数坐标，不仅对全球人口总数进行对数处理，其变化也同样以对数呈现。全球人口增长时间线呈现出三次明显的大中断：1500—1600年、1820—1850年以及2020年之后。前两次中断之后出现了人口的爆炸性增长，因为那几年的中断打破了正常增长，导致了后面的报复性增长。

还有许多时间点出现了人口波动，譬如公元165年安东尼瘟疫、541年圣查士丁尼瘟疫（约占全球人口1/6的人死亡）和1347年殃及整个欧洲并导致一半欧洲居民死亡的黑死病。但是，与欧洲人带去美洲的疾病相比，这些都只能算小巫见大巫，这场殖民劫难导致了1500年到1600年全球性的人口增长放缓，在图22中显示得明明白白。第二次灾难来自19世纪初期欧洲在全球开展的殖民运动。第三次世界人口增长的大放缓正发生在现在，其迹象最早能追溯到1968年，而最大的负加速将在2020年后开始。

你或许会从图22中得出历史将会重演的结论。这次的全球放缓可能会在2100年后出现反弹。或许史蒂芬·霍金会笑到最后，在未来的200年里，人类将离开地球，再次出现人口的快速增长。但是，第三次大放缓是我们自己的选择，而非如前两次般为外界因素所迫。今天，做出这种选择的绝大多数是女性。

太空旅行，大多是现代男孩的梦想，而选择不要孩子或只生一个或两个孩子，则是女性的特权。但是女性想要充分行使该选择权，必须拥有合适的环境。现在的环境还算合适，尽管在不同地方还存在着巨大差异。本章剩余部分将游历世界各地，为不同国家及其所在大陆绘制时间线。

美国与中国的放缓

从经济角度看，当今世界上最具实力的国家莫过于美国和中国。如果考虑实际购买力，中国被认为已经超过了美国。至少来自世界银行、国际货币基金组织和美国中央情报局的统计数字是这么说的。当然，生产力以及由此带来的收入在中国会被分配到更多人手中。[9]

此处采用了两套人口数据。第一套数据来自安格斯·麦迪逊（1926—2010），他是世界上最著名的经济史学家之一。他的数据在1950年之前只有不多的几项记录，因此在时间线上只显示了有记录的那几年。他按现代国家进行的历史人口估算被广泛引用，数据的精确和可靠性让他在去世后十多年的时间里依然保持着权威地位。本书对麦迪逊的估算数字进行了微调，使其能够与第二套数据——联合国发布于2017年的世界人口报告修正版——更好地融合，时间跨度是1950年到2100年。

为了绘制本章的时间线，我将麦迪逊的数据根据地区的不同乘上不同的常数进行放大，以使他1950年的估算值与今天联合国给出的数值相符。该处理所带来的影响微乎其微，但能避免在那一年数据的非真实变化。联合国数据是我在写作时所能找到的最新数据，现在已经被广泛认为低估了未来80年的变缓趋势。换句话说，将来的真实情况可能会发生比图中所示更剧烈的放缓。

1500年时，生活在今天美国地区的人口超过200万，这些人的祖先都是20000多年前进入该地区的移民，他们沿着今天已经被海水淹没，而当时还是陆地通道的白令海峡进入美洲。[10]还有少数后来从其他地区进入的移民，他们在种族上早已充分混合并分散到美洲各处。最早定居在现在被称为美国这块土地上的居民所留下的传说中并没有祖先来自他乡的内容（世界上此类故事为数极少）。北美的人口一直低于南方更温暖地区的人口，但渐渐地，格兰德河（Rio Grande，美国与墨西哥的边境界河。——译者注）以北的原住民数量增长到200万，不到当时全球人口总数的0.5%，那是哥伦布横穿大西洋发现新大陆的年代。麦迪逊和其他研究者进行了多次抽样调查，美洲人口在1600年下降到150万，到1700年更是下降到只有100万。"五月花号"（Mayflower）于1620年在科德角靠岸，但在此之前，疾病就已从南方传入，源头就是第一批到访者。这些疾病以欧洲入侵者所到之地为中心，向其他地方扩散，从西班牙侵略者传到他们从未涉足的地方。但从图23时间线最初的几个数据点中几乎看不出什么。

从1700年开始，生活在今天的美国这片土地上的人口越来越多，因为更多船舶从旧世界到来，运来了来自欧洲的定居者和来自非洲的奴隶，然后这些定居者和奴隶开始生育后代。美国的第一次人口调查发生在1790年，自此以后，人口数据变得可靠得多，虽然原住民从来没有被纳入任何人口调查之中，直到1870年。

152 自1790年往后的每一个十年，即便是在美国南北战争期间，美国人口都比前一个十年增长更多，直到1902年才第一次出现增长放缓的迹象，但又迅速恢复加速增长，直到1905年再次停止加速。导致这些波动的主要是那些发生在其他大陆的事件。在第一次世界大战期间，来自欧洲的移民减少，同时却有将近300万美国士兵被派往海外。大流感的暴发加快了人口增长的负加速，但随着士兵们的回归，以及更多移民进入美国，人口增长速度在1923年达到峰值。1924年出现一个短暂的平台期，当时规定种族配额的移民政策倾向于只接收来自某些国家的移民。

20世纪30年代再次出现放缓，其原因是大萧条和移民政策，该政策不仅影响了想要移民美国的人，还遣返了大量视美国为自己家园的人（尤其是墨西哥人）。但移民政策从来就没有控制住移民总数，它们只是改变了移民的种族比例，偏爱某些国家的人，厌恶另一些国家的人。新移民数量取决于美国就业机会的多寡和发展前景。在美国，第二次世界大战创造了许多工作岗位，与第一次世界大战相比，它并未在人口方面造成什么负面影响。1946年开始出现婴儿潮，1947年人口增速略微放慢后再次反弹，1950年到1957年由于出现大规模移民，

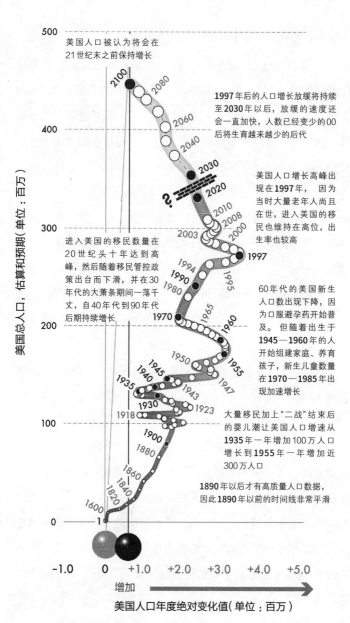

图23 美国总人口，1—2100年

人口增长速度再次上升。

发生在1957年到1970年的人口增长放缓对应着欧洲与中国的重建。那段时间，很少有人费尽心机想要逃离那两处，跨越大西洋或太平洋进入美国。拉丁美洲的相对稳定也意味着从那里向北迁徙的人数变少了，部分原因还在于南方的出生率开始下降。那些年美国国内的经济平等也大幅改善，以新移民为代表的"不记在统计数字里的人"（低收入阶层）大大减少。如果一个国家经济高度不平等以及低工资工作大量存在，而其本身又属于富裕国家（人均GDP高的国家），就会导致移民增加。

从70年代中期开始，美国的不平等开始加剧。1976年时，美国收入最高的1%人口的收入只占全国居民税前总收入的10.4%，而这个数字到了2012年便翻了一倍，占到了20.8%。全国最富有的1%人群的财富增长率也几乎翻了一倍，从1978年的21.7%增长到了2012年的40.1%（2012年之后，财富的不平等状况有所改善）。[11] 经济不平等的加剧吸引了新移民，但与此同时，这段时期的出生率在降低，让美国人口增长的加速放缓了一些。世界上更多经济不平等的国家保持着较高的出生率，面对安全感的缺失，人们更愿意多生几个孩子，想以此作为年老后的保障。但在美国，迅速加剧的不平等也无法阻止人们选择较小的家庭和人口增长放缓的趋势。不仅如此，许多南美移民的祖国的出生率比美国还要低（见第8章图46中的说明，解释了何以如此）。

美国人口增长放缓之前的最后一个人口增长高峰出现在

90年代。从2006年开始,我们终于拥有了全球人口迁徙的高质量数据,我和同事们绘制了数以百计的世界地图,反映不同国家之间的人口差异随时间的变化,后来成为"世界地图计划"(Worldmapper project)的一部分。当时我们就注意到1990年到2017年进入美国的移民大多数来自邻国墨西哥(1270万人),来自中美洲和加勒比地区的移民占美国移民总数(2240万人)的47%还多一些。排在墨西哥后的依次是中国、印度和菲律宾,分别贡献了超过200万的移民。还有6个国家各自贡献了超过100万的移民:波多黎各、越南、萨尔瓦多、古巴、韩国和多米尼加共和国。[12]美国经济不平等的加剧吸引了大量移民人口,尤其是墨西哥人。

美国政客的应对策略是移民禁令。《非法移民改革和移民责任法案》(IIRIRA)在1996年9月正式生效。"我不觉得人们真正理解那些法律所带来的后果",纽约大学的学者南希·莫拉维兹(Nancy Morawetz)说,她所指的法律除了IIRIRA之外还包括其他在1996年通过的与移民有关的法律。IIRIRA生效后,美国驱逐移民变成常见的事情,"1996年之前,美国内部的执法活动在移民控制上不起重要作用,"社会学家道格拉斯·马瑟(Douglas Massey)和凯伦·普兰(Karen Pren)评论道,"而在此之后,此类活动上升到自大萧条时期的驱逐运动以来从未见过的程度。"2016年,专注于报道移民问题的新闻记者达拉·林德(Dara Lind)在描述这段历史时说道:"更多针对移民的执法是美国今天有那么多非法移民的重要原因。"[13]因为回到祖国后再返回美国困难重重,获得合法身份也变得越来越难，人们更愿意索性就非法滞留在美国。

堪称恶法的 IIRIRA 成为正式法律后，美国人口的增长确实开始放缓，但这只是巧合。毕竟，之前美国也曾制定过关于移民的恶法，IIRIRA 之后美国人口增长的放缓是因为越来越少的孩子出生。

与美洲其他地区不同，2100 年时的美国人口被认为还会保持增长，然而，与开始的"自由之地"相比，现在的美国将在不久的将来蜕变为最不欢迎移民的国家，这都拜特朗普时代所赐。我怀疑联合国对美国的预测过于乐观，高估了其人口增长，我认为真实的美国人口将在 21 世纪某个时间开始下降。

中国则是一个与美国有着巨大差异的国家，但不同于许多人的认知，两国之间千丝万缕的联系要比大家想象的紧密得多，并不仅仅是因为在相当长的一段时期里有那么多人从中国移民进入美国。中国的人口增长来自高出生率，最初，在 19 世纪头十年，中国人口的增长速度比美国低得多，直到英国入侵中国，英国为了寻求一个出售鸦片的"自由市场"，在 1839 年派遣炮舰前往香港。但我们还需要从那个时刻后退一步，而这一步将长达 2000 年，因为不同于美国，早在 2000 年前，中国就已经是一个有着许多居民的国家。

中国的汉平帝在公元 2 年下令进行人口调查，[14] 同一时期的罗马也进行着每 20 年一次的人口普查。当时罗马帝国的总人口不到 5700 万，而中国在公元后第一个千年刚开始时的总人口就已经到了 6000 万，但 100 年后下滑到 5000 万左右。

公元606年隋朝人口的估计数字是4600万,再经过一个世纪,到了公元705年的唐朝(当时已经进入唐朝近一个世纪了,那一年武则天女皇去世,如果遵循严格的中国历史纪年,这一年应该属于短暂的"武周"朝代),当时人口普查得到的数字是3700万。[15]

到了元朝统治下的1290年,中国的人口再次增长到5900万,并在明朝1393年时再次突破6000万。图24显示了1600—1650年明王朝崩溃前后的人口下降,在此之后,人口再次出现增长。清朝统治下的1749年中国有1.77亿人口,并在1791年和1811年分别增长到3.04亿和3.59亿。从1850年到1864年,中国经历了第一次鸦片战争和随后的太平天国运动,在此期间有多达1亿的人口丧生。[16]即便有这么巨大的人口损失,人口增长依然持续,中华人民共和国成立4年之后的1953年,中国(大陆)人口达到5.93亿。如果把香港也算上的话,人口总数还要再加上200万。(参考数据,与中国人口普查数据不一致。——编者注)

联合国的估算与安格斯·麦迪逊的数据不同,后者估算中国大陆人口从1960年的6.67亿下降到1961年的6.60亿,而前者的估算比后者多1000万。为了保持本章数据的一致性,我采用了联合国的估值,或许他们未将中国从1958年持续到1961年的三年自然灾害对人口的影响考虑在内。

随着自然灾害的结束,中国人口在1964年回升到了7亿,1969年达到8亿,1974年达到9亿,并在1981年突破10亿大关。随后的"独生子女"政策让早已出现的出生率下滑速度

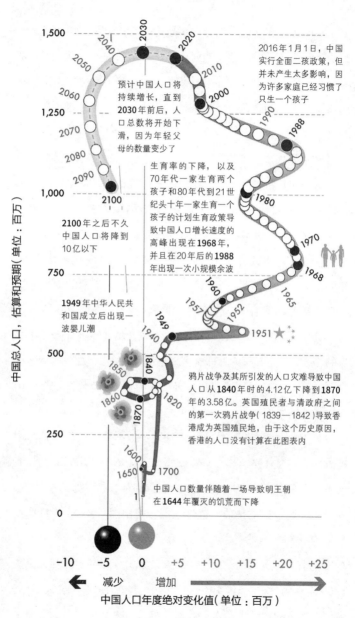

图24 中国总人口，1—2100年

大大加快。其结果就是中国人口直到1987年才突破11亿。而1992年时中国人口突破12亿主要是因为人们活得更长，而非出生率上升。中国人口突破13亿和14亿大关分别在2003年和2016年。联合国现在对中国人口的预测是在2030年到达14.4亿的峰值，然后开始下降，到2044年时回落到14亿以下，2060年下降到13亿，2070年向下突破12亿，2086年跌破11亿，并在2104年前后进一步下滑到10亿以下——当然这一切都只是预测。这种下滑或许会发生得更快，因为对"独生子女"政策的废除并未带来出生率的明显上升。对家庭概念的认知已经发生改变，不是那么容易逆转的。

自1968年开始，中国的人口增长就开始放慢，从今天算起的未来10年时间里，中国的绝对人口数量将会出现下降。与美国不同，中国在经济上依然处于快速增长期，尽管，后面几章将会谈到，其经济增长最终也无法脱离放慢的规律。中国在2018年一共有1520万婴儿出生，比2017年少了200万。这意味着，在一年时间里，全国人口增长速度从2017年时的0.53%下降到0.38%。放缓最快的地方是人口持续移入的大城市。持续性的内部迁徙也让中国农村人口增长的放缓变得更加迅速。2018年，据青岛（"仅有"900万人口）的官方登记，1月到11月新出生人口比2017年同期减少了21%。[17] 青岛是该省经济最发达的城市之一，也是"一带一路"上重要的东方节点。进步意味着少生孩子。

非洲与英伦三岛的放缓

接下来让我们转向非洲和英伦三岛,我之所以把它们放在一起是因为这两个区域过去一直联系紧密。整个非洲大陆,从人口学上说,与中国有着鲜明对比。到2020年,整个非洲大陆的人口将增长到13.5亿,虽然少于有着14.2亿人口的中国,但是接下来中国人口增长会持续放缓,而大多数非洲国家人口将持续加速增长。之后整个非洲大陆的人口将远超中国,这将是数千年来非洲人口第一次超过中国。这两个地区上一次人口数量旗鼓相当是在很久很久以前,任何估算都只能说是天马行空的猜测。图25所采用的近年数据质量都不高,因为许多非洲国家的联合国人口数据都不可靠,这也是该时间线对应于整个大陆而非具体国家的原因之一。

预测非洲国家人口所依赖的人口学模型现在看起来问题很多。虽然许多非洲国家有着世界上最高的出生率,但凭此就推断未来非洲各国出生率会如蜗牛慢行般地降低却值得怀疑,这个假设成立的前提是在世界其余地方所发生的事情不会对非洲大陆造成影响。

随着全世界大多数地方都接近人口短缺,将来走出非洲的移民数量将出现增长,以满足全球其他地方对年轻人口日益增长的需要。这将进一步减缓非洲大陆人口增长的加速,至少低于联合国对非洲人口增长的预测。因为离开非洲的移民中成人的比例较高,也会因此造成出生在非洲的儿童数量变少。那些离开高出生率国家的移民比留下的同伴生育更少的孩子,而且

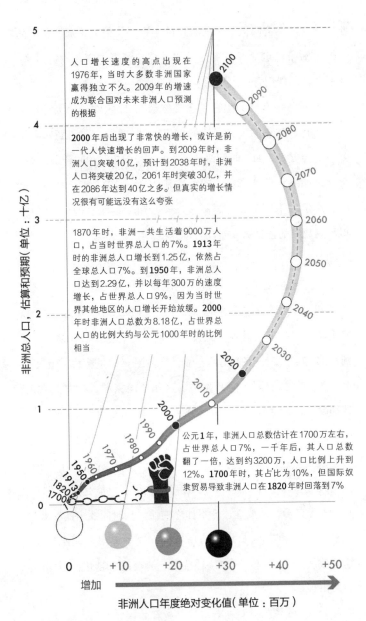

图25 非洲总人口，1—2100年

他们的离开不会降低留下的人口的生育率。但如果那些留下的人的生活条件也变好了呢？譬如更容易获得中等与高等教育，会不会让同伴们背井离乡的意愿降低呢？

非洲各地女性的生育观念必然会在21世纪这个大环境中出现变化。过去的人口增速与图25的时间线一致不意味着历史一定会重演，如该时间线（数据来自2017年的联合国预测）所示，如果你仔细观察，就会发现2000—2015年全非洲的人口数量出现了异乎寻常的高速增长，而驱动联合国得出2017年预测数字的正是这几年反常的速度。

越来越多的证据显示近几年的非洲更像是例外而非常态。2019年2月，《美国科学院论文集》（PNAS）发表了一篇研究论文，引起了全世界广泛关注。研究者们"在研究初期注意到，21世纪头十年的初期，几个非洲国家的生育率停止了下滑。为了找出原因，他们收集了这几个国家的人口普查数据。特别是，他们仔细查看了从1950年到1995年间的数据"。[18] 研究者们发现很可能是因为在许多非洲国家里，获得良好教育的途径在80年代发生了中断，尤其是女孩，这导致了年轻女性生育更多孩子，因而产生了近来的（很有可能是暂时的）反常——人口增长的放缓速度不如之前快。从时间线中能够看出，1980—1995年间人口增速有所下降，这种放缓可能出现在更快的放缓开始之前，原本这种放缓趋势会越来越快，但实际上并未出现。

过去20年，全非洲女童接受教育的程度获得大幅度提高，而这个因素并未被包括在联合国的预测模型之中。80年代这个进程的中断发生在非洲经济下滑得最严重的时期，该下滑与国际货币基金组织与世界银行所推行的结构调整政策有关。如果我们能够限制国际金融机构的破坏性行为，或许能让整个世界获益良多。因为那些在社会学上天真无知的经济学家——不得不说，许多经济学家相当天真——没被恰当限制，而有些机构又依他们的研究制定政策，导致了短短几十年后，人口数量再次加速增长。这些结构调整导致在80年代末90年代初无法进入学校学习的女童成为更早生育孩子和生育更多孩子的妇女。贫穷、无望和无知都会提高生育率，这些结构调整政策给整个非洲大陆带来的影响深远而可怕。非洲大多数国家的个人和政府收入都在80年代初到90年代末出现下降。[19]

长期以来，非洲就是国际干涉的受害者。从1500年到1600年，整个非洲大陆的总人口从4700万增长到5600万，17世纪增长到6100万，相当于当时中国人口的一半，而到1870年时，非洲总人口只有9100万，只有同年中国总人口的1/4。比较一下当时发生在非洲与中国的事件或许颇有益处。中国因为30年前被英国强制进口鸦片，发生了后来英国首相威廉·格莱斯顿（William Gladstone）所描述的"一场闻所未闻、难以想象、从一开始就不公正、整个过程充满阴谋、成为英国永久耻辱的战争"，[20]中国人口因此大幅下降。非洲大陆的面积超过3000万平方公里，比今天中国陆地面积的3倍还大。然而，联合国对这个人口尚不密集的大陆的人口预测是从2020年到2080年，其人口总数将翻3倍，基本完成与今天中国相同密度的城市化。但该预测成为现实的可能性很小,非洲的耕地面积与中国相当就是原因之一。[21]

在地中海以北的欧洲沿岸,西班牙、希腊和意大利的大多数居民都认为应该控制离开自己国家的移民数量,换句话说,年轻劳动力已经大为短缺,需要限制年轻国民移民。然而,整个欧洲只有三个离非洲最近的国家这样认为。[22]如果能让非洲国家的居民更方便地渡过地中海进入欧洲,那么出现在地中海南岸的劳动力短缺将会得到解决。

南欧还不是最喜欢移民的国家。如果你想了解欧洲最不厌恶移民的国家,就得去英国,其移民政策影响了整个英伦三岛,在我写作时,英伦三岛还在允许人口跨国自由流动。爱尔兰与英国是欧盟国家中仅有的选择不加入申根区的国家(英国现已脱欧。——编者注),尽管申根地区还包括了四个非欧盟成员(但属于欧洲自由贸易区)的国家。

与非洲国家不同,英伦三岛(主要包括英格兰、爱尔兰、威尔士和苏格兰)在1500年到1600年间经历了一次人口爆炸,在那100年时间里,总人口增长超过1/3,随后又在下一个百年里增长超过1/4,即便发生在1665—1666年的大瘟疫杀死了伦敦1/4的居民。接下来,在1700—1800年,人口增长了85%。正是在此期间,托马斯·罗伯特·马尔萨斯出版了第一版《人口论》,后来又经过多次修改,他预言了不受控制的人口增长将触发不可遏制的悲剧。如果马尔萨斯生活在另一个国家,或者另一个时代,如果他不是一个彻头彻尾的清教徒,或许就会以一种截然不同的视角看待人口问题。然而，在接下来的那个世纪，也就是19世纪，英国的人口增长速度更上一层楼，达到了160%！19世纪40年代爱尔兰发生了悲惨的饥荒，证实了马尔萨斯关于人口增长必将导致大规模死亡的警告。

爱尔兰的饥荒是自14世纪的黑死病以来发生在英伦三岛最重大的人口事件，丧生的人口数量远多于黑死病流行时期的死亡人数，因为在1845年时人口数量大大增加了。饥荒导致的人口减少随着许多人为了逃避被饿死的命运而背井离乡进一步扩大：大量爱尔兰移民进入美国，导致在一年时间里，英伦三岛人口出现下降。如果你想知道人口失控时会发生什么，19世纪时的英国和爱尔兰就是最好的标本，其间既有不受控制的增长，也有随之而来的悲剧。

19世纪40年代后，英伦三岛再也没有发生过大规模饥荒。那场饥荒开始时仅是一场自然灾害，但造成这么多人丧命的原因在于英国政客做出了不向爱尔兰运送食物的决定。自大而高傲的政治精英们一直以具备内在的道德优越感而自居，其"优越性"的影响遍及全球：把向中国运送鸦片美化为"自由贸易"；从事跨越大西洋的奴隶贸易；让爱尔兰人民痛苦并缓慢地死去，而视其为"自然选择"的一种表现。

同时上演的还有另一类惨剧，当时被称为"漫游世界癖"（Dromomania）——无法抑制的流浪冲动，或者换一种说法，就是寻找更好生活的愿望，使一些人开始向外殖民。1776年前，英国法庭将子民流放到美洲殖民地，而澳大利亚的殖民实践则持续到1868年。从英伦三岛各地流出的移民数量呈指数增长，但尽管如此,从 1852 年到 1990 年,人口依然缓慢加速增长。该时期的第一阶段,每年净增长人口为 15 万——相当于现在牛津的人口数量。在维多利亚女王去世的 1901 年,增长速度达到最高峰值:每年 38 万新增人口。

1901 年是一个疯狂的年份。作家艾米莉·布坎南(Emily Buchanan)在 20 世纪初撰写的一篇关于爱德华·摩根·福斯特(E. M. Forster)和人道主义起源的文章中,为此提供了宝贵的描述。当时的世界对于许多人来说,太多的事情正在改变,改变速度又是如此之快——最初只是在英伦三岛,很快就蔓延到整个世界。

> 世纪之交,令人眼花缭乱的进步和快速的乡村发展一起发生。维多利亚女王刚过世,人们就站在了现代繁荣与进步的开端,机器开始成为工业与文化的主导。就像福斯特在《霍华德庄园》(*Howards End*)一书中所写:"月复一月,路上的汽油味儿越来越浓,穿过马路也变得越来越困难,人们的交谈越来越费力,新鲜的空气和蓝色的天空也越来越少。""持续性的流动"成为骑跨在新旧世界交界的社会常态,福斯特的同代人米切尔(Mitchell)和肯扬(Kenyon)的纪实电影将这种张力表现得淋漓尽致,尤其是 1902 年布拉德福德(Bradford)的一部影片中有轨电车与马车争道的场景。如果你仔细观察,品牌广告正带着 20 世纪资本主义的隆隆声呼啸而来,人们胆怯而肃穆地面对这一切,还带着些许维多利亚时代的遗韵,这一切在人们面对相机镜头

时热切而滑稽的表情中展露无遗。当时，手摇相机尚是一种难以一见的先进物件，这也是为什么成群的孩子兴高采烈地追着电影拍摄者满街跑，成人们则半含恐惧、半含勒德式的厌恶和好奇呆瞪着它们。他们的迷茫本身就令人迷茫。[23]

米切尔和肯扬将这种迷茫不安捕捉到胶片上之后没几年，机械化的战争开始了。在第一次世界大战之前，就已经出现了两次人口增长放缓：1880—1885年一次较小规模的和1910—1913年相当显著的放缓。1877年，社会改革和避孕宣传家安妮·贝赞特（Annie Besant）与查尔斯·布拉德劳夫（Charles Bradlaugh）的官司之后，避孕套变得流行起来，导致出生率的直线下降，并且再也没有回到过之前的高位。不仅如此，1910—1913年，与之前相比，爱尔兰的人口下降得更快了一些，前往美国的移民人数持续增加，一直持续到"一战"开始。在前面的图23中能够看到美国1910—1913年出现了移民导致的人口增加。

人口变化趋势在近期越来越明显，因为我们对人口数据的了解更加细致。从人口学角度来看，第二次世界大战对英伦三岛的影响不如"一战"，"一战"后它被分成两个国家：大英帝国和爱尔兰共和国。1945年"二战"结束后出现了一波婴儿潮，但60年代年轻人还是太少，因为1945年以前出生率太低，当时英国政府鼓励人们从加勒比地区和印度次大陆移民进入英国。但在1965年，英国人对这些来自大英帝国前殖民地的新

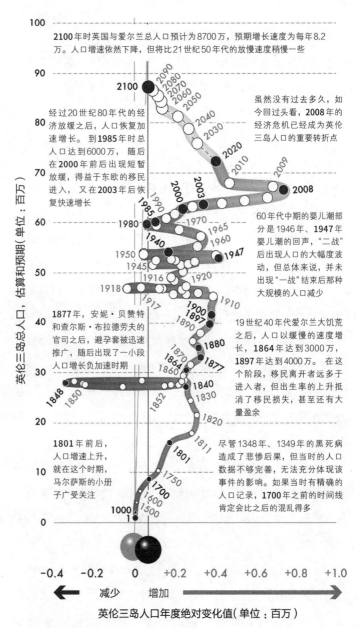

图26 英伦三岛总人口，1—2100年

移民抱怨不已（在自私的政客和报纸的鼓动下），促使政府通过了移民控制法案。讽刺的是，1965年的法案反而促进了移民人口的上升，因为那些已经进入英国的移民不敢离开，而想抓住机会的人乘着最后机会将自己在海外的年老亲戚接来英国。

尽管移民数量实际上大大增加，违背了控制的初衷，但人口增长速度下滑的趋势依然没有改变，80年代的经济衰退更是让人口增长大大下降，直到最后一次大幅增长的出现。这次是因为新的移民政策，尤其是2003年之后，英国向移民敞开大门，这次针对的是刚加入欧盟的东欧国家。与其他西欧国家相比，英国更早地给了他们进入、定居并工作的权利。[24]与此同时，爱尔兰的经济繁荣也为该地区的人口增长添了一把柴，从2003年到2008年，该地区的人口增长之快堪称史无前例——直到发生在2008年的经济危机迅速使增长中断。考虑到图26时间线的起起伏伏，为什么联合国对该地区未来人口增长的预测如此平稳，我实在是百思不解。

印度与日本的放缓

印度次大陆包括了今天的印度、巴基斯坦和孟加拉国，那里的人口曲线与小小的英伦三岛相比，看上去要平滑得多。但这多多少少只是一个假象，其早期数据非常不可靠，因此没有表现在时间线中，另一部分原因是当我们考察一个大得多的地区时，曲线也会更平滑。按照不同的估算方法，这块次大陆上在12000年前大概只有一百来个人生活其中，但到了6000年前，人口就已增长到100万左右，4000年前达到600万之多。

随着城市、灌溉技术和普遍意义上的文明出现，人口进一步增长，在大约2000年前更是达到7500万左右，并且在接下来的1000年时间里大致维持着差不多的人口规模。其间仅有几次偶发的瘟疫和外敌入侵对其造成轻微扰动，很快便恢复了增长。到1600年英国女王伊丽莎白一世颁发给英属东印度公司皇家特许证时，当地人口已经增长到1.35亿之多。外来干预最初尚算温和，随后却堪称猛烈，导致次大陆的人口进入难以抑制的增长，先前限制增长的因素被一次次历史前进的步伐所突破。到了1820年，印度次大陆人口增长超过2000万，开始进入真正加速起飞的阶段，如图27中的时间线所示。

图27中的时间线没有显示发生在1769—1770年的孟加拉大饥荒的影响，因为关于当时人口总数的精确数据过于匮乏。据信有1000万人死于此次饥荒，还有1783—1784年死亡1100万人的查里萨（Chalisa）饥荒和1791—1792年的斯科尔（Skull）饥荒。斯科尔饥荒的死亡人数至少也是千万级，因为尸体都已经来不及掩埋或火化。除此之外，图27也没有显示1866年死了1000万人的奥里萨（Orissa）饥荒、1869年死了150万人的拉吉邦塔（Raj Punta）饥荒、1876—1879年死了600万—1000万人的南印度饥荒、1896年死了100万人的本德尔坎德（Bundelkhand）饥荒、1899年印度西部与中部死去100万人的饥荒，以及在1943—1944年的孟加拉饥荒中悲惨死去的150万人口。与发生在爱尔兰的饥荒一样，英国统治者需要为此承担非常重要的责任，因为是他们的统治导致饥荒

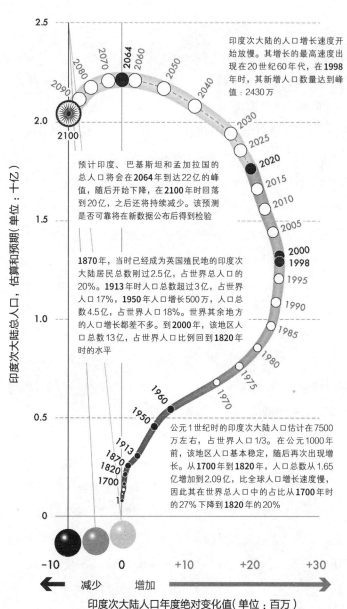

图27 印度次大陆总人口，1—2100年

发生，而且一发生就非常致命。更糟糕的是，他们还消极救灾，拒不改变导致这一切发生的统治环境。

第一次世界大战前印度次大陆人口增长的加速度放慢了，从1881年到1891年只增长了10%多一点。然而，1921年后该地区人口增长速度再次加快，一直持续到今天，未来甚至还会持续几十年。当新生儿开始接种疫苗并且公共卫生得以改善之后，如果生育率依然维持在高位，人口增长的加速度可能会继续。1947年英国轻率地将次大陆一分为二，由此爆发的暴力冲突导致多达200万人丧生。然而，与战争一样，这种因国家分裂而导致的事件也会导致婴儿潮的出现。

印度独立后，婴儿存活率的改善使这个全新的印度从1951年起人口每十年增长超过20%，这种增长一直持续到2001—2011年这10年，只有在我们已经掌握精确数据的最后10年里，增长速度才下降到不到20%。巴基斯坦的人口增长速度也有所减缓，并在2001—2011年的10年中增速降为20.1%，并被预测将在最近几年里出现负加速。孟加拉国是三个国家中放缓速度最快的，2001—2011年的人口增长只有16.9%，主要是因为人们活得更久，而非更多婴儿出生。在这段时间里，该国人口增长速度每年都因出生率降低而下降。

印度次大陆的人口增长加速期在1995年结束，在那一年里，该地区人口总数增加了2400万之多。其实放缓早就已经开始，在印度，它始于25年前。今天对放缓的预测是缓慢地放缓，2020年新增人口预期在2000万以下，到2043年时，预计新增人口将下降到1000万以下，并在2063年达到人口总数峰值

（根据2019年联合国最新预测，峰值将在2059年出现），那时的新增人口将变成0。根据2017年联合国的预测，2094年时，该地区人口将首次出现每年减少700万，但彼时人口总数将依然超过20亿。上次印度人口超过10亿还是在1987年。然而，我们有相当充足的理由相信实际放缓会比预测更为迅速，因为最近几年那里生育率的降低预示联合国在2017年与2019年两次对未来人口的预测都过于乐观。这种故事在其他国家同样上演着或上演过，我们能从其他国家最近的历史中学到许多，只要我们睁眼观察。

与印度类似，日本也经历了多次饥荒，但因此导致的人口损失并未在这些时间线中得到恰当的反映，因为当时的数据质量不够高。发生在宽永年间的1640—1643年大饥荒导致多达10万人死亡。1732年的享保饥荒导致的死亡人口在12000到11000人之间。

发生在1782—1788年的天明大饥荒让日本人口减少了将近100万，处于饥饿状态的人们免疫力低下，更易染病。1833—1837年的天保饥荒导致当地3%到4%的人口丧生。但如同图28中时间线所示，在绝大多数没有出现饥荒的年份，日本人口稳步上升，保持加速，在1500—1700年的200年间翻了一倍，总人口达到2700万之多。在此之后，日本人口增长很慢，特别是在幕府将军控制下的江户时代后期，当时的政府采取一系列政策试图阻挡外部侵略。1825年通过了用大炮驱逐任何不具备正当贸易许可的外国船只——也就是荷属东印度

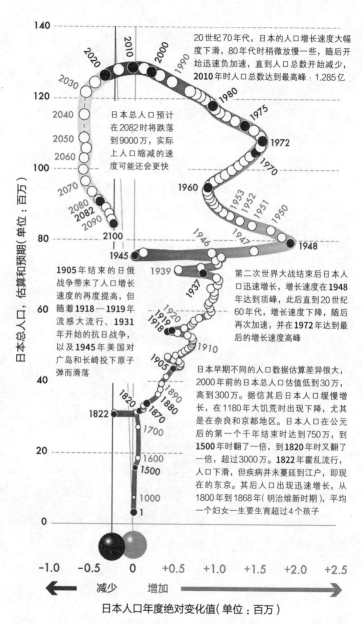

图28 日本总人口，1—2100年

公司所拥有的船只——的法令，该政策与1822年暴发的霍乱一起，导致了日本人口下降。这次下降在时间线中表现得就很明显，但似乎并无其他旁证证明这场霍乱如此严重。我们时常忘记自己对过去发生的事情所知甚少，对将来也一样。

直到1868年明治天皇掌权，日本人口才恢复加速增长。1891年时出现过一次放缓，当时的浓尾大地震导致火灾蔓延，许多人因此丧生。[25]第一次世界大战时日本军人将流感带回东京，而且战争爆发前的动员也引发了一次小规模增长放缓（因为新生婴儿数量减少）。第二次世界大战开始时也出现了类似的人口增长放缓现象，1945年美国投下两枚原子弹后，甚至出现了自1822年以来的第一次人口总数减少。"二战"后的婴儿潮接踵而来，在1948年达到顶峰，仅仅那一年就增加了200万人口，尽管因为平滑处理的关系，这次波动在时间线上不那么明显。之后的生育率从顶峰迅速滑落，到1960年时跌到谷底，日本那年只增加了89万人口。然后出生率（出生婴儿数量）而非生育率（每个女性平均生育孩子数量）出现上升（1966年除外），到1972年时出现了一年增加150万人口的小高峰，因为"二战"后婴儿潮时出生的孩子大多数开始进入生育孩子的年龄，而这批人为数众多。[26]

1972年之后，日本的出生率一降再降，最初速度很快，随后稍微慢了一些，直到2009—2010年，日本人口总数达到最高峰值。1975年，每个育龄妇女平均生育孩子数量跌到2以下，1993年不到1.5，2003年不到1.3。今天这个数字在东京是1.09，而且还在下降中。2018年12月，《日本时报》报道：

"数据显示人口下降速度正在加快，与此同时，出生率还在下降，意味着政府越来越难实现其在2025财政年度结束前将总生育率提高到1.8的目标。"[27]设定一个在某个财政年度结束前提升生育率的目标充分展示了政策制定者们视人民为商品的习惯。但如果没有鼓励移民进入的政策，到2065年时，日本人口将进一步跌落到危险的1亿以下，在2099年将下降到不足8500万。

20世纪70年代早期日本女性拥有的所有东西，印度次大陆的女性在今天几乎也都能拥有：不仅是避孕措施和人工流产，还包括教育、来自男性的更多尊重，以及孩子几乎都能活着进入成年、活到自己去世之后的期待。因此50年前发生在日本的事，很快将会发生在其他地区。1970年时，不满15岁的孩童占据了日本总人口的1/4，今天印度人口中的1/4也是孩童。

欧亚大陆全面放缓

欧亚大陆其余地区又如何？分隔亚洲与欧洲的界线只是一条想象的线条，因为不管怎么看，两者都不是一块可以一分为二的独立大陆。接下来就让我们看看除了英伦三岛、印度次大陆、中国和日本之外的欧亚大陆，换句话说，就是这块超级大陆上尚未被讨论过的地区。图29中的时间线所采用的模式想必读者们已经非常熟悉了吧：最初看起来人口几乎没有发生什么显著变化，那是因为当时的人口变化速度非常缓慢，即使我

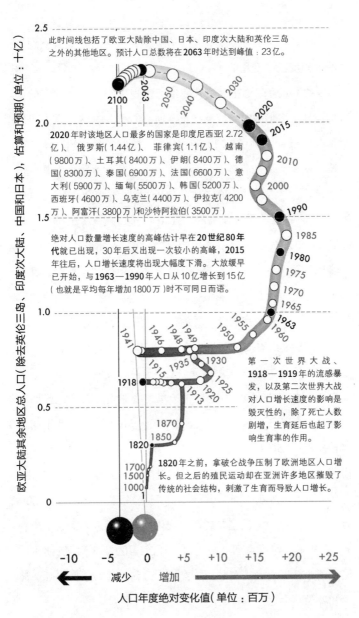

图29 欧亚大陆其余地区总人口（除去英伦三岛、印度次大陆、中国和日本），1—2100年

们有高质量的统计数据，除非采用对数尺度，否则是看不到当时的大幅度人口变化的。

1820年后，欧亚大陆其余地区出现了一次较小规模的人口加速增长。但战争与流感终止了加速进程，1918年甚至出现负增长。然而，到了1920年，人口再次恢复加速增长，直到被第二次世界大战打断。战后的婴儿潮、死亡率降低和其他进步让该地区总人口从1965年时的10亿增长到2025年的20亿，2060年人口总数将升至高峰，2100年开始人口将维持下降状态达40年之久，最后回落到20亿左右。一如既往，2017年联合国的预测并未预测出当今正在日本发生的快速下滑，其预期也比实际发生的下降更缓慢。过去的例子表明，当放缓并非源于战争、饥荒或疫病时，其放缓的速度往往会增加。

图29中出现的下降发生在2000年，与发生在1975年的婴儿减少有关，这次减少缘于"二战"后婴儿潮的结束。令人印象深刻的是在过去的21个世纪里，欧亚大陆其余地区的人口分布比例一直保持稳定。公元1年，人口最多的10个国家是俄罗斯（750万）、意大利（700万）、土耳其（610万）、法国（500万）、西班牙（450万）、伊朗（400万）、德国（300万）、印度尼西亚（280万）、菲律宾（240万）和希腊（200万）。1820年时，波兰与韩国替代伊朗与希腊进入了前十。到了2020年，印度尼西亚成为第一（2.72亿人口），伊朗再次回到前十，新晋者还有越南、泰国与缅甸，代替了西班牙、波兰和韩国，变化并不算大。

今天欧亚大陆其余地区的人口总体上依然居住在原来的地

方，沿着同样的河谷，与自己2000年前的祖先们一样。最大的差异并不是人们在哪里居住，而是过去的1个人对应着现在的30个人。未来的变化一定小于过去所发生的。到2100年，今天的10个人将对应未来的11个人——未来80年人口只增长了10%。表6列出了2100年人口可能最多的10个国家。

表6 2100年欧亚大陆其余地区人口最多的国家及人口

（除印度、巴基斯坦、孟加拉国、中国、英伦三岛和日本以外）

国家	人口（百万）
印度尼西亚	306
菲律宾	173
伊拉克	156
俄罗斯联邦	124
越南	107
土耳其	85
法国	74
伊朗	72
德国	71
阿富汗	70

数据来源：联合国经济和社会事务部，《联合国世界人口展望：2017年修订版》。https://www.un.org/development/desa/publications/world-population-prospects-the-2017-revision.html

2100年时，印度尼西亚的人口将与2009年时的美国人口相当，而菲律宾的人口则会与1999年时的巴西，伊拉克的人口将略少于今天的巴基斯坦，俄罗斯则会回到其在1963年时的人口数。如果接下来80年的人口增长符合联合国在2017年时所做出的预测，我们究竟在担心什么？

我们所担心的并非增长，而是死亡。我们担心的是太多人将会面临饥荒的威胁，因为我们尚未意识到饥荒从来不是因为人口太多而导致，而是由于政治。我们担心人口的增长将导致移民暴增，因为我们尚未意识到移民将成为一个巨大的需求，我们应该担心移民不足，而非过多。我们一直认为"过多的人"会导致战争，但发动战争的永远只是很少的一部分人，更可悲的是最后卷入其中的却是大多数人，甚至许多人为此失去了生命。我们还担心大量的人口将导致新传染病的流行，但是人口数量非常稀少时那些疾病就已经致命。

我们有着恐怖的民间记忆。根据估算，黑死病在1350年左右杀死了欧洲1/3到60%的人口，这场瘟疫使世界总人口从4.5亿减少到1亿。在此之后，人类花了两个世纪才将人口恢复到之前状态，而这种瘟疫周而复始，多次出现。

表6的预测可能跟实际有偏差，如果出现第三次世界大战或另一场大瘟疫，或许会错得更加离谱。伊拉克或阿富汗可能无法进入前十，有些国家将迅速变小，有些国家的边界将发生变化或不复存在。德国与法国的边界，或其他欧洲大陆国家之间的边界，在未来的某一天可能变得像英国麦西亚和韦塞克斯的边界一样，不再有实际意义。

大洋洲与美洲的放缓

大洋洲和美洲（除了本章最早讨论的美国之外）是我们尚

未讨论过的两块陆地。

大洋洲被征服前的人口总数在50万左右，从公元1年以来一直缓慢地增长，相当稳定，直到1770年詹姆斯·库克船长带着他的手下在博特尼湾登陆。这次可怕的登陆和太平洋其他岛屿的上百次登陆导致了大约1/5的人口死亡，1820年大洋洲的总人口下降到43400，并且还在继续下滑。如果你觉得这个故事被反复讲述，那是因为它们重复发生。

英国人在哪里登陆，就给哪里带来了灾难。他们身上携带的致病原让他们的敌人更加衰弱，更易被征服。殖民者强行建立的社会秩序摧毁了数以千计的小岛以及几个大岛屿上原有的稳定社会体系，这些岛屿构成了今天的澳大利亚、新几内亚和新西兰，这些地方被殖民后出现了大幅度的人口加速增长。

1840年，来自欧洲的自愿或强制移民到达大洋洲，人口出现加速增长。新进入移民的数量超过当地因疾病、饥饿和直接迫害而死去的人口数量。到1852年，大洋洲的人口总数翻了一倍，达到100万，1851年开始的淘金热进一步加快了这次增长，到了1864年，大洋洲人口就已达到200万，到1877年，又突破300万。当时一波又一波的淘金热如此频繁，此处已无暇列举。到1885年时，已经有400万人口生活在大洋洲，主要在澳大利亚。1893年增长到500万。就这样，从1829年到1885年短短56年时间里，人口增长了10倍。如果你想看失控的人口加速增长，这就是又一个例子。但这段时间在图30中毫不起眼，因为当时的总人口数量还是太低。

第一次和第二次世界大战基本上都在北半球开战，但它

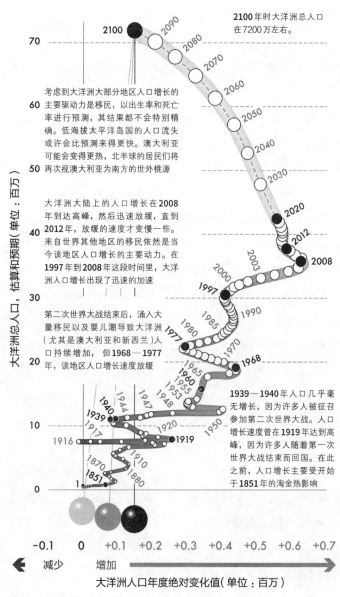

图30 大洋洲总人口，1—2100年

们同样给大洋洲带来影响，许多人参战，许多人阵亡——在遥远的异国他乡。征兵并未使用强制手段，在澳大利亚，直到1942年才实行强制兵役制度。战后出现了婴儿潮，其后又是更多新来的移民，主要来自英国，但也有来自中国和欧洲大陆的。随着婴儿潮的消退，大洋洲在1989年迎来了人口增速的最高峰。此时，在遥远的欧洲，柏林墙被推倒，铁幕消失。2008年，时任澳大利亚首相的陆克文宣布关闭位于马努斯岛和太平洋小国瑙鲁饱受争议的移民留置中心，并宣布圣诞岛成为难民安置点。[28]但这并非那一年人口加速增长终结的原因，难民数量太少，根本不足以造成任何实质性影响。导致人口加速增长终止的原因是婴儿潮的余波已经平复。

如果联合国的预测是正确的，2100年时大洋洲人口占全球人口比例将依然只是一个极小的数字：一共7200万人，地球上每155个人中有1个生活在大洋洲。但未来可能大为不同，大洋洲海拔最低的岛屿到2100年时早已被海水淹没，联合国似乎没有考虑这个因素。在联合国的预测里，人们依然生活在那些地区（或许是在水下？），而较大岛屿上大片没有开发的荒原也依然保持原样，似乎联合国认为含有种族主义倾向的澳大利亚和新西兰移民政策将一如既往地延续下去，永不改变。同样，联合国认为西巴布亚永远不会被允许独立，那里的暴力永远不会结束，稳定也不会到来。

美洲又是什么情形呢？将美国人口从美洲总人口中去掉，剩下的将是一幅完全不同的图画。你现在或许已经相当熟悉这个画面。图31呈现出一个巨大的问号形放缓趋势图。我们无法从时间线中轻易看出美洲早期巨大的人口灾难：2000年前该地区有570万人口，公元1000年时增长到1160万，1500年时增长到1780万，但到了1600年，该地区人口一下子减少了一半还多，只剩下890万。这种变化意味着在短短100年时间里，一下子减少10%人口的事件连着发生了7次！这些改变开始于1492年，那一年，哥伦布向大洋深处驶去。当西班牙和葡萄牙统治着美洲并不断从非洲引入奴隶时，美洲人口只出现了非常缓慢的恢复，到1700年时，总人口增长到1230万。直到英国人入侵加勒比岛屿、现在的加拿大、伯利兹等地，英国还是没有成为故事的主角，因为图31中去掉了那13个后来成为美国属地的英国殖民地。

到了1800年，除美国外的美洲人口终于恢复到哥伦布到来之前的水平，经历了整整300年。1820年时，人口增长到2290万，1880年时翻了一倍达到5200万，1930年突破1.21亿。在此之后开始更快的加速增长，深受经济萧条折磨的美国和欧洲向该地区输送了一拨又一拨的移民，同时到来的还有来自中国和日本的移民。图31中，1940—1980年间的凹形时间线堪称负加速增长的绝佳示例，1960年该地区总人口翻倍达到2.42亿，1991年时再次翻倍达到4.84亿，后者也是加速度达到峰值的年份。人口总数的最高峰预计将在2060年出现，排除美国后的美洲人口总数将达到8.34亿。然后，与其他所有地方一样，该数字最终还是会回落。或许这种回落的出现将比预期来得更早，速度更快。这是很可能发生的事，除非一些未被预见

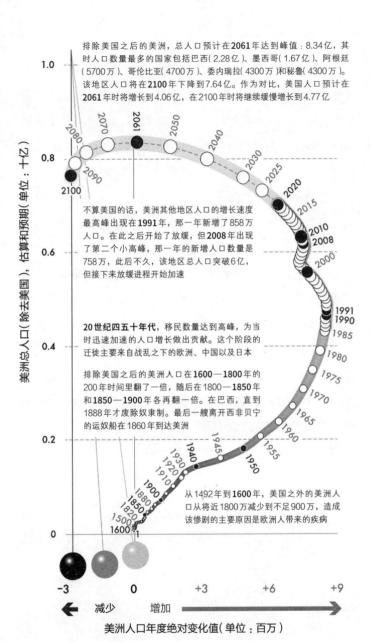

图31 美洲总人口（除去美国），1—2100年

公元1年人口总数在600万左右，公元1000年时人口1200万左右，1500年时1800万左右，1600年跌落到900万左右

的巨大灾难降临，比如由人类的愚蠢和短视而导致的气候灾变。然而，人类在未来是否依然如此愚蠢？我们已经越来越意识到战争的邪恶、人民应该拥有人权、饥荒能够避免、疾病必须被预防和治疗，以及妇女们有权决定自己是否以及何时生育后代。

还有4个区域我们尚未讨论：天上的人口，或者说20万架飞机上的人口，2018年时已经超过130万，并且还在增长；船上的人口，从未被计算过；南极大陆人口；太空人口。[29]冬季时南极人口不到1000，夏季时不到4000。国际空间站的人口高峰出现在2009年：13人。[30]我们无法通过向地外空间移民而避开人口定时炸弹，不仅是因为地球周围没有足够近的宜居空间可作为移民目的地，更是因为根本就不会有人口定时炸弹，也从来没有过人口定时炸弹。值得再次强调的是本章所提到的预测都来自2017年联合国发布的"最有可能出现的"预测。2019年6月，联合国更新的数字几乎全部往下修正。我们有许多理由怀疑，全球人口增长的放缓将比官方修正的还要快上许多。

第8章
生育率：
史上最大放缓

> 时间流逝，人群正在变老，在科学家们收集的最新数据中，关于人口的新发现喷涌而出。
>
> ——海伦·皮尔森（Helen Pearson），2016年

数以万计甚至百万计的人群正被越来越多地应用于医药学和流行病学研究，以发现普遍性的变化。英国医生群体（British Doctors' Cohort，成立于20世纪50年代）发现了烟草会导致多种疾病，这在当时是一个令人震惊的发现。今天我们不再如此快速地更新惊人的发现，我们对世界所处状态和全球政治的感受的变化速度也不像从前那么迅速。尽管新发表的论文每天都像潮水般涌来，我们却并没有学到太多关于我们自身的知识。虽然我们确实学到不少东西，但不再是体量巨大的更多。在大学工作的人不得不声称有了一个又一个伟大发现，这在那些经济不平等的国家里尤其重要，因为大学必须将此作为一个特别卖点，研究者个人和学术期刊也一样。要想把书卖出去，你必须说书中的信息是新的，但大发现接踵而至的时代早已成为

过去。

我们依然生活在一个特别有趣和不同寻常的时代，之所以这么说，是因为现在有如此之多的事物不再快速变化了。虽然放缓一直被我们当作诅咒，唯恐避之不及，但实际未必如此，相反，我们可以利用这个时机反思。这是一场工资增长和创新速度的放缓，以及消费主义不再呈指数增长的放缓，更重要的是，这是一场人口增长的放缓，尤其是生育的放缓。这些都是继续生存并保持幸福生活所必需的放缓。我们似乎生活在资本主义尾声阶段的开端，或者是某种时代的终结阶段，这对我们来说是一件大大的幸事。我们正身处增长的尾声，然而我们尚未意识到放缓这一现象的真实面目，更不要说欢迎其到来。

在全世界范围里，只有过去五代人（详见表7）整个一生都身处资本主义疯狂发展的旋涡之中，私人利润成为无坚不摧的力量，而且他们每一代人的信仰、存活概率和生活水准都经历了山呼海啸般的变化。在此之前，地球上大多数人的生活与其父母相比并无太多不同，干着相似的工作，具有相似的生活方式，信奉相同的宗教，面对相似的危险。人类历史的大多数时期，整个村庄、城市和国家都不会为了利润而迅速转化成完全不同的样子，或者突然找到某种能够赚到巨额金钱的方式而迅速从村庄演化成城市。

我们变得如此习惯于变化，以至于我们视其为常态。20世纪50年代，英国牛津郡（Oxfordshire）的村庄里尚不通电也不通燃气，居民们主要是农场劳工。如今，那里有一条通往伦敦的高速公路，一栋面积较大的独栋别墅比70年前整个村子所有房产加一起都值钱。曾经因为汽车制造业和音乐享誉全球的美国城市，如今为人所知的只有废弃的宅院和自来水里的铅污染。还有那些100年前还不存在的国家，如今却占据了世界的大多数。

随着社会变革的退潮和变化速度的放慢，回到父母辈的生活节奏或许也会在我们的孩子或孩子的孩子身上实现。当喧闹归于平静，时尚、工作、生活和学习的方式将变得更为固定。年轻人与老年人将拥有差不多的工作与休闲经历、相似的观点和期待。我们离这个将来还有一段距离，但正朝着那个方向行进。

最年轻的成年一代——Y一代所经历的技术革新已经比更早一代人所经历的少了许多。在他们生活的年代里，没有出现新的互联网，没有发现新的能源，没有发明新的交通方式，没有开发出新的武器或爆发新型战争。但是，现在的我们已经习惯于技术革新不会停止的幻觉，仅仅是技术发展正在变慢这一事实就已让人无法接受。过去十年里上市的大多数新产品最多只是进行了一些换汤不换药的改善。随着全球各阶层都变得比以前更富裕了一些，生活质量的小幅度提升带给我们的满足感越来越微不足道。现在,技术进步所带来的影响越来越小,很快,任何技术上的革新都会让你觉得纯属老生常谈。[1]

就在放缓开始之前，出现了一个极为突然的变化，就是人类所面临的极端匮乏和困难越来越少了。这种现象与地球上其他物种的境遇堪称天壤之别，因为相当数量的物种已经被人类驱入灭绝的边缘。随着发展的放缓，我们的物质生活越来越富足,不再满足于新的技术玩具,我们便会越来越清晰地认识到自己造成的伤害,不仅看到了对外部环境的伤害,还意识到对人类心理的内在伤害。我们变得柔弱起来,同样柔弱的还包括阶级与社会关系。现在我们变得不那么暴力了,等级森严的社会结构也出现了些许改善。我们对自己所伤害或摧毁的东西也有了更多了解。

阶级与分层在本质上与匮乏相关。经济发展和社会变革的一个重要好处是对人类心理的抚慰。[2]自近代以来的每一代人都变得比上一代更具包容性、更关心他人、不再残暴,因为他们有条件这么做。[3]虽然我们并没有变得更快乐,也没有停止焦虑,但是不那么焦虑是幸福生活的一部分。可悲的是我们离那种状态还有很长一段路要走,因为我们依然面对着巨大的不安全和不确定性,而且还没学会如何控制贪欲。我们现在对财富的观念还停留在贪婪、掠夺所带来的结果上,而非基于能力、权利和内在价值。

让我们得以摆脱人类长久以来的历史习惯,以一种不同的方式看待彼此的最重要原因,是我们在为数极短的几代人里实现了这样一种转变:以前,人类的后代常常在孩童时期夭折,而现在,人类已经能够快乐地享受稳定的生活,选择只生育很少后代,甚至不生育后代。图32中的时间线显示了全球总和生育率——平均每个妇女生育孩子数——的快速下降,现在每年统计一次,但在未来,随着总体趋势的放缓,我们需要以不同方式观测才能看出更细微的变化。[4]

总和生育率是指每个育龄妇女平均生育的孩子数。譬如,

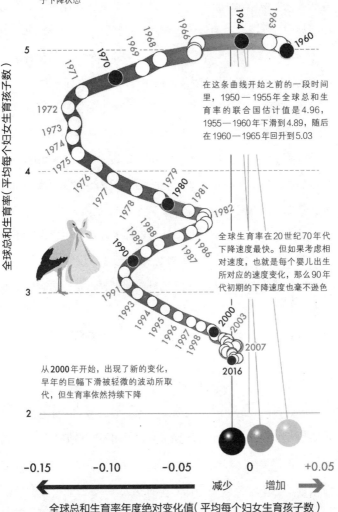

图32 全球总和生育率，1960—2016年

基于世界银行公开数据、2017年联合国世界人口预测，及其他数据来源做出的估测，
https://data.worldbank.org/indicator/sp.dyn.tfrt.in

20世纪60年代初的英国女王伊丽莎白二世，当时年龄为34岁，正怀着她的第二个儿子安德鲁，而她的长子查尔斯，已经12岁，她的女儿安妮刚满10岁。到1964年时，她还会生育第三个儿子爱德华，那时女王的年龄是38岁，她的总和生育率是4，只比1960年全球总和生育率（5）少了一个孩子。与其他普通家庭相比，英国王室并没有太大的不同，至少在生育方面。

图32显示了全球总和生育率一泻千里的情形。该数字从20世纪60年代初期开始缓慢增长，在1964年达到"二战"后的峰值：5.07（爱德华王子就出生在这一年）；到1976年，全球总和生育率下降到4；1992年下降到3；2010年下降到2.5。现在依然保持快速下降，全球正向平均每个妇女生育不到2.4个孩子迅速接近。通常，我们认为世界各地区的生育率大不相同，但实际上这种差异只是因为有些地区的放缓出现得比其他地区更早一些而已。现在已经显而易见，这是一场全球性的放缓。

我们将会看到，放缓已经在世界的各个角落开始上演，从中国到美国，从危地马拉到韩国，从巴西到东帝汶。我们经常夸大不同地区之间的差异，因为差异常常更能引起注意，但是本章的各幅图表的下降曲线都是如此相似，为了区分它们，克尔斯滕·麦克卢尔（Kirsten McClure）用不同鸟类来标记不同地区：鹳代表了全球整体，鹰代表美国，丹顶鹤代表中国，鸵鸟代表尼日尔，凤头鹦鹉代表东帝汶，绿咬鹃代表危地马拉，伊岛咬鹃代表海地，小公鸡代表法国，知更鸟代表英国，朝鲜喜鹊代表韩国，巴塞洛斯公鸡代表葡萄牙，大嘴鸟代表巴西。

我说这些只是为了让你在看图时不要错过这些有趣的细节，当然并不是每个人都喜欢小鸟。

譬如，伊丽莎白女王的母亲，伊丽莎白·安吉拉·玛格丽特·鲍斯-莱昂就更喜欢马。她生于1900年，去世于2002年，在漫长的一生中，她见证了天翻地覆的变化，变化中的城市让人难以辨认。王太后生于伦敦，但具体位置不详，可能是在一辆驶向医院的救护马车上。作为1901年世界第一大都市的伦敦的特色是极端贫穷，仅仅数年之前，伦敦悲惨的生活状态才被记录下来，为大众所知。记录的功臣是一个名叫查尔斯·布斯（Charles Booth）的富人，他最初的目的是证明贫穷并不普遍，开始调查后却被自己的发现震惊。[5]1901年伦敦人的生活条件与他们的父辈毫无差别，都是一样的糟糕。前一代伦敦居民中有很多来自农村或外国的移民。从1800年到1900年，伦敦人口从100万增长到650万。过度拥挤使伦敦的生活条件比世界上任何一个贫民窟都要差，人们就在垃圾与污水边生活。1905年漫长而炎热的夏季，婴儿死亡率创下了纪录，因为过多的新生儿死亡，不要说实现城市规模增长，就算想要维持成年人口数量，也得依靠持续引进移民。

18世纪晚期，哲学家让-雅克·卢梭就写过，人类种族想要延续下去，每个妇女至少应该生育4个孩子。由此可见，当时儿童因病夭折的比例之高，即便在生育率最先开始下降的法国也是如此。卢梭或许是看到了世界已经开始变化，有感而发。[6]那时的城市生活远比乡村危险，因为传染病在高度密集的人群中更容易传播。通过生育4个孩子来确保有2个能够存活到生育年龄，这种必要性一直延续到20世纪开头，因为直到那时卫生条件才得以改善，致病微生物理论也在那时建立并被广泛接受，婴儿死亡率随之开始降低。在今天的中国，出生在城市比在农村更安全，一个在中国城市出生的婴儿一年内的死亡风险比美国许多地方的新生儿都低。

卫生状况和医疗水平的改善使减少生育成为可能，然而仍有一些妇女被鼓励多产多育。威廉·贝弗里奇（William Beveridge，推动英国建立福利体系的重要力量）在20世纪30年代的一篇文章中建议英国的中产阶级妇女——值得注意的是，他只建议中产阶级妇女——生育4个孩子，只有这样才合乎人类这一物种的利益。[7]贝弗里奇是一个社会改革家，但就像同时代的许多人一样，他年轻时是一个优生主义者。谢天谢地，我们现在已经知道，精英人物也不能领导他人生育后代。优生学的兴起和衰落就是近代社会大转型的标志之一。

一个世纪前，世界快速变化，当人类不再需要养育那么多后代时，就开始辩论什么样的孩子应该被生出来。20世纪20年代，纽约成为世界第一大城市。直到"颓废的十年"，富裕的纽约人开始使用日益普及的电梯，阁楼、套房的概念也被创造出来。[8]我们很容易忘记现代世界的形成离我们如此之近，仅仅100年前，纽约街道上还全是马车和屎尿。不管是城市，还是乡村，大多数人都依赖步行，常常需要走上数英里，才能前去工作、购物或从事其他活动。我们批评过去的白人（特别是中产阶级）带有优越感的偏见，但我们却忘了他们所经历过的混乱时代，他们的迷失一点都不奇怪。今天我们不再有借口重提优生学，因为我们现在已经知道优生学不仅错误，而且邪恶。

图33是图32的局部放大。这种放大非常必要，在较长的时间段里，近期的变化将难以辨识，放大的时间线拥有更多细节。乍看起来，加速似乎再度来临，但很明显，近期全球总和生育率只是变化趋势中的一个转折点。从1998年到2006年，生育率貌似正向着增长方向移动，但回头看却更像一个为时8年的短暂反常，更像是一个已经彻底沉寂的过往留下的回声。

从全世界整体看，1998年到2016年生育率的整体趋势是下降的，但在2001年到2003年，以及2004年到2006年，生育率似乎下降得越来越慢。然而，2014年后，生育率的下降再次加速。等到2017年到2020年的统计数据被公布，我们就能确切知道生育率加速下滑到底到了什么程度、是否还在继续加速，并预测其在临近的将来还会降低多少。这将成为修正联合国人口预测数据的重要依据，联合国的人口学家们也将改变他们对全球人口变化的看法。

一旦图33中的总和生育率落到2，或者比2还略高一点时，人类物种将停止数量上的增长，这将是历史上的第一次。其原因是较少后代出生，而非更多个体死亡。生育率从2.4降到2所需的时间和社会变化大致与从2.7多一点降到2.4出头不相上下，图33的时间线显示是20年。因为并非每个孩子都能活到生育年龄，甚至有小部分个体会在成年前夭折，人口增长停滞的转折点可能离2.1更近。但是，这一切可能都不重要，全球各地的报道所揭示的一系列现象，都已表明生育率的降低

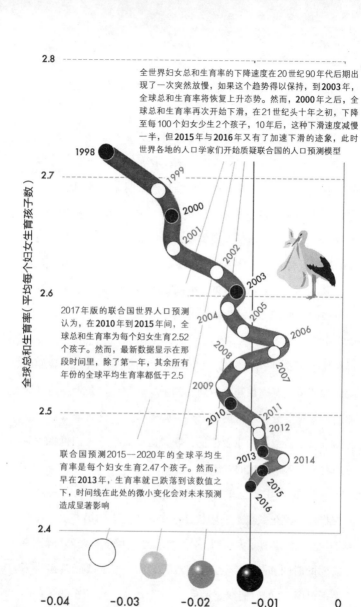

图33 全球总和生育率，1998—2016年

基于世界银行公开数据、2017年联合国世界人口预测及其他数据来源做出的估测，https://data.worldbank.org/indicator/sp.dyn.tfrt.in

将不会止步于2，还会继续保持下滑态势。该转折点之后会发生什么我们不得而知。想一想，直到最近，我们都无法想象生育率会跌落到如此之低，并且发生得如此之快，而且还是全球性的。面对这场出乎所有人意料并且影响深远的变局，我们对于将来会发生什么或许不应该过度自信。

大多数人相信资本主义的历史比我们以为的要长。资本主义这个术语被第一次使用是在19世纪50年代，用来描述一些地方发生的不同寻常的事件，包括早期工业化和新兴商品贸易的高歌猛进。英国，特别是伦敦，是资本主义的摇篮之一，当时同样出名的发源地还包括阿姆斯特丹、威尼斯和里斯本。

然而，在19世纪50年代，大多数人，甚至是那些生活在资本主义摇篮中的人，并不在工业界、港口、工厂或矿井中工作。大多数人的生活尚未被资本家——那些拥有越来越多钱财（或者说越来越多资本）的人——深刻改变。但已有一部分人能够拥有更多闲暇，这归功于他们能够从新兴的工业和贸易中获得更多收入，因为这些行业能够产生规模巨大的利润。他们成为第一批有时间思考的人类群体，今天，上亿人（但还没到数十亿的规模）已经拥有这些闲暇时间，因此，他们成为最早思索当时的问题的那批人。在19世纪50年代，人们甚至还不知道作为人类的自己只是生活在地球上的众多物种之一而已。

殖民带来的贸易增长和工业化导致了全球旅行的大发展。从全球各个角落采集动植物标本并拼接起它们之间的联系成为可能。许多人热衷于这类学习和研究，但到了今天，我们只记得其中最出类拔萃的一位：查尔斯·达尔文。从20世纪60年代开始的遍及全球的生育率放缓就发生在达尔文撰写卓越著作的100年之后。如此之多的事件以如此之快的速度发生：我们刚应对一波冲击，一次新的浪潮又扑面而来。旧的想法，哪怕我们已经能够清晰地看出其误导性，依然需要时间才能退出历史舞台。新的思想正在成形，不仅仅是那些能够解释放缓的理论，更包括人类将如何发展和演化的思想。

放缓以数代人为尺度，而非几十年

> 选择机制依靠的是多样性和遗传，从进入农耕社会算起，人类至今也才经历了240代。如果从农耕技术被广泛推广算起，至多不过160代而已。
>
> ——詹姆斯·C.司各特，2017年[9]

当人类学家和政治学家詹姆斯·司各特写下如上文字时，他猜想人类已经完全脱离野性。我们是否经历了选择性培育，就像我们选择培育动物与谷物一样？他猜测在定居社群里，更驯服、更具群居性和更奴性的人有更大机会存活。但他还警示读者不管是160代还是240代，进化效果依然相当有限。从根本上说，我们中的大多数在遗传学上与我们以狩猎采集为生的祖先没什么差别。因此，如果百十来代对于改变我们内在本性来说远远不够，不妨想想达尔文的《物种起源》出版后的七代人发生的变化，特别是最后的五代人，也就是出生在1901年之后的那些人。这五代人中的第一代，也就是出生于1901年到1928年（含）之间的人，很可能会在面对其所见证的变化时茫然失措。王太后对于杜松子酒和马匹有着人人皆知的热爱，因此她没有分心去感受其他领域的变化。但她所属的那代人经历了人类历史上最大的社会变迁，尤其是在他们步入老年时所看到的。

图34显示了美国从1960年到2016年的生育率下降。20世纪60年代前每个妇女平均生育将近4个孩子，到1965年时降低到3个不到，1969年时进一步降低到2.5个（看起来总和生育率或许又要恢复上升），再到1972年时的2个，以及1983年时的最低点1.799个。最后一个数据来自2016年，几乎再一次下降到1983年时的低点，并且还在继续下降。在2017年到2020年的这几年中至少有一年将创造最低纪录，甚至有可能每年都打破纪录，再创新低。

"年轻一代到底经历了什么？"每一个上一代人都会发出这样的疑问。查尔斯·达尔文更是执迷于代际差异。"代"这个字在他的论文集中出现了两千多次。[10]我们在第1章中就已解释过，早在作为本章关注重点的这五代人中的第一代出生之前很久，达尔文就作出过如下描述："我们有无数有据可查的例子证明，在自然状态下，当环境变得对它们有利时，只要两到三个繁殖季，各种动物的数量就能实现令人震惊的快速增长。"他谈论的是其他生物，但该结论应该也同样适用于人类自身。不仅如此，尽管在外部观察者眼里，很能理解导致种群数量激增的外部条件是什么，但置身其中的动物却对它们所处环境毫无概念。

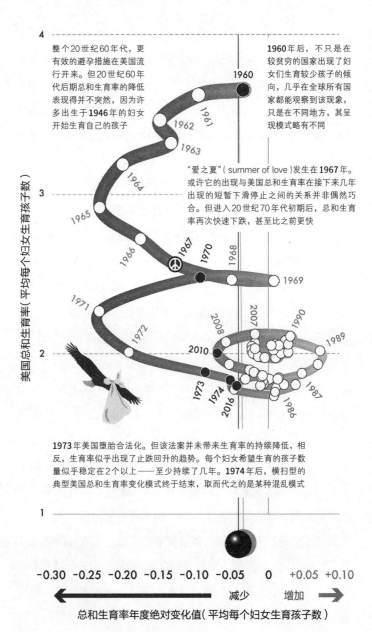

图34 美国总和生育率，1960—2016年

基于世界银行公开数据、2017年联合国世界人口预测，及其他数据来源做出的估测，https://data.worldbank.org/indicator/sp.dyn.tfrt.in

很明显，对于人类来说有利环境现在已经结束——但采用的是一种非常友善的方式结束。导致全球人口数量急剧扩张的主要原因是对传统生育限制条件的不可逆破坏，同样也源于随后出现的死亡率大幅下降。最终，当你知道自己的孩子几乎可以毫无悬念地活到你去世之后，社会也会在你陷入疾病或衰老境地时提供照料，你就会控制自己生育孩子的数量。自然而然地，你（平均意义上）就会生育比过去少得多的孩子。

回过头看，最佳繁殖季出现在1901年后出生的五代人中的第一代。我们常把那个年代想得非常糟糕，因为在此期间发生了世界大战，却忘了在其背景下悄然发生的各种进步。对于人类这一物种来说，这段时期的环境如此有利，全球人口数量在此期间翻倍再翻倍。但我们并未将其视作奇迹，而是把人口增长视作苦果。在这段时间里，我们的知识和经验发生了天翻地覆的变化，随之而来的是作为人类整体对未来越来越强烈的担心。当巨大的变革正在发生，我们正身处加速之中，未来就会显得尤其不确定。

1901年之前，对于世界上大多数人来说，未来会怎样完全不是问题。下一代的生活就像是上一代生活的翻版。他们将继续用马犁地（第一台拖拉机直到1901年才问世）。[11]代际差异，以及未来会发生的变化，都微乎其微。圈地运动缓慢地进行，如果土地被兼并，作为被驱赶的家庭个体，会觉得这种变化突然而充满灾难性。但从国家，甚至全球尺度来看，过去的变化速度就像蜗牛。人类采用新的农业技术的速度也同样缓慢。当时对未来的担忧（至少在西方国家如此）主要居于个体层面，譬如你会在死后进入天堂还是遭受地狱之火永久的炙烤。对于一个国家，更别说对于整个地球的普遍担心几乎从未出现过。只有国王们才划定国界。整个世界过于巨大，轮不到我们操心，那是上帝的事儿。

当全世界人口数量开始翻倍，紧接着以更快的速度再次翻倍时，转变的先兆开始出现，这样的转变发生在1820年到1926年间。人口翻倍并没有对大多数地区的大多数人的生活造成很大影响，甚至包括在那些被认为当时发生了最快速变化的地区——譬如英国和美国——生活的大多数人，也同样感受不到其影响。我们祖先的大多数都生活在农村。

在全球人口翻倍增长的106年里，快速增长只发生在世界的极少数地方，很难被人所感知。因为，如果把这种翻倍增长平均分配到每个年头，增长速度只有0.7%都不到。从全球尺度看，1926年，总人口翻倍增长到20亿，从各个地区来看并未发生史无前例的变化。但在半个世纪不到的时间里却再次实现翻倍——到1974年时达到40亿人口，预计在接下来的半个世纪（大约在2024年）将再度翻倍到80亿，这些即将发生的改变深刻触及了对人类本性的定义。

图35显示了美国总和生育率在1973年到2016年变化的时间线。它值得我们研究和思考的点包括：为什么其变化速率一再重复，似乎要稳定在某些速度点（时间线上的"结"），似乎是适应了某种新的常态，直到再一次向上或向下突破。当然，时间线所显示的只是一种集合性的人口统计——总和生育率，但它依然反映了表现在亿万人中的个体决定、集体概率和外部

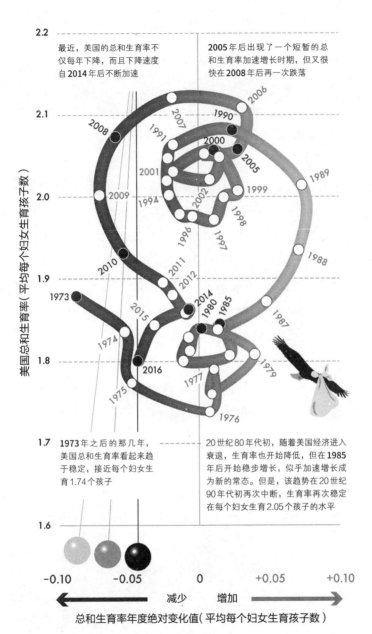

图35 美国总和生育率,1973—2016年

基于世界银行公开数据、2017年联合国世界人口预测,及其他数据来源做出的估测,
https://data.worldbank.org/indicator/sp.dyn.tfrt.in

影响,以及究竟是什么因素对他们人生中最重要的决定——生育孩子——施加了影响。

你在图35中看到的20世纪70年代低谷并非源自婴儿潮的影响,因为我们现在统计的不是新生婴儿数量,而是妇女生育后代的速度。1977年前后,这个速度似乎稳定在不到1.8。1980年后该数字试图再次保持在每个妇女生育1.8个孩子以上,并在20世纪80年代上升到2以上,当时正值罗纳德·里根总统著名的"美国之晨"(Morning in American)年代。当时美国的贫困率和经济不安爆炸性加剧,经济不平等也迅速加大,这一切都要归功于那些选他入主白宫的人的政治选择。

从1990年到2005年,图35中的时间线看起来再一次趋于平静,回归到每个美国妇女生育2.1个孩子——上一次见到这个数字还在整整一代人之前,也就是20世纪70年代刚开始的时候。但接下来,又有某些因素将其迅速下拉。那个因素是全球性的,来自于当时发生在美国之外的变化。以前美国的移民大多来自妇女们选择生育更少孩子的国家,她们来到美国后甚至生育得比在母国还少。现在地球上几乎没有地方的生育率能够对抗全球生育放缓的总趋势。自2007年起,美国的总和生育率每年都在下跌,而且以越来越快的速度在向下突破。

放缓是向更稳定的世代回归

1820年到1926年之间出现了漫长而缓慢的第一次人口翻倍增长,在这100多年时间里最后的1/4阶段,儿童健康成长才成为推动总人口增长的关键因素。在此之前，人口增长主要源于贸易和城市化发展带来的社会变迁，人们被鼓励生育更多后代，这些后代未必比从前的孩子更健康。1901年前后，一切发生了迅速变化，10年前发现的致病细菌理论仅仅是催生该变化的原因之一，罗伯特·科赫（Robert Koch）因此获得了1905年诺贝尔奖。

第一个诺贝尔奖颁发于4年之前（1901），那时人们以一种不同的视角审视自身。几乎所有成就都来自互相合作，但人类社会已经进入一个全新时代，在这个新时代里，人们会每年在群体中找出几个出类拔萃的个体（提醒一下，优生学在当时依然深入人心），给予特别嘉奖。随着生育放缓的发生，这一切或许将很快发生改变，未来诺贝尔奖或许会被更频繁地颁发给较大的组织，而非个人。

我们通常把一代人的时间定为25年左右。然而，因为月经初潮（第一次排卵）发生在13岁左右，停经（停止排卵）大多发生在51岁，作为平均，32年（位于两者中间的年龄）或许是现代避孕技术出现前更好的代际估算。表7就采用这种估算方法，综合了过去35代人的数据。我还在表中加入了每一代人所对应的英国国王（或王储），为熟悉英国历史的读者提供一种参照。早期世代的长度只能借助猜测，略做些微调整，以让国王们能够更好地嵌入其中。从1707年开始，采用了英国国王，而非英格兰国王的命名法，从1876年到1848年，还包含了印度国王或女王。从1901年开始，每一代人新生儿出生数和平均生育年龄（包括所有孩子，而非生育第一个孩子时的年龄)等数据质量较高。选用1901年作为新世代的开始，让后面每一代人的统计有了一个固定时间参照。

尽管表7中的代际信息非常随意——而且以英国为中心——但它也可以适用于世界其他地区。图36中显示的是近年来中国总和生育率的时间线。其中的V世代指的是出生于1901年到1928年的妇女们，她们的孩子将会出生在1914年到1979年之间，其中大部分出生在20世纪40年代和50年代。平均来看，每个妇女有超过6个孩子，比当时的全球平均数多了1个，比英国女王伊丽莎白二世多生了2个。她们的高生育率呈现在图36中时间线开始的地方。但是，中国生育率的转折点要归功于出生在1929年到1955年的W世代的妇女们，她们的孩子大多出生于20世纪70年代，与她们的母亲或祖母辈相比，她们生育孩子的速率大大放慢，平均下来，她们每人生育了4个(不久之后更是减少到3个)孩子。她们的儿女属于X世代，出生在1956年到1981年之间，其中的大多数出生于20世纪60年代和70年代。比较平均数，中国X世代的孩子数量远少于美国同期女性：大多数中国育龄女性只生了1个孩子，没有孩子的人数几乎与生育了2个孩子的一样多。出于偶然，此处X世代比通常所认为的开始得早了一些——通常人们把X世代的开始定在20世纪60年代，结束时间也相应晚一些。这是因为本书的代际划分标准基于出生时间，而非某一代人所携带的文化标记，与用真实的出生记录区分相比，后者的定义在时间上常常显得更紧凑一些。

表7 过去三十五代人时间表（以英国国王为参照）

对应英国国王（王储）	生卒年份	代数	世代开始	世代结束	长度（年）
埃德蒙一世	921—946	1	900	934	34
埃塞尔雷德	968—1016	2	935	969	34
埃德加	1003—1066	3	970	1004	34
威廉一世	1028—1087	4	1005	1036	31
威廉二世	1056—1100	5	1037	1067	30
亨利一世	1068—1135	6	1068	1101	33
亨利二世	1133—1189	7	1102	1135	33
理查德一世	1157—1199	8	1136	1166	30
约翰王	1166—1216	9	1167	1200	33
亨利三世	1207—1272	A	1201	1234	33
爱德华一世	1239—1307	B	1235	1270	35
爱德华二世	1284—1327	C	1271	1305	34
爱德华三世	1312—1377	D	1306	1341	35
亨利四世	1367—1413	E	1342	1376	34
亨利五世	1386—1422	F	1377	1411	34
理查德三世	1452—1485	G	1412	1446	34
亨利七世	1457—1509	H	1447	1480	33
亨利八世	1491—1547	I	1481	1514	33
伊丽莎白一世	1533—1603	J	1515	1548	33
詹姆斯六世	1566—1625	K	1549	1582	33
查理一世	1600—1649	L	1583	1616	33
查理二世	1630—1685	M	1617	1650	33
乔治一世	1660—1727	N	1651	1682	31
乔治二世	1683—1760	O	1683	1718	35
乔治三世	1738—1820	P	1719	1754	35
乔治四世	1762—1830	Q	1755	1787	32
维多利亚	1819—1901	R	1788	1819	31
爱德华七世	1841—1910	S	1820	1845	25
乔治五世	1865—1936	T	1846	1875	29
乔治六世	1895—1952	U	1876	1900	24
伊丽莎白二世	**1926—**	**V**	**1901**	**1928**	**27**
查尔斯王子	1948—	W	1929	1955	26
戴安娜	1961—1997	X	1956	1981	25
威廉王子	1982—	Y	1982	2011	29
乔治王子	2013—	Z	2012	2042	30

根据英国生活表和历史记录进行计算和统计。

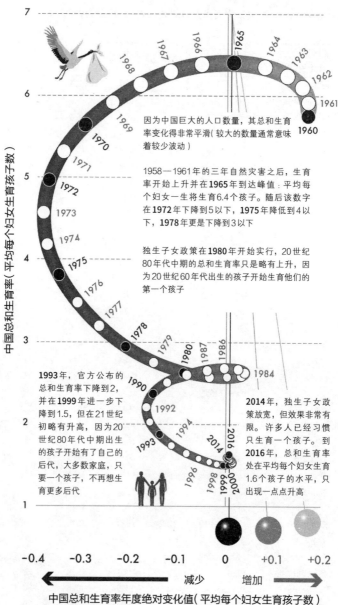

图36 中国总和生育率，1960—2016年

基于世界银行公开数据、2017年联合国世界人口预测，及其他数据来源做出的估测，
https://data.worldbank.org/indicator/sp.dyn.tfrt.in

当你计划只要一个孩子时，你很少会选择早生下他/她，也同样很少会等到生育周期的最后几年。因为不着急，可以慢慢计划。在过去，代际分隔以32年为周期，因为许多妇女会生育到最后一刻（或不得不如此，因为当时没有可靠的避孕技术），同时宗教和其他因素也不鼓励非常年轻的女性生育孩子。本章采用这样的代际划分正是为了说明随时代变迁而发生的变化。不管怎样，这种划分并非确定，而且我选用英国王室作为代表也没有什么特别含义。如果表7有空间，我也可以列上每一世代对应的中国皇帝，但现在的中国已经没有了皇帝，而英国王室一直保留到今天，能够提供代表每代人的鲜活形象，就这点来说，还是有点帮助的。

我们对最近五代人知之甚多，V世代包括所有出生于1901年到1928年之间的人，其代表包括伊丽莎白二世女王和中国的最后一位皇帝溥仪，后者被迫退位于1912年，在创建了中华民国的辛亥革命结束之前。伊丽莎白的第一个儿子查尔斯出生于1948年，属于被称为W世代的婴儿潮中的一员，该世代同样包括出生在后来革命时期的中国孩子们。整个X世代都没有英国王室成员出生，所以我们将已故的戴安娜·斯宾塞（Diana Spencer）——查尔斯王子的第一任妻子——列为代表。"千禧一代"就是Y世代，或者说戴安娜的长子威廉王子那一代，他在千禧年年满18岁，算是这一代人中最年长的成员之一。Z世代刚刚开始。初看起来，过去的这五代人与他们各自的上一代相比，相似度越来越低，但现在，年轻人却又开始变得越来越相似。

让我们再提一下本书老生常谈的比喻吧：想象一下身处一列从未减速过的火车上，你的父母和祖父母们也一样。人类历史上最近的五代人都一直生活在这列失控飞驰的列车上，从一降生，就一直期待难以想象的变化。火车开得这么快，持续了这么久，乘客们都已经不知稳定的生活为何物。如英国都已如此〔自1066年以来从没被入侵过（除了光荣革命），其王室几乎毫发无损地持续了几个世纪〕，那么对于那些经历了许多次革命、入侵，屡遭劫难，基本信仰被彻底颠覆的国家，五代人所体验的变化之大应该不难想象。

本书之前已经反复提起过，但此处还是要再次强调，在1901年之前，对于世界上大多数人来说，每年的变化微乎其微，每代人的生活与上几代的几无差异。举例来说，生活在1066年的大多数英国人的生活并未因征服者威廉当上国王而受到什么影响。20年后，新领主要对自己的领地做一次调查，但这次调查并不数人头，而是数牛的数量，被我们称为"末日审判书"（Domesday Book）的英格兰和威尔士大调查不是"人口"调查。与此同时的中国皇帝是辽道宗，尽管当时的中国贵族们生活得有些颠沛流离，但大多数普通人的生活与他们的父母和孩子没什么不同。今天，我们很可能又会很快进入类似的稳定状态，但现在，每一个人都很重要——他们不再无足轻重——而且我们不再视国王和皇帝为至高无上者，他们仅仅是纪年和时代标记而已。

今天，列车正在减速，显然这很让人害怕。我们之前所适应的"常态"是一刻不停地变化，从来没有经历过变化速度放慢、工资（平均）不再上涨、人口数量停滞，与过去几十年相比，连时尚业的变化都在放缓。19世纪和20世纪初的小说中常常会提到物价，譬如主人公又花了几分钱买了一条面包，但今天的小说里则很少提到物价，因为直到最近，通货膨胀率一直很高，在这样的情形下，小说里提到的物价很快就时过境迁。甚至"东西很快就会过时"这一想法都是新事物，是我们的期望会一刻不停地变化的产物——房子、教学方法、厨房、汽车、小电器和度假方式——万事万物都会过时，而且也确实过时了。

期待下一代的生活与上一代相比有着巨大的不同，我们称其为进步。但从什么时候开始，如今（nowadays）这个词开始变得流行起来？虽然这个词源自古英语，但其在书面语言中的广泛使用出现在20世纪20年代，与1860年时相比，该单词的出现频率高了14倍。[12]当列车减速时，我们视放缓为停滞——不再进步。但为什么我们要将停滞视为坏事呢？这只不过是一小段相对平衡的时期而已，在这段时期里，事物的变化不再那么迅速，甚至不出现什么变化。在人类历史的绝大多数时期里，这种停滞才是常态。现在只是再次向这种常态回归而已。

你必须放大了看才能了解停滞的真实面目。图37就是图36中近期历史的放大，其变化趋势并不明晰，因为在这段时间里，变化很小——当然，变化依然在发生，而且还是结构上的变化（尽管幅度很小）。1999年中国的生育率开始新一轮升高，但在2002年后升速放缓，从2015年之后开始再一次放缓，尽管只是稍有迹象。现在的中国，不管从哪个角度看，实际上都已进入稳定期。

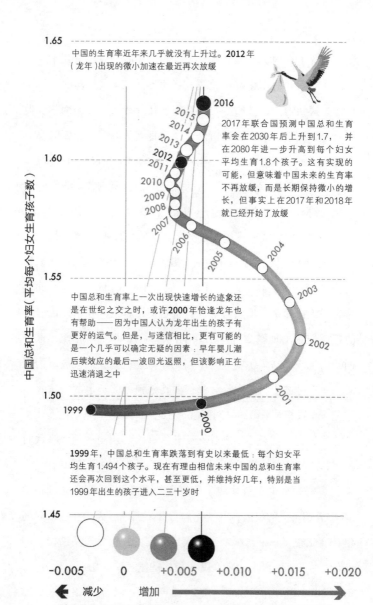

图37 中国总和生育率，1999—2016年

基于世界银行公开数据、2017年联合国世界人口预测，及其他数据来源做出的估测，https://data.worldbank.org/indicator/sp.dyn.tfrt.in

如今放缓已无处不在

不仅仅是中国，美国和英国的最近一代人也见证了人口环境天翻地覆的变化，这场社会海啸已经席卷了整个地球。在数代人眼里，他们所经历的最大变化就发生在最近：孙女辈年轻的时代就是变化最快的时代；而在另一些人眼里，他们的人生初期是放缓最激烈的时期。V世代（出生于1901—1928年）从英国女王和印度女皇维多利亚去世开始，到华尔街崩溃时终结。这一代人见证了史上最动荡激烈的变化，包括两次世界大战和最快的人口增长。1926年，人口数量第一次突破20亿。

1922年，在非洲西北腹地，一个古老帝国（涵盖前博尔努王国部分领土）的土地沦为法国殖民地，尼日尔河穿流其中，给了这块土地"尼日尔"这个名字，在此之前很久，法国就已经征服了非洲大陆尚未被英国染指的大多数地方。2010年，经历了数十年压制反对者的军事干预之后，第七届也是最近一届尼日尔共和国政府被组建。我们之所以在此处讨论尼日尔，是因为该国是最不应该发生生育放缓的地方，因为那里的总和生育率超过世界上任何一个国家。

1901年时的尼日尔和英国，以及世界上任何地方，从业人数最多的职业就是农业劳工，或者说农民。四轮拖拉机的发明还要等到1908年，1901年时只有工业用三轮拖拉机，而这两种机械在接下来的好几十年里都没能出现在尼日尔。要到2018年，尼日尔政府才宣布自己获得了130台拖拉机，并与一些中国公司合作，开始增加土地灌溉面积。[13] 在1901年，尼日尔这片土地上的妇女、儿童和男人们用手采摘或捡拾作物，与自己的父母辈和祖父母辈一样，历来如此。许多人过着游牧生活，有些人以狩猎和采集为生。尼日尔的V世代也同样见证了最大变化：他们在童年时经历战争，人生的后半段则经历了技术进步。正是这一代人，在1960年摆脱了法国殖民，获得了独立，成立了共和国，虽然中间几经军政府间断，最终还是断断续续地维系了共和政体，坚持到现在。虽然尼日尔的生活，譬如农业生产，最初变化缓慢，但终于发展到与过去相比焕然一新的程度。

今天，我们常常将V世代时期——从英国的爱德华时代到美国的爵士时代——描述成懒洋洋的慢节奏。但对于大多数普通民众来说，这种被强加的印象只能说谬之千里。从1901年到1928年间的每一年，英格兰和威尔士都有超过100万人每天在煤矿的地下矿井里辛勤劳作。在此之前以及自此之后，我们都没有可能再经历如此速度的变化，并见证矿工数量如此巨幅地下降。许多人的工作环境只能以可怕来形容。从这种变化的发端开始，妇女和孩子们就被禁止进入矿井工作，但这并非是什么进步的体现，只能说是因为工作的艰苦和危险。V世代以英国大罢工和尼日尔殖民地的建立而结束。那个年代，年龄大一些的英国孩子依然在工厂里工作，对于英国妇女来说，仆佣依然是最常见的职业。尼日尔的孩子们依然在地里劳作，但煤炭和铀矿的开发也已经出现在地平线上。

世界范围里，当V世代中的第一批人出生时，大概有1/1000的人口死于战争，当该世代进入成年时，这个比例上升

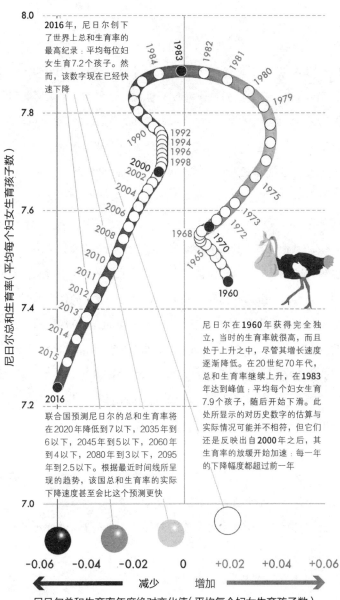

图38 尼日尔总和生育率，1960—2016年

基于世界银行公开数据、2017年联合国世界人口预测，及其他数据来源做出的估测，
https://data.worldbank.org/indicator/sp.dyn.tfrt.in

到接近 2/1000，并且延续到他们的孩子这一代。但到了他们孙辈的 X 世代，死于战争的人口比例下降到接近 1/10000，而（迄今为止）作为他们曾孙辈的 Y 世代，这个比例更是降低到大约 2/100000——尽管在尼日尔这个数字高出许多。很有可能，到了 Z 世代，这个比例将进一步下降，因为其呈现出来的趋势正处在快速下降之中。[14] 如果这些数据确实无误，那么我们可以说在仅仅五代人时间里，战争所导致的死亡比例下降了 100 倍。

与其他地方相比，有些地方依然更受暴力偏爱。美国、法国和英国之类的富裕国家依然在发动国际战争，通常冠以"干预"之名，并采用导弹和无人机来避免己方战士的伤亡。而在尼日尔，战争常常是内战，包括发生在 20 世纪 60 年代的多次政变企图。该国从 20 世纪 60 年代初期就已开始并持续了好几年的生育率降低趋势因此发生反转。紧接着，1974 年的一场军事政变之后，伴随着干旱和饥荒，尼日尔总和生育率上升到每个妇女生育 7.8 个孩子，本就脆弱不堪的社会稳定性更是彻底崩溃。尼日尔有着一个不那么光彩的名声：全球生育率最高的国家，原因是社会进步缓慢。控制包括铀矿在内的矿物资源的外部干预在这整个进程中起了相当大的作用。但如图 38 所示，即便在尼日尔，生育率也在放慢，而且这种放缓在最近几年显得尤为明显。

过去五代人生活在人类最长的相对和平时期。在大多数富裕国家，过去五代人中只有第一代在其成年时期经历了战争，虽然他们的政府支持并发动了海外战争。作为鲜明的对比，大多数尼日尔的孩童亲眼见过战争在自己的家园进行，他们的父母也一样：20世纪90年代发生过图阿雷格叛乱，近来又发生了第二次图阿雷格叛乱，一进入21世纪又开始了马格里布叛乱，博科圣地叛乱又接踵而至。如果我们希望尼日尔的总和生育率能够保持越来越快的下降速度，就需要实现和平——不仅仅是有限的繁荣，还需要再来130台拖拉机和更多中国造的灌溉系统。

想要了解变化的日新月异，我们就必须考察W世代（出生于1929—1955年间）。这代人属于出生在1946—1950年间的婴儿潮。这个时期，世界各地都出现了出生率上升的现象。在英国，该趋势势头不减，直到1955年才因"紧缩的英国"（austerity Britain）出现短暂下滑。在其他许多国家，出生率的下降来得更晚。东帝汶（因其极高的生育率而声名在外）的出生率在六七十年代也一样持续下滑。当时的放缓几乎无处不在。但随后开始的战争导致了生育率再次上升，图39就显示了这一转折。然而，今天已经席卷全球的放缓也一样蔓延到东帝汶，在印度尼西亚占领结束和超过10万人死于战乱之后。但是，那里依然是整个亚洲总和生育率最高的地方。

W世代人口的出生、存活及生育在数量上都堪称空前绝后，至少在欧洲、北美与日本都如此，而且这一代人有着最多数量存活下来的兄弟姐妹和甥（女）侄（女）。这一代人的最末一批出现了出生率下降，不仅在英国，美国也如此。[15]如果真能通过选择时间来干净利落地划分代际，那么这两个国家的W世代时间选取堪称完美，但我们并不是因为这个原因选了这个

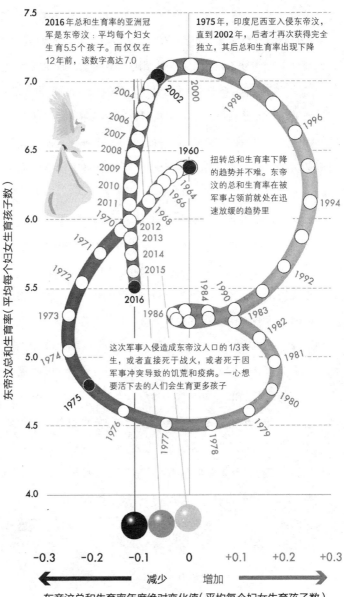

图39 东帝汶总和生育率,1960—2016年

基于世界银行公开数据、2017年联合国世界人口预测,及其他数据来源做出的估测,https://data.worldbank.org/indicator/sp.dyn.tfrt.in

日期作为代际划分。决定代际的标准完全取决于人们普遍生育孩子的年份以及他们的孩子在何时生育下一代。正是这一标准让你知道自己的父母和祖父母最有可能出生于哪一代。

尼日尔与伦敦处于同一经度，但在纬度上相差超过30度。而东帝汶，可以说是离美国中部最远的地方——正好位于地球的对面，然而它也是一个生育率正在下降的地方，在这点上它与英国和美国并无不同，直到战争带来了巨大冲击。生活在东帝汶的W世代本可以享受和平与发展，但事实上他们在相当长的一段时期里受到命运的摆布，过着比自己的父辈更糟的生活。

在富裕国家，W世代的生活与他们父辈的生活之间差异巨大，使两代人最终能够互相理解成为考验人类适应性的巨大挑战。W世代既包含了处于一个极端的嬉皮士，也包含了另一个极端的工业化世界的劳苦大众——数以百万计的成年人被捆绑在流水生产线上，制造着从汽车到食物等一切商品的第一代人。

在高科技方面，W世代属于核一代。他们中的大多数出生于核武器第一次——还好迄今为止也是唯一一次——被投放到人群与城市之时：美国在1945年将原子弹"小男孩"和"胖子"投掷到广岛和长崎。但等这代人成年之时，人类已经制造了成千上万颗核弹。实现核裁军后，全世界的核武库规模至少缩减为原先的1/6。当W世代中最年长者退休时，全方位禁止核试验的条约意味着人类几乎不再试验或开发新的核武器。如果当前的趋势得以持续，到这代人中最年轻的和活得最长的那些人离开人世时，这个世界或许已经彻底摆脱了核武器的威胁。这并非异想天开。20世纪80年代以来,还在进行核武器试验的国家数量迅速降低。[16]

避免战争对于维持人口稳定来说至关重要。战争催生婴儿潮。东帝汶就是反映这一进程的世界绝佳案例,但即便在那里,自从2002年实现最终和平以来,生育率也开始一路向下。但生育放缓的必要条件并不仅仅是暴力威胁的消失,还需要经济上的稳定、食物在购买力范围内的稳定供应、安定的居所、良好的教育和医疗卫生条件,以及对后代存活的信心。这一切都已在东帝汶实现,尽管只是非常晚近的事,最终结果就是图39所显示的时间线。

东帝汶正朝向其他地方早就实现的正常状态演变。W世代中最年长的一批人在W世代最后一批人出生时见证了食物价格的下降,甚至便宜了一半。举例来看,新西兰在1929年过去之后不久,一条面包的价格大约在8便士左右,[17]到1955年之前,同样一条面包的价格就已不到1929年时的一半。食物变得越来越便宜,但在新西兰,面包价格的下降速度再也没有超过这个时期,近年来其价格还随着国际市场谷物价格的上涨而上升。但无论是上涨还是下跌,它的变化速度都不会再次达到前述下跌速度。

食物价格下跌是因为W世代尚在童年之时,全世界食物供给变得大为丰富起来。伴随战争而来的配给制在某些国家,譬如英国,直到20世纪50年代才结束,给人留下食物匮乏的印象。然而,即便是配给制,给儿童们制定的份额也已经比实行配给制之前儿童平均食物摄入量要多。儿童们被视为未来和希望，在此之前从不如此，这一改变之所以发生，部分原因是人们确信未来会与现在不同。

科幻小说——大众文化总是热衷于想象未来——在W世代的童年时期变得越来越流行，因为目睹了如此巨大的变化，忽然之间，似乎所有一切都成为可能。赫伯特·乔治·威尔斯在1898年写出了《世界之战》(The War of the World)，彼时无声电影年代刚刚开始，五代人中的第一代快要出生。值得注意的是广播直到20世纪30年代初期才开始风靡全球，《世界之战》也将在1938年被改编为一部著名（或臭名昭著）的广播剧，并在1953年被首次搬上银幕（彩色），这些美妙的发展正伴随着第二代人中的最后一拨来到世间。

传染病被根除，计算机被发明，大学被广泛建立，上学的年头也与预期寿命一样被延长。人们得以享受老年时光，存钱养老的养老金计划也开始变得普遍，包括政府为老年人所设立的福利制度。然而这也是一个混乱的年代。[18] 东帝汶在1975年11月宣布脱离葡萄牙的殖民统治，获得独立，但同年12月就遭到印度尼西亚入侵（澳大利亚、英国和美国都对入侵表示支持）。永远不要把进步看作理所当然。

始于X世代的放缓

经历了巨大社会变革的五代人中的第三代出生于1956年左右，那年发生了苏伊士运河危机，美国被最终确认（至少在欧洲）为主导世界的支配性力量。如果你是美国人或加拿大人，或许需要去查询一下苏伊士运河危机,因为对你们国家来说该事件可能相对无足轻重。在本书所采用的断代体系里,X世代出生于1956年到1981年之间。其他文献可能采用不同的划分方式,但其他方式并不那么容易嵌合到表7的世代系列,表7根据实际时间间隔长度而设。

X世代相较于之前世代的人们大异其趣,这也部分解释了为什么在其他世代被以字母命名之前它就获已得X世代的绰号。这个绰号来自加拿大作家道格拉斯·柯普兰(Douglas Coupland),当时是1987年,该世代的最后一批成员刚出生不久,这一代人几乎与过去世代的成员大不相同,哪怕是与已经不同于过去的W世代相比也一样。少数X世代有着"开明"的父母,但大多数人都视自己的家长为老古董。到了这代人成年之时,性解放已开始很久,按菲利普·拉金(Philip Larkin)在其诗作《奇迹之年》(*Annus Mirabilis*)中所说的,性解放发生在1963年。这是一代与众不同的人。

X世代的成员,通常有着非常年轻的W世代父母,他们V世代的祖父母也挺年轻(在此之后,人们生育第一胎的平均年龄开始延后)。在英国,当他们的祖父母们忙于感叹帝国的衰落,他们的父亲大多得到全职工作,女性地位也开始迅速提升之时,X世代正看着显像管电视,而X世代的孩子们即将面对的是平板电视,他们的孙辈则可能热衷于谷歌眼镜或电子隐形眼镜。但在此之后,更进一步的技术发展空间将开始缩小。跳过眼睛将画面直接投射到大脑或许最终只能让盲人受益——希望未来盲人数量能够大大减少。

有时候，所有一切似乎都在变化，但所有东西都无法永远变化下去。性、毒品、摇滚、学校、工作、医疗、信仰、观点、体验和旅行——它们不可能在每一代都变得与上一代大为不同。我们常说现在的音乐比不上从前。或许与X世代年轻时相比，现在的音乐已不再变得那么快了。年轻的X世代在政治上尤为活跃，包括他们对地球上其他地方的日益关心。对美国来说，越南显然就是这样一个地方，但危地马拉离他们更近。

下一条时间线就是关于危地马拉的（见图40），因为它是当今美洲总和生育率最高的国家，又一次，该现象缘于外部的干涉。永远不要把一个高生育率的国家归罪于其本身，尤其是当你自己就来自对其施加影响的国家时。而且，我们关注哪里其实没有什么区别：这些年发生在世界各地的各种故事似乎总是出乎我们所料地相似。

就在X世代降生前不久，美国的中央情报局（CIA）在危地马拉煽动并组织了一场政变。当时的美国虽然可以说是全球支配者，却自认为还在与苏联进行一场生死存亡的斗争，双方都有能够摧毁整个世界的核能力。讽刺的是，美国似乎并未对社会主义中国的崛起投入太多关注。本书先前就已提到过1972年尼克松总统著名的中国之行以及关于"现在评价，为时尚早"的误解。美国正忙于在整个美洲颐指气使，在各个战略要地建立飞地，它的触手还同样伸向世界其他许多地方，顾不上注意彼时的中国正以一种与过去的复兴模式完全不同的方式崛起。

美国推动下的危地马拉内战开始于1960年，持续了近40

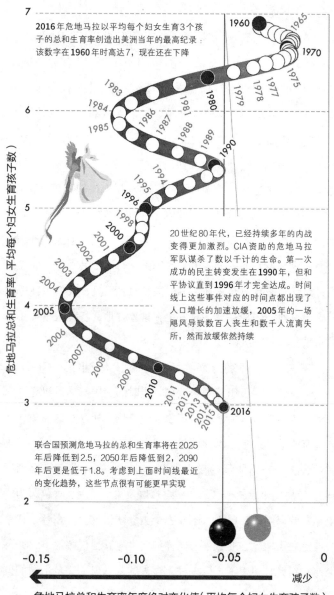

图40 危地马拉总和生育率,1960—2016年

基于世界银行公开数据、2017年联合国世界人口预测,及其他数据来源做出的估测,
https://data.worldbank.org/indicator/sp.dyn.tfrt.in

年。世界上至今还保持着最高生育率的几个国家之所以如此，往往都有着类似经历。就算没有美国，也很有可能有其他世界强权挑事，特别是那些拥有矿物或油气资源的国家饱受其害。危地马拉有铀矿、镍矿、石油和其他资源。然而，尽管经历过一场战争（从20世纪60年代持续到90年代初），但当和平终于在20世纪90年代末期降临后，危地马拉的总和生育率开始快速下降，其实下降早在1970年之后就已开始。今天那里的每个妇女平均只生育不到3个孩子，曾经是美洲最高生育率的地方发生了巨大的变化。整个美洲大陆的总人口增速现在已经确定无疑地处于放缓状态。

让我们快进到X世代的孩子们，也就是Y世代。他们的出生时间开始于1982年，很可能结束于2011年（尚待数据证实）。如果在未来几年有相当多女性选择在其生育周期较晚的时间段养育孩子，那么该世代的持续时间或许还会拖得更长一些。Y世代中最年长的成员包括英国的威廉王子，他出生的那年，中国人口首次超越10亿，成为地球上第一个人口突破10亿大关的国家。这一代人也是首次见证了放缓进程的一代，因此，他们与父母的差异并没有自己所想象的那么大。通常情况下，他们在行为上不像他们的父母那辈人那样放荡不羁：他们在酗酒和使用毒品上显得更为克制，很少暴动。在调查中，他们中的大多数表示自己不会为了国家参加战争。他们的父母辈中嬉皮士的比例只占少数，而他们的祖父母辈更是乐意接受征召走向战场。如果Y世代还说不上与前几辈人完全不一样，但至少可以说有些不同。今天放缓早已经拉开帷幕，Y世代是第一个"改邪归正"并表现得与其父母更接近的世代，至少到2020年时我们还能这么说。当他们长大后或许会有变化，我们不得不等等再看。

30年前，也就是1990年时，互联网正织出它的第一根线，仅仅9年之后，詹姆斯·格雷克（James Gleick）出版了《更快：万物加速记》（*Faster: The Acceleration of Just about Everything*）一书。他在书中提出，万事万物，从金融到人际关系，都在加速。我们的金钱流转也会更快，我们会拥有更多性伙伴，而所有这一切将深深影响Y世代，也就是被称为千禧一代的人。

格雷克和其他许多预言加速的人，都错了。事实是我们的关系变得更加简单，尤其是在新技术兴起的地方。在1970年，日本男性国民中只有1/60在50岁时依然未婚，到了2015年，1/4的日本男性，甚至还有1/7的日本女性保持单身。[19]2016年，年龄小于35岁的日本人中，42%的男性和44%的女性"承认自己从未经历性关系"。[20]1990年的格雷克无从知晓技术发展和人类生活方式的变化也会随着先期发生的人口增长减速而放慢，但回过头看，这一切发生得如此明确。终究，格雷克和包括我在内的所有人，在自以为描述未来时，反映的依然只是过去。[21]

对于Y世代来说，计算机、电话、汽车、飞机和通常意义上的技术并没有发生特别大的变化。在我打下这些词句时，我正看着一个关于具有可弯曲屏幕的折叠式智能手机的报道，但这个新玩意儿似乎在性能上并不真正可靠。今天我们认为是创新的东西常常与旧事物没有根本上的不同：不像过去我们所说的"新奇事物"那么新，甚至在用途上都没有什么创新感。从屏幕上的产品目录中订购商品与从印刷的商品目录中订购有多大的本质区别？能够在视频上看见与你通话的人与人类第一次打通电话相比，算不上多大的飞跃。这一代人生孩子也晚，平均下来，在他们生出第一个孩子的年纪，他们的曾祖父母辈已经生育了好几个孩子。

当然，在地球的某些区域，Y世代开始的年份要略晚于上文所说的年份，一些地方，譬如日本，则早于其他国家。海地就是处于前者状况之中的国家之一，今天，它拥有美洲第二高的总和生育率。从1960年到1986年，在我们所能收集到的数据里，海地的出生率一直在波动。图41中代表这些年的小圆圈排列得如此整齐，其位置之精确几乎可以让人觉得这些数据就是我们通过数学模型反推的结果。

如果你想说世界上依然存在着进步与文明尚未波及之处，那你还需要解释自1986年之后海地所发生的突然变化，当时平均每个妇女生育6个孩子是常态，这6个孩子之中或许还有最早的Y世代，但到了2016年，仅仅一代人之后，海地的Z世代的第一批成员中的大多数就只有2个兄弟姐妹，而非5个。

这个短短的剧中剧的最后一代是Z世代，其最初成员出生于2012年，最后一批成员或许将出生于2042年。此处，我们所进行的只能是纯粹的猜测，但同样是基于其他学者给出的预测，因此还是值得一看。很有可能成为未来英国国王的剑桥王子乔治·亚历山大·路易斯出生于2013年，他就是这一代的代

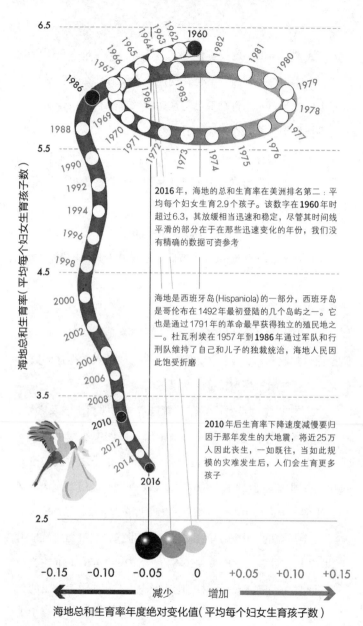

图41 海地总和生育率，1960—2016年

基于世界银行公开数据、2017年联合国世界人口预测，及其他数据来源做出的估测，https://data.worldbank.org/indicator/sp.dyn.tfrt.in

表。乔治的弟妹数量很有可能与今天出生在海地的孩子的兄弟姐妹数相同，这个数字是2（路易和夏洛特）。乔治最出名的曾（外）祖母——每个人都至少有4个曾（外）祖母——就是属于较年轻的V世代成员（出生于1926年）的伊丽莎白女王。他的祖父查尔斯王子出生于1948年，属于W世代的中期成员，出生于1961年的戴安娜则是X世代成员。乔治的父母都出生于1982年，属于Y世代的最年长者。Z世代将拥有最少的平均家庭成员数，在我们人类历史里，这一代人中独生子女的数量最多。当然，有一些罕见的例外，譬如乔治，拥有两个或更多兄弟姐妹。

Z世代也很有可能成为与父母没有太大不同的第一代——赚不到更高的收入、积累不了更多财富、不再拥有更大的房子和更快更张扬的汽车、不去享受更具异国情调的假期，其没有一分钟清醒的时间，也没有被更多活动所填满。我们总以为自己在可支配时间里完成了越来越多的任务，因为"加速"的意思就是让我们在更少的时间里完成更多工作。[22]但Z世代的生活未必如此。与从前相比，他们并不都需要以更努力和更快的方式来工作、休闲、生活。他们也无法如此。

只有在类似海地这样的地方，Z世代的生活才有可能与前几代人的大为不同，因为那儿还在发生着巨大的变化，那里的基本社会服务尚未普及，预期寿命、识字率、卫生和福利水平也存在相当大的提高空间。但在其他地方，尽管我们常常渴望巨大变化，但我们更有可能只能见到细微改善。美国将无法"再次伟大"，生活其中的人们将很快意识到他们近年来的生活根本就谈不上什么伟大,就像当年的放缓令英国人意识到以自己为中心建立起来的帝国一点都不稳定,而是正在分崩离析。[23] Z世代将是能够亲眼见证人类总人口在自然状态下减少的第一代人。等到那时,人口调查技术将会出现些微进步,其结果的精确性或许能让我们探测到这一里程碑式的转折到底发生在哪年哪月。

当我们想到Z世代时,我们只能谈论我们的预测并希望其准确:哪些趋势现在已经相当确定,哪些事件会让实际发展偏离预测:气候变化、战争、饥荒、瘟疫、疾病等等,这些都是《圣经》中末日来临前天启四骑士传说后的老生常谈。1982年的电影《银翼杀手》(*Blade Runner*)虚构出一座反乌托邦的城市,这座城市混乱而绝望,形象灵感来自东亚,之所以如此,是因为当时的美国正患上对日本经济崛起的恐惧症。2017年又上映了这部影片的续集,尽管依然好评如潮,但这次的寓意已经显得老套。韩国成为主角,以彰显某种政治正确。1982年的原版电影改编于菲利普·K.迪克(Philip K. Dick)发表于1968年的科幻小说《机器人会梦见电子羊吗?》(*Do Androids Dream of Electric Sheep?*)。当时有许多类似书籍。本书第12章以1968年出版的另一本反乌托邦科幻小说《立于桑给巴尔》(*Stand on Zanzibar*)开始,并解释了为什么这本书会创作于那个年代。

在我们生活的时代,曾经只见于20世纪60年代小说中的不平等已经被认为是注定无可逃避的常态,科幻小说的"新"构思常常只是加速发展临近结束之时的作品的"冷饭新炒"。

这一切都发生在增长速度从上升变为放慢之时，或者本书时间线上的摆锤开始朝向另一边摆动的那一刻。

我们关注可能会发生的灾难，因为我们当前的观念是：与刚过去的历史相比，不远的未来将大大不同，它合乎我们经历过的体验，每一代人都会面对巨大变化。但我们需要认识到这种变化正在放缓，我们无须因为变化依然在发生而满怀灾难必然临头的恐惧，或许如此，但并非必然如此。另外，现在变化发生的速度也已经与过去不可同日而语，通常情况下，稳定性不利于灾难发生。在过去五代人的生活中，大灾难——战争伤亡、流感肆虐、大规模饥荒——在资本主义转型时期达到高峰。现在只有全球气温上升依然处于加速状态，其峰值到来的时间可能比其他峰值到来的时间晚上好几十年。

在法国，近现代的生育率在1963年达到峰值，同一年，英国开始了"性解放"。[24]图42显示了法国总和生育率从当时的平均每个妇女生育2.9个孩子迅速下降到电影《银翼杀手》首映那年（1982）的不到1.9（当时的总和生育率需要维持在2.1才能保证人口稳定）。法国政府使出了九牛二虎之力来提升生育率，也才把它维持在2出头一点点，只持续了短短几年。在过去几年，该数字在1.96附近晃荡，考虑到世界其余地区的明显趋势，几乎可以肯定，法国的总和生育率将很快降得更低。有较少孩子的年轻人更容易上街游行，因为他们不用带着孩子示威。现代法国的大规模民众抗议开始于1968年。在你需要不时给孩子换尿布的时代，参加游行示威不是一件易事。追根溯源，今天针对气候变化的游行就发源于1968年的抗议，

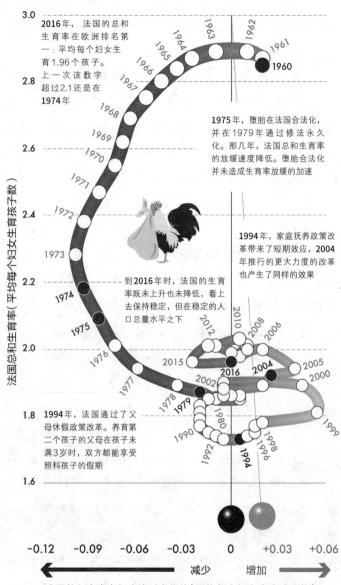

图42 法国总和生育率，1960—2016年

基于世界银行公开数据、2017年联合国世界人口预测，及其他数据来源做出的估测，
https://data.worldbank.org/indicator/sp.dyn.tfrt.in

当时他上街抗议所有的一切——其实最应该反对的就是法国的街头游行本身。

消费无度的时代正在逝去，尤其是当人们意识到财富并不能带来幸福——那么多的广告只是为了激起妒忌心，当大家意识到大多数人的生活只能通过更好的组织和合作——而非竞争——才能改善，当我们理解许多令人愉悦之事其实无须花费一分一厘——随着互联网的兴起，更是如此。在资本主义出现之前就存在的爱情、友谊和关爱必将会在前者消亡之后依然存续。资本主义只是一种转变，而非稳定的状态。发生在1968年的法国抗议只是超越了它所处的时代而已。

2018年，许多人尚未意识到一场剧烈的放缓已经开始，还在撰写有着类似"保护地球——别生孩子"之类标题的书籍。[25] 另一些人则抱怨他们所谓的"深具影响力的'绿色'作家和专栏作者乔治·蒙贝尔特（George Monbiot）在人口问题上的负面态度给公众对人口问题的认知带来极大伤害"。[26] 但放缓并非一直显而易见。蒙贝尔特是最早在人口数量上有此意识的环境学者之一。放缓姗姗而来，整个过程要通过几代人才能呈现。我们期待着持续而迅速的社会进步与变化，因而只有全新的、激动人心的、不同寻常的事物才会吸引我们注意。

人口规模扩张、技术高速发展和地理环境的快速重组都已渐近尾声。从人口学意义上讲，这一切并不那么可怕，相反，气候变化才应该是让我们心怀畏惧、瑟瑟发抖之事。但除去这件急事让我们必须赶快行动之外，我们还会经历更多较为缓慢的变化，至少是与人类最近历史相比不那么激烈的变化。快速发展不可能永无止境，而且它们也并非百益无害。但是，从根本上来说，要是没有这个快速发展的时期，我们中的绝大多数人根本就不会出生并生活在今天。

对于人类来说，巨大的人口增长还伴随着人类之所以成为今天的人类的意义上的转化，两者相伴而生：人口迁徙到城市；部分女性的地位得以提升并进入上层社会；身高变得更高一些；种族主义相对来说有所缓和；更干净的居住环境和教育程度的普遍提升。但与此同时，人类也变得更加贪婪，如果我们想要继续维持如此数量的人口并持续存活，我们对于渴望的满足就必须有所改变。我们不能永无止境地积累更多资产，即便总人口数量很快就会减少。在过去，关于有些人比另一些人更有价值因此应该获得更多回报的优生学理念为贪欲提供了保护和借口。今天，优生学已经被视为邪恶的学说而遭到唾弃。贪欲并非好事。

放缓无处不在

发生在1492年，将新世界与旧世界联系到一起的地理事件是最终导致一系列资本主义变革的开端，但对于世界上绝大多数人来说，直到1901年才开始感知到其带来的最重要的后果。统治者来了又走，战争打了又停，但对于生活在世界绝大部分地区的绝大部分人类来说，生活相对于从前几乎一成不变。即便是最早实现工业化的英国，也是直到那个世纪之交，对于生活在彼时彼处的大多数人来说最重要的事——孩子们都能够存活到自己故去之后——才得以大规模改观。一旦确信自己的孩子能够顺利存活，为什么还要生育两个以上的后代？一旦你意识到自己的基因并不那么特殊，与兄弟姐妹们和表兄弟姐妹们相差无几，为什么还要承受将生命传递下去的压力？你可以关爱他人，哪怕自己并非他们的亲生父母。图43显示了英国最近的生育率时间线，其所展现的趋势我们已经熟视无睹了。

有许多趋势可以解释为什么选择1901年作为时代加速的转折点，以及为什么将其作为新时代的第一代人出生的年份，原因之一就是婴儿的死亡率。与1900年相比，1901年的美国，每10万个新生儿中，死亡人数少了2000。婴儿死亡率如此之快的降低在人类历史上可谓空前绝后。[27]在英国，1900年每10万个新生儿中有13000个夭折，到1960年时，该数字降低到2000，1990年时是790，2000年时是560，2010年时是430，2014年时是390，2015年时是370，到2017年和2018年时才再次上升到380和390。[28]但随着当前对医疗卫生服务——尤其是英国产科服务——方面的投资增加，以及英国贫困人口比例令人绝望但尚属短期的上升逐步缓解（2017年的政府选举终结了自2010年以来一直把持朝政的前执政党统治），英国的婴儿死亡率将很快再次下降。[29]

一个贫困得多的国家的婴儿死亡率数据显示，那里的婴儿死亡率大幅下降出现得更晚一些。不像英国开始得那么早，大约在1870年前后开始下降，尽管几十年后还出现略微上升，但在1905年之后开始直线下降。自此以后，世界各地都如此，一旦婴儿死亡率开始下降，它就会一直保持。全球各处的婴儿

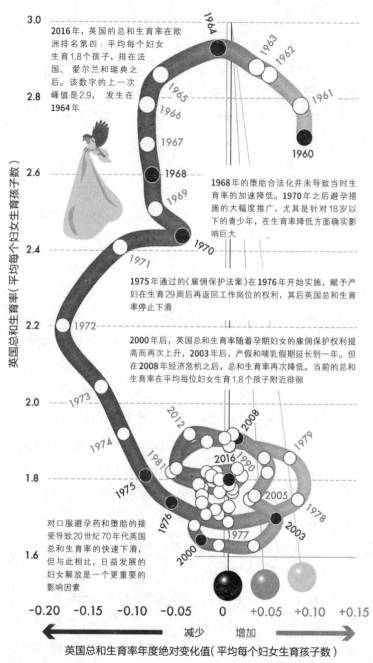

图43 英国总和生育率，1960—2016年

基于世界银行公开数据、2017年联合国世界人口预测，及其他数据来源做出的估测，
https://data.worldbank.org/indicator/sp.dyn.tfrt.in

死亡率都大幅降低，最富裕国家的大幅降低开始于1901年前后。我们今天已经清楚地了解了其背后的原因：卫生条件的极大改善，以及女性和穷人生存环境的转变。[30]

1890年，英格兰和威尔士年届20岁到24岁之间的女性有半数已经结婚。一个世纪之后，该比例降低到1/5以下，最常见的结婚年龄在30岁之后。这是大变革的多种征兆之一。[31]与此同时，初生的孩子夭折于5岁之前的风险在短短几年时间里从1/4降低到1/5，而到了这些孩子成为父母之时，此风险进一步降低到1/10，他们成为祖父母时再次跌落到1/50。接下来还在继续降低，直到这种风险已经如此之小，对于今天绝大多数人来说可以忽略不计。与如此变化相比，结婚年龄的推迟又算得了什么。

要想找到一个"自此之后，万事万物改天换地"的确定时间点注定只能是片面的。在英国，1901年1月被普遍认为是"一个时代的结束"，因为维多利亚女王在该月去世。我在本书中将1901年选作更大范围的转折点的部分原因在于，它是美国婴儿死亡率大幅降低的第一年。在此之前，每一代人都遭受低存活率的威胁，在新兴的工业化城市里尤其糟糕，反而是乡村里的存活机会还高一些。1901年后，这场转变真正开始。最初人口加速增长，因为更多的孩子顺利活到成年，然后增长开始减速，因为成人们意识到他们的孩子能够顺利长大成人。这场转变终有结束的一天，一旦达到几乎没有孩子会在5岁之前夭折的程度，儿童存活率就不可能再有显著提升的空间。今天，在最富裕国家，我们已经非常接近这个转折点，美国不在其中，如果你碰巧是黑人而且还穷困潦倒的话，你会明白这是为什么。

为什么我们采用代际划分，而非十年时间段的划分呢？答案在于代际是我们感知和解读转变所采用的最直观和最传统的方式。十年时间段的划分过于短暂，也过于随意。我们经常把自己的生活与父辈和祖父辈进行比较，但不常与90后或40后的人比较。本章讨论五代人的理由非常简单，因为这就是1901年以来的代际数，1901年之后，对于绝大多数人来说，关于生而为人意味着什么的体验发生了突然改变。前文中的表7显示了每代人出生的时间段，与最近这五代人相比，前31代人所生活的环境更加稳定，每一代人的特性也没有那么明显。

尽管表7中的代际划分看起来随心所欲，但每一代人的父母大部分都是前一代人的孩子，而每一代人的孩子也大部分出生在下一代人的出生时间段里。在估算日期时，我选择了妇女们生育孩子的平均年龄，但它们并非十分精确。如果你出生在1981年，你未必就一定属于X世代的最后成员，很有可能你更贴近Y世代，但你的人生经验和态度不太可能接近更早的W世代或更年轻的Z世代。这在当今世界的所有角落都适用。

图44显示了韩国自1960年以来的总和生育率时间线。看看它是如何一落千丈的吧。世界上生育率最快的下降并未发生在曾经被我们错误地称为"先进经济体"或"发达国家"之中。并不存在不同时期和不同地点所对应的不同方式，全世界所呈现的都是同一种模式，只是程度有所差异。韩国早先也受到外部因素的影响，也就是发生于1950年至1954年间的朝鲜战争。自此之后，韩国就实现了社会稳定和经济的不停增长。

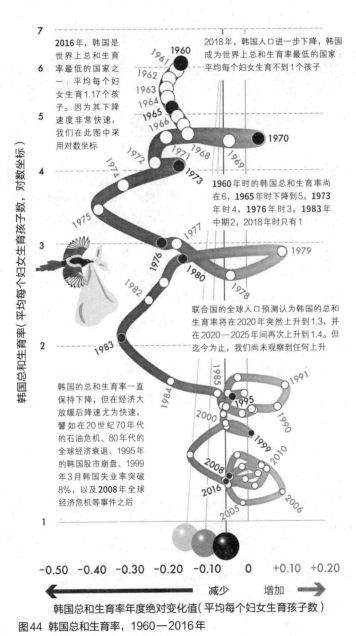

图44 韩国总和生育率，1960—2016年

基于世界银行公开数据、2017年联合国世界人口预测，及其他数据来源做出的估测，
https://data.worldbank.org/indicator/sp.dyn.tfrt.in

你可以根据前文中的表7了解自己属于哪个世代。一个出生于W世代（1929—1955）的韩国妇女成年后很可能有五六个孩子，那些孩子可能都属于X世代。如果他们是该世代中的最年轻者，或许就只生育三四个孩子。即便是同一代人，平均生育率也会随着出生年份不同而产生巨大差异，尤其是身处20世纪六七十年代飞速变化之中的韩国。

出生于X世代（1956—1981）的韩国孩子长大成人后不太可能生育3个以上孩子，而且他们出生得越晚，越有可能只生育2个或1个孩子，甚至选择不生育。Y世代（1982—2011）的韩国孩子成人后最大的可能是只要1个孩子，选择不要孩子的人将超过生育2个孩子的人数。据报道，2019年韩国乡村地区的小学正面向年届七旬不识字的老奶奶招生，因为它们找不到足够的适龄儿童来填满教室。[32]

你所在的世代越年轻，你出生的年份越靠后，你就越经历不到巨大的变化。这并不仅仅因为可比较的年份更短，更是因为你没碰上大变化，今天的生活并不像前几代那样飞速变化。

本章所划分的代际在时间长度上差别不大，因为一开始，随着变化的逐渐深入，五代人中的前三代生育第一个孩子的年龄越来越年轻，生育年龄最早的时期是20世纪70年代初。但随后全球范围内的女性都越来越倾向于推迟生育第一个孩子，尽管尚未晚过前一代人生育最后一个孩子时的平均年龄。这种断代很有用，因为它们将人们分入不同小组，每一组中的成员具有或即将具有相似的经历，并能让我们重点关注不同组之间的不同。最近，惯常之事不再迅速变化。一旦生育率下降到绝大多数妇女不生或只生育一个或两个孩子，接下来再往下降低的空间已经不大，除非出现较小规模的上升——在遥远的将来，这将是维持人口稳定所需要的。

看看葡萄牙近年来的生育率下降，如图45所示。该时间线与韩国大同小异。1960年到1975年之间发生了较小的转变，但在此之后直到1999年，出现了幅度大得多的变化，随后直到2016年又出现了小规模变化。在每个时间点——1960年、1975年、1999年和2016年——总和生育率在一年或几年时间里维持稳定，然后再次向下跌落。

葡萄牙的未来或者是人口减少，或者是通过外来移民弥补人口缺失，或者在某个时间点尝试让生育率略微上升，很有可能这三个场景将同时出现。如今的生育率上升通常只会发生在大规模社会动荡之中和之后，就像我在图45的说明中所解释的。

获取人口发展趋势的方法之一是将全球划分成不同区域。1960年，全球9%的人口生活在非洲，14%生活在美洲，22%生活在中国，15%在印度，26%在欧亚大陆西部其他国家（印度及中国以西和以北），14%在东亚—太平洋地区，包括印度及中国以东和以南的亚洲地区（1960年时该地区人口最多的国家是日本、印度尼西亚、孟加拉国、越南、泰国、菲律宾和韩国）。

作为对比，到了2017年，全球17%的人口生活在非洲，13%在美洲，中国现在只有18%，印度也是18%，只有19%在欧亚大陆西部其他国家（印度及中国以西和以北），15%在东亚—太平洋地区。这六个地区所占的全球人口比例大致相同。

表8显示了上述六块区域从1960年到2017年（以十年

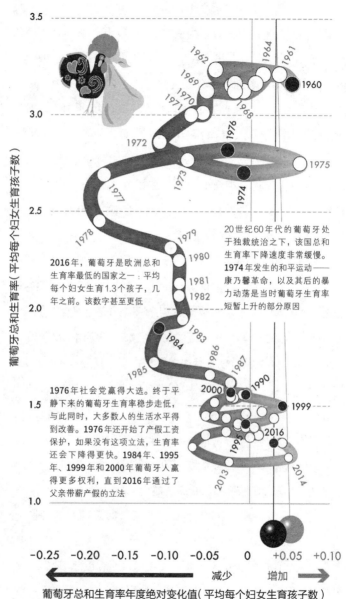

图45 葡萄牙总和生育率，1960—2016年

基于世界银行公开数据、2017年联合国世界人口预测，及其他数据来源做出的估测，
https://data.worldbank.org/indicator/sp.dyn.tfrt.in

为单位）平均每个妇女生育孩子数。最后十年的数据并不完整，而且最后一代人也才刚刚出生。表中列出的世代是进行了大多数生育活动的母亲所属的世代。在最近十年里，我们以单一年份为单位，并列出了当年的生育率绝对变化值。

表8a 1960—2017年全球各地区总和生育率（以十年为单位）

年份	非洲	美洲	中国	欧亚大陆西部	印度	东亚—太平洋	全球
1960s（W）	6.8	4.5	6.2	3.4	5.8	5.1	5.1
1970s（W）	6.7	3.6	4.0	3.1	5.2	4.6	4.3
1980s（X）	6.4	3.0	2.6	3.0	4.5	3.6	3.6
1990s（X）	5.6	2.6	1.8	2.5	3.7	2.8	3.0
2000s（X、Y）	5.1	2.3	1.5	2.2	3.0	2.3	2.7
2010s（Y）	4.7	2.0	1.6	2.2	2.4	2.1	2.5
2010年以后各年度总和生育率							
2010	4.9	2.1	1.6	2.3	2.6	2.2	2.6
2011	4.9	2.1	1.6	2.2	2.5	2.2	2.5
2012	4.8	2.0	1.6	2.3	2.5	2.2	2.5
2013	4.8	2.0	1.6	2.2	2.4	2.2	2.5
2014	4.7	2.0	1.6	2.2	2.4	2.1	2.5
2015	4.7	2.0	1.6	2.2	2.4	2.1	2.5
2016	4.6	2.0	1.6	2.2	2.4	2.1	2.5
2017	4.5	1.9	1.6	2.2	2.3	2.1	2.4

表 8b 1960—2017 年全球各地区总和生育率变化率

年份	非洲	美洲	中国	欧亚大陆西部	印度	东亚—太平洋	全球
1960s–70s	−0.04	−0.92	−2.12	−0.25	−0.59	−0.52	−0.78
1970s–80s	−0.34	−0.60	−1.43	−0.12	−0.73	−0.97	−0.67
1980s–90s	−0.75	−0.43	−0.82	−0.47	−0.81	−0.84	−0.63
1990s–2000s	−0.52	−0.33	−0.23	−0.27	−0.70	−0.45	−0.34
2000s–10s	−0.38	−0.24	+0.06	−0.01	−0.57	−0.20	−0.15

2010 年以后各年度总和生育率变化率

年份	非洲	美洲	中国	欧亚大陆西部	印度	东亚—太平洋	全球
2010–2011	−0.04	−0.03	+0.00	−0.02	−0.07	−0.02	−0.02
2011–2012	−0.04	−0.02	+0.01	+0.01	−0.06	−0.01	−0.01
2012–2013	−0.05	−0.02	+0.00	−0.02	−0.05	−0.02	−0.02
2013–2014	−0.06	−0.01	+0.01	+0.00	−0.04	−0.02	−0.01
2014–2015	−0.06	−0.02	+0.01	−0.01	−0.03	−0.01	−0.01
2015–2016	−0.06	−0.02	+0.01	−0.01	−0.03	−0.02	−0.02
2016–2017	−0.06	−0.03	+0.01	−0.02	−0.02	−0.02	−0.02

数据来源：世界银行 "World Development Indicators, Fertility Rate, Total (Births per Women)"，2019 年 4 月 24 日下载于 https://data.worldbank.org/indicator/sp.dyn.tfrt.in

在总和生育率降低方面，非洲是一个例外，非洲妇女所经历的变化远甚于地球上任何其他地区。如果我们还想找出另一个堪称例外的地方，应该是欧亚大陆西部，那里 20 世纪八九十年代的生育率下降超过六七十年代，但早在 60 年代初，那里的生育率就已经低到平均每个妇女生育 3 个孩子多一点。

作为比较，美洲生育率下降最快的时期发生在 20 世纪六七十年代，降低幅度为将近每个妇女少生育 1 个孩子。在中国，相同的时期每个妇女平均少生超过 2 个孩子。印度的生育率下降最快时期出现在20世纪80年代，东亚—太平洋地区的生育率则在70年代到80年代之间下降最快。全球范围里，生育率在20世纪60年代下降得比70年代快，70年代比80年代快，以此类推。最快和最剧烈的变化已经结束。

绘制全球的时间线平淡无趣，因为有趣的细节变化被平均掉了——不同国家在不同时间发生了不同事件。然而，此表所示的生育率降低这一普遍趋势的确随处可见。最近十年的年度数据也显示出生育率下降这一趋势依然没有丝毫停止的迹象。如果说有什么变化的话，只能说自2012年之后，整个非洲的生育率下降还在加速，同样的变化还出现在2014年后的美洲，而且最近欧亚大陆西部以及东亚—太平洋地区的下降速度又达到最高。在印度，生育率下降并未加速，但平均每个妇女只生育2.3个孩子，在中国，这个数字在升高，但每年只增加1%，现在每个妇女生育1.6个孩子。全球范围内，总和生育率降低到平均每个妇女生育2.4个孩子，而且仍然在整体上呈加速下滑趋势。当前的我们千真万确地身处放缓之中。

让我们以讨论美洲人口最多的国家巴西来结尾。图46所示的时间线乍看起来就像在末端打了一个结。世界已经改变，巴西不复从前，美洲也如此。我们正生活在一个全新的世界里。

人口增长的终结

如果看长期，那么近期全球性的生育率下降并非只是昙花一现的短期现象，它能够引起一系列深刻的变化。出生在全球

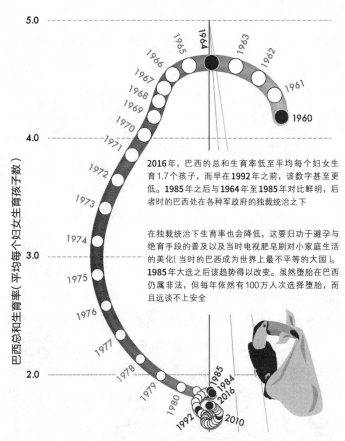

2016年，巴西的总和生育率低至平均每个妇女生育1.7个孩子，而早在1992年之前，该数字甚至更低。1985年之后与1964年至1985年对比鲜明，后者时的巴西处在各种军政府的独裁统治之下

在独裁统治下生育率也会降低，这要归功于避孕与绝育手段的普及以及当时电视肥皂剧对小家庭生活的美化（当时的巴西成为世界上最不平等的大国）。1985年大选之后该趋势得以改变。虽然堕胎在巴西仍属非法，但每年依然有100万人次选择堕胎，而且远谈不上安全

1984年后的生育率看上去就像是一个双螺旋，平均每个妇女生育孩子数量变化不大。许多妇女依然绝育，尤其是较贫穷的那些，她们常常带有更多非洲血统，生活在一个社会、政治和经济依然处于严重割裂状态的国家

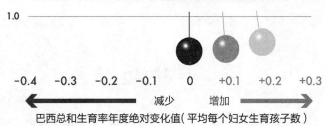

图46 巴西总和生育率，1960—2016年

基于世界银行公开数据、2017年联合国世界人口预测，及其他数据来源作出的估测，https://data.worldbank.org/indicator/sp.dyn.tfrt.in

总和生育率还在加速上升时期的最后一批孩子现在已经年老，他们是第一批预期可以比过去活得更久的人。但人类能够快乐并健康生活的年龄是有限度的，我们对于将这个限度越推越远的痴迷正在消减，这未必不是一件幸事，一小部分来自富裕世界的人口学家曾经执着于研究未来的人类能活多久。今天世界各洲各地区的差距正在缩小。上述六大地区在当今全球人口中所占比例大致均等。最重要的（长期来看）并非是你能活多久，而是你能与自己的所爱共度多少时间。

最近《柳叶刀》上的一篇文章称，我们现在正生活在一个"非凡转变"的时期。他们在2018年末报告说，最新数据显示生育率加速下降意味着有将近一半国家正在面临"婴儿荒"——没有足够数量的婴儿以保持人口稳定。研究者说该发现让他们"大吃一惊"。那些"祖父母多过孙辈"的社会将面临深刻的挑战。[33]

有哪些重要表现反映我们正身处放缓之中？首先，我们生育更少的孩子。这一现象正发生在全球各个角落，我希望本章已经清楚地呈现出该变化有多深远。虽然前面章节已经提起过这个话题，但我认为需要一个专门章节来完整解释生育率下降的规模和普遍性，不仅仅因为最近生育孩子的数量变化令人惊异。在最近几年里，这种放缓的速度还在增加，正是因为这种加速的放缓让我们在今天能够充满信心地谈论它。在许多人口众多的地方，譬如中国和巴西，平均一个妇女生育不到2个孩子已经成为普遍状态。

从加速到负加速的转变发生在1968年前后，但一代人之后，到了2000年前后，全球出现了第二次出生率负加速。很明显，这并非偶然，但第二次负加速并非仅仅是第一次负加速的后续效应，放缓本身的速度比我们想象得要快很多，甚至超出我们原先所认为的可能范围。在越来越多的地区，当地政府正想方设法（几乎永远徒劳无功）提升生育率。

非洲大多数国家的总和生育率在20世纪70年代开始下降。在世界其他地区，该数字的下降出现得早得多。在21世纪的第一个十年，世界的一半地区，生育率降低到每对夫妇生育2.3个或更少孩子，在占了全球人口1/6的中国和1/36的巴西，生育率更低。而在2010年前后，这种下跌再次开始。

至关重要的是我们的生育率将很快在全球范围内达到一对夫妇平均只生育2个孩子：对于大多数人来说，这已经是现实情况，而且在世界主要城市，生育率正在以更快的速度降到更低水平。很有可能，在未来某个时期，在一代人或者两到三代人的时间里，生育率降低到2以下。再接下来会发生什么，我们一无所知。

第 9 章
经济：
生活水平趋向稳定

> 很奇怪，2009年之前，英格兰银行从未向其他银行发放过短期利率低于2%的贷款。这条底线已经低到足以应对拿破仑战争、两次世界大战和大萧条。但是，现在英格兰银行的利率维持在0附近已经10年了。英格兰银行并不孤单，美联储终于尝试将其联邦基金利率提高到2.5%，却困难重重。欧洲中央银行的利率也依然在0附近徘徊，同样如此的还有日本央行，后者更是从1995年开始就保持零利率。
>
> ——马丁·沃尔夫（Martin Wolf），2019年5月7日

作为工业革命中心的英国，堪称人类向人口数量暴增时期转变的关键点。到2005年为止，与地球上任何其他地区居民相比，居住在英国的居民排入大气的二氧化碳人均重量稳居第一。[1] 但在此之后，另一些国家夺取了这个殊荣。英国从全球各地攫取了大量利润，转移到国内，如果没有殖民时期的大英帝国，今天的英国不可能抢夺到规模庞大而且显然还在不停扩张的市场，以倾销其以碳燃料驱动生产的大量商品。英国是资

本主义成功扎下坚实根基并发展到不可遏制程度——如果资本主义发展止步不前，就会导致巨大的社会动荡——的第一个国家。当今，对于大多数人来说，资本主义的终结比世界终结更难以想象。

卡尔·马克思在1867年写道："直到现在，（资本家们的）基础依然在英国。"[2]英国或许不是资本主义最早诞生的地方。资本主义的诞生地可能是阿姆斯特丹、威尼斯或里斯本，但英国确确实实是第一个让资本家改变了成千上万普通人生活的地方，其最终影响到数十亿人口，他们中的大多数都生活在别处。

这场大变革很快就在伦敦找到了万无一失的安身之地，直到很久之后才扩展到大西洋的对岸，在那里繁衍出一个孪生兄弟——纽约。自此以后，伦敦与纽约被视为携手并进的双星，在整个20世纪的世界经济中相互围绕着对方转动。[3]但今天它们在经济上的能量正日益消退。

我们生活在变革进程里。它或许不会在未来某个时间点突然停止，但可以肯定，这个进程的速度正在放慢，这一事实直到最近才日益明显。全球中心正朝向太平洋的另一边移动，但我们现在尚不能期待北京，或任何其他城市成为下一个世界经济中心。所有的变革最终总会结束。从现在开始，我们就应该准备迎接未来的金融、制造和政治力量扩散并分布到全球各处。

资本主义就是一种变革，而非某种生产模式。模式暗指某种稳定性。但资本主义之下并无稳定性（共产主义对资本主义的反应也一样不稳定）——无论是在人口、经济还是社会方面。资本主义就是一段时期的变革，这场变革将一个每一代人都过着大同小异生活的稳定社会体系转变成某种我们尚未完全实现的社会形态，这种新的社会形态或许也将是稳定的。正是这场变革令人眼花缭乱，同样，资本主义的不稳定性让我们意识到这个进程的本质是一场变革和转化。现在已经如此明显，如果经济以某种不断重复的模式运作，我们的社会就不可能发生如此频繁而巨大的改变。

资本主义的发展依赖于创造更多新产品以及通过社会工程生成新市场，催生新的需求和欲望。在20世纪里，高效实现该目标的工具是广告轰炸。要想存活下去，资本主义需要创造更多需求和一刻不停、永不终止的变化——为进步而进步。为了购买和销售下一个最佳产品，你就必须创造出具有购买这种新产品兴趣的市场。资本主义的本质决定了它无法持续，为什么这么说呢？

想想父辈、祖父辈的消费模式、他们的宗教信仰、他们如何穿衣？他们从何处获得原材料？他们如何旅行？多久旅行一次？他们如何娱乐？吃什么食物？当你退后一步，思考最近变化的速度时，就会意识到将资本主义看作一个时代归宿是如何荒谬。

要想理解资本主义为什么是一种变革和动荡，而非一个稳定的纪元，只要去看看资本主义统治下的人类生活直到今天发生的持续性快速改变即可。在英格兰和威尔士，可以借助过去每十年一次的人口调查数据。数数那里的煤矿工人数量，1921年，那里有124万人在地面之下的矿井里工作，他们来自我在前一章所提的五代人中的第一代。到第二代所属时代结束时

（1951），该数字减少了一半多，只剩下59万，到第三代结束时（1971）又减少一半，只剩23万，在下一代时再次减少超过一半，到第五代时，几乎可以肯定这个数字将小到能被忽略不计。[4]

2019年5月，英国人在不使用煤炭产生的电力的状态下，连续生活、娱乐和工作了114个小时，打破了自1882年伦敦第一家燃烧煤炭的火力公共电厂——爱迪生电力照明公司——开业以来的纪录。2019年5月7日，英国已经累计度过了不依赖煤炭能源的1000个小时。[5]接下来，爱尔兰创下了停用燃煤发电600小时的纪录。该纪录也创造于2019年5月10日前后，是爱尔兰电网建成后最长的一次。[6]其他许多国家也已经实现不依靠燃煤发电也可以正常生活。

最近几十年的世界不再以稳定的系统性生产为典型特征，而给人以一场又一场变革的深刻印象。在我们的记忆里，主要工业能源已经发生过一次又一次根本改变，同样发生根本变化的还包括大多数人所从事的工作，甚至如何在家取暖和互相交谈这样的小事也在变化。这些迅速变化是历史的反常，放在人类历史中，只能算是昙花一现。

从报纸杂志对无燃煤发电的热衷与歌颂就能看出，与稳定相比，我们是多么钟爱变化。但实现不依靠燃煤发电的背后真相却是异乎寻常的温暖天气和用其他发电形式代替，这并不那么激动人心。

增长巅峰

国内生产总值（GDP）是一种奇怪的概念。它的出现晚到第二次世界大战之后，而其定义也处于永无止境的修改之中。最近，通过国际协议的执行，这个概念终于有了可比性和一致性。其最简单的定义是指某地区某个时间段内生产出来的所有产品和服务的总价值。我们在本书前面章节中已经采用过安格斯·麦迪逊对于世界各地区历史人口的估算结果，他的另一项更出名的工作是建立起一系列 GDP 估值，并将其回溯到世界各地的各个历史年代。他的同事们在 2010 年麦迪逊过世之后，接过了他的工作，继续更新估值，我们此处所引用的数字就来自他们。[7]

图 47 显示的是全球人均 GDP 的变化曲线，从我们能够测量或估算的最早时间点开始，到写作本书时为止。从曲线上看，2006 年应该是增长最快的年份，接下来是 2017 年。然而，从相对意义上说，最快的年度增长发生在 1964 年，当年的全球人均 GDP 增长了 4.15%，相当于全球平均每人比上一年多创造了 230 美元的 GDP，看上去似乎并没有这么多，但如果画一条斜线，连接原点和 1964 年的数据点（该斜线上的每一点都代表着相同的人均 GDP 的相对增长量），你会发现没有一个数据点落在这条斜线的右边。

1972 年，全世界人均 GDP 增加了 262 美元，相对增长 3.75%，2006 年，人均 GDP 增长了高达 470 美元，但其相对增长仅仅是 3.38%。1964 年之后，全球 GDP 的相对增长速度再也没有快过那一年。该数字在2008年不升反降，在接下来的10年时间里，只有3年的年度增长超过2%。从2006年到2018年，全球的趋势是放慢。本书第11章中的图60采用了对数坐标，让这趋势呈现得更加清晰，但图47已经足以让你看出端倪，哪怕不采用对数也表现得一清二楚。

我们现在已经知道，资源不是取之不尽的，特别是化石燃料。仅仅一代人之前，我们对该事实依然一无所知。在将来，我们不会再看到挖煤工人大幅减少，因为今天从事这项工作的人已经寥寥无几。今天在矿井里挖煤的是巨大的机器。当今最大的煤炭开采国是中国，印度和美国分列第二、第三。第四是澳大利亚，其煤炭产量的23%出口到日本，18%出口到中国，这些煤炭都被送去电厂用来燃烧发电。

现在，全世界所开采的煤炭中有45%采自中国，但（不同于美国）中国人和他们的政府已经很清楚地意识到留给他们的资源不多了，必须尽快转用其他能源。随着我们对化石燃料开采的进一步减少，全世界采矿业所雇用的工人数量将很快降到更低。当前，尽管全球人口依然增长，[8]但每年的煤炭开采量却已开始下降。大多数矿工的工作条件糟糕，虽然人们已经达成共识，失去这些工作岗位对人类来说不失为一件幸事，但这种变化并非为每一个人所乐见。今天，全世界绝大多数人，甚至（尤其）是那些生活在最富裕国家的人，他们的生活饱受不安全感和不确定性折磨，似乎与采矿工人们尚未结成工会时没有什么两样。

尽管已经改进了许多，但我们依然被贫困、贪婪和无知所

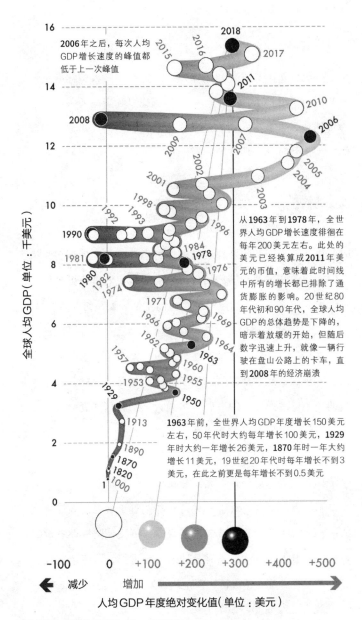

图47 全球人均GDP，1—2018年

数据来自2018年麦迪逊计划数据库，存放于格罗宁根大学，采用世界银行和国际货币基金组织（IMF）数据更新。https://www.rug.nl/ggdc/historicaldevelopment/maddison/releases/maddison-project-database-2018

包围，所有这些都是转型期的标志性特征。但是在过去稳定时期，大规模贫困、贪婪和无知并不无处不在：人们拥有足够资源和面包以维持生计；贪婪被习俗、规矩和宗教所限制，后者为贪婪套上了笼头；无知的比例也不高，因为大多数人知道他们在工作和生活中所需要知道的东西（就像今天我们中的大多数一样）。我们常常认为生活在过去的人们容易被欺骗，相信那些我们今天嗤之以鼻的神灵与迷信。未来的人们回顾我们今天所信仰的各种宗教、成功学和科学理论，以及它们在五代人时间里的变异时，也一样会觉得不可思议，并且惊讶于为什么我们无法看清加速与转型的放缓，为什么我们没有更早地意识到气候变化这一灾难的急迫性？我们才是最无知的人。

可以说在很遥远的过去，在转型开始之前，或者说在资本主义大行其道之前，不确定性少得多。大多数人了解自己需要知道的东西，通常情况下，他们的职业与父母一样，因而职业培训是一件顺理成章的事；大多数人从宗教权威处得到了自己应该如何行事的指导；大多数人都能恰到好处地填饱肚子，既不会肥胖超重，也不会骨瘦如柴；社会看上去足够放松，个人通常具有更好的自治性。尤其是在那些以狩猎与采集为生的社会，人们更能享受大量闲暇时光；那些过于贪婪的人终会遭到惩罚，通常来自宗教权威或者某些专为解决该问题而创设的新宗教，随着人们贪欲在某时某地的过分滋长，这些新宗教被创造出来，变得越来越流行，甚至最终发展成一种世界宗教。[9]

我们已经如此习惯于增长，乃至当增长只是稍微放慢了一些，就像今天在全世界所发生的，报纸的头条作者们就迅速拉响警报。2019年4月,《金融时报》就报道说全球经济已经进入同步放慢阶段,"(我们)发现过去6个月的经济指标普遍令人失望,无论是在美国、中国还是欧洲"。[10]当然,放缓到底是不是一件令人失望的事取决于你对未来的预期。如果你认为除去偶尔的几年衰退期,经济能够也应该保持年复一年的增长,你肯定会认为今天出现的全球同步放缓就像一列高速行进中的火车在急刹车时所发出的尖锐摩擦声一样吓人。

资本主义的终结很有可能是逐渐熄灭,而非轰然倒塌。当年,随着贸易商人们发家,他们利用资本投资,用军队强行推动该进程,几乎所有地方的封建社会都走向末路。因此,资本主义也会用政府税收进行投资,并实行有利于富人的法律。一开始,人们并不会觉得这次变化与过去相比有什么不同,只是这些国家比另一些国家有更多福利保护,创业环境更差一些,尽管公司越多的地方,创新本该更多一些;这些地方有着更支持女性权利的传统,尽管这是一种经过艰难困苦的努力才赢得的传统;我们可能会说这些趋势在某些文化下会成长得更快一些,但接下来我们会发现,发生了这些改变的区域在不断扩大。

只要看看生育率放缓最严重的地方,或者人均碳排放下降得最快的地方,或者教育扩展进行得最彻底的地方——本质上相当于兜售大学假文凭的地方——就能找到这些趋势的蛛丝马迹。买来的大学文凭就像过去购买赎罪券一样,实质上相当于一张假文凭。进入一家以盈利为目的的大学学习并不是真正意义上的求学,就像那些购买赎罪券的有罪之人并非真正痛改前非一样。一旦直接与金钱扯上关系,教育就发展为一种骗术,让学生们和家长们相信所学确有所用，通过给予高分让他们相信自己学到了真谛。

2018年8月，美国一家管理着超过10亿资产的投资公司的共同创始人之一杰里米·格兰瑟姆（Jeremy Grantham）在一篇题为《应对气候变化：我们的生死赛跑》（*Dealing with Climate Change: The Race of Our Lives*）的文章中讲述了自己对于未来的看法。他的观点非常有趣，因为他是一个见多识广的人，最起码，他见到过许多他所资助的针对全球变暖研究的结论。不管怎样，他无惧于写下这样的话："我们最主要的缺陷在于，过去几十万年的进化并未给我们这个物种带来应对这种长期温水煮青蛙似的挑战的能力，我们只满足于获得食物并活过今天，最多只能看到明天。"[11]

格兰瑟姆对人类发展的总结可以说错得离谱。在过去的6万年时光里，我们建立了为数众多的可持续社会。位于澳大利亚的一些社会甚至已经保持稳定了5万年。[12]人类在很久以前就已经学会应对"温水煮青蛙"式的问题。只是近年以来，在全速前进的时期，我们开始忽视过去可持续发展的经验，但是这也不能把假想出的人类缺陷当作敌人，事实上，作为人类整体，我们只是在无意之中丧失了真正的自我——在一小部分人强烈贪欲的驱动之下。在我们现在的时代，那些看起来通过买卖资产积累了巨额财富的人，相信巨额财富自动赋予了他们制定政策和治理国家的能力。在君权神授时代，有些人拥有类似观点。

在《再谈我们的生死之争》（*The Race of Our Lives Revisited*）

一文中,格兰瑟姆对比了个体错误与少数人所创造的奇迹,进而得出一个宏大的结论:"我们永远不要低估技术的力量,但同样也永远不要低估人类所拥有的破坏一切的力量。"他随后建议:"我们大概还只剩下30—70个丰收之年,具体数量取决于所处之地。"但他确实意识到了被石油巨头操控的那几个国家的普遍问题。在谈到那些"怀疑论贩卖者"和几个他特别不喜欢的人时,格兰瑟姆写道:"麻省理工学院的理查德·林森(Richard Lindzen)教授就是那些贩卖者之一,他在前一秒还为烟草辩护——他因在电视访谈上大吸雪茄而名声远扬,下一秒忽然就又开始否认气候变化带来的问题……这种事不会在中国、印度、德国或阿根廷见到,只发生在说英语的石油国家里——美国、英国和澳大利亚。在那里,化石燃料利益集团不遗余力地影响着政治与公众观念。"[13]格兰瑟姆或许为美国GDP最近的增长放缓而欣喜。

仔细看看图48,你觉得哪一年相对增长速度最高?绝对增长速度的最高峰出现在1998年和1999年,这两年脱颖而出,最为引人注目,因为此处所采用的是数值间的绝对变化量。但是,如果考虑相对增长,那么其峰值出现在1965年,当年的美国人均GDP较前一年增长了5.15%,第二高峰出现在将近20年后的1984年(4.59%)。美国上一次人均GDP增长幅度超过2%的年份是2005年,仅仅增长了2.19%。尽管人类正掌握越来越"先进的技术",但与此同时,他们正在学习如何生产和消费更少商品。我们不应该过高地估计技术的重要性,同时,我们也不应该低估人类摆脱困境、进入稳定生活的能力。

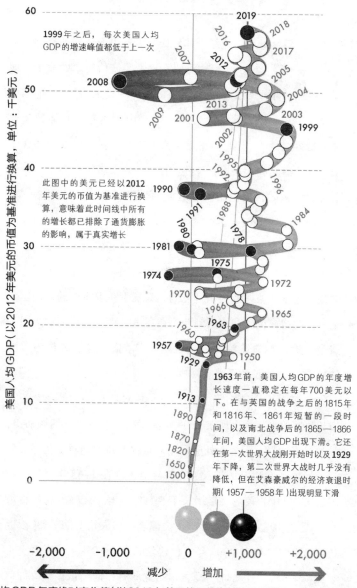

图48 美国人均GDP，1500—2019年

数据来自2018年麦迪逊计划数据库，采用美国经济分析局国内生产总值1950—2019年的数据更新。数据于2019年5月15日下载于圣路易斯联邦储备银行（FRED），https://fred.stlouisfed.org/series/A939RX0Q048SBEA

在人类作为一个物种存在的时间里,绝大多数都生活在稳定的社区里,这也是人类得以存活的机制。今天的场景只是一个短暂的例外。

你或许会问,全球第二大经济体中国又如何?以人口论,中国是世界上人口最多的国家,过去的70年时间里人们历经艰难并以最引人注目的方式为自己找到了一条发展道路,这条道路并未把市场尊为上帝(见图49)。许多生活在世界上最富裕国家的人依然很难相信今天的中国会在这么多方面如此成功。在很长的一段时间里,美国对中国的GDP数据充满怀疑,这些怀疑现在已经烟消云散。[14]事实上,一家居领导地位的美国公司现在拿中国做借口为自己的困境开脱。下面这段长长的引文就出自该公司首席行政官蒂姆·库克(Tim Cook)之口,很值得我们仔细阅读。此处所讨论的商品是高科技产品,但它们并非那么不可或缺,也没必要永远购买最新产品:

> 尽管我们预见在某些重要新兴市场会遇到挑战,但我们并未预见到这些地区经济发展放慢的幅度,尤其是大中华地区。事实上,我们营收与预期之间的差距的大部分,以及全球营收下滑部分的100%,都来自大中华地区iPhone、笔记本和iPad销售量的下滑。
>
> 中国的经济从2018年下半年开始放缓。官方公布的9月份季度的GDP增长为25年来第二低的数字。我们相信中国的经济环境将随着它与美国之间贸易摩擦的进一步加剧而受到更深远的影响。乌云压顶般的不确定性带来的巨

大压力，似乎也传递到消费者身上，中国零售店的客流量一个季度接一个季度的下滑。数据显示大中华地区智能手机市场的萎缩尤其剧烈。[15]

一开始，放缓令人震惊。放缓带来的后果让我们无所适从。我们询问，到底发生了什么？为什么贸易战再次爆发？到底是什么令我们彼此争论不休？当我们的政客和商业领袖们不再能向"自己的人民"许诺下一代人会生活得比上一代人更好时，会发生什么？你是不是会立刻怪罪于生活在其他国家的人民？如此行事必然会让人类更难以保持团结以应对共同挑战。有些商界人士怪罪政客——譬如怪罪唐纳德·特朗普，为什么政府采取的措施于事无补？尽管需要反复咀嚼才能从蒂姆·库克的话语中体会出这层意思。

2019年全球第十一大、美国第四大企业的苹果公司的首席行政官对美国与中国的关系如此担心很说明问题。他的前任曾担心在中国生产产品是否是最佳选择，有哪些风险，而库克今天越来越担心的是中国是不是还能继续成为苹果产品的销售市场，以及如何应对中国人自己的产品的竞争，更担心中国放慢了的GDP增速。

图49显示出中国最近两次几乎一模一样的人均GDP从增长高峰回落，这两次高峰分别发生在2010年与2017年（都以绝对增长计算）。中国人均GDP的相对增长在更早的时候出现过3次高峰：1984年时的13.4%，1992年时的13.0%，以及2006年时的14.8%。从2010年开始，该相对增速一直低于

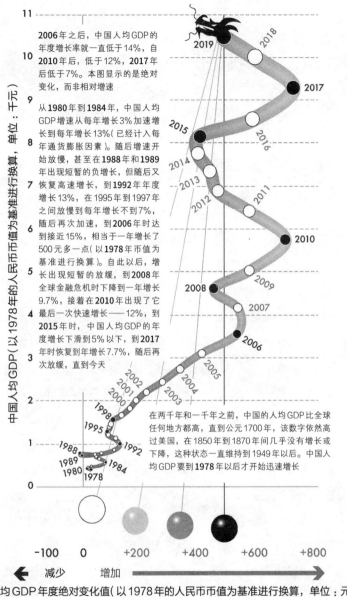

图49 中国人均GDP，1978—2019年

数据来自中国国家统计局《2018年中国统计年鉴》，并按照通货膨胀率进行换算。http://www.stats.gov.cn/tjsj/ndsj/2018/indexeh.htm

10%。中国最近生育率的加速下滑与最近的经济放缓有关。我们现在已经清楚地知道中国人口将很快出现下降,但对于中国人均GDP将如何发展却远没有那么肯定。很有可能它将再经历几次冲高,然后再慢慢地朝向左边移动——左边的坐标轴代表的是负增长。我们现在能够确定的只是人口数量,因为很早以前该趋势就已经出现,创造中国GDP的主力的年轻人口数量现在已经开始减少。

生活水平

242 GDP不能衡量幸福与否,或饮用水的干净程度,它也不能衡量人们的安全感或生活质量,甚至都无法代表绝大多数人的收入。生产并销售越多军火,国家的GDP就越高,但医疗保健体系越好,GDP反而可能越低,因为那些在医疗行业工作的人可以去军工行业工作,军工产品可以带来更多利润。可以修正GDP的计算方法,将医疗保健作为有价值的产出包括进去,就像英国首相戈登·布朗曾经的尝试,但我认为如果真的想知道对大多数人来说最重要的事,最好还是直接采用生活水平中位数之类的指标,而非对产出的抽象描述。

在GDP增长放慢之前很久,生活水准就已开始恶化,首先出现在英国。简单地说,对于居住在英国的大多数人,1974—1976年的生活远比今天幸福。2004年,蒂姆·杰克逊(Tim Jackson)为新经济基金会写了一篇题为"追逐进步:经济增长之外"(Chasing Progress:Beyond Measuring Economic

Growth)的报告,他发现随着我们变得更善于测量生活水平,真相变得清晰起来:在过去的50年里(自1954年以来),英国的社会进步越来越与经济增长脱节,并在最近30年(从1974年开始)完全停滞。1974年时的男性几乎百分百拥有工作,经济不平等程度也出奇的低,绝大多数人都能在很年轻的时候就成立家庭,获得固定住所,无须向私人房东支付巨额房租,还能出去度假。今天,英国接近一半的孩子没有年度假期旅行,而在前1/5最富有的家庭里的孩子平均每年可以享受好几次海外度假。

杰克逊的工作建立在前人的想法之上,在他之前,就有经济学家抛弃了简单粗暴的GDP指标。他建议创立一个新的指标,名为国内进步指标(MDP),其计算方法与GDP相似,但加入了许多重要调整。为解决生产所带来的社会成本和污染成本而花费的金钱不再计入杰克逊的指标里。军工产业,也就是国防开支也被移除,长期环境破坏和自然资本的贬值则被计入。其他调整还包括:谨慎的投资被赋予更高的估值,贸易顺差被当作正面价值计入,做饭、清洁等家务杂事的价值也被计入。另外"收入分配的变化受到关注,同样是1英镑,进入穷人口袋就比进入富人腰包更有价值"。[16]

根据杰克逊的估计,英国的MDP在1976年到达峰值,在20世纪80年代的经济衰退中落到谷底,其后再也没能回归到1976年时的最高峰。2004年,生态学家乔治·蒙比尔特(George Monbiot)以如下观察回应MDP的设立:"我们的生活质量在1976年到达峰顶……如今我们仍然生活在人类历史上最幸福、最健康和最和平的年代，但它不会长期持续。"[17]迄今为止，我们还看不到他的悲观论调是否成真。2004年时的全球和平已经持续到今天，尽管它时不时地被帝国主义发动的战争打断，来自世界上最富裕国家的价值数十亿美元的军机飞行在伊拉克、叙利亚和也门的上空，向全世界展示其国防工业最昂贵的产品。[18]

全球范围内，医疗卫生水平一直在进步，乔治·蒙比尔特警告幸福生活将很快终止的观点或许过于悲观。但人们的幸福感与整体健康水平在今天确实不再继续提高。环境的恶化显然依旧在继续。然而，蒂姆·杰克逊在首次提出MDP报告的十多年后，在2017年英国大选时发表评论："英国政治正在发生一些奇怪的事。我所指的并非那些关于脱欧的争论泥潭，也不是令人害怕的仇外情绪兴起，我说的是跨越党派的共识，人们认为过去半个世纪的经济模型已经失效。2017年选举中各党派都在自己的政纲中提出要建立'一个有效的经济模式'——对每个人都有效。"[19]2004年少数派的悲观论调在2017年成为主流。

2019年4月，安德鲁·奥斯瓦尔德（Andrew Oswald）和他的许多同事公布了一篇预印版论文，试图解释为什么富裕国家的中产阶级会感受到巨大压力。他们发现，在富裕国家，被他们称为中年（50岁左右）的人与年轻或年老的人群相比，自杀比例高到反常。越来越多身处这个年龄段的人发现自己难以入睡。在富裕国家，50岁成为最易遭受酗酒、自杀等困扰，感觉生命不值得的年龄，他们"发现自己难以集中思想、健忘、难以承受工作压力并深受头痛之苦"。[20] 真是从最严重到最微不足道（除非你自己亲身经历过长期失眠的滋味）的一大批症候群。[21]

奥斯瓦尔德和他的同事无法确认这种趋势出现的原因，但他们还是注意到："很有可能，这些都是现代生活在某些方面的副产物，或者它们来自……某些极为深刻而微妙，但当前依然未知的共同效应或周期效应。"此类共同或周期效应中有一种是：经历了一个处于黄金时代的童年——20世纪70年代，当时充满希望，却不得不经历接下来持续多年的巨大失望，尤其是在美国和英国，尽管安德鲁和他的同事也注意到"中年危机并非仅仅因为养育孩子而起，也并非只出现在一到两个特殊国家里"。但考虑到大多数数据来源，我们应该重点关注一下美国，看看近来那里衡量个人价值的新趋势。

在现代世界，工资是衡量个人价值的方式。中位工资是某个工资数值，挣得比该数字高与比该数字低的人数相等。图50展示的是一个在当今美国日益减少的特权人群——全职工人的中位周薪。尽管很少有人将全职工人形容为特权人物，但全职工作在报酬上远比临时工作优越，而且也更安全稳定。只要拥有可以获取报酬的工作，就已经让你高过大多数弱势人群了，只要我们继续给少数人比其他人高得多的回报，而非根据需求分配，就会鼓励人们选择最有用，而非能给雇主带去最多利润的工作。

对于美国工人们来说，20世纪70年代初是最好的年代。不平等处于（历史上）最低水平，真实周薪收入则处于最高峰。

然而，如果以恒定美元来看，也就是相同购买力的美元币值，美国的周薪中位数在70年代末一落千丈，该趋势在图50中显露无遗。平均下来看，美国工人们的收入越来越糟。一个全职员工的收入中位数在1979年与1980年分别下降超过4%和3%。罗纳德·里根称自己入主白宫为"美国之晨"的开始，对大多数人来说实在是一个冰冷惨淡的早晨。

1981年，美国全职员工的周薪中位数跌落到310美元的低谷。接下来的恢复微弱到可以忽略不计：80年代后期真实周薪水平尚未达到330美元，也就是每天多拿了大约3美元。所有全职员工中有一半人，也就是美国人中的大多数，每天拿回家的工资不到47美元，以此养活自己和全家。在80年代后期，微小的上升再次消失，90年代初期的恢复与上一次相比更不值一提。直到90年代末，回升速度才再度稳定在每天能够多拿回家3美元。20年时间里发生的技术进步带来的却是大规模失业、裁员、朝不保夕、工会解散、社区崩溃、家庭解体，乃至人们自身的崩溃——美国人口的预期寿命增长止步不前。

今天，美国的周薪中位数又一次开始缓慢增长。1999—2019年间，美国员工再一次实现了每天多拿到3美元工资的进步——但这次进步耗时20年，或者说平均每年日薪增加了15美分。今天用折换成1983年的3美元能购买什么呢？最近一代的美国全职工人们已经是经历工资停止增长的第二代了。但并非所有一切都保持不变，不平等在这些年里变本加厉。中位数收入以下的那一半美国全职员工的生活变得更加不易，更不要说临时工和失业人员了。只有收入远超中位数的少数人才能

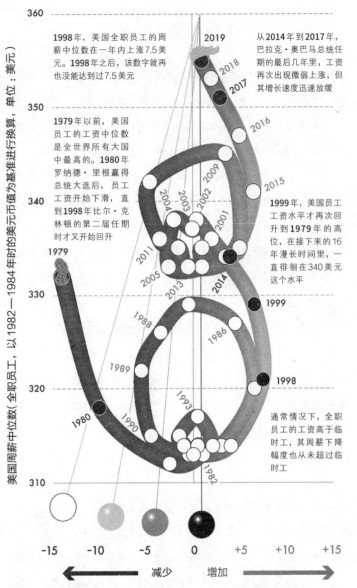

图50 美国全职员工真实周薪中位数，1979—2019年

数据来自美国劳工统计局，采用美国经济分析局报告《全职员工：真实周薪中位数，16岁及以上领取工资的工人们》（以1982—1984年CPI换算过的美元计算）。数据于2019年5月19日下载自圣路易斯联邦储备银行（FRED）经济数据，https://fred.stlouisfed.org/series/LEU0252881600A

真正享受到报酬、分红、奖金、年薪(在富人们的语言里,这些很少被称为工资)的显著增长。享受收入明显增长的人数很少,尽管他们在美国国民收入总额中所占比例巨大。[22]

人们害怕放缓,因为他们认为现状不应该停在这里。在美国,人们相信经济一旦停止增长,大多数人的生活将变糟,因为一直以来,他们就被灌输如此观念。停滞不前的稳定性等同于贫穷。但并没有任何理由证明一定会如此,过去就曾有过这样的时期,那时的经济收入比现在少很多,但大多数人却生活得比现在好得多。如果你认为对于大多数美国人来说,日本并不是最佳对照的话,那么不妨将视线转向欧洲,看看那里正在发生的一切。

在美国之外,人们正以极为不同的方式应对自动化、需求减少、资源分配等方面的挑战。在芬兰,人们采用"劳动力市场三方合作"的方式来确保中年普通员工不落在其他人之后,能够真正享受到劳动成果。[23] 三方合作在丹麦也很普遍,尽管在那里时不时地会被认为效率不高。[24] 在德国和瑞典,"2016年社会各行业组织了至少8个大型三方合作委员会,解决数字化和劳动力市场问题"。如果你还不知道三方合作是什么,可能因为你生活在美国或英国——它指的是雇主组织、行业工会和代表国家的政府三方签订的协议合同。

在发达国家之外,有时候情形比今天在美国所见的还要差得多。2019年2月,马来西亚的报纸《新海峡时报》报道,数以亿计的劳工哪怕已经从事一份或多份工作,依然一贫如洗。它所引用的一份全球报告的结论是:"去年全球所雇用的33亿员工中大多数都深受'物质、经济安全、机会平等或个人发展前景'匮乏之苦，足足有7亿人尽管有雇佣工作，却依然生活在极端贫困之中。"[25]《新海峡时报》告诉它的读者们全世界劳工数量中的61%，也就是20亿左右的人，处于非正式雇用关系之中，几乎没有或只有很少的社会保障。这些人生活和工作的国家所采用的方式往往是美国式的，因此与美国一样，它们将成为最后一批转型进入大稳定的国家，但与此同时，它们又很可能在未来让这种转型以更快的速度发生。在提高国民生活水准上，美国是当今全世界富裕国家中进展最慢的国家。与之对比，在世界的其他地方，大加速很早之前就已发生，正朝向稳定的方向发展，阿姆斯特丹就是绝佳的例子。

金钱的幻象

如此之多的事物正在放缓，让人难以决断该举哪些例子。今天，对于生活在富裕世界里的许多人来说，最大的开支是住房。而在贫穷国家，最大的开支往往是食物。曾经有一段时间，在富裕国家，人们预算中最昂贵的东西是汽车，而其所发生的年代并不久远。我们常常把住房当作一种资产，它似乎总是处于升值之中。但这并非放之四海而皆准的真理，如果纵观全球和各个时期，这只不过是在最近几代人身上观察到的现象而已。

图51所示的时间线是一处著名住宅区的住房价格变化曲线：记录了从1628年到1973年阿姆斯特丹绅士运河

(Herengracht Canal，阿姆斯特丹富人住宅区）旁房子的平均价格。如果该记录持续更新到今天，也不会与图中所示有太大不同。以真实价值计算——参考工资或年薪以及通货膨胀的变化，房屋价格的长期表现通常很稳定。最高价格比最低价格高了4.8倍：在绅士运河的例子里，最低点出现在1814年，而最高点则出现在1724年。在超过250年的时间里，阿姆斯特丹的房屋价格处于高峰之下，但大多数时间，该价格徘徊在一个稳定的数字区间。要想体会这一点，我们必须以代际为尺度进行回顾，而非只看几十年。

自1952年起，英国的全国建筑学会就开始收集英国的房屋价格数据，所以我们今天能够毫不费力地找到X世代最初出生那一年英国的房屋平均售价（未经通货膨胀换算）不到2000英镑，[26]那是1956年。到了1982年，也就是Y世代（千禧一代）最初出生之年，该价格上升到24000英镑，等到Z世代降临的第一年（2012），更是上涨到164000英镑。

绝对价格的跳升看上去幅度惊人，但相对增长速度在这一阶段放慢了将近一半。Z世代父母买房的价格比Y世代父母买房的价格高了6倍，而在之前一代，这个倍数是12！但生活在这些年代里的人并没感觉到价格上涨放缓，特别是当收入跟不上房价增长的速度时。不管怎样，房价的上涨确实在放慢。两次房市崩溃是主要的短期因素，这两次崩溃分别发生在1989年和2008年。如果篇幅允许我在此处展示英国的时间线，你就能看到这两次崩溃都进入了负数区域的闭环。（我将这些时间线放在本书网站上，还有图51对应的表格。该网站收入

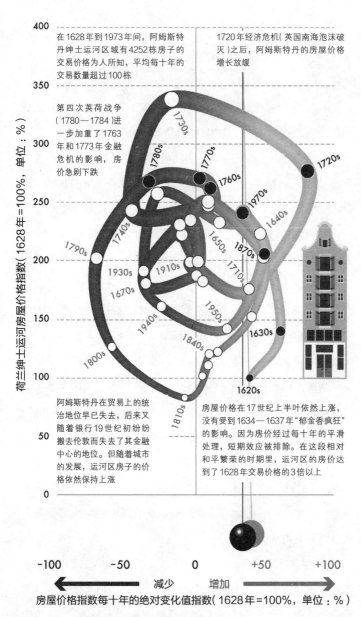

图51 荷兰绅士运河房屋价格指数，1628—1973年

时间线以经过通货膨胀换算后（真实荷兰盾）的1628年平均房价为基准，换算成百分比的形式，而非未经通货膨胀调整的表面金额。数据来自Piet Eichholtz的《长期房屋价格：绅士运河1628—1973》，选自《房地产经济学》(*Real Estate Economics*)第25期，1997年第2期：175—192页，https://papers.ssrn.com/sol3/papers.cfm?abstract_id=598

了更多图表，因为印刷篇幅限制，无法将它们一一收入本书。网站：www.dannydorling.org。）

我们常会过于执着房价的近期变化，那些欠着房屋抵押贷款，或负担好几处房屋抵押贷款的人更倾向于如此。英国新建房屋价格从2016年第三季度时的峰值（来自全英建筑学会的数据，精确性惊人，精确到英镑个位数）的219881英镑，跌落到2017年初时的216824英镑，在2018年7月达到217010英镑的高峰，在2019年4月时，该数值只有214920英镑。但让我们退后一步，忽略这些精确的数字，只考虑长期变化趋势。

如果我们以长期的角度审视英国数据，关于近期所发生的变化将以一种完全不同的方式呈现出来。1989年的房价崩溃会被放大，不亚于发生于2008年时的崩溃。如果我在书中收入该时间线，你就能看到这两个闭环具有差不多相同的尺寸，但是就算你看不到它们，你也已经在本书见过足够多的此类时间线，能够想象其形状。房价上涨的高峰呈现出一系列随时间逐渐变小的凸起而变得更容易分辨。通货膨胀并非只是20世纪70年代的特征，事实上，在接下来的每一个十年，它都如影随形地伴随着我们。但随着通货膨胀也在放缓，每一次房价的高峰也因此变得比前一次更小。

2014年，一位为《金融时报》撰稿的记者试图解释这一切对于生活在英国的人们来说意味着什么，同时也解释金钱幻象在更普遍意义上的含义，这个解释无疑令人痛苦："从数据开始的1975年到1983年，房价在整体上并未上涨，即便其表面价格从1978年到1980年增加了50%。拥有房产者或许会感觉自己变得富裕了许多，但实际上他的房子所对应的商品与服务的价值与从前相比并没什么变化。这种感觉在通货膨胀的作用下，就会带来金钱的幻象。它能让人感觉良好（至少可以持续一小段时间），因为工资在增加，哪怕与此同时，通货膨胀正侵蚀着工资的购买力。但对于那些房产拥有者，他们确实变得更加富有，因为他们每月支付的抵押贷款金额在他们迅速增长的工资中所占比例正在变小。"[27]

1972年，英国房价上涨了11%，1979年涨了8%，1988年涨了6%，2014年上涨3%，2018年7月显示一年上涨了2.5%，但到了2019年4月的高峰，房价一年只上涨了0.9%。大多数上涨的高峰相对前一次高峰都会低一些，而且变化速度也逐渐放慢。如果过去的趋势——房价在一段较长时期里以越来越慢的速度缓慢上涨，在某些时间点出现迅速而短暂的加快——得以持续，英国的平均房价最终将接近每栋100万英镑，或比这个数字高一些。但如果英国经济放缓，这个数字将远低于上面的估计。房价不可能永远持续增长，没有什么东西能够永无止境地增长。

绝对价格的曲线让人觉得价格上涨正失去控制，使用相对数值和对数坐标的曲线看起来更有规律可循，可以使过去的价格下跌与近几次的下跌处在同一个尺度上，至少在真实价值上如此。1972年到1974年价格上涨的放慢程度超过1979年到1981年。80年代初期的价格下滑与1988年到1990年间所发生的下滑相似。而2007年到2009年间的英国房价下跌幅度比最近几次价格变化（最近的那次开始于2016年）中的大多数大得多，但如果以相对数值——对数来衡量，下滑就会看上去温和一些。美国也发生了同样的情况。

那么未来会发生什么？我们对此确实一无所知，但在预测可能发生之事时应该有一个大致的方向。例如，类似20世纪70年代初期时的房价突然加速增长现在已经变得非常不可能，当时所有商品的价格都在迅速上涨，不仅仅是房价，工资也在增长。作为对比，考虑到长期趋势以及发生在90年代和过去十年的下滑，房价在近期下跌应该不会让人惊讶。但是长期趋势仍然指向价格稳定，恢复到每季度只发生微小变化的状态。

近几十年来住房价格上涨了如此之多，怎么可能说现在的增长速度还在放慢？好吧，至少可以从两个角度看出这一点。第一，在2017年、2018年和2019年，英国的房市明显放缓，不管你以何种方式绘制曲线，都明白无误。更重要的是，如果与长期比较，现在出现的任何增长都显得非常缓慢。自20世纪70年代以来，几乎英国与美国每个十年的房价与前十年相比，增长的比例都在减小。作为投资的房屋资本增值正在放慢，人们将视房屋为家，而非富人们的退休投资计划。

在我们进一步谈论房价这一主题之前，不妨再探讨一下另一种不同的东西——黄金。图52中的金价并未经通货膨胀调整，因此价格看起来涨了又涨。但每一次上涨总是被一次崩盘迅速终止，接下来是一段持续数年之久的价格稳定期。稳定期的金价似乎围绕着某个固定价格浮动，直到该趋势被打破，恢复向上爬升的势头。今天，全球金价上下浮动的固定点大约是每盎

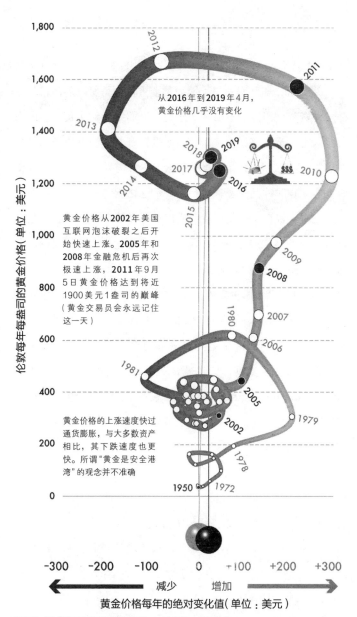

图52 以美元计价的黄金价格,1950—2019年

数据来自《金融时报》(1968年4月-1974年3月);塞缪尔蒙塔古有限公司(Samuel Montagu & Co. Ltd.,1974年4月—1980年12月);《金融时报》(1981年1月—1998年12月);伦敦金砖市场协会(1999年1月至今),见《历史黄金价格——1833年至今》,下载于2019年9月9日 https://nma.org/wp-content/uploads/2016/09/historic_gold_prices_1833_pres.pdf

司1250美元。

黄金价格非常有意思，因为黄金被认为是避险港湾，就像是某种资产。当时局不那么安定时，人们纷纷购买黄金，因为人们认定黄金能够保值（而且能通过持有黄金躲过税务当局的关注）。但是，除了首饰和一些电子零件需要黄金之外，黄金的价值全在对冲其他资产风险这一信念之上。一旦世界正在放缓这一事实被广泛接受，我们或许很有必要自问：黄金的象征意义已经不再与过去一样，为什么还要冒这么大的风险以黄金这种形式持有这么多的财富？

从1956年到1982年，黄金价格翻了10.7倍，而英国房屋价格在同一时期翻了12倍。从1982年到2012年，黄金价格增长了4.4倍，比英国房价同期增长的6.8倍低了挺多。根据另一个数据源，也就是英格兰银行的复合房价指数（composite house-price index），在V世代出生的年代——1901年到1928年，房价增长了67%，从1929年到1955年，也就是W世代出生的时期，房价增长了169%，增长了一倍多，接下来在X世代出生的年份（从1956年到1981年），房价增长了1152%，也就是增长了将近12倍。自此之后，真实房价处于稳定，或者仅以相当缓慢的速度增长，并偶尔出现下跌。如此快速的增长还会再次出现吗？房价增长和通货膨胀的高峰已经在X世代出生的年代成为过去，这种高速增长如果还能再次出现，将令人十分吃惊。

为什么英国房价在1956年到1981年与全球黄金价格一样，出现飞速上涨？首先，它与供求关系毫无关系，该时期的房屋供应上升得远比需求快。1981年进行人口调查时，即便是住房条件最差的1/10人口也平均享有一栋房间数与居住人数相同的住房，住房状况改善就发生在1951年到1981年两次人口调查之间，这时正是战后房屋极速增长的时期。[28] 与此同时，越来越多的黄金被开采出来。2010年开采出来的黄金远超2000吨，到了2018年，该数字更是超过3000吨。[29]

消费者们怀疑黄金和住房的价格并不受供求关系影响。1988年，经济学家卡尔·凯斯（Karl Case）和罗伯特·希勒（Robert J. Shiller）向居住在美国4个城市并在近期购买过房屋的消费者发出了2030份调查问卷，询问他们认为是什么因素导致了房价变化。"886个回复者中没有一个人说出供需关系的影响，或关于未来供需关系的预测。"[30] 这两位经济学家总结："消费者对基本客观情况的关注尤为缺少。"如果他们能够意识到那些购买者早知道供求关系并非决定房价的基本因素，或许会乐观一些。毕竟，在整个X世代的童年时代，美国的房屋供应增长得如此之快，供需关系怎么可能是决定性因素呢？

在与同事卡尔·凯斯发出这些问卷调查25年之后，罗伯特·希勒获得了诺贝尔经济学奖。那么，如果决定房价的不是供需关系，又会是什么呢？切实带给消费者影响的是预期。房屋经济学家们没有答案，他们认为对抵押贷款的限额分配会让房价回落，但如今回过头看，那几年房价上涨得更快。要想让这些模型看起来正确，他们必须引入一个"狂热指数"，正是"这些交易活跃和狂热的时刻刺激需求的指数急剧上升，最终表现为更高的价格，1971—1973年、1978—1979年、1986—1989年房价的显著上升都是缘于该机制"。[31]换一种说法，他们认为每次房价上升，都是由一些奇怪而难以预测的因素导致的。买方和卖方突然预期房价将一涨再涨，他们的预期就确实会在接下来的一段时间得以实现。但这些经济学家们的模型无法预测这个"狂热指数"何时开始上升，或者狂热何时开始消退。

回过头看，到底是什么因素能够解释每次房价上涨？不管是什么因素，它都必须发生在房价上涨之前，也就是应该发生在1970年、1977年、1982年、1986年、1996年和2010年这几个房价增长很慢，但又处在爆发前夜的年头。1977年，一个后来当上英格兰银行行长的年轻人指出，那些年的租房价格受到史无前例的调控，那些配了家具的私人房屋出租也如此。[32]那么为什么在这样的好时候人们还愿意付更多钱去购买房屋呢？

1988年针对消费者的调查也证实，主要答案在于预期，或投机。1970年，右翼保守党赢得英国大选。保守党倾向于保护房产所有者、老年购房者和房东利益，当房价上涨时，这些人获益最多。1977年，人们认为以工党为首的政府（1974年的大选胜方是这个左翼政党）将会解散议会，提前选举，但这次选举被拖到1979年。与之相似，1982年和1986年都是保守党赢得大选的前夜，而1996年则是"新工党"（与旧工党相比，该党更偏向于保守）获得第一次胜利的前一年。2010年房价上升，因为在此前不久，保守党与自由民主党的联合政府刚刚被赶下台。

研究了美国房价趋势的经济学家们常常将70年代时的房价飞涨归因于利率降低，并认为80年代的上涨缘于税务调整。事实上这两次上涨都更可能是政府政策变化导致的结果，是民主党还是共和党主导政策，以及他们所任命的官员作了什么选择起着重要作用。然而，这两种标准解释都未留意美国局部地区的房价变化，而后者只能以预期来解释："自住住房的投资者并没有理性预期，只能将过去的经验放大，期待能够在未来获得投资回报。"[33]

经济学家们研究了历史上最长的住房价格系列——图51所示的阿姆斯特丹中部地区长达355年的记录，发现在房价上涨或下跌之后会发生"向正常平衡点的回归"。这种回归有可能长达数十年，而且最终回到的平衡点也可能与前一次大不相同，人们完全有理由问，既然如此，这个平衡点又有什么意义？[34]

股票投机

主流经济学家在近几年承受着巨大压力，他们无法预测或建立模型，来解释房价这种基本指标如何变化。很有可能这是一个不可能完成的任务，但那些经济学家也不肯轻易放弃。譬如，学者马修·德伦南（Matthew Drennan）就曾指出："主流经济学家所秉持的消费理论不考虑收入分布，因此无法全然理解大衰退。"[35]

在最近的那场始于2008年,被认为慢慢发酵并一直延续至今的超长期衰退并非孤例,有多次先例。本书先前已经多次提到过互联网泡沫。想要理解该泡沫是如何发展的,只要想象在1996年的圣诞节前一个星期你坐在纽约的办公室,手上有客户的钱需要投资——你的那些超级富豪们对金钱十分关心。你的工作就是指导客户往哪里投钱,你从他们的投资中拿到一个很小的比例作为酬劳。你需要在新的一年保住工作,甚至还想挣点奖金。在你最新型号的多帧同步、彩色VGA阴极射线显像管显示器上,[36]有类似图53的时间线,包括了许多信息技术公司的纳斯达克综合指数的变化图,你会怎么做?

在今天,如何投资是一件越来越难的事情,因为有越来越多的热钱,跨越国家的边界快速流动,涌入或逃离房地产和其他投资市场。这些钱横冲直撞,只为了追逐利润,以获得最高回报为唯一目标。钱最多的人希望获得比其他人都多的利润:在他们眼中,每年2%或4%的增长是不可接受的。他们想要看到自己的财富每年获得10%以上的增长。他们也花得起钱寻求"最佳建议",现在假设你就是提供建议的人。2018年,随着一切都在明显放缓,追求越来越高的利润变得越来越难,一些经济学家开始呼吁以立法的方式控制资本,限制进出国家的资本额度。[37]在崇拜利润的人的眼里,资本管控就是异端。但就算你预见到这一切,身处1996年的你依然束手无策。

你坐在将近1/4个世纪之前的美国办公桌前,需要忘掉近来发生的一切。1996年处于第一次限制投机之前,当时的中国远未被认为是美国潜在的经济竞争对手。

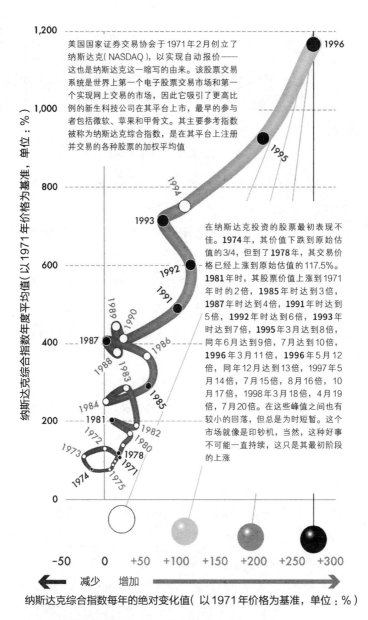

图53 纳斯达克综合指数，1971年2月—1996年12月

数据为根据1971年价格换算的百分比形式，来自纳斯达克OMX小组，2019年5月12日下载于FRED，美国联邦储备银行圣路易斯分行，https://fred.stlouisfed.org/series/NASDAQCOM

2018年之前，要求国家加强投资管控的呼吁已经不绝于耳，尤其是在中国，许多人预言中国好几个主要城市的住房价格将在2017年与2018年崩溃。[38] 2017年，政府公布了一串城市名单，鼓励进行干预，以避免当地泡沫破裂，该名单上有：北京、沈阳、成都、武汉、西安、深圳和重庆。[39] 中国政府确实进行了干预，其解释是"房子是用来住的，不是用来炒的"，但直到2019年，依然有人鼓励中国政府不要让住房泡沫胀得更大。[40] 这只是这个故事里的一个小小插曲，还是让我们回到从前。

1996年12月，坐在豪华办公室里的你，对2018年发生的事当然一无所知。你还要去买圣诞礼物，让老板满意，期待着即将开始的家庭假期。你还年轻，并没有一个能让你看到未来的水晶球。你不可能预见到有一天，一个联合国组织会说："2017年全球工资增长不仅低于2016年，并且跌落到自2008年以来最低的增长速度，远低于全球金融危机发生前的增长水平。全球工资增长以实际价值（也就是排除通货膨胀影响之后）计，从2016年2.4%的增长降低到2017年1.8%的增长。如果排除了因人口众多而且处于快速增长的中国对全球平均数的影响，全球工资实际增长从2016年的1.8%下降到2017年的1.1%。"[41]

你在整个人生中，只见到过增长，而且是加速增长，只有偶尔打断进程的价格下跌打击了少数倒霉蛋和短期投资者。作为第二波婴儿潮的一部分，你出生于20世纪60年代，你不知道那个"婴儿高峰"会在1990年重复出现，虽然规模较小，因为那时的统计数据尚未出台,更别说仔细研究了。当时正是1996年,你相信计算机的前景,如果你的客户们投资在最新技术上,将会获得巨大收益。因此你告诉自己这一切都天经地义,因为正是他们的投资推动了创新和进步。不仅如此,你还相信你的高工资是市场对于你长时间案头辛劳的恰当回报,你对自己的天才确信无疑。你听说第二年,也就是1997年,液晶显示屏将是下一个风口,你坚信永远会有下一个风口等着你。

你还知道股价会在短期发生随机波动。除非你有内幕消息(但利用内幕消息进行股票交易是非法的),不然不可能知道接下来会发生什么。但是,你有来自客户的10亿美元进行投资,你也有一个非常简单的策略:创建一个大规模、具有合适杠杆、中性的股票投资组合,上午扩张,下午收缩,日复一日,每天如此。[42] 尽管参考指数主要来自纳斯达克,你依然可以在几个方面微调一下,以反映你的天才。但不要调得太多,因为在你心底,你知道自己的天赋到底几斤几两,在你意识到自己挣到比父母一辈子所挣多得多的钱时才会自我安慰一下。在这种状况下,只要股价整体上处于上升阶段,你的账户表现就不会太差。

事实上,只要平均每天增长0.04%(对于大多数股票来说,这属于正常波动范围),你的投资组合将实现从1996年到2019年11倍的增长,已经高于市场的正常收益。[43] 你的客户将获得这些收益中的大多数,只要他的投资总额足够大,交易成本足够小,就不至于抹去你的特别收益,这种收益比普通投资金额的收益高出一点点。

你感觉自己很幸运，比之前投入了更多资本，并在午饭时喝一杯，以庆祝所得。时间证明你又一次交了好运，1996年圣诞是购买科技股票的最佳时机，如图54中的时间线所示，在此之后股价一飞冲天。全球历史上股价最快的增长速度就发生在接下来的36个月里。如果你在1996年圣诞前夜购买了数十亿美元的纳斯达克股票，每个单位的股票价格大约是1287.63美元，到了1999年12月，仅仅3年之后，1287.63美元的股价已经上升为4069.31美元。你的收入也在3年之内翻了3倍，你变得极为富有。其他人，那些你不认识的人，与此同时变得更加贫穷。你并不知道，他们之所以变穷，正是你的股票直接导致的。你的行为并未创造如此之多的价值，挣到的钱显然来自其他人。但你相信市场的"涓滴效应"（trickle-down）会让穷人们自然而然地得益。[44]

当然，灾难最终会将临，但你早就投资多元化了。你用自己赢来的钱买了一些房产，1997年买了一些，1998年和1999年买得更多。房租收入相当不错，资产增值更是可观。你在2000年和2001年的互联网泡沫破裂中幸存下来，尽管你的工资和奖金再也无法实现那么快的增长。你在2003—2007年的小规模繁荣中谨慎了一些，也成为公司的合伙人之一。

你每天上午（当地时间）在全球各个市场购买股票，并在下午收市前卖出，这些技术似乎依然有效。尽管你安然度过2008年的大崩溃，但是一切变得有些不如从前，更年轻的交易员们能够更好地应对压力。市场在2008年后不久又开始一涨再涨。2015年让人虚惊一场，但很快恢复，这个场景在2019

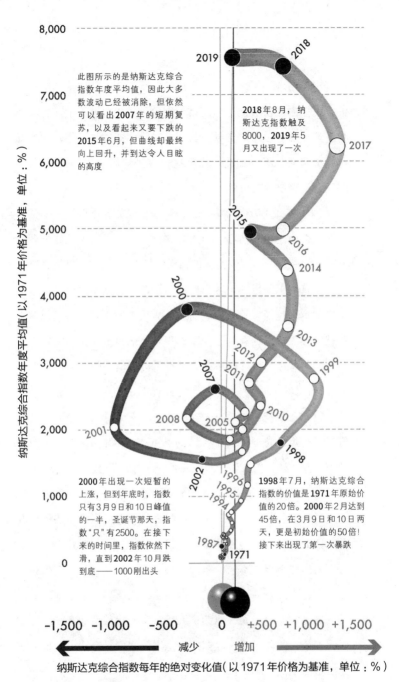

图54 纳斯达克综合指数，1971年2月—2019年5月

数据为根据1971年价格换算的百分比形式，数据来自纳斯达克 OMX 小组，2019年5月12日下载于FRED，美国联邦储备银行圣路易斯分行，https://fred.stlouisfed.org/series/NASDAQCOM

年夏季又出现了一次。但富人依然富得流油,他们依然向你寻求建议,你最初那批客户的孩子们也已成年,继承了如此巨额的遗产,加入了他们父母的行列,成为你的客户。你让他们变得更加富有,不仅如此,你现在也成为他们中的一员。但是,有一天,整个游戏结束了。

21世纪20年代的某一天,市场信心开始下降——不是短期信心,而是长期信心。与以往相比,一些根本不同之处开始出现,你尚未能够认清其规模和样子,因为过去从未见过它们,这一次真的不同以往。客户们的要求越来越多,但愿意承担的风险却越来越低。招募最聪明最优秀员工的愿望开始变得越来越难以实现。很少有爱惜羽毛的年轻人愿意全无保留地投身于对利润的追逐与崇拜之中,甚至也不再相信其姊妹理论:涓滴效应。你拥有的个人出租房产所在州正威胁要推行租金控制政策。特朗普总统早在2019年就已修改税法,因此你无法将支付给纽约州的高额州税在联邦税中扣除。你开始纠结是否应该搬去佛罗里达,但人生苦短,在那里罹患皮肤癌的风险太高。

你研究着时间线,从1996年圣诞夜开始兴致勃勃地追随了超过1/4个世纪的时间线。忽然之间,你意识到那些股份并没有什么价值,拥有各种知识产权的公司已经在好几十年里没再发明出什么根本不同的东西。那一切只不过是对科技公司短暂的镜花水月般的迷恋而已。那些公司之所以发财,依靠的是天真而无知的年轻人,他们长大后常常变得狡猾和贪婪。那些存活到今天的公司之所以如此,是因为它们只交很少的税。在你出生的年代,这些公司甚至尚未成立。

你忽然感到醍醐灌顶，意识到对自己和一些为数不多的世界富豪们来说，当世界开始放缓后，没有安全之地，没有什么能够保持稳定。你陷入迷茫，如果政策也随着放缓的世界出现变化，未来会发生什么？你早早退休，卖掉资产，搬去佛罗里达，为网上文章写下奇怪的评论。当你进入暮年，你终于意识到一直以来你坚信不疑的东西实际上谬之千里。

第 10 章
地缘政治：
在一个放缓的时代

> 我们已经失去了空间感。我们说"空间已经被征服"，但被征服和击败的是我们，不是空间，我们失去了对它的感知。
>
> ——爱德华·摩根·福斯特（E. M. Forster），1909 年

只有在人生的后半程，你才会开始意识到自己许多信念的错误，因为只有在你更成熟时，才会以恰当的方式质疑它们。但是，也有许多人至死不渝，他们抱着不变的信念过完自己的一辈子，我就是这些人中的一个。另一些人会从根本上改变自己的观点，如果他们的所思传播到年轻人中（那些刚开始形成自己对世界认知的人），其长期政治效应可能是巨大的。

思想常常按地域性从近到远扩张。但随着 1837 年电报的诞生和福斯特年代电话的普及，以及 1974 年互联网的出现，空间开始迅速塌缩，有些人甚至认为空间已经消失。[1] 随着我们通过相互连接机器传播信息，思想在空间上的跳跃也变得更快。但即便如此，不同地域的政治气候差异给了我们成为深刻

而坚定的思想者的希望。另一个世界完全可能（因为它们已经存在），正活生生地存在于地球上的某个地方。你能在一些特殊的地方窥见它们的影子：那些在放缓方面"领先一步"的国家，以及那些特别的头脑里。

居住在那些特殊地方的居民开始意识到他们能够合作行动，在加速最快的年代风行的哲学家和小说家安·兰德（Ayn Rand，1905—1982）的作品所描绘的自私时代如今已经逝去。兰德是一个糟糕的小说家，她是一场被称为客观主义（Objectivism）运动的领袖——这场运动堪称对自私自利的狂热膜拜。她相信为公共利益努力毫无意义。类似兰德这样的自私自利者在任何年代都会出现，放缓时代的地缘政治必须击败她的追随者们。尽管她是许多极右翼政客和自由主义商业精英的偶像，但你可能从未听说过她，这就是好的迹象——团结起来的我们能够战胜自私自利的明证。[2]

17世纪的阿姆斯特丹第一次见证了近现代的自私自利，绅士运河的房价上升到前所未有的高度（见图51），当时"每个人都在做生意，除了自己的利润之外别无其他关心之事，我可以在这里过一辈子而不被任何人注意到"，这是勒内·笛卡尔写于1631年的文字。[3]尽管被人遗忘正合笛卡尔本意，但对大多数时代的大多数人来说却未必如此。我们都需要一点点他人的承认。在政治上，告诉他人无关紧要的方式就是对他们视而不见，尤其在我们向他们支付极为菲薄的酬劳（蓄奴制）时更是无比有效。

放缓后的地缘政治关注先前被忽略的身份卑微者，因为快速发展停止之后,少数人压制多数人将变得十分困难。18世纪时,巴黎成为突出的快速发展地区,也是在阿姆斯特丹之后的另一个自私自利的中心。1721年时的巴黎,法国人永远急急忙忙,"因为(据说)他们都有重要生意等着处理"。[4]在巴黎,人们只有死去以后才能休息。确实有许多人死于一场革命,这场革命开始于1791年的海地奴隶暴动,终于1793年的巴黎。

许多人渡过英吉利海峡,逃离法国,接下来伦敦成为建造世界上最昂贵码头的城市。直到19世纪30年代,那里依然令到访者目瞪口呆、充满敬意。下一个继承发达资本主义衣钵的城市是纽约,1904年,时代广场成为新的圣地,其名字来自一份报刊,而非时代本身。今天,发展的中心又移到北京,无论是从人口还是财富上看都如此,但其方式与前例略有不同,许多西方学者尚未完全认知这场独特的变化。[5]

到2017年夏季,全世界顶级金融中心排名依次是伦敦、纽约、新加坡、香港和东京。[6]这个排名准确与否并不重要,重要的是其带给人们的印象。几乎没有人关心这个排名依照的是什么标准,几乎所有人都毫无疑义地接受这个排名。在此之后不到两年时间,2019年,同一个组织又给出了一个略有不同的排名:纽约、伦敦、香港、新加坡和上海。[7]显然,这不是一个稳定的排名,但确实是放缓后进入的某种特殊状态。伦敦的地位在下降,仅仅两年时间就失去了第一名的光环,屈居第二,这是从未有过的快速放慢。中国则处于上升中(但其上升速度也在放缓),纽约还在蹒跚前行,东京被上海取代。从总体上说,实力正在分散,并非简单地转移到一个新的中心。

民主与进步

地缘政治与时间的关系不输于与空间的关系。我们对人类的遥远过去的了解已经今非昔比。人类未来又将如何？就在最近，来自美国的一组考古学家在肯尼亚图尔卡纳湖（Lake Turkana）附近发现一个洞穴，他们得出结论：5000年前一大群人曾经分工工作，却没有明显的社会等级，该模式持续了一代又一代，长达数个世纪。[8]

4000年前，生活在被后世称为印度河文明的人们也在没有明显社会阶层差异的状态下建造城市。譬如哈拉帕（Harappa），它被规划得井井有条，拥有宽阔的公共街道、公共和私人水井、下水道、浴池和社区水库。在20世纪20年代之前，所有这些都不为人所知。[9] 我在学校里学到的是罗马人最早发明了这些东西，但他们只不过是欧洲最早而已，他们只是复制了早在2000年前就已经在其他角落出现的事物。

议会式民主最早被追溯到与印度河文明同期的、位于今天叙利亚、伊拉克和伊朗的社群。在印度，同样的体制被认为出现在吠陀时代，当时"通过公民大会进行统治的共和国变得普遍"。[10] 这种体制为性喜周游的年轻人所钟爱，并伴随他们的脚步流传到腓尼基城市，包括比卜鲁斯（Byblos）和西顿（Sidon），然后再慢慢传到雅典。我们倾向于只记得欧洲的文明，譬如雅典。

曾经有一段时间，维基百科说"Ganarajya是已知最早的民主王国，那里的国王由人们投票选择，该制度最早可以追溯到公元前599年：古印度吠舍厘（Vaishali）的跋祇（Vajji），那是耆那教第24位也是最后一位蒂尔丹嘉拉（Tirthankara，意为渡津者）摩诃毗罗的出生地"。但这段话现在已经被删除，取而代之的是一段更长更晦涩的描述。顶着维基百科编辑假名字的专家学者处在一切都在放缓的世界里，开始对过去展开更多讨论，以不同方式为历史涂抹颜色，试图为创建一个不同的未来施加自己的影响。[11]

人人平等的思想不会"发源"于一个地方。从一开始，这就是一种显而易见的实践。澳大利亚的原始民主或许是持续时间最长的例子，沿着一代代祖先可以一直追溯到梦幻般的上古时期。即便在英国，图尔卡纳湖的社会主义者们在属于现在肯尼亚的土地上蓬勃发展了2000年之后，德文郡的古老石屋也暗示生活在其中的人们没有什么社会阶层差别。在3000年前的当时，战争罕有发生，如果没有精英阶层，谁能命令你们互相争斗？[12]

在中国北部平原，人们认为有超过一百代人以相当稠密的方式聚集在一起，过着几乎相同的生活，稳定而可持续。这种社会只有在精英们受到压制时才有可能形成和维持，不受限制的精英会导致战争。[13]永远有一些人情不自禁地讨好精英阶层，声称如果允许少数"知道如何对我们最为有利"的人控制一切，就会万事大吉。2018年，史蒂芬·平克（Steven Pinker）写了《当下的启蒙：为理性、科学、人文主义和进步辩护》（*Enlightenment Now:The Case for Reason,Science,Humanism,and Progress*），他在书中指出，作为物种的人类从来没有像今天这么幸福过。

比尔·盖茨迅速宣称这是自己"最爱的一本书"。[14]

我们能够轻而易举地看出平克的观点有多荒谬。许多人都知道人们消费得太多,他们也知道只有富人才能从平克的思想中获益,譬如装作(或者真的)相信"涓滴效应"真的有用。平克对 GDP 这一旧式经济衡量指标有着特别的青睐。但就像杰里米·伦特(Jeremy Lent)在对平克观点的批评中所表示的,衡量世界进步的指标(GPR)在 1976 年达到顶峰,而"在此之后,该指标稳步下降"。伦特解释说:"用非黑即白的摩尼教画像方式描述资本主义的良善和共产主义的邪恶,平克抛弃了几十年来一大批进步思想家孜孜不倦建立起来的希望模型。这些模型有着丰富的视角和精细的细节研究,避开了平克传统的左、右二分法。进步思想家探寻一种能够取代全球破坏性经济的可能,代之以公平、繁荣和可持续的潜在系统。简而言之,一个能够在 21 世纪实现持续进步的模型。"[15]

更高、更干净、更聪明

当然,还是有许多得到改善的证据,从婴儿死亡率到识字率。但这些改善之所以实现是因为情形变得更糟,这些改善本身并非根本性改善(譬如在没有太多可读之书的条件下学会阅读)。人类身高就是一个好例子,最高的身高出现在狩猎与采集时期(大多数时间在采集,诚实地说),当人类开始进入农耕社会后身高反而开始降低。我们之所以耕作,是因为可供采集的食物太少,当人们被迫在种植园里劳作时变得更矮了。葡萄牙语称这类种植园为fazenda，葡萄牙人还很快从中衍生出feitorias一词，原意为"贸易站"，后来更演化成著名的"作坊"（factories，16世纪在英国与荷兰大规模建造）。[16]然后在英国，逐渐发展出一种不同的"作坊"——工厂，而工厂生活造就了人类有史以来最矮的身高。[17]

随着美国和西欧工厂的工作条件从19世纪70年代到20世纪70年代的改善，人类的平均身高开始恢复到祖先曾经的水平。这段时期里人们的平均身高增加了11厘米，也就是每十年增长超过1厘米。北欧与中欧国家在1911年到1955年获得了最大身高增长。公共卫生和医疗进步的影响超过了战争与经济衰退所带来的损害，但更重要的是，人们获得更多权利并发展民主制度。发现这些变化的研究者们认为还有其他因素起了作用。譬如，"更小规模的家庭导致孩子养育得更好。因而19世纪末婴儿出生率的大规模降低，或许是身高增长的重要原因。此项研究覆盖的几个国家里，出生率下降的趋势在20世纪头十年与30年代之间尤为明显"。[18]那段时期正好也是这些国家的妇女们赢得选举权的年代。考虑到现在全世界生育率下跌速度之快，我们可以很有把握地预测未来地球上将生活着更高的人，但这个增长也将放缓——现在已经出现，毕竟身高终有一个生物学的限制。

对于生活在富裕国家的人来说，身高的最大增长都发生在不远的过去。位于北欧的丹麦、芬兰、荷兰、挪威和瑞典，如今的身高增长相对来说是最慢的，从1955年到1980年，每十年只增长0.99厘米，在此之前那里已经实现了最快增长。[19]

全球身高图（见图55）显示成年人平均身高现在正在回落，因为全球人口构成如此快速的变化着。简单地说，生活在平均身高较高的国家里的人在很久之前就开始生育更少的孩子，而那些生活在平均身高较矮的国家里的人则生育相对更多的后代。现在所有的孩子，在平均意义上，都比他们的父母高，但全球人口平均身高却因为人口构成的变化而变矮了。随着人口构成逐渐稳定，会出现全球人口平均身高的一次加速增长——但只是一小段时间，我们不会长成巨人。

从平均身高突然快速增长然后又逐渐放慢的过程中，我们不仅能看出人类正发生着无处不在的变化，还能看到变化正走向终结的种种迹象。日常所见事物的变化幅度越来越小。水斗、洗衣机、淋浴头和浴缸都在过去五代人间发生巨大变化，但今天它们在形态上已经固定化。尽管新一代产品可能更高效，但我们不再能看到类似自来水的出现、热水器的发明、从轧布机到洗衣机，以及从不洗澡到锡浴盆再到淋浴这种革命性的转变。清洗身体这样的简单日常也已经固定化，就像从前的打井取水一样，从一代人到另一代人，毫无变化——在1901年大加速出现之前。

今天没有人提议发明一种全新的不需要用水的淋浴装置，或者某种全然不同的马桶（尽管确实有人建议回到过去的蹲式排便，因为这样可能对健康更有益处）。事实上，当前的技术进步如此缓慢，以至于对家用电器的细微调整都会被誉为巨大进步，2007年詹姆斯·戴森因发明了无须垃圾袋的吸尘器而获封骑士。早在1901年，几个美国人和英国人分别发明了几种

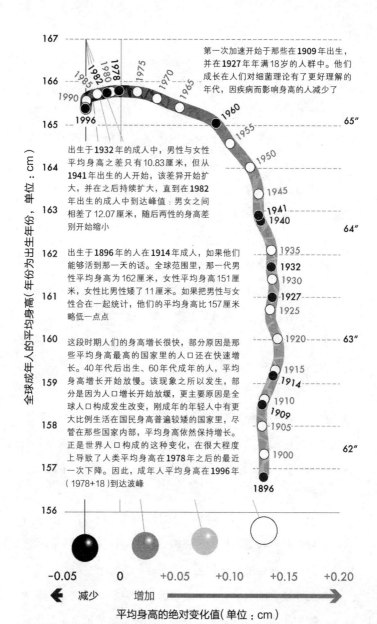

图55 全球成年人的平均身高（出生于1896—1996年间）

时间线显示了人们的出生年份和他们在18岁时的平均身高，左侧纵轴数据以厘米为单位，右侧纵轴以英尺为单位。数据来自 Majid Ezzati 等人的《20世纪成年人身高趋势》，NCD-RisC，2016年7月26日，http://www.ncdrisc.org/data-downloads-height.html

略有不同的吸尘器,但没有人因此获得骑士封号,甚至都没因此出名,因为在当时,此类发明进化得如此之快,你还没反应过来,就又出现了一个新的发明。[20]今天,我们必须费力寻找才能找到创新的例子。并非我们的创新能力变弱了,而是容易达成的成就都已实现,大多数都出现在过去五代人时期。

这些相对来说容易的成就将许多人从工厂中解放出来,让人们更轻松地打扫屋子、清洗衣服和自己。也是这些容易达成的成就让下一代和随后几代再次长高成为可能——直到该趋势在每个国家(并不仅仅是全球平均)再次放慢。

如果你依然怀疑我对最近技术进步变得稀少这一现象的描述,不妨考虑一下现在全世界污水处理厂所使用的将干净的水与污物分离的技术。这项技术发明于 1913 年,第二年,也就是在 1914 年,威廉·洛克特(William Lockett)和爱德华·阿登(Edward Ardern)在《工业化学学会期刊》(*Journal of the Society of Industrial Chemistry*)上发表了一篇论文,描述了"活性污泥"方法的细节,并在曼彻斯特的大卫霍姆(Davyhulme)污水处理厂首次投入使用,当时正是 V 世代的童年时期。[21]保持良好卫生条件还是一个在非常近期才实现的进步,开始于过去五代人中的第一代。今天如果在这方面还能有什么真正进步,肯定不是来自新发明,而是将这一"古老"技术扩散到更多国家之中。

全球范围里,每一代人都比上一代高的现象出现在 1900 年之前不久,但如果对全球人口身高进行平均计算,就会发现该趋势似乎在 20 世纪 60 年代之后不久突然终止。当身高增高的趋势开始扩散时，在一些最富裕的地区，人们的平均身高每十年增加大约2厘米。[22]快速增长不仅体现在身高上，就在人类的身高上蹿后不久，我们似乎还变得更加聪明了。

我们在身高上所见的增长同样出现在衡量智慧的指标上，尽管不像身高，该增长至今尚未放缓。在大加速时代，智商每十年增加约3%。[23]请注意，智商所反映的仅仅是人们在智商测试时的表现，未必能够真正反映出我们在处理情绪或问题的能力上变得更加出色。它仅仅意味着我们在应对纸上数学的能力、分析能力、空间认知和短期记忆方面得到了更好训练，但依然可能在实际问题的解决能力上远逊于擅长于此的祖先们。

这种增长最初并未均匀分布。平均身高和平均智商的增长最初出现在更富裕国家，尤其是那些国家中相对更富裕的社群之中，而且其增速也更快。在不同社会阶层和不同地区中似乎存在着级联效应（cascading effect），这种效应出现在几乎所有事情上，从使用海洛因（最初只有上流社会才能"享用"）到房子的大小与舒适度，最初的受益者都只是富人。包括最早避免有害影响，譬如吸烟、过度饮食或过多使用药物，以及最早尝试有益的事物，譬如玻璃窗、自来水、抽水马桶，和具有更好的通风和取暖性能的房子。当大学不再是培养神职人员的地方之后，也是富人们最早拥有进入其中学习的机会（见图56）。

通常来说，全世界高等教育投入资金的增长与在此之前的中学教育增长大同小异。然而，在某些经历了更严重经济放缓的地方——譬如美国，近来大学毕业生数量伴随着债务的巨幅增加而增长。就像阿丽亚娜·德盖阿登（Ariane de Gayardon）

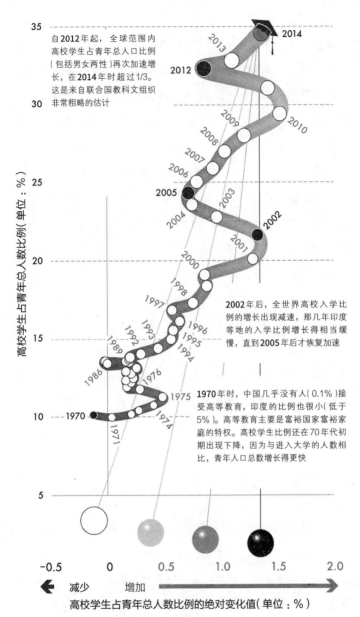

图56 全球高校学生数量，1970—2014年

数据来自世界银行、联合国教科文组织统计局，World Bank EdStats，2019年6月15日下载于https://data.worldbank.org/data-catalog/ed-stats

和她的同事们最近所说:"从1995年到2010年,借自联邦政府的贷款总额增加了3倍。2010年之后开始放缓,反映了联邦政府贷款政策的变化。2014年到2015年,每个本科学生在校期间,平均每年借7500美元的贷款。"[24]在美国,大学生贷款人数和平均贷款金额都保持增长(见第3章图6)。然而,随着贷款人数和大学生数量的增加,我们见证了地球上最富裕国家愈演愈烈的偏执,以及那里的下一代将面对的困境。教育就像是一场军备竞赛,"在10年之内,尝试试管婴儿的夫妇们或许可以挑出'最聪明'的胚胎植入子宫",一个该领域杰出的美国科学家如此预言。[25]

针对胚胎进行"智商精确预判"的技术是否真的存在尚且存疑,更不要说"在未来10年里"实现了。要想预测一个尚未出生的孩子的智商,与他/她自己的基因相比,父母的收入或许是一个更重要的指标。我觉得,或许你能通过比较两个胚胎的基因组来大致猜测哪个胚胎成人后智商更高,但你猜错的概率不会低于猜对的。另一个问题是,如果你基于智商选择胚胎,就不知道你还同时选择了其他什么。人类遗传学尚未发展到足够完美,我们无法了解在选择某单一表征的同时,还导致了什么副作用。

让我们回到我们现在有多高和将来可能变得多高的讨论上,尽管身高深受遗传影响,但人类的平均身高随时间变化并非基因变化所导致,其背后是文化和社会因素。平均智商的变化也一样。因此一点都不奇怪,早年教育(以及父母的社会经济地位和所受教育程度)是一个比基因(某种多基因分值)更好的衡量指标。[26]面对基本上差不多的数据，我们还发现一个孩子能不能获得较好的学习成绩与他或她是否享受较好的学校生活有关，这是一个与前述因素同样重要的指标。[27]在大多数人看来，这是一件显而易见的事，但那些基因决定论者却并不这么认为。这些人常常相信他们的"成功"应该归因于自己出色的基因，而非他们的特权。

速度、两性关系和时代精神

仅仅十几年前，读到一本以《高速社会：社会加速度、实力与现代化》为书名的书毫不稀奇。这本书一开篇就举出电影与电视加速的例子（第2页），"电影、广告片，甚至纪录片的镜头长度比过去短了至少50%"。[28]作者通过这些数据得出结论：电影的平均镜头长度从20世纪30年代的12秒缩短到2010年的2.5秒，过去的电影倾向于在一个镜头中放入更多角色，因此制片人必须用更多时间来让观众记住场景。每多一个角色，镜头长度就会增加1.5秒。[29]作者写到第7页时，开始谈论更遥远的过去，认为"大多数作者同意在1880年到1920年发生了明显加速"。事实上，这个时期真的就是加速最快的时段，原本要说明一切都在加速变化的书，实际上却证实了我们现在正处于放慢阶段。[30]

做事所花时间的变化，可以归因于流程改变。运动纪录被打破是因为更多运动员得到资助、获得时间训练，并且采用新的训练方法及新的运动设备，再有就是使用能够提高运动成绩的药物，这曾在奥运会上帮某些国家的运动员创造了新的纪录。禁药使用随着当今更广泛的禁药测试而确定无疑的放缓。

人类一直想快速思考，这在自然环境恶劣的远古时代更为重要，而近年危险的工业环境也让快速思考变得生死攸关。但是，并没有什么进化上的理由（或证据）显示人类的思考速度变得越来越快。

当然，你或许会说我弄错了重点，与过去相比我们现在需要在生活中塞入太多东西，实现这一点的唯一办法就是以更快的节奏生活。你或许会说今天旅行的速度比马车时代快得多。但与过去相比，其实现在在旅行上所花的时间相差无几，只是两地之间的距离变长了。我们的旅行次数并没有增多，旅行并未占据我们生活更高的比重，只是距离更远罢了。因此尽管我们今天能够走得更远更快，但并非真正意义上的更远更快。

有些事确实发生了根本性的变化，但这类变化并非渐进的，而是突然发生了某种飞跃。两性关系就是一例，如果加速发展，为什么没有出现更多性伴侣、更多婚姻和更多婚外情？[31] 让我们看看"二战"以后的英格兰和威尔士。1947年，大约有40万对夫妇结婚，该数字在接下来几年里略有减少，因为那些因为战争而被迫推迟结婚的人都已经喜结连理。在随后大约15年里，结婚数在每年35万对附近徘徊，一直到1964年，1947年那批结婚的人怀上的第一个孩子年满16周岁，他们这时已可以结婚。还有在1945年、1946年和1947年婴儿潮时期诞生的孩子，他们分别年满19岁、18岁和17岁，年轻的新娘和新郎数量大大增加。

在令人兴奋的60年代中期，结婚人数加速增长。这场增长最初缘于进入适婚年龄的人数增加，但后者的增长很快就放慢下来。随着60年代将近结束时的堕胎合法化，加上口服避孕药的广泛使用，结婚人数的增长开始迅速失速，最大的跌幅发生在1972年到1973年间。年轻人开始听性手枪乐队（Sex Pistols）唱《英国无政府》（*Anarchy in the UK*）的1976年，结婚数量又回落到35万对，但年轻人的结婚年龄上升了，还包括许多再婚人群。1977年，该数字再次下滑，碰巧性手枪乐队也在这年发行了《上帝拯救女王》（*God Save the Queen*）。每年越来越小比例的人口迈入婚姻，但结婚人数基本保持稳定。到了1990年，一些新变化出现了，图57中的时间线非常明显地反映出这个变化。1994年，结婚的只有30万对，到了2001年，该数字进一步跌落到仅仅25万对。是什么导致了如此改变？

我们或许永远无法得到确切答案。那些在70年代推迟结婚的人生育了更少的孩子，因此，大约20年后，结婚的人更少了；90年代初有过一次较小规模的经济衰退，首当其冲的居然是婚姻，结婚成为选项之一，而非必要的。同性恋人群也不再需要伪装自己，至少不用那么普遍、那么长久、那么频繁地伪装自己。与此同时，未婚而有孩子的伴侣也变得更能被接受。女性首次婚姻的平均年龄从1971年时的23岁左右延迟到2015年时的31岁，而同时期男性首次婚姻的平均年龄则从25岁延迟到33岁（所有结婚的平均年龄分别为36岁和38岁）。某些东西在1990年发生了变化，另一些趋势则开始加速——不结婚。不过这个趋势在今天也开始放缓了。

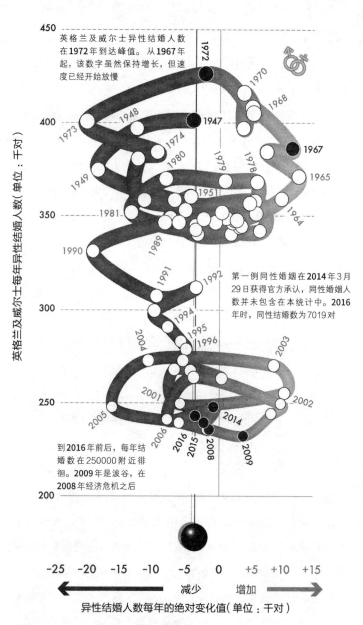

图57 英格兰及威尔士每年异性结婚数量,1947—2016年

数据来自英国国家统计办公室,《英格兰及威尔士婚姻人数:2016》,2019年3月28日及更早版本,https://www.ons.gov.uk/peoplepopulationandcommunity/birthsdeathsandmarriages/marriagecohabitationandcivilpartnerships/bulletins/marriagesinenglandandwalesprovisional/2016

未来的世界

某些地方似乎比别处在文化上略微超前一些。在英国,不婚人数上升最初发生在伦敦,1991年公布人口调查结果,该趋势已蔓延到伦敦所有区域。在美国,以纽约为背景的电视剧《欲望都市》(Sex and the City)在1998年首播,大都市总是能够引领时尚。《危险关系》(Les liaisons dangereuses,1782)的种族主义色彩或许过浓,魏玛共和国时的柏林流行着30年代的卡巴莱歌舞,纽约的爵士时代也颇为大胆,但这些只影响了少数人。[32]在1991年的伦敦,拍摄于1985年的电影《欢乐洗衣店》(My Beautiful Launderette)已经过时。最初,趋势尚不明显,突然之间,其他地方也迅速跟上,先锋变成了新的常态。

有些趋势不难预见。很快,这个世界上将有40亿女性,平均来说,与大多数男性相比,她们将接受更好的教育。当前全世界范围内大学毕业生中女性已经占据多数。很快——甚至该现象已经发生——地球上女性人数将首次超过男性人数。男性的出生人数较多,但女性活得更长。在日本,女性平均比男性多活6年多。[33]天平移向女性的关键因素在于,女性死于生育的人数减少。今天,真正让这个变化板上钉钉的是,基于性别选择的堕胎被全面废止,人们将会发现女儿比儿子更有价值(尤其是在低生育率世界)。在政治转型以及认识到暴力万恶不赦以后,下一个甘地很有可能不是男性。她很可能就是那个名叫格蕾塔的16岁女孩,或来自当前世界数十万年轻抗议者中的某个人。

对未来我们一无所知。有些人说将鲜花放入炮筒,作用有限,但谁又真的知道?政治演化的速度是否也在放慢?为什么在过去130多年里,人类难以找到或发明一种全新而重要的"主义"?[34]社会主义和无政府主义已经那么老,女性主义一词也出现在19世纪80年代,那十年里出现了那么多新词,"失业"在1888年还是一个颇为新颖的说法。尽管在1887年11月13日已经发生了第一次"血腥星期天",那一天,大批失业者涌向特拉法尔加广场。

考虑到自19世纪80年代起,我们就没发明过新的"主义",你或许会怀疑现在人群中流传的各种想法会不会慢慢变迁,最终合并成某种更好的主义。但我们并没有什么全新的思想。社会主义有一些软化了的或者至少不那么咄咄逼人的新发展。与之前相比,资本主义也变得不再那么残酷。帝国主义、殖民主义,我们依然使用这些名词,但现在它们所指称的仅仅是被弱化了的最初形式的回声。法西斯主义也一样,尽管这个词依然邪恶,但现在远不如当年致命。今天还有什么新的主义?无神主义?特朗普主义?

学者们对开倒车保持警惕。2019年,安娜·卢赫曼(Anna Lührmann)和斯塔凡·林德伯格(Staffan Lindberg)研究了从民主社会退回到独裁政治的"独裁化"历史。他们找出发生在109个国家里的217次独裁化事例,制作了一个从1900年到2017年的时间表。世界上只有69个国家在该时间段内未受独裁化影响,而且卢赫曼和林德伯格判定直到2017年,依然有33个国家可以归为独裁国家。但他们并未发现独裁国家数量正在上升的证据。相反，独裁化正在慢慢退潮，当然，其变化速度也在放慢。两位作者得出结论："独裁化的第三次浪潮正在展开。主要表现是在法律层面上民主正在逐步萎缩。尽管这应当引起我们的重视，但此次研究显示我们没有必要恐慌，这次独裁化趋势相对缓和，民主国家所占比例依然保持在历史高位。就像在1992年宣称'历史的结束'过于急切一样，现在宣称'民主的结束'也一样不够成熟。"[35]

在某种意义上，今天欧洲的政治是荒谬的，似乎人们正试图证明卡尔·马克思的"历史总是自我重复"的论断是正确的，"一开始是悲剧，随后变成闹剧"，这是马克思给予拿破仑一世和他侄子拿破仑三世的评价。2019年5月，要求将所有穆斯林从丹麦驱逐出去的丹麦极右翼政党斯特拉姆库尔党（Stram Kurs），推举了几个堪称历史上最可笑的候选人，其中一个的字面意义是"撒尿艺术家"。[36]最终斯特拉姆库尔党只赢得了1.8%的选票，因此没能在议会中获得任何席位。如南非政治学者西瑟姆拜尔·姆贝特（Sithembile Mbete）所观察到的，民粹主义就是一个戏台。[37]

不仅南非、巴西、土耳其和俄罗斯频繁地被当作当今世界民粹主义抬头的示例，随着唐纳德·特朗普的出现，美国也成为该名单上最被频繁提到的国家（当然特朗普喜欢被人提到）。然而，就像卢赫曼和林德伯格所指出的，民粹主义在整体上正在衰退。我们试图找出，我们真正相信的到底是什么，有些地方似乎在抑制个人主义、自私自利、偏执和民粹主义方面比另一些地方领先一步,今天的伦敦与纽约就是两个绝佳范例。

图58呈现了从1932年到2016年纽约州在美国总统选举中的投票结果。此处衡量的是在每次选举中民主党相对共和党的领先优势。1932年,全美国投票选民中有57.4%选择了民主党候选人富兰克林·D.罗斯福,但在纽约州,只有54.1%的选民把票投给了他。纽约州的大多数选民居住在纽约市。但是,变化正在到来。1936年,纽约人投给民主党的比例与全美国比例相似。他们慢慢地将民主党视作自己的政党,但直到1960年约翰·F.肯尼迪当选总统时才第一次确立起纽约州民主党的绝对领先优势。

民主党作为政党登上政治舞台始于南方各州,它最初反对创建联邦政府,并且支持奴隶制。然而,在富兰克林·D.罗斯福的领导下,民主党转变了自己的立场,开始朝向进步、支持工会和民权转化,并且变得更加反种族歧视。正是在这个时期,纽约人总体上欢迎民主党,而民主党的反对者则开始自称保守党——那些人希望能够保留过去的光荣传统,而那时的纽约完全醉心于改革。

自大萧条之后,纽约只有6次支持共和党总统,分别在1948年、1952年、1956年、1972年、1980年和1984年,而对民主党的支持率则螺旋上升,总是上升得比跌落得更多。当理查德·尼克松上台时,对民主党的支持率略有下降,但在吉米·卡特在1976年赢得总统选举时再次上升。罗纳德·里根入主白宫的8年是纽约人越来越确信民主党才是正确的8年。在乔治·W.布什治下,对民主党的支持率略有下降,但在巴拉

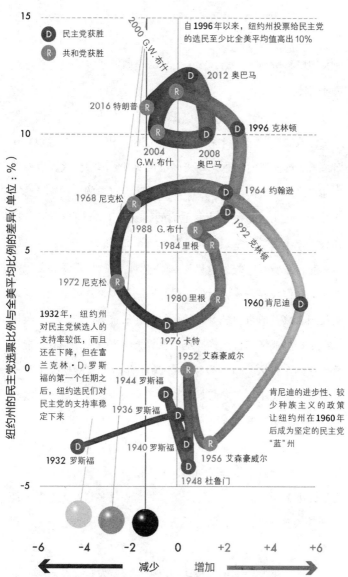

图58 民主党在纽约州的选票优势,1932—2016年

数据来自Dean Lacy和Zachary D. Markovich,《为什么纽约州不再摇摆?美国选举不稳定性起落》(工作报告,2016年),https://cpb-us-e1.wpmucdn.com/sites.dartmouth.edu/dist/9/280/files/2016/10/Volatility.Simple.v8.pdf;及个人通信

克·奥巴马的第二任期选举中到达新的顶峰，当时63.4%的纽约人把票投给了民主党，作为对比，全国投票者中只有50.9%选择了民主党。

不管是长期还是最近，民主党支持率在纽约的上升都与发生在伦敦的反保守力量崛起相呼应（见图59）。观察纽约人在面对未来的问题时，意识到美国不再如过去那般伟大，以及美国霸权终结时会有什么反应将是一件颇为有趣的事，毕竟，直到今天，英国人依然回味着他们的国家当年独步世界的荣景！2018年，保罗·博蒙特（Paul Beaumont）如此写道："当英国人想起自己曾经'统治世界'，对欧盟让步就显得差劲、艰难许多，合作很容易被认为是屈服。因此英国脱欧可以理解为抑制英国衰败、扬帆驶往令人怀念的过往的最后一搏。"[38]英国人在学校里就学到自己曾经统治世界，年岁越大，越有可能被教导这是一件大好事。为什么在2016年脱欧公投中投下赞成票的主要是老年人，尤其是老年中产阶级，最有说服力的解释就是他们当年在学校所受的教育。[39]

关于各国生活水平的排名，生活其中的人的感知存在着差异，此类差异随国家和时间不同而不同。美国常常作为世界实力最强大的国家而坐在头把交椅。尽管在许多指标上，譬如经济创新和教育成就，美国现在已经不再稳居第一，甚至还有很多指标（尤其是与人口健康相关的指标）在排名上迅速下降。与之对比，俄罗斯近年来被认为有着"超常发挥而又不满足的实力"，在那里，精英们觉得外部世界并没有给俄罗斯足够的重视。[40]英国也是一个领导者认为自己应该获得更多尊重的

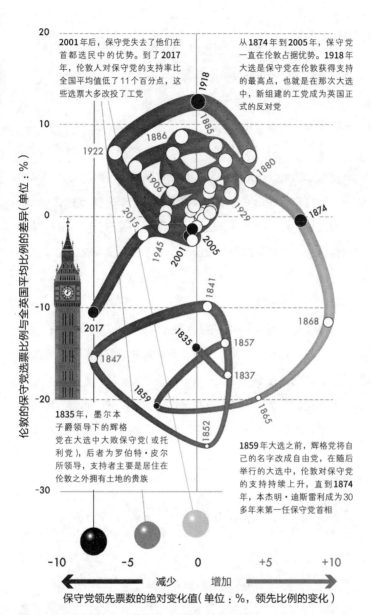

图59 保守党在伦敦的选举优势,1835—2017年

数据来自作者据大量记录(最近的来自选举委员会记录)建立的数据集。详见 https://beta.ukdataservice.ac.uk/datacatalogue/studies/study?id=3061

地方。但与俄罗斯不同的是，英国已经不剩多少石油可供开采，因此可以讨价还价的筹码不太多。

就像伊利·扎列茨基（Eli Zaretsky）最近所说："在英国，脱欧背后的推动力量就是想要被偏爱的心理，甚至是'天选之子'的心理。当'上帝决定开启一个全新而伟大的时代'，对英雄式失败的狂热追求的背后机制就是自恋。"[41]但是英国的中心是伦敦，而伦敦却正在政治上变得越来越与众不同，就像纽约市如今在政治上引领全美风气之先，它已行进得如此之远。纽约市长白思豪（Bill de Blasio）要求警察佩戴执法记录摄像头，减少对吸食大麻者的起诉，向百万富翁们征收更多税金，以及向不平等宣战。

如果仔细研究几年、几十年甚至几个世纪以来的政治变迁，我们会发现其正在放慢。放慢并不意味着一个新的乌托邦诞生了，稳定性也并不意味着一成不变。变化永远在那里，但变化并不总是，甚至也不可能总是爆炸性的。以贫困问题为例，想想中世纪时期永无休止的贫困以及教育缺失吧。稳定性缓和了贫困带来的痛苦以及不确定性，稳定的社会能够找到应对困境更好的方式，因此它能够提供更多安全感。但2019年时的美国，尤其是英国，与稳定隔着十万八千里的距离。

对于自己的国家发生了什么，伦敦人一清二楚。英国最贫困地区大部分位于伦敦，其中几处的贫困儿童数量也是名列前茅。[42]生活在英国的孩童们越来越被分隔开来，不是因为宗教或种族因素，而是缘于穷人、富人和正在缩小的中产阶级之间的差别。北爱尔兰全部来自天主教家庭的学校，和全部来自新教家庭的学校数量从1997年时的827所减少到2012年时的493所。[43]但就在这些历史悠久的分裂逐渐变窄的同时，社会与经济导致的裂痕却在英国越来越宽。

当我们谈起政治时，常有一种先入为主的倾向，就是关注短期事件而非长期趋势。2019年5月初，《观察家》杂志凭借其调查数据宣称："脱欧党上个月才启动，但今天已经昂首向法拉杰（Farage，脱欧党领袖）请愿，国会议员们所恐惧的无协议脱欧正在向着胜利大踏步前行。"[44]2018年才由凯瑟琳·布雷克（Katherine Blaiklock）建立、最初只是一个私有公司的脱欧党在欧洲议会选举中表现不俗。但如果将它与支持英国脱欧的盟友们放在一起考虑[保守党、英国独立党（UKIP）和北爱尔兰统一党，这三个党都属于比欧洲主流保守政党更偏右的党派]，支持英国脱欧的各个政党在欧洲议会中丢失了11个议席，换句话说，减少的席位占了英国在欧洲议会73个席位中的15%。[45]来自脱欧党的29名新上任的MEP（欧洲议会议员）发现自己孤立无援，无法在欧洲议会中找到可以合作的盟友——最初是悲剧，现在成为闹剧。

对政治事件的即刻评论可能很快就会时过境迁。等你读到这段文字时，很有可能杰里米·科尔宾（Jeremy Corbyn，英国工党领袖）已经不再是英国工党领袖。如果你住在英国以外，你甚至有可能从未听说过这个名字。如果你对此一无所知的话，不妨想象伯尼·桑德斯（Bernie Sanders）获得民主党提名，成为美国总统候选人。在2017年的英国，那些支持科尔宾的、进步政治的捍卫者们在科尔宾出乎预料地获得选举胜利，将保守党拉下多数党宝座时如此说道："让我们面对现实，我们一直活在梦想之中，但看看《奥弗顿之窗》(The Overton Window, 2010)，幻想已经变成了现实。这意味着政治前景激起的激情能够催生出改变社会的力量，如果不是如此，我们将陷入困境。科尔宾主义必须起到诱导性毒品那样的效果，否则它将消失得无影无踪。"[46]这段评论暗示了变化的最终到来，但公众观点与选票的变化有着更长的历史，如果有人画出一条时间线，他将轻易看到选民们能在短期内被操纵，以致极右翼政党突然获得大量支持，但这种支持将随着蛊惑的减少而很快褪色。

伦敦人对英国工党领袖杰里米·科尔宾所代表的激进主义抬头做何反应？很幸运，这一切发生在英国，回溯到1835年追踪大选投票趋势，那时的伦敦有着反保守主义的倾向。与全国整体相比，辉格党（后来演化成自由党）在伦敦收获了更高比例的选票。1865年帕麦斯顿（Palmerston）子爵在全国范围内赢得自由党大选之后，伦敦开始转向支持托利党（保守党）。除了其他保守主义政见，帕麦斯顿子爵还是个好战分子。在此之后，伦敦就一直保持着亲托利党的立场，至少维持到2015年杰里米·科尔宾成为工党领袖，如图59所示，那时伦敦人再次变得极端化。这种极端化在更早一些的时候就已开始，肯·利文斯通（Ken Livingston）于2000年当选为伦敦首位激进派市长，但这并不为当时的工党领袖所乐见。

物种变迁

> 人类世(Anthropocene)并非世界的最后一幕,它只是一个开端。如果共同努力,我们可以开发一个比现在的世界好得多的星球。所以就让我们讨论一下我们想要的未来,对我们不喜欢的未来一笔带过。我们需要明确公平分享的价值观,保护我们唯一的地球。我们塑造出的地球形象将反映出我们是哪种人。
>
> ——埃尔勒·埃利斯,2018年[47]

放缓时代到来时并非所有一切都在变慢。越来越多的证据显示我们的资本主义变革已经进入尾声,政治变化的趋势已经显示出种种迹象,不过这取决于你的视角。你必须退后一步选择更广阔的角度,而非被日常小事所蒙蔽。作为一个物种,我们已经发生了根本的改变。我们在如何自我组织、如何交流、信仰何物、如何建立相互之间的关系,以及对世界的认知方面都发生了改变。这种改变还发生在我们的身体上,如果把今天的年轻人送回他们曾祖父母的时代,会发现他们长得比曾祖父母高大。不管你出生在哪儿,这一点在今天都已成为现实。尽管我们知道未来还会出现更多变化,尽管我们尚不清楚未来的具体形态,但我们知道最快速的变化已经成为过去。譬如,我们不可能再看到婴儿死亡率的快速跌落,婴儿死亡率不可能变成负数。

随着教育的发展,每一代人在智力上都会比他们的父母更出色,每一代都比上一代享受更丰富的物质生活,并旅行得更远,尽管近年来,我们在这方面越来越不平等。但这些发展也都临近结束,因为我们只能长到这么高,学习这么多,旅行这么远,不平等的增长我们也只能忍受几十年。当前,收入不平等现象正在改善的国家已经超过了不平等正在加大的国家。我们正走向一个更公平也更稳定的未来。[48]

这场五代人经历的变革,其节奏与性质在世界各地不尽相同。在西方,放缓被错误地解释成经济放缓,或者被认为是中国崛起导致的结果。事实上,中国正经历着生育率史无前例的巨大放缓,以及近几年经济增速的迅速放慢。近年来的经济变化既非西方的衰退,也非中国取代了美国世界之巅的地位,它仅仅是资本主义变革临近结束时在全球各地造成的余波,是一个全新常态的开端。它既非反乌托邦,也非乌托邦,只是与最近五代人所经历的大不相同的一种稳定态而已。该状态将与资本主义的本质大相径庭,因为资本主义是一段变化的进程,不是稳定态。

资本主义要求变化、不停扩张的市场和永无止境的消费增长:要么增长,要么破产。在许多方面,我们正走向零增长,以及极低的利率。我们对新常态毫无准备,因此我们不惜一切代价躲避它,不惜让年轻人背上债务,让年轻的国家忍受独裁者的暴政。英国的新政已经越来越多地意识到这一切,而美国的旧政治还有很长一段路要追赶。

所有这一切直到近来才变得清晰起来,其中还有不少依然不够确定,若隐若现地隐藏在迷雾之中。因为一切尚未完全明了，所以很容易使人误判，但现在就意识到风和日丽的日子已经所剩无几是一件颇有价值之事。我们依然处在变化之中，但变化正在放慢。如果当今的变化速度不降下来，至少还会有一代人将在纷乱中挣扎，尽管这将是一场正在退去的纷乱。已经拉开序幕并将席卷下一代人的变化将是一场缓慢的变化。

我们被告知，全球人口数量预计还在增长，从1901年时的20亿到21世纪中期的100亿，这是2017年时联合国预测的核心内容。2019年6月17日上午，我写了如下文字："我在等着今天晚些时候发布的联合国全球统计数据。不管具体数字是什么，我们都知道它们一定能够确证近来放缓的节奏。"[49]我没写错，数据确实证实了我的判断。上一次发生如此巨大的变化（比这次慢得多）还是在新石器时代发生变革之时，那些变革发生在几十代甚至几百代人的时间里，而我们的这场变革，只持续了短短五六代人，现在已临近结束。

不稳定和不停地变化并非常态，我们这几代人所熟悉的一切也并非常态。这五代人中的第二代和第三代，他们的人生经历尤其不同寻常。比较一下不同地区的变化速度，有些地方的加速领先于别处，但现在几乎所有地方都开始放慢，差不多同时进入稳定态，而且进入得非常迅速。

一代人到下一代人的变化在不同地区并不相同。并非所有地区都会趋同，不同地区的发展不会经历相同的轨迹。对不同地域的了解对了解这场变化的全貌至关重要。正是众多各不相同的发展趋势的最终汇聚（比如所有地区的家庭几乎都只生育一到两个孩子，或者各地区的儿童存活率都持续走高），昭示着稳定态就在前方不远处。

如果你难以想象放缓已经到来,不妨想想查尔斯·达尔文。在《人类的由来》一书中,达尔文认为高加索人(白人)是更文明的人种,将会导致"更原始的"人种灭绝,他的思想基础来自哲学家黑格尔早期提出的人类独有的等级性。[50]我们的歧视和偏见也在放缓,在纽约和伦敦,经济发展和社会进步极度缓慢的两个国家中最具进步性的两个城市,正朝向不那么传统、更加激进的方向改变。

让我们以一个15岁小姑娘2018年10月31日在伦敦议会广场演讲中的话作为本章结尾吧。她问,为什么"从来没有人谈起平等或者气候变化的正义性?富裕国家需要在未来6—12年时间里实现零排放,这样才能给贫穷国家发展基础设施建设的机会,以提高他们的生活水平,而这些早已在发达国家实现了。这些基础设施包括公路、医院、电力、学校和干净的饮用水。如果已经拥有了以上一切的人们都不愿意多花一秒钟关心这些问题,兑现我们在巴黎协议中的承诺,我们又如何能够指望印度或尼日利亚这样的国家关心气候危机?"[51]不妨对比一下这个女孩的洞见与达尔文对"原始人"的粗陋看法。她想要知道为什么人们不能将经济不平等与气候变化联系到一起。现在我们已经意识到,并开始做出改变,放缓已经发生,我们别无选择。

第 11 章
生活：
后大加速时代

> 我真的觉得我们的政府已经与我们脱节。
>
> ——卡洛尔（Carol），利物浦，2017 年

失认症（agnosia）指的是一种没有丧失听觉、视觉和记忆能力，却无法认出某类事物的病症。社会情感失认症是它的一个变种，患者无法解释面部表情、肢体语言和语调情绪。失认症是一种定义明确的医学病症，其典型病因可能是神经系统疾病或大脑损伤。为什么在政府中工作的许多人表现得与政治失认症患者毫无二致，对那些选了他们做自己代表的选民所表现出来的迹象熟视无睹，甚至视而不见？他们无法看见完整图像——"我们"整体，也就是卡洛尔所谈到的所有人。放缓带来的冲击，尤其是经济方面的冲击尤为典型。政府承诺增长是万能良药，但传统意义上的增长已经结束。有些地方比其他地方更早出现放缓现象，卡洛尔所生活的利物浦就是这样一个地方。

20 世纪 80 年代的英国，BBC 播放过一部名为《面包》（*Bread*）的情景喜剧，其拍摄背景就在利物浦。面包有着双重

含义：通常意义，以及俚语的"金钱"含义（在英语里，家中主要收入来源常被称为"赚面包的那位"，"赚钱"有时候被称为"做些面团"）。几十年来，经济历史学家们采用面包与面粉价格变化作为衡量食品价格的指标，并与工资相比较。激起法国大革命的导火索之一就是面包价格的上涨。20世纪80年代，英国的面包变得更贵了，这个趋势在今天再次出现。当我们说真实工资在下降时，我们指的就是面包（和其他必需品）的相对价格在上涨。

当面包短缺的迹象出现，当所有人所能获取的东西不再增长或只有些微增长时，我们应该只祈求足够分配的东西，而非祈求得到更多，只有这样，涓流才能流到最底层。然而，当政府已经脱节于人民并且拒绝面对放缓时，政府所能提供的就只剩下幻影。

你可能质疑我的结论，我们是否真的进入了一个新时代。过去人们总是习惯凡事拥有多一点儿，未来他们将会习惯拥有少一点儿。而那些拥有多得多的人将在未来拥有少得多的东西吗？我们在本书中所列举的事实大多只是经济周期的短期现象吗？工业、社会、人口等数据是否一致反映了增长之后进入放缓阶段这一趋势？如果不是，那么大加速时代之后的生活又会受到何种影响？

有些人看了本书中的时间线之后认为，这一切并非源自一场普遍的放缓，而是某种社会常态或技术被下一种常态或技术所超越、取代罢了。对此我不敢苟同，但我能理解他们的论调。这些批评者坚持认为，现在所发生的一切更新换代，本质上依然只是周期变化中的量变而已。他们举出的例子：运河、铁路、公路、机场、太空港，每一种都有各自的黄金时代，每一种的光芒也终被下一代所掩盖，但是每一次取代在根本意义上都比不过上一次迭代。尽管我们已经开始计划建造太空港——英国政府在2018年投入了200万英镑进行开发——我们在内心深处知道这并非一场大飞跃。[1]美国航天飞机计划曾被认为是更伟大的飞跃，但其最终产品从来没有离开过低地轨道。如果我们真的相信这是未来的探索方向，我们将为其准备比现在多得多的公众资金。在潜意识里，我们已经知道放缓开始了。

另一个说明放缓千真万确到来的例子是：19世纪80年代时录音蜡筒被每分钟78转的虫胶质地的唱片所取代，而后者又被黑胶唱片所取代，取代黑胶唱片的是录音磁带以及再后一代的激光唱片，而后者又很快被音频文件以及后来存放在云（天知道它们位于何处，或许是在一个较冷的不知道什么地方的服务器"农场"）上的音频文件所取代。那些身处放缓之中却依然对此心怀疑虑的人会说，如果你画一条表现此类技术变化的时间线的话，你会看到一条迅速上升、放慢、伴随新一代技术而迅速跌落的曲线。我的回答是这些技术发展中的每一次与前一次相比，都显得更不激动人心。在这点上，我们很有可能又一次产生分歧，但我依然预言未来几代人听音乐的方式将与今天生活在富裕国家的人们大同小异。因此，在这章关于放缓给我们生活带来什么影响的讨论中，不妨让我们看一些可以证明放缓，又不那么短期的综合指标，包括过去几年里堪称达到人类巅峰的全世界生产总值、全球物种总数、全球飞行旅行总里程和全球婴儿总数。[2]

如果从旧事物向新事物的质变过程变慢了,那么我们可以期待人均消费能源、全球总人口,以及人均GDP增长都将放慢。美国人类学家莱斯利·怀特(Leslie White)视能源消耗为文化进化的巨大动力——从人力、畜力,再到风力与水力,然后是化石燃料。[3]如果他没在1975年离世,能够看到可持续能源崛起的话,他无疑会把核能也加入序列之中。怀特注意到那些消耗越多能源的社会(他称其为文化),其实力就越强大。

社会流行病学家理查德·威尔金森(Richard Wilkinson)在他1973年撰写的《贫穷与进步》一书中思索:"对于一个文化系统的稳定性来说,一个基本前提是……该社会进入一种确定的生活方式之中,该生活方式能够在无须创新的情况下应对所有可能出现之事……从而发展出一种与环境平衡的关系。"[4]在这本言简意赅、篇幅短小的著作的第144页里,威尔金森展示了蒸汽引擎的效率如何在18世纪50年代后期在早期纽科门引擎(确切地说是1718年的型号)的基础上提高了将近40%,到了同一世纪60年代和80年代后期,蒸汽机效率分别再次翻了一倍,因而,燃烧相同数量的煤炭可获得的能量越来越多。蒸汽引擎效率增长并未止步于此,到19世纪30年代再次翻倍。20世纪第二个十年,人们发明了蒸汽涡轮,其效率又翻了一倍。从1750年开始,这些技术飞跃之间的时间间隔从10年变成20年、40年再到80年。但是,我们无法预测到2070年,该指标能否在1910年的基础上再次翻倍,因为直到今天,我们还看不到实现该目标的任何迹象,涡轮效率的提高速度也在放慢。接下来的几代人很有可能会长时间使用我们今天已有的技术，他们不会经历类似18世纪后期蒸汽引擎或20世纪后期硅基芯片的技术创新时代。

蒸汽引擎从一开始就获得青睐。100年前人们把马或牛拉的爬犁换成拖拉机之后，我们对能源的使用就出现了井喷式增长，但当前全球人均能量消耗的增长速度却在下降。能源消耗总量依然在增长，但远非十八九世纪以及持续了将近整个20世纪的那种加速增长。相对意义上说，我们人均能源消耗总量的增长比过去任何时候都慢。今天，我们所实现的能源转化效率越高（譬如太阳能电池板的改进），我们就越是深入这样一个模式——能效提高的空间（比如第一代蒸汽引擎）被进一步压缩。幸运的是，人口总数增长的大放缓意味着能效提高的问题不再是一个那么迫切的问题。

当我们进入稳定社会的那一天，我们将会意识到这种变化：人口数量不再增长（这一天将发生在今天出生的孩子们的有生之年），能源消耗总量开始减少，人们以更少的人均能源消耗生活。我们能够展望未来将会发生什么，以及衡量幸福的指标将会发生何种改变——既包括那些衡量经济水平的，也包括许多真正的进步性指标，譬如幸福指数、生活满意度以及人类的预期寿命等。迄今为止，在某些地区，这些指标或者停止增长，或者增长速度远慢于从前。

未来技术进步的速度很可能变慢，因为许多创新不再能够提升幸福感。再次考察那个唱片的例子，早期的每一次技术发展都代表着巨大进步。那些78转速的唱盘因其每分钟78圈的转速而得名，1898年少数几个富裕的客户才有机会聆听它们。但与后来的45转速和33转速的唱片相比，78转速堪称落后，更不要说再后面的磁带和激光唱片，以及今天各种格式的音频文件。但在音质和人耳感知上，这些技术带给我们的提升越来越少（当MP3技术取代激光唱片时，在音质上甚至完全没有改善）。我们似乎已经接近一个稳定态，就像生态学家们所说的气候顶级群落（climatic climax community）这一稳定态一样（想象一个成熟的热带雨林），最终，一切终将具有可持续性。关键问题是，这将是哪种可持续性，针对多少人，以及以何种方式？

全球经济放缓

> 任何试图理解人类在新世纪肇始时的生活状态的努力，都必须对速度的体验进行分析。
> ——威廉·舒尔曼（William Scheuerman），2004年[5]

从经济上来看，几乎所有地方都在放慢，尤其是那些人口最多的地方。300年前，托马斯·纽科门发明的蒸汽引擎成为加速时代的先声；200年前，一个全新独立的美国在没有国王的统治下静悄悄地扩张和创新，拒绝国王本身就是一种创新；100年前，富裕世界打成一团，但创新照样层出不穷；而今天，经济上最成功的后起之秀、最令人着迷的地方、也是最出人意料的加入者，是中国。然而，不同于那些经历了长得多的增长时期的国家，中国的增长速度已经开始放慢。[6]

与资本主义巅峰时期的英国和美国相比，中国在今天的放慢发生得迅速得多，因为资本主义曾经是（今天也依然是）一个过程，一种转变，而非一个终点，一旦抵达就被一场革命推翻。经济进步最快的年头就像是一种反常，而我们已经越过这一阶段，向稳定态回归。今天的我们已经很难记起，人类的历史大多数都是处于稳定态，人类几乎总是生活在某种平衡之中。稳定态可以很好，是动荡的反面，也并不意味着失去活力，只是变化得慢了许多罢了。这是一场新的转变，就像哲学家们用晦涩的词句所描绘的："平等的符号将为共享资源编码，消灭不平等和认知差异，建立拥有平等权利的国家形式的观念基础。"[7] 他们在今天写下这些词句，是因为他们已经看见了这一切可能实现的迹象，这并非只是一场理论上的幻梦。

我们在寻求新的发展和更快的变化上已经过于疯狂。以全球人均 GDP 为例，在 20 世纪 50 年代中期的几年，其增长速度达到了每年 100 到 150 美元，在通货膨胀高升的 1972 年，其增速是 260 美元一年，到了 2006 年，更是达到 470 美元一年，今天，全球人均 GDP 已经超过 15000 美元。但是，在 2008 年全球性金融危机之后，绝对增速不仅以极快的速度放慢，更是在 2008 年之前很久就已开始放慢。从绝对增长上看（见图 47），放缓过程始于 2006 年。从相对意义上看（见图 60），人均 GDP 增长的放缓早在 1964 年甚至 1950 年（GDP 这一概念被正式提出后不久）就已开始。

看一眼图 60 所呈现的趋势，问一下你自己，与 1890 年

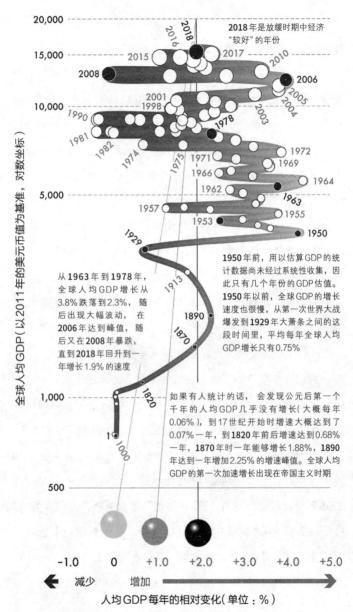

图60 全球人均GDP，1—2018年（对数坐标）

数据来自麦迪逊计划数据库，2018年版，格罗宁根大学，https://www.rug.nl/ggdc/historicaldevelopment/maddison/releases/maddison-project-database-2018，经过世界银行和国际货币基金组织数据更新

到1929年间的负加速相比,图中曲线从1950年到2018年数次突然向左转向,看起来是否更像是一种朝向稳定状态的改变。当然,你永远可以说"现在下结论或许为时过早",直到一切明显到毋庸置疑。可以确定地说,我们正身处经济发展的过山车之上,而这辆过山车刚经过有史以来最大的波峰和波谷——繁荣与萧条。我们惊恐地担心是不是还有更厉害的下一波放缓尚未到来,但最艰难的起伏都已过去,未来或许只有较小规模的摆动。我们的过山车旅程已临近终点,并非历史的终点,而是过山车旅程的终点。

看待当前全球经济的方式之一是将其想象成一场1492年所发生事件(指哥伦布发现美洲大陆。——译者注)的余波。自此以后,尽管越来越多的人卷入其中,我们却并未弄懂全球化的真正含义。有些时期,尤其是在第二次世界大战之后,我们试图掌控全球化。在某种意义上,经济和能源就像当初不停开垦的荒地那样,土壤很快贫瘠化,庄稼开始歉收,因此回报越来越少。资本主义看起来就像一场这样的学习过程,而非最终状态。那么,接下来会发生什么?我们不知道,无法辨识,但它必定要具备可持续性。这并非是一种诉求,而仅仅是通过观察得来的结论。我们在今天逐渐放缓,向该状态靠拢,并且也知道能够走到这一步已经够可以的了。这一步有着许多影响,从微不足道的小事——我们的孙辈将一辈子穿牛仔裤,就像我们一样——到更深远的影响。富裕国家的经济最先开始放缓,因此我们将走向一个更平等的将来。

还有许多东西需要改变,我们需要更稳定的经济,而非将过山车视作寻常,这能使我们需要的其他变化更快却又更谨慎地实现。2017年,全世界估计有14亿工人的雇佣关系不够稳定,没有合同保障,国际劳工组织(ILO)预测到2019年时,还将有3500万人加入其中。国际劳工组织估计在那些最贫穷的国家的所有工人中,此类无保障雇佣占据了3/4,即便在富裕国家,"生活在极度贫困中的工人总数也将在未来几年保持在1.14亿人以上,2018年占据所有雇员中的40%"。[8]2019年,在国际劳工组织成立100周年之际,该组织呼吁设立"全民劳工保障以保护工人们的基本权利、足够的工资、有限度的工作时长,以及安全健康的工作环境"。[9]显然,这样的呼吁并非天方夜谭。

从2018年到2019年两年时间里,国际劳工组织的年度报告从悲观转向乐观,从关注劳工的最糟糕状况,转向强调值得我们努力追求的可实现目标。但是在2019年7月,一切再次变得苍白:"收入位于最底层20%的雇员们——总数大约6.5亿——所获得的报酬只占全球雇佣工资总数的1%。"尽管注脚解释"自2004年以来全球劳工收入上的不平等已经降低"。[10]或许国际劳工组织报告的重点从一个极端到另一个极端的摇摆只是为了吸引全球报纸和电视新闻机构的关注,以让更多受众知道自己的努力。其年度报告的细节比较沉闷无趣:事情正在好转,但速度很慢,而且并非一直呈线性发展,这将是一个长期过程,其总体走向还是朝着更公平的大方向前进。

1883年,卡尔·马克思在他的《资本论》第3版的前言中充满嘲讽地提出了"提供劳动者"(labour-giver)一词。[11]今天我们依然需要解释"财富创造者"(wealth creator)这一说法多么名不副实，这些人仅仅是因为足够有钱，因而有能力投资。每一项大型盈利投资都来自债务和许多人的贫困，并且与市场和人口都快速增长的过去相比，投资者们所能获得的回报现在正日益降低。随着增长放慢，调整财富的再分配变得急迫起来，不能仅仅是一种梦想。布鲁金斯学会对2020年美国大选的预测认为，民主党的总统候选人将主张对全美国最富裕家庭所拥有的财产征收1%的富人税，这将在10年时间里获得2.5万亿美元的税收，以用来减少全美其他家庭每年1400美元的税负。[12]这是因为未来的技术创新将无法惠及穷人，现在只剩下重新分配和社会创新才能起到作用。每户1400美元的税负减少能被用来资助更好的医疗保障，使每个得病的人都能使用这笔钱。如果你的病情严重，花在你身上的钱将远超1400美元，就算你没生病，不也是一件幸事吗？每个美国人都将从中受益。随着放缓的到来，许多改变能够也必定会发生。

技术奇迹

我们现在不得不痛苦地面对一个现实：那些能够给我们生活带来巨大改变的技术创新都已经完成。就像罗伯特·戈登（Robert Gordon）在2012年所阐述的："以美国为先锋，以及更早之前英国所引领的人均产出，从1750年之后开始逐渐进入快速增长，在20世纪中期达到峰值，自此以后开始减慢，而且目前它还处于将进一步放慢的进程之中。"[13]尽管他并没提到，但几乎所有地方的技术创新都停止加速，甚至都放慢了。

戈登解释说许多改善本就只有一次发生的机会。就在刚过去的100多年时间里，我们实现了从马车到喷气式飞机的转变。在这个领域，再也不可能发生同样尺度的飞跃。一个世纪以后，我们依然没有实现遥距传送（teleporting）。我们应该习惯我们已经拥有的，并将其用得比现在更好。

戈登以建筑内部温度的变化为例：不论是寒冷刺骨的严冬，还是大汗淋漓的酷暑，今天那些安装了空调的地方，温度整年都控制在72华氏度（22摄氏度）。这确实提高了生产效率，但这种改变已经实现，木已成舟，同样的改变不会再来一次。他注意到发生在美国的转变，从一个几乎完全被乡村包围的国度，变成一个彻底完成城市化的国家——同样，这种转变也不可能再来一次。没有一个超越城市化的生活方式能让我们进入。除此之外，他还举了许多其他不可能进一步转变的例子，并得出结论：对于那些生活在美国的人们来说，"阻碍我们未来收入增长的最重要因素是日益加剧的不平等"。

今天世界上最平等的国家，譬如斯堪的纳维亚国家，拥有世界上最平等的城市社区。生活在这些社区中的居民比美国和英国居民更具创新能力，但就算在那里，其创新速率也在放慢。[14] 虽然所有社会都有可能在当前基础上变得更平等，但当前相对来说最平等的社会，不可能再一次经历可以与20世纪相媲美的进步了。因为在过去的那个世纪里，这些地区最显著的经济不平等都已经被消除。

戈登以呼吁接纳更多非技术移民作为结尾。就像达雷尔·布里克和约翰·伊比特森最近所观察到的："在并不那么遥远的未来，移民会成为稀缺资源。"[15]经济学家们很难接受生产率正在放缓，而且还会进一步放缓的事实。一组经济学家最近评论道："放缓是真实的……导致放缓的因素有很多，最主要的是投资放缓、先进与落后公司之间日益增长的差距、贸易放缓以及技术变化。生产率降低与技术革新加速同时出现看似是一个悖论，对此的解释是衡量现状时的错觉、技术应用的延后和创新性破坏。"[16]他们没有说出的是，其实他们并未真正了解事物放慢的原因。作为传统经济学家，他们依然认为加速是理所应当的，而且是一件好事，因此，他们试图将放缓解释成最近的"创新性破坏"，又一次发生在资本主义变革前的黎明前的黑暗。

创新性破坏是一个经济学家们最近提出的概念，这个概念正在迅速消亡。破坏本身能有什么创新呢？认为放缓只是一场能够快速醒来的噩梦，这个希望注定不能长久，已经有了太多迹象显示这种放缓是真实存在的。尽管美国有把任何新想法专利化的传统，比人口增长更快速的是他们对科技研发的投入，但从2000年前后开始，美国新发明的增长就已停滞不前。即便在专利申请上，尽管看着热闹，但实际的增长曲线已经放平。即便创新能够保持持续性增长，也需要比以前更大的投资才能获得显著回报。[17]

当前放缓中的很大一部分依然被归因于创新性破坏，或者被冠以"市场出清"（market clearing）的名义，即新事物替代旧事物这一过程的表现，似乎资本主义的革新换代是人类历史的终极进程。金融分析家们依据20世纪八九十年代在学校习得的理论趾高气扬地做出判断,完全无视全新的现实。他们就像预言家那样一遍又一遍地重复着同样的咒语,希望人们能够认真倾听并信以为真。对于当前的放缓,可以有成千上万的解释,上面的只是其中的一个例子而已。下面这个例子试图解释为什么澳大利亚的购物中心在走下坡路:"我们预测购物中心的价值将进一步下滑,这是市场出清所需要付出的代价。"[18]其潜台词是一旦市场出清结束,价格将进一步回升,还会出现新的购物中心,出售更贵的商品。但事实未必如此,我们将学会满足于我们所拥有的一切,不会一直都想要消费更多。

在英国,你时不时地能够读到以"英国的富人们在过去5年里增加了2740亿英镑的财富"为标题的文章,据说英国最富有的一千个家庭在2018年占据7240亿英镑的财富,而在2013年时,这个数字仅仅是4500亿英镑。[19] 2019年,当人们再次统计英国最富有家庭的财富时,他们无视同一组人财富增长放慢的事实,排除了掉出这一序列的家庭之后,他们算上了新的取代者。

2019年,最富有家庭的总财富只增加了480亿英镑,但这一次的标题是"一个法拉利与食物救济站并存的国度——英国富豪们的财富在过去5年里增加了2530亿英镑",[20]当然它也可以简单地说"富豪财富增长在2017年到达顶峰,那一年增长了820亿英镑,随后在2018年和2019年开始逐年下降,分别只增长了660亿和480亿英镑"。英国财富和不平等的增长速率或许会在未来再次上升,但至少在当前,全国最富有的那些人的财富增长都在放慢。因此,英国前一千名最富有的家庭作为一个整体（尤其是那些掉出这一序列的家庭），发现自己的财富在最近几年开始缩水。

全球经济放缓得如此快速，那些富人不会更加富有。1950年时全球人均GDP增长了156美元（以今天的币值来看），增长了4.3%，2015年时，增长仅有158美元，增长率接近1.6%——几乎慢了3倍。[21]而且这些数据还是估算区间中的高值！因为经济增长速度放慢的迹象越来越多，我们在社会层面的联系开始变得越来越紧密，但这并不意味着我们已经学会如何可持续生活，以使危机到来的速度减慢。但至少我们开始越来越关心可持续性，至少能够持续几代人的时间。在我们的内心深处，越来越多的人已经意识到我们必须慢下来。

让世界失望

> 你们这些疯子！你们搞砸了！去你的！让上帝诅咒你们都下地狱！
> ——电影《人猿星球》（*Planet of the Apes*, 1968）最后的台词[22]

在本书开篇第1章，我让你们试图想象未来，你的曾曾曾曾曾孙辈（假设你有孩子，他们也依次都有孩子）会在2222年为什么事情操心。那时候人口数量已经连续三四代不出现增长，经济不平等也已经连续数代处于低位；地球不再继续变暖，甚至有可能在海平面连续数十年上升之后终于稳定下来；能源安全也已实现；人工智能技术早已成熟，已经被证实相当有用，这一点很早之前就已现出端倪，却也终究没有变得更加智慧；我们都能吃饱，很少有人过于肥胖。那么在这一天，你的曾曾曾曾曾孙辈还有啥需要担心的？

在持续放慢的过程里，如果人口数量保持稳定，你应该会有128代曾曾曾曾曾孙辈。如果你没有孩子，不妨设想兄弟姐妹、堂/表亲、二代堂/表亲的孩子，这没什么差别，尽管会被淡化，但你的基因将被传下去，在这个意义上说，我们都拥有后代，哪怕自己没有生育孩子。作为后代的他们那时候担心的肯定都是一些大事，人类永远不会停止担心，永远有事让人类无法安然，就像我们在本书一开始已指出的，为想象出来的东西担忧属于人类本性。我们未来最大的担心会不会是意识到与我们共存的物种如此之少，以及由此带来的种种恶果呢？

2019年，联合国报道："自然界正发生史无前例的危机，物种灭绝的速度正在加快。"[23]事实上，图61就显示出灭绝物种的数量增长自20世纪80年代后就不再加速。该图表出现在2018年一篇关于地球生命力指数（LPI）的报告中，作者描述了三种情形里最糟的一种："全球LPI……在1970年到2014年间下降了60%……2014年时的动物种类数量已经不到1970年的一半。"[24]尽管LPI的下降速度已经不再加速，但快速灭绝依然发生着，其影响也日益体现，成为人类要面对的巨大威胁和灾难性损失，虽然尚未有人对此量化，却无疑是难以逃避的问题。如果物种灭绝速度再次加速，在未来几十年时间里，地球上所有的物种都将走向灭绝，甚至包括人类。结论正在变得让人更加沮丧："每次更新观测数据，世界自然保护联盟

（IUCN）的濒危物种红色名单都在加长，在不为人所熟知的种属里，越来越多的物种甫一为人类所知就被列入其中。"【25】

我们曾经希望满怀，但如今却满心恐惧。我们可以确定无疑地承认在大多数事情上，我们并不知道自己在干什么。我们并非疯子，只是傲慢的人猿。毕竟，只是在相当临近的过去，我们才了解到包括我们人类在内的各种物种都相互紧密联系，那个时候我们的曾曾曾祖父母还是孩童。我们的曾曾祖父母是第一代进入学校的人；我们的曾祖父母是第一代听说过物种灭绝的人；我们的祖父母是第一代在课堂里学到地球是由漂浮在地幔上的岩石板块所构成的人；我们的父母是第一代听说地球正在变热的人；我们则得知人类是造成规模最大、速度最快的物种大灭绝的罪魁祸首。这样的描述，是不是能让你大吃一惊？而所有这一切，都发生在过去短短五代人里。

图61显示了三种场景中最糟的那个，1970年时存在于地球上的生物大多数在1994年前就已经消失。对于哺乳动物和其他大型动物来说，在我的前半辈子里，人类杀死了最为稀有的物种中的大多数。我们并非有意如此，我们当时并不知道如此之多的物种已经处在灭绝边缘，是我们，我们饲养的牛、猪、羊、鸡，我们种植的谷物，我们开垦的荒地，我们导致的海洋酸化和我们所做的一切摧毁了其他生物的栖息地，毒化了江河，污染了海域，改变了整个气候，将它们推入万劫不复的深渊。我们祈求原谅，因为我们真的不知道自己在做什么。

在大加速时代开始时我们是如此乐观。1914年，布拉德福德（Bradford）市镇议员弗雷德·莱尔斯（Fred Liles）为东

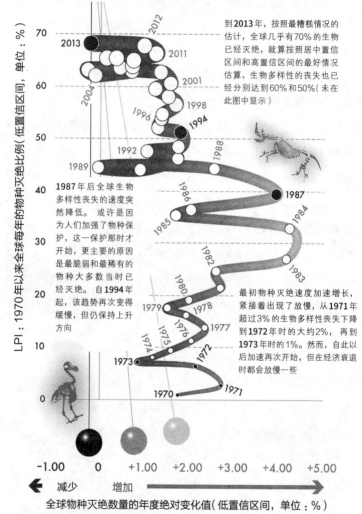

图61 LPI：依据低置信区间统计的物种灭绝，1970—2013年

数据来自《地球生命力指数》（2018年版，低置信区间）；以及与Richard Grenyer（牛津大学）、Monika Bohm与Louise McRae（伦敦动物学研究所）的个人通信。

布拉德福德社会党周日学校设计过一个横幅,在乐观和振奋人心方面堪称登峰造极。[26]这个横幅造型简洁,满怀希望——中央是两棵果树,分别代表着知识与真理,后面是一片象征富足的麦田(我们日常所需的面包),树下的草地上罂粟花正在生长,周日学校的孩子们从中学到精心耕作的土地将会变得如此美丽(仅仅几年之后,罂粟花将遍及佛兰德斯和"一战"战场,后来被当作"一战"纪念物)。横幅背景里冉冉升起的太阳代表着一个勇敢的全新早晨,树干底部装饰着"和平""快乐"和"富足"的字样。[27]

我们需要再次乐观起来,甚至在我们了解真相之后。那些布拉德福德社会党周日学校的孩子们当时并不知道未来会有两次世界大战、1929年的金融暴跌和大萧条在等待他们。那些从中幸存下来的人将见证全新的清晨终在他们人到中年时降临,就如他们曾被许诺的:福利国家、免费医疗、全职雇佣、高度且还在改善之中的平等,以及快速提升的生活水平。这也是这条横幅被保存至今的原因:它说对了,我们赢了,尽管经历了种种磨难。我们仍要为再次获胜做些准备。

绘制那个横幅整整一个世纪之后,牛津大学人类未来研究所的一位研究员发表了一篇论文,他在文中列举了他认为对人类存续最具威胁的五大因素:核大战、生物工程导致的大流行病、超级智慧、纳米技术和未知的未知。100年前,这五条中没有一条会被视为人类生存的威胁。在这五条威胁中,核大战的威胁虽然依然严峻,但正在缓和:1984年后,核武器的发展不仅放缓,更是出现了全球范围内的核武器缩减。生物工程导致的大流行病的出现和避免完全在我们的掌握之中。对于超级智慧，该论文作者自己都承认这并非是一件特别需要担心的事，因为"超级智慧的不同寻常之处就在于我们不知道它快速而有力的爆炸是否真的可能发生"。[28]纳米技术也完全由我们自己所掌控，未知的未知也将永远存在。有趣的是，作者没有提到气候变化和物种灭绝。

5年之后，同一个作者在"仔细研究了人工智能"之后再次宣布，"在生物技术方面，当前的风险很低，但随着人工智能变得更好和更聪明，或许会变成一个更大的风险"。[29]其潜台词是在过去5年里，并未发生什么令人担忧的新风险。这一次他确实提到了气候变化，尽管依然略过了物种灭绝。这有些奇怪，因为就在他的论文发表前5个星期，离他不过50英里之外的伦敦，一千多个年轻人因参加2019年复活节的动物灭绝大抗议被捕。我们不知道人类未来研究所在未来还能存活几年，但他们并未将物种灭绝列为人类面对的威胁之一，这一事实显示出我们人类对自己所生活的环境，以及我们应该如何生活方面尚有巨大的学习空间——而且必须很快学会。幸运的是，现在已经有相当数量的人分担这一重任，而且他们不再只依靠埋首于象牙塔中的寥寥几个伟大思想家来完成这个使命。因此，不妨再看一眼图61和图62，然后再担心（毕竟人类大多数都善于担忧）。

地球自有生命诞生以来，一共出现过5次大规模灭绝事件。大概4.5亿年前，当时地球物种中的6/7因地球变冷而灭绝；随后在3.8亿年到3.6亿年前，3/4的物种灭绝，这次可能是多

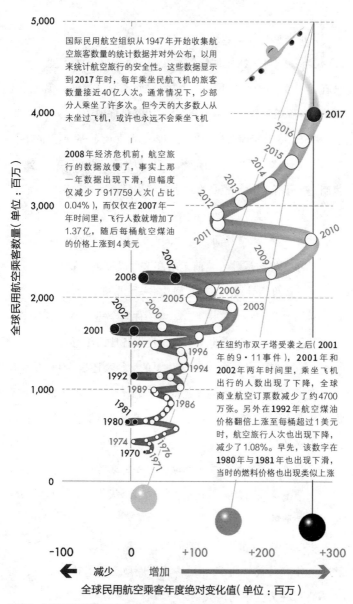

图62 全球民用航空乘客数量，1970—2017年

数据来自国际民用航空组织（ICAO）、世界民用航空统计和世界银行收集的ICAO职员所作的估算，2019年9月8日下载于https://data.worldbank.org/indicator/IS.AIR.PSGR

种因素的共同作用，包括二氧化碳浓度降低和气温降低；大约2.5亿年前，再一次发生气候骤变——气温升高了5度，大约只有1/25的物种存活下来；大约2亿年前，气候再次变化，这次只有1/5的物种幸存；5次生物大灭绝事件中的最后一次发生于大约6500万年前，这一次是因为一颗直径6—9英里的小行星撞上了地球，导致3/4的物种（包括所有恐龙）灭绝。今天，我们进入了第六次，也是生物大灭绝中最迅速的一次，目前只开始了几十年时间。与小行星撞击相比，人类对生物多样性的威胁严重得多。[30]然而，与此同时，我们又将存活的物种扩散至世界各地，远胜于从前，或许这可以促进新物种的诞生。对于这一切可能导致的后果我们几乎一无所知。

或许我们应该暂停一下，思考一件至今完全没有出现放缓迹象的事儿——每年乘坐飞机穿行世界各地的旅行者数量。上一次天空中出现翼展达到16米以上的飞行物还是6500万年前的恐龙近亲。已知最大的翼龙是披羽蛇翼龙，很有可能灭绝于大多数恐龙灭绝的时代。而最大的猛禽——哈斯特巨鹰拥有相对小得多的翼展，仅仅3米，并不比信天翁大多少。大约600年前，当哈斯特巨鹰的主要食物——一种名为恐鸟，重达500多磅，但不会飞行的鸟，在新西兰被猎杀灭绝之后，哈斯特巨鹰也随之绝种。

1903年，在北卡罗来纳的基蒂霍克镇，第一架动力飞机飞上天空，其翼展为12米。今天，巨型飞机遍布空中，它们成为飞行在天空中的最大物体。如今它们每年运送40亿人次的旅客，直到今天我们对航空旅行的热衷也一点都没有减弱的迹象，除非新引进的碳排放飞行税可以迫使我们改变习惯。这类税收已经在瑞典实施，并且在法国被提上日程。我觉得在本书付印之前，还会有更多国家加入其中。

在探讨了关于飞行的糟糕现状之后，让我们再次回到第六次生物大灭绝的话题上。一个好消息是如果你把绝种定义为该物种最后一对可以繁育后代的配偶的消失（至少对于有性繁殖生物来说），那么生物绝种并不那么容易发生，虽然不是完全毫无可能；但坏消息是在更广泛意义上，这种物种灭绝的定义在环境保护上没有什么意义，真正有意义的是功能性灭绝，也就是一个物种数量已经不足以在紧密联系的生态大网中起到完整作用。[31] 但是，对人类至关重要的解剖学、生物化学和遗传多样性来说，只有在该物种的最后几个个体死亡之后才代表真正灭绝，因此有些人会由此感到些许安慰。当一个物种在地球上消失，只能在传说和记忆之中给我们留下印迹之时，我们会怀疑自己努力的意义，但依然还有许多物种——事实上地球上的大多数物种都能够得救，只要我们足够关心它们。[32]

2019年5月8日，伦敦卡斯商学院的阿曼达·古德尔（Amanda Goodall）和华威大学的经济学家安德鲁·奥斯瓦德（Andrew Oswald）在《金融时报》上发表了一封公开信，他们在信中表明："环境破坏主要源于经济和商业力量。"[33] 他们指出，《金融时报》所主持的研究项目推荐的50家顶级期刊中，最近发表的47000篇论文里只有11篇与生物多样性和物种减少相关。商业对此不感兴趣。该信件作者们接着表述"商业和经济学研究者因为被名望激励的缘故，越来越执着于在《金融时报》推荐的期刊上发表文章，所采用的方式就是模仿过去已经完成的工作，而非解决今天的问题。自然科学家已经完成了他们的工作，现在应该轮到社会科学家们出力了"。他们的结论是：《金融时报》推荐的学术期刊"令世界失望"。

对名望的执着导致焦虑和许多虚耗的努力，而且通常一个人越有名，其他人对他的研究就变得越发重要。对于有些学术界的人物来说，名声变成吞噬一切的负担，在我身上，也一样不能完全忽视别人对我学术研究的评价（尽管随着年岁增长，这个挑战变得相对容易了一些）。比我更加投入的研究者们现在已经开始主张停止撰写学术期刊上大多无用而且很少被阅读的文章，代之以某些更有用的工作。[34]尽管当前学术研究中有许多工作依然有用，但同样也有许多工作是完全错误甚至会严重误导读者的。更重要的是，科学家的许多工作对我们人类的生存至关重要，只要我们学会关心超越个体、家庭、部落、城市和国家的族群——全人类，以及更好地掌握从沙中淘金的本领。

十几年前的复杂模型就已表明，在迅速但也并非立即显现（也就是并非由于陨石撞击或人类活动所引起，而是相对更缓慢的过程）的气候变化发生之前，常常会出现一段相当可观的系统性放慢的阶段。[35]我们现在已经知道在导致气温进一步升高之前，我们将沿着哪条轨迹前行，以及当前身处何处。因为尽管"在此类关键点尚未到来之前就作出预言非常困难，但来自不同领域的科学研究证实了早期变暖信号的存在，能够预示关键节点的临近"。[36]我们能够推算出如果人类再不大规模地控制污染，接下来会发生些什么。未来将出现自然的不平衡发展，我们能够看见最有可能发生的结局，因而也了解我们应该努力的方向。

巴尔的摩的马里兰大学地理与环境系教授埃勒·埃利斯（Erle Ellis）研究了人类生态系统。他认为我们不能依靠我们的领导人或专家来解决这么复杂的问题："问题在于，对我有用的方案很有可能对你无效。因此，如果用限制取代促进环境与社会发展的社会战略，我们将无法利用人类对美好未来的向往，这是自然界赐予我们的唯一力量……如果我们真心想要启动这个系统，就必须抛弃自然处于稳定平衡、人类具有无限创造力，以及专家们制定的环境保护的限制策略等曾经被我们珍视但现已过时的信念。"[37]那么，现在的问题是我们如何走向放缓的生活？我们何时才能正视这个问题？

过去五代人所经历的激烈变动影响了我们对生活方式的选择，也影响了对这种生活方式的后果的认知，这些后果现在已经开始显现，也将会变得更加激烈动荡。首当其冲的是气候变化。这些预言所采用的方式源于我们已经习惯将所有改变描述为"戏剧性的"，事实确实如此，未来气候将出现巨大变化（包括其引发的气象学意义上的乱流和社会学意义上的动荡）。这一切都是可以预测的。同样可以预测的还包括未来物种灭绝的速度。我们，只有我们，具有改变未来的力量：一切都取决于我们的选择。在一个放慢的世界，我们会有更多选择。

迄今为止所发生的气候变化几乎都出于无意，它们是不假思索的机械化、农业扩张、工业化、国际航空旅行和无节制的资源开采结出的恶果。这就相当于一场在全球范围内对肥沃土地的过度耕种,之前你从来没有意识到会有过度耕种这回事,但接下来你就不得不承担这场鲁莽所导致的后果,并改变自己的行为方式。

如果我们想要作为一个数量众多的物种生存下去,那么人类导致的气候变化必须迅速放缓,至少要以削减核军备的速度付诸实施。就像你不可能在为了灌溉抽干地下水层之后,还想用过去的方式在沙漠边缘种植出同样多的庄稼一样。当前全球以极快的速度开采化石燃料,开采得过快过多,从未意识到这种行为会导致某些后果。但是将来再也不可能出现如此巨大规模的破坏——人们一开始将井打入地下水层,一切都很美好,直到有一天,水开始有了盐的味道。

本书所提到的所有放缓都是经过深思熟虑的主动选择和无法逃避的必然结果的混合体。在每一种放缓里,都有人类施为的影子,但同时也透着人类的无知。无论人类如何行动,人类所引起的气候变化终将会放缓。这一天的到来或许是因为人类文明的崩溃和人口剧减,或许是因为我们减少了污染,因而避免了文明崩溃的结局。事实上,将我们从险境中解救出来的一种方式是有意识地加速我们当前的经济放缓,使其与更大规模的加速融合。另一种方式是持续执行《联合国气候变化框架公约》(UNFCCC)第24次会议公报(COP24)中所宣布的,将全球二氧化碳排放年增长控制在2%以下,但这一目标就像1968年时提出的要把全球人口年增长控制在2%以下一样无法实现。[38]

保持希望还是有可能的,当年那些呼吁核裁军的人就满怀希望。如果不如此,他们就不会行动。至于气候变化的先兆,大规模的放缓现在已经出现在眼前,不仅表现在人口增长上,还表现在消费商品的重量,以及加速涌现的对绿色未来的期待上。在未来,我们(作为富裕人口)很可能拥有更少。许多人会说这样的行动远远不够,但我们依然处在适应和学习过程中。放慢不会那么快发生,就像此前二氧化碳排放的增长一样,放缓很有可能发生在几十年时间里。从地质学上看,过去20年所发生的一切与一系列大的火山爆发(很可能也是造成前五次生物大灭绝的因素之一)相比并没有什么大的不同,其危险性也没小到哪里去。但是,与火山爆发不同的是,我们能够对未来的二氧化碳排放有所控制,这是一个简单的选择。

认知变化

2019年6月17日,星期一,联合国发表了最新一版《世界人口展望》。其标题是"2050年时全球人口将达97亿,但增长速度在放慢"。[39]一天之前,联合国对2050年人口的预测还是98亿,之前对2100年的人口预测则是112亿,现在突然降低到109亿。对人口增长的预测下降得出乎我们预料。

联合国报告首先列出了未来人口增长最快的地方,但报告并未强调这些增长是源于人们活得更长而非生育更多这一事实。报告强调的是:"从现在到2050年,印度将有最多的人口增长,在2027年前后取代中国成为世界上人口最多的国家。

印度将与其他8个国家一起,占据从目前到2050年世界人口增长数量的一半有余。这9个预计出现最多人口增长的国家是印度、尼日利亚、巴基斯坦、刚果民主共和国、埃塞俄比亚、坦桑尼亚、印度尼西亚、埃及和美国。"

是的,美国名列人口问题最严重的国家之中。但是,联合国报告继续阐述:"越来越多国家的人口数量开始减少。自2010年以来,至少有27个国家和地区的人口数量因为持续性低出生率出现了1%以上的下滑。从现在到2050年,人口数量减少1%以上的国家和地区数量将扩大到55个,而其中有将近一半的国家将减少超过10%。"如今联合国对2100年的人口预测已经低于110亿,联合国只是将新数据作为报告的附件一起发布,包括对过去预测的修正,以及对1岁以下婴儿数量的最新估计,详见图63。

如果你略过了本书的部分章节,没有读过这些图表的呈现方式的话,我就在本处以图63为例再讲一遍。1950年,全世界大约有8000万婴儿出生,这在图63的时间线里通过"1950"文字左边的黑色圆点显现。在纵轴上,黑点位于标记有8000万字样的灰色水平虚线下方;在横轴上位于数字4上方,即当时全球新生婴儿数正以每年400万的速度增长。1951年时,该数字的增长幅度略小了一点,到了1956年初,变化速度已跌落为负增长(时间线移到了钟摆垂直线左侧)。该时间线显示1958年的新生婴儿数低于1955年。并非每一点上的数据都被标出,要不然标满数值的时间线将变得乱七八糟的,但你能够通过向前数或向后数的办法分辨出该数据点代表着哪一年。

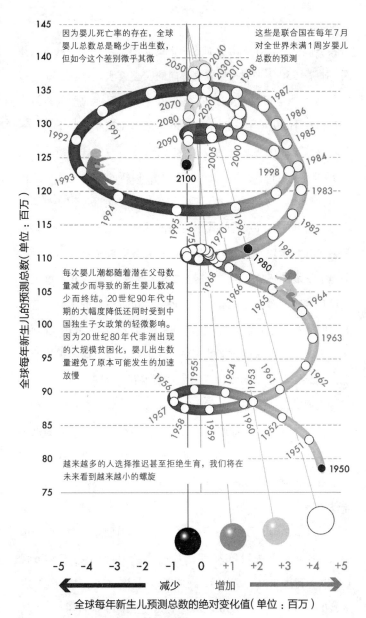

图63 全球新生儿总数（预测），1950—2100年

图中所示的是未满1周岁的婴儿数，因此该数字将略小于新生婴儿数，因为有一小部分新生婴儿在未满1周岁时夭折。数据来自联合国《世界人口展望》（2019年修订版），2019年6月20日下载于 https://population.un.org/wpp/Download/Standard/Interpolated/

图表下部的钟摆显示出从加速到平衡态的整体趋势，从白色圆圈（对应1950年）到钟摆垂直方向的实心黑球（对应2100年）。

从整体上观察图63，它呈现出一个大螺旋的形状，新生婴儿数在1989年增长到将近1.35亿之多（该年份并未被标注在时间线上，因为那里的数据点过于密集了）。这个螺旋终止于1998年，自此之后，突然出现了一种新的轨迹，这个变化与中国所发生的事有重大关系，当然也并非全部原因（见第7章与第8章）。后来时间线以更快的速度朝纵轴靠拢——朝向新生婴儿数量锐减的方向发展，但现在我们看不到任何预示未来向上发展的迹象。当联合国在2021年和2023年再次修正其人口预测时，时间线上可能会出现一个位置更低的螺旋，它可能朝向更左的方向移动，展示出将来会出现的巨大放缓。然而，迄今为止，提供这些数据的人口学家们尚未预言此类螺旋的出现，相反，联合国的人口学家们依然假设一切都会趋于稳定，所有地方的所有人都会平均生育两个孩子，甚至在那些现在生育率极低的地方也将如此。是否因为害怕在全球范围内提供免费避孕套的捐献者停止捐赠，所以他们才如此假设？我们将在未来看到比联合国预测快得多的生育率下降，有如此想法的远非仅我一人。

在2019年6月17日发表的《世界人口展望》中，联合国的人口学家们认为到2025年7月时，这个世界上将有1.36亿1岁以下新生儿出生并存活，到2030年，该数字将增长为1.37亿，2040年1.38亿，2050年还是1.38亿，2060年回到1.37亿，而到2070年将进一步回落到1.35亿。然而未来并不会如此稳定，出生率很有可能会低得多，至少现在官方预测里的数字已经开始降低。请想想过去发生的变化有多快，未来还有多少变化空间。1844年查尔斯·固特异（Charles Goodyear，固特异轮胎让他名留青史）提出了硫化橡胶的专利申请。1855年，第一个橡胶避孕套诞生。这个消息花了一点时间才传播开来，并使欧洲在1870—1930年间实现了生育率的大幅下降。随着生育率降低的趋势稳定下来，人们想了各种办法鼓励生育，试图逆转当地人口减少，好为军队提供足够兵源。一切都徒劳无功，但这终归是一件好事，这些徒劳的努力所带来的社会与政治收益也如此。

将来出于对放缓的反应，政府会鼓励人们生育更多孩子，并向父母提供支持。经济合作与发展组织（OECD）收集了与支持母亲的政策相关的数据，这些政策常常以鼓励母亲生育为目的，特别是在欧洲，所有这些支持都开始于出生率下降之后，显然这并非偶然。[40] 1877年，第一部关于母亲产假的联邦法律在瑞士通过。假期没有薪水，但女员工的工作岗位将得到长达8个星期的保护。1878年，德国强制规定怀孕的妇女在预产期前3周不能工作，1885年奥地利针对孕妇设置了工作限制。但所有这些措施都无法逆转生育率的下滑，奥地利1957年实施的带薪假也没能实现该目标。

1889年，比利时和荷兰立法向孕妇提供4周无薪产假，从1954年起，比利时的产假有了薪水保障，荷兰也在1966年跟进。捷克共和国（当时还是捷克斯洛伐克的一部分）早在1948年就已如此，而且从1956年开始，带薪产假延长到最多

18个星期。冰岛更早,从1938年开始就向产妇提供经济支持。丹麦的无薪产假开始于1892年,西班牙则始于1900年,瑞典是1902年。1902年时,意大利禁止产妇在生产后4周内工作,但期间没有薪水。

法国的产假——4周无薪假期——自1909年开始实行。1910年,在希腊,孕妇被禁止工作。芬兰的无薪产假始于1917年,同一年,墨西哥开始实行为时一个月的全薪产假。从1924年开始,波兰提供全薪产假,长达12周。1936年土耳其实行为期6周的强制无薪产假。日本在1947年(当时的堕胎率达到令人难以置信的程度)引入产假制度。而英国则在1948年开始强制执行13周产假,但妇女们无法确保自己在休完产假后是否还能继续之前的工作,保护岗位的政策直到好几十年后才得以设立。韩国的产假制度开始于1953年,卢森堡是1962年,葡萄牙是1963年。加拿大的产假制度开始于1971年,澳大利亚行动得较晚,直到1973年才推出《产假法案》,保障了12周的带薪产假和最多40周的无薪产假。美国则是这些国家中最晚的行动者,直到1978年才引入第一部重要的生育保护政策,即便如此,该政策依然存在着巨大的改善空间,其给予产妇的权利并不比疾病和残障保护多出多少。今天,美国依然是全球唯一一个不向父母双方提供全方位工作保障以及全薪产假的工业化民主国家。美国在这方面行动如此迟缓的原因很有可能就在于,与其他地方相比,美国对人口减少的担心出现得较晚。

在欧洲许多国家,政府常常向那些结婚、生育孩子的人提供支持（通常是从经济上）。但是，在同一时期被允许开放的堕胎诊所又使出生率降低。那些逃脱了这个怪圈的地方，常常依靠新移民生育，尽管他们生育孩子的数量总是少于生活在祖国的同伴。世界上移民数量越多，未来出生率的下降速度就越快。如果我们不能获得更多后代，为什么还要鼓励诸如堕胎这些新出现的现象呢？因为它们为女性争得了更多自由——选择的自由。引领了这场巨大放缓的是女性，而非男性，而且很有可能，女性将依然成为未来变化的推动者。绿色政治家中女性居多，那个发起了气候变化罢课运动的瑞典女孩并非出于偶然，我们将见证更多女性参与政治，她们的职位也将越来越高。在相当长的一段时期里，这将是一个不会放慢的发展趋势。

2019年12月，最不平等的几个富裕国家被几位极右翼政客统治。与之对比，女性则在那些更平等的国家中获得越来越多的权力，包括被任命为芬兰新首相的桑娜·马林——一位来自社会民主党的女性。她与左翼联盟的李·安德森（Li Anderson）、中间党的卡特里·库尔穆尼（Katri Kulmuni）、绿色联盟的玛丽亚·奥希萨洛(Maria Ohisalo)，以及来自芬兰瑞典族人民党的安娜–玛雅·亨里克松(Anna-Maja Henriksson)组成联合政府。[41]

让我们暂停一下，仔细想想在如此短暂的一段时期里发生了多少变化，这能让你变得更乐观一些。就在不久之前，妇女们甚至无权接受基本教育。19世纪70年代第一次出现最重要的放缓现象——人口数量减少，就在普遍性产假制度实施之前不久，几位男性物理学家和数学家发明了本书所采用的相图。

该发明出现的时间正是人类生活各方各面都在加速的时期。

一项开展于21世纪,以生育率变化为指标衡量社会变化速度的研究发现:"作者常常观察到在整个20世纪,社会变化的步伐一直在加速。"[42]而另一项研究则以此为开场白:"使生活可控与可计划的稳定性正被削弱,人们可以感觉到社会正经历着加速,在我讨论可能导致加速停止的原因之前,我将首先探讨加速现象的本质,以及它在一开始是如何出现的。"[43]但事实上当前的我们并未处于加速之中,如果我们有这种错觉,现在是时候改变这种错觉了。

为什么我们对这么明显的事实视而不见呢?那些生育率先下降的国家,1900年前大多数位于西欧,其下降速度也最慢。而在那些最近才开始下降的国家,也就是在1972年以后出现下降的国家,其下降速度最快,这些国家大多数位于非洲。在1972年以后,生育率的下降呈现出一种"高潮效应",因为整个乐队汇到了一起,在全球每个角落,生育率都开始急刹车。

1972年之前,人们可能无从知晓这一高潮即将来临。在1968年时还出版了一本名为《社会变化症状:概念与衡量》的书。[44]这本书讨论的是美国,其最有意思的部分在于它在当时提出的衡量变化的指标与今天所用的如此相似,尽管今天的变化速率比当时慢了许多。该书作者认为:"我们将要面对的最重要的问题之一是美国社会底层参与政治的呼声越来越高,因而主导阶层出现越来越明显的失声。"随着我们整体放缓,几乎所有变化的速度也都相应慢了下来。1968年与2018年的相似程度远甚于与1918年相比,而与1968年相比,2018年也很有可能与2068年更相似。这也是放缓的众多含义之一。

《时代周刊》记者吉米·迪沙尔姆（Jamie Ducharme）在她最近的一篇标题为《2018年出生的美国婴儿少于自1986年以来的任何一年，或许这并非是件坏事》的文章中观察到导致该现象出现的部分原因是低龄母亲（年龄在18岁以下的母亲。——译者注）变少了。她引用了宾夕法尼亚大学的社会学教授汉斯－彼得·科勒（Hans-Peter Kohler）（他毫不掩饰地反对特朗普总统，支持奥巴马总统）的一句话作为文章的结论："当然，这是一件好事，因为大多数低龄怀孕都是'算错了时间'或'计划之外'的。"科勒注意到低龄母亲的生育率降低更有可能来自长期而有效的避孕方法的推广，这可能应该归功于《平价医疗法案》。[45] 因为该法案，2016年时，美国没有医疗保险的人数只有2014年时的一半。当我们身处放缓阶段时会了解更多：我们在进步。这些进步来自我们对糟糕的人（通常是那些富有的人）所作的糟糕决定越来越感到担心和绝望。直到非常临近的过去，我们还一直习惯听命于他们，而现在，再也不会了。

第 12 章
人：
认知与鲶鱼

> 对衰退的恐惧再一次笼罩市场,但许多投资者和分析师更担心一场深层次的结构性变化,那就是全球经济进入"日本化"的衰退泥淖。
>
> ——罗宾·威格尔斯沃思(Robin Wigglesworth),
>
> 2019 年 8 月 27 日

出版于 1968 年的科幻小说《立于桑给巴尔》想象出一个人口过多的世界,不得不借助优生学来决定谁可以获得生育权。其英国作者约翰·布鲁纳(John Brunner)带着神秘的预见性写下"人工智能、种族主义、毒品、环境恶化、太空旅行和高科技战争"的主题。[1] 他预言地球人口数量将在 2010 年达到 70 亿之多。他预测得挺准,我们在 2011 年春季越过了这道门槛。

当时的布鲁纳早已名闻遐迩,曾创作了著名的反核战歌曲《氢弹惊雷》(The H-bomb's Thunder)的歌词,该歌曲成为核裁军运动(CND)的主题曲,出现在从伦敦到奥尔德玛斯顿

（Aldermaston，英国的核武器研究基地）的一系列游行之中。1968年，布鲁纳和他的同道们认为所有人都有可能很快死去。整整10年，没有人关注他和那场核裁军运动，但是他依然充满希望。

1901年到1968年是人类历史上最剧烈变化的时间段，用了不到人的一生的时间，人类经历了从淘汰马车到发明氢弹的技术进步。在1901年以前，任何生活水平的改善都以极为缓慢的速度向下渗透到大多数人的生活之中，无论是在富裕国家还是从全球范围看，都是如此。在1901年以后，深刻的变化迅速发生了。在英国，1901年恰巧是人口调查的年份，这是英伦三岛历史上人口增长最快的10年的开端。[2] 在世界范围，1901年是全球总人口年度增长率第一次超过1%的年份。

除了发生短暂战争与瘟疫的年份，1901年后每一年的全球人口增长都超过1%。但是，按照2019年6月联合国公布的最新预测，几乎可以肯定，在2023年之前，该增长率将跌落到1%以下，并在2027年前后快速下降到年增长0.9%以下，随后将以不那么快的速度继续下滑。尽管他们在进行预测时依然保守，联合国的人口专家们还是指出了增长速率低于0.9%可能出现的时间。联合国预测到2051年时，全球总人口年度增长将降低到0.5%以下，并在2100年后不久降低到0以下（这时达到人口总数最高峰值）。鉴于近几年的联合国报告多次下调人口增速预期，人口峰值很有可能在21世纪末之前就已达到。就在不久之前，我们发现早在2015年，全球人口增速就已经跌落到1.15%。[3]

如果你还是不相信人口放缓已经开始，就请想想有多少其他事物正在放缓，而不仅仅是人口数量。教育不平等的问题正在弱化。对于类似约翰·布鲁纳这样出生在两次世界大战之间的英国人来说，进入名校（昂贵的私立学校）几乎就万无一失地确定了未来的成功。而与布鲁纳同时代的女性，绝大多数无缘大学教育，进入私立学校除了能够对婚嫁有些影响之外，在其他方面对她们的未来几乎毫无影响。[4] 1870年以前，英国儿童中将近一半从未接受过任何形式的正规教育，但在此之后不久，几乎所有年龄处于5岁与12岁之间的孩子都能够得到免费的公共教育。1920年时的英国，几乎没什么人可以进入大学，每年大学新生只有3000多名男生和1000名女生，1920年还是第一批女大学生从牛津大学毕业的年份。今天，年龄处于21岁与64岁之间的英国工作人口中，本科毕业生占了42%的比例，在最年轻的组别中本科毕业生更是占了大多数，尽管英国的大学学费在富裕国家中是最高的——2019年，一年的大学学费将近9250英镑（13050美元）。[5]

过去五代人时间里，一切都变化得如此之快，但从今往后，再也不会如此。在放缓的进程里，依然会有变化空间。在变化缓慢的未来，读没读过大学对于一个人来说没什么差别，不管这个人是男性还是女性，与50年前相比，今天的大学学历已经没那么重要。无论对于男性还是女性来说，将来学历会变得更不重要，男女之间也将变得更加平等。我们这代人都难以理解的过去的事物，未来人会觉得简直不可思议。他们将只能通过书本才能学到英国的私立学校是什么东西，并被告知曾经有一段时间（即今天），英国高级法官中有65%毕业于私立学校，但在英国大学的领导者（英国大学校长这个职位有着"vice-chancellors"的怪异名字）中，这个比例只占1/6。你会认为这个未来离你有数百年之久，但就在今天，过去的精英圈子其实已经日薄西山，仅仅5年前，英国高级法官和大学校长中私立学校出身的比例还分别是71%和20%。[6]英式傲慢也是另一个处于衰退的现象。幸运的是，美式狂妄也呈现出衰退的态势（这些东西很难精确测量）。一个不平等的世界是无法持续的，因而必将终结，但总会有一些结局会比另一些更好。

我们在负加速的时候还在担心加速，2018年还有慈善机构告诉我们"非洲正坐在人口爆炸的定时炸弹上，如果不大规模地投资发展他们的卫生和教育，日益增长的儿童和青年人口将成为巨大负担，导致一场严重的发展危机"。[7]就像我们在本书中不厌其烦地说的，关于人口定时炸弹的说法完全错误，但他们在其他方面的判断十分正确。一个可怕的现实是：非洲大陆上大约1/3的儿童因为营养不良而发育受阻，"尽管大量非洲孩子进入学校，但他们并没有学到什么东西。2/5的孩子离开小学时尚未学会读写和简单算术"。然而，这种状况也在迅速改变中。英国精英们比同龄人更早学会读写和简单算术，以后他们应该对此表现得更谦逊一点，同时也让越来越多的非洲孩子接触到比较好的基础教育和中学教育。

2018年那份以人口定时炸弹开头的非洲儿童报告还指出，当前的非洲儿童比以前更健康、活得更长，也受到更好的教育（即便他们的学校都严重缺乏基本设施）。他们现在对未来美好生活的梦想已超越了过去的梦想。该报告还提到非洲大陆各个政府更加关注儿童，与从前相比，在儿童服务的项目上投入了更多金钱。在卢旺达噩梦——种族大屠杀以后，非洲社会逃脱了约翰·布鲁纳那一代人的担心。不仅如此，过去那些认为女孩子进入大学学习毫无益处的谬见终会消失。我们自己也才刚刚开始告别"嫁给谁可以决定一个女人的一生"的时代，也正从性别不平等中慢慢解脱出来。这一切都正在全球每个角落发生。

世界的变化中心

> 生命本来就是变化——我们总是放弃一些东西以得到另一些东西。
>
> ——斯蒂芬·格罗兹（Stephen Grosz），2013年[8]

如果我们所收集的数据可以发声，它们或许会说："我们已经把所有信息都给了你们，也给了你们所有选择方案，如果你们人类还不放慢速度，你们将注定完蛋。"放慢速度很难避免某种遭受损失的感觉，但事实上我们损失的只是自己的不确定感。对许多人来说，生活就像一场极限运动，充满风险、危机和不确定性，大多数人会乐于拥有一个不太"刺激"的未来。我们已经对自己必须采取的行动以及我们所能运用的资源有了大体的认知，不会有一艘技术方舟突然出现在地平线上拯救我们。巨大的经济齿轮依然在转动，其中心轴正在移动，但将接入一套更低速度的齿轮，很快，这一切将慢慢停止，甚至倒转。灾难资本家——那些热衷于创造性破坏的人们——憎恨自己没有保住原有的一切。尽管我们无法确知从现在到人口峰值（过了那个时间点以后，地球人口总数将慢慢减少）的这段时间里会发生什么，但我们知道什么不会发生。

当大加速开始时，我们相信自己处在宇宙中心。随着变革进一步加深，我们才了解到世界上并没有上帝或神仙，每一代人都有那么多新东西需要学习。因此，许多年后，两代人之间忽然在大多数事情上有了一致的看法——在 X 世代和 Y 世代之间就已发生的事，在 Y 世代与 Z 世代之间确定无疑也会如此——这个世界将会变成啥样？当变革刚开始时，世界上还没有一个单一的经济中心，当这场变革终结之时，可能也没有一个这样的经济中心。我们无须担心未来到底是哪个国家称霸全球，我们也无须担心北京会不会取代伦敦和纽约，这都是来自过去的问题，它们只有在加速发展的高峰期才有意义。

今天，微不足道的变化也被冠以伟大变革之名。譬如，曾经有一个时期美国和欧洲的城市快速发展（如果它们今天还在扩张，也只以非常缓慢的速度进行），任何新开发的郊区，新建造的公寓楼，都会被描述成巨大的变化。英国人认为新移民的数量相当于每年增加了一个类似考文垂、斯温顿或桑德兰的城镇。在美国，则常把这个数字类比加利福尼亚州的圣安娜或马里兰州的巴尔的摩，更加地耸人听闻。[9] 除了少数几个热衷于挑动公众恐惧心理的马基雅维利式政客之外，大多数人都意识不到这些新增移民数量实际上多么微小，三四十万人口对于整个英国人口来说只占了 0.4% 到 0.6% 而已。

今天,变化并不让人吃惊,让人吃惊的是变化停止。当吊机被取下,修建活动停止,只剩下修补或翻新之时,我们惊讶于扩张的停止,地缘政治再也不围着一个统治中心运转。但是当我们适应放缓之后,或许就不再会觉得变化的脚步在放慢,一切都是相对的,对时光流逝速度的感知也是相对的。当你还年轻时,你觉得暑假绵绵无尽期,而当你变老后,又会疑惑时间都去哪儿了,为什么生日这么快又来了。我们轻易感知不到放缓,就像我们难以理解变化一样,直到变化成为常态,故事才与真实经历相契合。

我们不应期待人类学会给予安慰。社会学家史蒂文·夏平(Steven Shapin)在为尤瓦尔·赫拉利(Yuval Noah Harari)的《未来简史:从智人到神人》一书撰写书评时观察到,在人类发现 DNA 结构之前,没有一个人,哪怕是最具想象力的科幻小说作家,能够预见链式聚合酶反应(PCR)以及它们在生命科学中的应用。[10] 同样,也没有人能够预见互联网的真正力量,即便是在个人计算机进入应用的年代。从来没有人能够准确地预知未来,将来也不可能有,我们所能做的只是一些可能性的猜测,这些猜测中有一两个可能离真实结果不远。一个真正的预言就像是神迹,而且很可能过于乐观,乐观常常被视作天真,因此我们更愿意相信反乌托邦的故事。

当然,我们的世界还存在着如此之多的错误。管理学家乌麦尔·哈克(Umair Haque)最近尝试为我们所面对的问题排序:资本主义、霸权主义(由富裕国家统治世界)和父权政治(富裕家族往往是男性统治）泛滥。这些问题"把我们引入了进步的死胡同，一个充满不平等、滞胀、法西斯和气候变化的反乌托邦地狱场景，美国就是活生生的例子……要想在21世纪继续进步，我们就必须摆脱那些过时的道路、那些过时的理念、那些已经尝过的挫败感，涅槃重生"。[11]哈克详述了提倡创新性破坏的资本力量、国家霸权，以及父权政治的迷信是如何导致了这个弱肉强食、充满剥削的体系的崩溃，包括环境、经济、民主政治，乃至人类社会的整体毁灭（由核武器导致）。

氢弹诞生于西方对共产主义的恐惧，以及维持霸权的企图，那是20世纪50年代，美国统治着西方世界，全世界的母亲都热衷于生育和烘烤苹果馅饼，以及父亲高高在上的年代。今天，氢弹笼罩下的霸权与不平等局势正在逐渐收窄，甚至消失。

不平等、放缓和无聊

但还是有一些不平等的鸿沟难以逾越，甚至还在加深。几项重要的不平等，譬如不同国家间的儿童夭折率的绝对差异正在缩小，但是那些更为顽固的不平等，则改善得较为缓慢。[12]

在我写下这段文字的时候，有几个国家正发生着非常怪异的事情，譬如英国和美国，居然出现了婴儿死亡率短期上涨的现象（希望你在读到这里的时候，该现象已经发生改变）。[13]差异的鸿沟在今天完全能够克服，只要我们有足够意愿，男女死亡率的差异也同样如此。

由于生物学差异，男女之间有一年的寿命差异，死亡率相差20%，[14]而超出20%的差异则归因于社会学意义上的性别差异，以及男性与女性被赋予的角色之上。随着放缓的到来，这些角色正发生着快速变化。接下来我们看看把男性与女性综合到一起的预期寿命的变化趋势。

图64显示的是全球人口的平均寿命，包括2019年之前的死亡人数和之后的预期死亡人数。图中的文字说明给出了平均寿命曲线起伏的原因，未来的研究将决定这些分析是否说对了，毕竟，目前这些仅仅是猜测而已。2020年之后的预测与2020年之前的趋势相比，显得过于乐观了一些，以及2019年后突然出现的斜率变化，这些都是联合国的最新预测。

像图64那样把男性与女性的平均寿命综合到一起到底合不合理？随着死于分娩的女性与死于战争的男性越来越少，一些在过去导致两性平均寿命差异的因素现在已越来越不重要。男性与女性将会变得更加相似，出乎许多人的意料，这或许是持续性放缓改变我们生活的又一方面。

男性与女性越来越相似，这将会对两性的预期寿命造成影响。如果你对这一事实有所怀疑，不妨看一看修士与修女的例子。马克·路易（Marc Luy）关于修道院人群的研究揭示了同性社群中男女两性的平均寿命差异（男、女修道院的生活环境与生活方式都非常相似），并将这种差异与社会中的不同性别的预期寿命差异相比较。[15]路易认为男女两性预期寿命差异中的80%来自非生物意义上的性别差异，男性的早亡似乎与男性在社会中的"男性表现"紧密相关。与普通人相比，修士与修女的预期寿命更长，两性间的平均寿命差异更小，修士与修

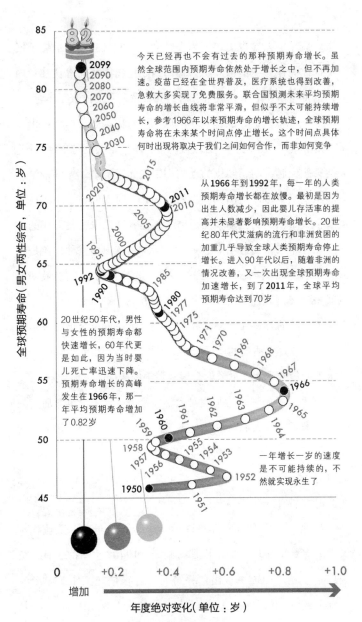

图64 全球预期寿命,1950—2099年(男女两性综合)

数据来自联合国《世界人口展望》(2019年修订版),2019年6月20日下载于https://population.un.org/wpp/Download/Standard/Interpolated/

女患病概率的差异也更小。当今社会对阳刚气质（显示男子气概）如此关注，我们依然将一切归因于生物因素而忽视社会因素，这说明路易的研究成果并未得到普及，我对此表示遗憾。

当一切放慢时，我们终于有时间对过去的条条框框提出质疑，无聊就是其中之一。更缓慢的世界不一定会变得更加无聊。人类厌恶无聊，动物园里的动物们饱受无聊折磨，无聊带给人类的困扰至少可以追溯到新石器时代，那时人们在小小的村落里从事繁重枯燥的劳动，然后就发展出各种用来打发无聊的方法。几百年来人们边唱歌边劳作，不管是在田里耕种，还是建造金字塔。[16] 本章开头提到的歌曲《氢弹惊雷》，[17] 最初灵感就来自美国歌曲《矿工守护者》（Miner's Lifeguard），后者受《纯洁的心》（Calon Lan）启发，是一首至今仍在威尔士英式橄榄球赛上演唱的反拜金主义圣歌，第一句歌词就是："我不祈求奢华的生活、世俗的金银和精美的珍珠。"

运动和娱乐都是为了应对无聊而生。进入工业革命后，无聊急剧增长。工人们从事的是重复性繁重劳动，为了让流水线运行得更加高效，每个步骤都会随着时间推移变得更加简单（因此也愈发无聊）。工作时唱歌甚至都已不再可能，因为工厂已经变得极端嘈杂。

后来，工厂变得安静了许多。20世纪上半叶，工业化国家中大多数工作环境都不再那么嘈杂。1940年6月23日，英国广播公司（BBC）推出广播节目《音乐伴您工作》（Music While You Work），这档节目持续了27年之久，时长半小时，每天两次，"专为工厂工人制作"。也是在这个时期，工作时间迅速缩短，闲暇时光成为许多人生活中的一个组成部分，尤其是对男性而言，女性当时能享受的闲暇时间远远短于男性。为了消遣这些闲暇时光，人们需要更多娱乐。

20世纪娱乐业出现了三大变化，第一是实时的娱乐被逐渐淘汰，取而代之的是诸如电影这样的娱乐项目，对于许多人来说，这比过去只能在现场看的表演要有意思得多；第二个变化是娱乐可以直接进入家中，无线电的发明是一个改变人们生活的伟大突破，相对而言，电视只是用一个盒子取代另一个盒子的改变；第三是娱乐变得便携，便携式收音机/录音机（诞生于1979年的随身听）又是一次突破，而智能手机仅仅是在此基础上的升级而已。随着一代又一代人的成长，真正重要的技术突破变得越来越少，也让人越来越难以满足。

最近五代人，上一代人常常追忆过去的时代，而对于今天来说，告别加速时期实在是一件值得感谢的事。如果不放缓，一个人口数量增长、消费主义爆炸、不断分裂的社会将导致巨大灾难。经济增长逐渐放慢，资本主义将转化为另一种形态，一种更为稳定的形态。

变化的步伐将不再那么匆忙，我们被一无所知地卷入未来的概率将越来越小。我们在重重迷雾中经历了过山车般跌宕起伏的过往，放缓带领我们穿过迷雾，见证云开雾散，即将到来的是一个美好的季节，虽然这不是达尔文的最爱。

安定下来

想想美国最大的三个城市：有着800万人口的纽约、400万人口的洛杉矶，以及正慢慢朝向300万增长的芝加哥。只看人口数，在世界大城市排名中，这些都是毫不起眼的小虾米。而且很久以前，它们就已停止增长。再看看位于欧洲大陆边缘的三大城市：伊斯坦布尔居住着将近1300万居民，莫斯科人口刚超过1300万，伦敦有将近900万人口——还有数百万人居住在伦敦周边。这些城市又有什么共同点呢？伦敦及其周边是欧洲最富有也是最大的城市圈，但与此同时，伦敦又是一个帝国遗留下的城市，它能成长到如此之大，要拜曾经最伟大的帝国所赐。莫斯科之所以成为超级城市是因为它曾是苏联的首都，而伊斯坦布尔曾经是奥斯曼帝国的神经中枢，在此之前则是神圣罗马帝国和拜占庭帝国的首都。

美国的那三个大城市实际上也是各种引领风骚的辉煌过往的遗迹，尽管与欧洲的相比，离现在更近了一些。而作为拥有200万人口的美国第四大城市休斯敦，则是石油统治世界时期的遗迹。欧洲的第四大城市是马德里，有300万居民。巴黎的人口数是200万出头，但如果算上巴黎市郊的密集城市群，超过1000万人生活在那里。重点是今天世界上已经没有一个城市以伦敦、伊斯坦布尔和莫斯科曾经经历过的那种人口增长速度扩张，更不要说洛杉矶、纽约、芝加哥、休斯敦，或更恰当的——孟买、圣保罗或上海曾经的增长速度了，它们的大幅增长发生在资本主义发展的最高峰。

确实，那些世界上人口最多的城市——今天几乎无一例外都在亚洲——依然以每年数百万的速度扩张，但其增长速率在很长一段时期里持续下降。城市化的脚步依然大步向前，但每十年就会放得更慢一些，让这些逝去时代残留下的遗迹依然在全球最大城市统计数字排名中骄傲地屹立着。

我们已经习惯了以叙述城市发展之快堪称奇迹为开篇，但是现在城市已不再迅速增长，至少不再以约翰·布鲁纳撰写《立于桑给巴尔》之时的城市扩张速度增长。伊斯坦布尔在1950年只有不到100万人口，[18]再也没有一个城市能够实现它在过去70年所经历的增长。没有那么多的移民，也没有足够的空间。现在每个地方都在放缓，因为过去的增长速度不可能一直持续。

放缓不是值得报道的新闻，这就是现在很少听到它被提起的原因。许多学者未经探究就高谈阔论，认为我们依然生活在快速发展的时代里，但是如此之多的现实已经使放缓常态化。与从前相比，发展已经减速。阶级问题、战争、贫困和危险依然如影随形地伴随着我们，继续鼓吹发展从各个角度看都是天真的。加速发展的反作用力导致了放缓，但除此之外，还有更多原因。

当女性获得解放，人口数量趋于稳定，我们获得更多知识的时候，我们就安定下来了，但我们仍然习惯于拒绝这种说法。我们预设任何放缓都是暂时的，万事万物只能戛然而止，而非逐渐放慢。我们习惯于永远有新事物出现，以至于完全意识不到新事物出现的频率正变得越来越低。

列举没有发生的事并非易事,但还是有一些例子,比如,在全球范围内至今尚未发生生育率的突然复苏,至少在过去50年里面没有此类报告;婴儿潮的规模一次比一次小;人口增长速度的高峰出现在1968—1971年前后,之后再也没有出现过;在过去5年里,我们在没有大灾难的环境下见证了史无前例的全球人口增长负加速。

一个世纪前,许多伟大发明争相涌现,现在却少得多。除了1942年核武器得以真正实现(在此之前很久,其物理学证明已经完成),自20世纪30年代末之后就再没出现过类似计算机、飞机或尼龙服装面料这样的伟大发明。在美国,创新是马克·扎克伯格(Mark Zuckerberg)的"脸书虚拟货币"——2009年发明,2013年停用;以及埃隆·马斯克(Elon Musk)的太空技术探索公司(SpaceX),他允诺将在2023年推出用"BFR超级火箭"(Big Falcon Rocket)把乘客带上月球轨道、再带回地球的私人太空旅行计划。大家对后者的反应是"为什么?"和"真的吗?"。在英国,我们被迫向詹姆斯·戴森爵士(Sir James Dyson)的热风干手机和理查德·布兰森爵士(Sir Richard Branson)的倾斜式火车大唱赞歌,尽管布兰森和他的维珍公司并没有真正发明它:现在做生意靠的是品牌,而非机器。

在可以预期的将来,经济上不会再有大跨步式发展。中国正慢慢地追赶上下降中的美国,但还要再等待几十年两国的人均GDP才能处在一个相似的水平上。作为比较,1901年,美国追赶并超越英国的人均GDP则快得多。甚至没有人敢指出在中国之后谁将是世界的新兴超级力量，印度被认为在未来只能扮演"普通"国家的角色，除了它，我们还会在未来看到许多"普通"国家。最近政治领域的时髦话题是环保，全球第一批绿党早已于1972年在塔斯马尼亚、新西兰和瑞士组建。

我们并不处在"历史的尽头"，而是处于一个全新历史时期的开端，但这依旧令我们吃惊，因为我们的祖父母们刚刚经历了一场堪称海啸的社会、政治和经济变革。我们应该期待未来变化得慢一些，尽管这些变化同样可以被形容为很大的变化。很多事实都指向了稳定的未来，其中最重要的莫过于，作为人类的我们，体内并没有任何显著变化的迹象，除了最近几十年长高了许多，预期寿命也出现加速增长。印度近年来一直在大幅度发展，但是预期寿命的增长也在1992年之后开始放慢。几乎所有国家的国民身体状况、预期寿命、生活和教育水平都趋向相同的方向发展。

那些在世纪之交试图论证我们依然处在大加速里的人们，现在不得不承认"不管加速体现在何处，实证并且量化它的努力都没有成功"。[19]我们觉得变化仍在发生，但我们（他们宣称）尚未对其有足够了解，无法指出这种变化的本质并对其进行测量。当你半开玩笑地说"让世界暂停，我要下车"时，你的预设是这个世界依然前进得太快。一旦你接受了变化的脚步正在放慢的事实，会如何反应？当它真的慢到我们能够轻易"下车"时会怎样？我们应该如何安定下来？

日本是世界上第一个放缓的国家。2018年12月，时任首相安倍晋三宣布了一个全新的五年计划，计划吸引345150名外国移民进入日本从事不同的工作,[20]包括大学教授、公司经理、律师和注册会计师。但首相还说需要更多人口来从事建筑、农业、护理、造船、酒店服务、食品制造、渔业、清洁、制造业、设备维护和航空等行业的工作。

当时还是区域经济学年轻研究者的川岛辰彦（Kawashima Tatsuhiko）在1978年提出一个被称为ROXY指数的方法。[21] ROXY指的是加权平均（X）与算数平均（Y）之间的比例，可用来衡量一个城市系统的密集（聚合）或离散（分散）程度。譬如，它可以显示出纽约市的人口增长主要集中在曼哈顿的摩天大楼里，还可以从中央火车站早班通勤列车的车次看出郊区扩张。关于ROXY指数的早期论文不容易在网上找到，但许多后来发表的文章提到了计算的细节，在该方法发展了40多年后，仍然可以揭示大量细节。[22]

ROXY指数是城市中各个区域的人口增长速率与到城市中心的距离加权平均后得出的平均增长速度。如果该数值为正值而且较高，代表着该城市的人口增长正在朝向市中心集中；如果该数字呈负值并且数值较低，意味着该城市的人口正从市中心向郊区迁居，且扩散的速度大于市中心人口的增长。如果数值接近零，则意味着该城市人口分布并未发生太大变化。

图65是东京ROXY指数的时间线轨迹。它乍看起来以相当奇怪的方式结束，但这个轨迹却展示出一场彻底的放缓是什么样子的。图65中的时间线并非川岛最初所画的图，而是另一位学者牛岛千寻（Ushijima Chihiro）所绘，我们依照本书时间线的绘制方式进行了重绘。ROXY指数的最终结果并不一

定都是向心收敛的，20年前对芬兰进行的统计显示，赫尔辛基的人口向市中心集中，但是东京在几十年前呈现出郊区化与中心化交替出现的螺旋模式。[23]然而日本现在已经明确显示出稳定收敛模式。

在图65中，牛岛千寻的时间线开始于1920—1925年，那时的东京正在快速扩张。在她的时间线里，你无法看出整体的人口快速增长（从1920年时的370万增长到1940年时的740万），但你还是能够看出一开始城市的扩张相当均匀，纵轴读数几乎保持在零附近。20年代后期，东京的主要扩张集中在城市中心，因此时间线向上抬头，但角度很小。到了30年代，其增长依然集中在中心城区，许多高楼拔地而起，但战争突然降临，到1945年时东京人口只剩下350万，随后出现了郊区化。

20世纪40年代，东京的人口增长出现了巨大变化，增长从城区中心移往郊区，该趋势在图65的1940—1947年的时间段中非常明显。随后该趋势又发生反转，1947—1950年间，中心城区的增长快于周边，在相对增长速度最快的1950—1955年间，中心城区依然保持高速增长，几乎不慢于市郊。但在1955—1960年间，东京的中心化开始放缓，1960—1965年，与郊区相比东京市中心没有出现大规模增长。请记住，在这整条时间线中，东京城市人口一直在增长，其中心城区人口在1956年达到800万，1963年达到1000万，2001年1200万，2008年1300万，2015年达到1350万。它一直在增长，但增长速度在放慢，趋于稳定。

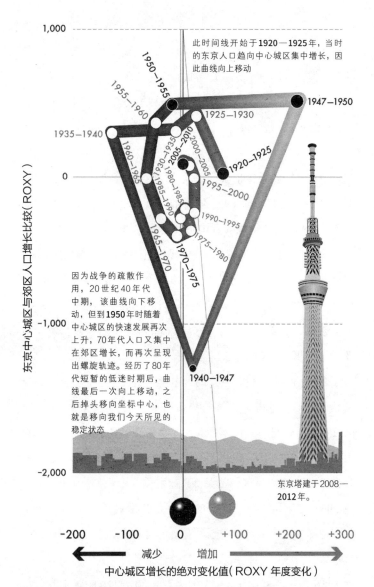

图65 东京人口的区域性聚合与分散，1920—2010年

数据来自牛岛千寻《东京60公里范围内的城市生活周期，以及城市扩张与收缩》(The Urban Life Cycle in the Tokyo 60km Area and the Expansion and Contraction of City，日文版)，驹泽大学文学院教员简报(Bulletin of Faculty of Literature)2012—2013年，第70期，117—135页，图2。http://repo.komazawa-u.ac.jp/opac/repository/all/32520/jbg070-03-ushijimachihiro.pdf

图65显示东京的郊区在1965—1970年间得以快速发展，在1970—1975间发展得更快。但再一次，趋势发生了反转，图65呈现的就是这种螺旋，如同1975—1990年的最细致复杂的层层螺旋结构。1990年后，大规模增长又回归中心城区，到2000年时，中心城区的增长超过了郊区，尽管曲线呈螺旋状并且朝向中心目标延伸——越来越接近两条坐标轴的中心。这个中心目标象征着放缓和稳定，东京的增长正走向终结，以后最快增长点在中心城区还是郊区，或者更远的外围都将不再是一个问题。

东京甚至整个日本，从许多方面看都处在放缓的前沿。日本已经改变了许多，未来还会发生更大的改变，堪称终极变化，无论是人口、楼房，还是消费，增长已经不再是必不可少的。在文化和智识上，我们依然会迎来变化，在未来几十年时间里将快到史无前例。

我们以川岛教授的女儿和外孙的故事作为本书结尾。川岛教授就是发明了ROXY方法的那位学者，然而大多数人知道川岛教授是由于另一个原因。1990年，他的女儿纪子（Kiko）向全世界记者解释为什么要在订婚后依然继续自己的硕士学业，她是一个现代女性，准备结婚并不意味着必须放弃学业，哪怕自己准备嫁给日本皇子。"文仁亲王喜欢研究鲶鱼，"她曾如此评价自己的未婚夫，"而我则喜欢研究人和认知科学。"[24]

十六年后的2006年，纪子生下了悠仁亲王，日本皇室41年来的第一位男性继承人。纪子以与文仁亲王略微不同的方式行事："悠仁亲王就读于御茶水女子大学附属小学，是战后日本皇室中第一个不在学习院大学的附属小学就读的成员。学习院成立于19世纪，专门服务贵族。"[25] 即便在经济与人口大规模放缓的国家，社会与文化依然能够发生变化。放缓给了我们时间反思，也给了我们时间去做出真正重要的改变。

纪子订婚时，日本社会正以某种显而易见的方式经历着数十年来（甚至称得上是数百年来）从未发生过的变化。即便经济和人口增长正快速放缓，社会也依然在加速进步。纪子的父亲是一个普通学者，过去从未有这种出身的女性嫁入日本皇室。《日本时报》如此报道："与皇室传统的反差有时就像是一部喜剧。譬如有一天，严肃的宫内厅次长（Yasuo Shigeta）来到皇子夫妇居住的公寓房间，里面放满了鲷鱼和其他订婚礼物。几乎没有足够空间让川岛小姐和次长相互鞠躬致意。"[26] 纪子王妃的儿子或许有一天会成为天皇，但那时天皇时代可能已经结束。

我们现在已经知道把我们联系到一起的东西要比让我们彼此分裂的东西多得多，合作往往能够比竞争带来更好的结果。制造武器不仅错误，在未来它更将被视作毫无意义。

不应该出于经济必要性就被迫去做一件毫无意义或有害无益的工作。如果鲶鱼是你的菜，你就去研究鲶鱼，我们不需要别人推销的东西。

但愿在将来我们无须为了应对过度紧张而不得不努力放松。从情感上说，我们的生活会变得更接近狩猎、采集时期的远祖而非20世纪的祖辈。我们不知道未来会发生什么，但为了一个更好的未来，我们必须充满想象力。放缓意味着资本主义扩张时代的终结，它绝对不可能一直持续下去，因为它的存在基于对市场扩张和人类需求永不满足的预期，它所导致的不合理的财富聚集变成了对民主制度的嘲讽。

放缓以后，巨大的经济不平等将很难维持。越来越收缩而且越来越年老的人群会变得更加聪明，他们不会被光怪陆离的"新"玩意儿，以及黄金和珠宝愚弄，赚他们的钱将变得越来越不容易。大多数广告都是为了说服我们去买我们实际上并不需要的东西，或至少是引发对它们产生渴望，无法拥有它们将令我们辗转反侧。但是，现在越来越多的人学习了心理学和社会科学，并且对统计学和数字有了概念，愚弄我们将变得越来越难以实现。

在一切都在放慢的将来，小花招和心理学小技巧将失去作用，它们都已过时，尤其是在一个技术创新变慢，不再有那么多层出不穷的新东西的时代。过去最糟糕的东西都将消失，一个对鲶鱼痴迷的男孩与一位对人和认知科学感兴趣的女孩能够结合到一起，与他们各自的家庭出身无关，这只能发生在一个放缓的时代。

放缓意味着学校、医院、家庭（甚至包括厨房和卫生间）的变化将不会如曾经那般快速，但我们的心态会变化得更快。放缓给了我们更多时间相互关心，减少了对未来的担忧。放缓还意味着我们有更多时间去质疑祖父辈们没有时间质疑的东西，因为他们那时正应对着层出不穷的新事物。

放缓意味着商品能用得更久，意味着更少浪费，意味着社会与环境面临的巨大挑战在未来将不再是问题。当然，那时我们还会面对新的问题,我们在今天无法想象的问题。我们也会做一些一直以来都在做的事,那些在大加速发生之前就已形成的习惯,在大加速结束之后也不会改变的事——拥抱朋友、兴趣爱好和家庭的生活。你期待的未来是什么模样?

至于我,或许去某个海滩上搭建一座沙子城堡。

附　录
如何读懂和绘制时间线

图 66 解释了如何读懂本书图表中的时间线，图中显示了我个人的咖啡消费量在 2000 年与 2005 年的两次较小规模的放缓，以及从 2010 年开始的一次较大规模的放缓，你能够从中看到放缓在时间线上的表现。

绝对变化值的意思是总量变化，YoY 是年度变化（Year over Year）的缩写。也就是说，+0.2 的绝对变化值意味着与前一年相比，这一年每天多喝了 1/5 杯咖啡。与绝对变化相比，相对变化则大不相同，后者要考虑之前每天喝多少杯咖啡，如果每天喝两杯，那么 0.2 杯的绝对变化就是 10% 的相对增长。本书大多数时间线显示的都是绝对变化，因为它更为重要。

阅读图 66 的另一种方式是将时间线想象成轮船在大海中的航行轨迹。时间线上的每一个圆点都代表那个时间船舶的位置。该位置越往北（上方），数值就越高——就是我每天喝掉的咖啡杯数越多；小圆点位置越往南（下方），喝掉的咖啡杯数就越少；小圆点位置越往东（右侧），数值增长得越快；而小圆点位置越往西（左侧），数值就下降得越快或增长得越慢。在图 66 里，一开始，我每天饮用越来越多的咖啡，小圆点一直向北移动，但 2010 年后，全新的趋势出现了，放缓开始了，

1. 放缓

数据点之间的距离代表了变化速度,既可对应于变化数量,也可对应于相对增长的比例。譬如,图中A与B之间的间隔说明,尽管在2011年与2012年间我喝掉的咖啡杯数没有发生什么变化,但从2011年到2014年,变化速度经历了3年放缓之后进入负增长。在2014年到2015年,放缓依旧持续,但速度放慢,从B到C虽然在距离上与从A到B相差无几,但却经过了3年时间,意味着绝对变化放慢了

2. 时间线

时间线的宽度和数据点的大小与纵轴数值成正比。时间线的灰度代表了绝对变化,灰度越浅,代表着绝对变化值越大,灰度越深,绝对变化值越小

3. 数据点

黑色数据点代表了文字提到并粗体化的年份,譬如,在2005年,我限制自己每天喝咖啡不超过3杯半。白色数据点代表中间年份

4. 钟摆

钟摆显示了从新数据到旧数据的变化

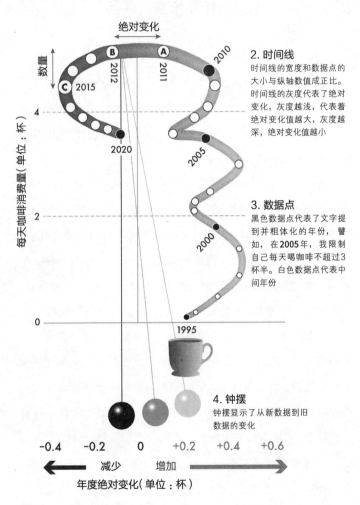

图66 个人咖啡消费量,1995—2020年

咖啡消费量开始变得越来越少，小圆点开始向南移动，该放缓在2020年终止。

本书时间线的横轴都表示时间点前后的变化速度，以"每月"或"每年"为尺度。有时极端值会标在极端值出现的前一个或后一个时间点。本书正文和图表使用的都是原始数据。

通常情况下，每条时间线的第一个和最后一个数据点的变化率只按照其之前和其之后的数据计算，虽然第一个数据点之前和最后一个数据点之后的数据并未标在图上。专为此书制作的一个网页包含了此书所使用的所有数据以及计算细节，并在每张表格里标注出缺失的数据，还附有许多没有收入书中的时间线。网页地址是 www.dannydorling.org，这个网站将一直存在，直到21世纪早期的网站一起不复存在时为止。如果你手上拿着本书的纸质版本，那么它肯定是最可靠的媒介了。

如果你想自己绘制这样的时间线，下面几点建议会对你有所助益，这是我用了将近7年时间才领悟到的：

• 计算某一时间点的变化速率时，使用该点前后时间相等的数据计算（譬如，前一年与后一年，或者前一个月与后一个月），这样做会让你的时间线平滑许多。本书每个数据点的圆圈大小（面积）大致与数值大小相对应，也就是与纵轴数值成正比。

• 确保你的数据高质量。这种时间线可以强调细微变化，同时它也会放大数据中的误差，如果数据质量不高，时间线将会一团糟，也就变得毫无意义。所以尽可能用较长的时间间隔让曲线平滑一些，采用移动平均（moving average）的方式也能实现相似效果。关注年份变化,而非月份变化,比较大选之间而非民调之间的差异,也可以将民调结果进行月度平均,都会让你的曲线呈现出更多意义。放缓的过程本身往往发生得非常缓慢,而且不够稳定,因此,如果你只关注一个很短的时间段,它的表现往往不够明显,这也就是它容易被人忽略的原因。如果你关注的频段不对,所看到的常常只是大量琐碎又没有意义的统计,或者非常微小的变动。

• 不要标记出时间线上的所有数据点,很多时候数据点相互覆盖。Excel软件在把分散的数据绘制成曲线方面力不从心,如果你想用Excel绘制时间线的话,考虑下载一个免费的"XY图形标记"(XY Chart Labeler)工具包。

• 用贝塞尔曲线(Bézier curve)连接数据点,工具包常常提供这种连接分散数据点的功能。纯粹的加速呈现为直线,本书除了图1用的不是贝塞尔曲线,其他都是贝塞尔曲线。下面我们会对贝塞尔曲线稍加讨论,我们现在所知的一切中有很大比例在非常临近的过去才被意识到,但我们常常忘记这点,因为我们加速得太快了。

本书图2、图3、图5和图67的时间线都很平滑,因为这些时间线反映的只是一个简单的公式。但其他反映复杂数据的时间线看上去也比较平滑,因为它们用了贝塞尔曲线连接数据点。用统计学术语来说,这种绘制曲线的方式允许我们"移除噪声",获得一个能够反映整体变化趋势的更干净曲线——换句话说,能够反映深层结构性变化,而非暂时的和表面的

钟摆系统

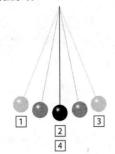

关键点:
1 最低点,速度为0
2 最高速度
3 最高点,速度为0
4 最低速度

传统曲线图

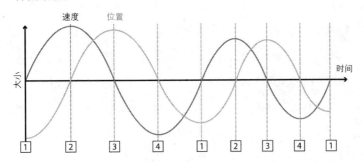

相图

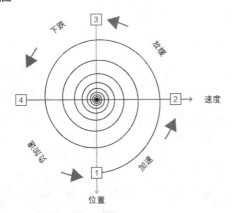

图67 表现钟摆运动的三种方式

Kirsten McClure 在本书图5的钟摆运动中加入阻尼调整,使其摆动幅度逐渐减小

小波动。

用以绘制本书时间线的曲线得名于皮埃尔·贝塞尔（Pierre Bézier），他是法国雷诺汽车公司的工程师，在1968年发表了一篇文章，描述了一种生产曲线形汽车引擎盖和侧翼的方法。[1]在他的发明出现以前，没有人能够生产出这种汽车。

有人认为早在20世纪50年代就已出现了曲线形状的汽车，只是60年代的曲线效果更好，进一步激发了人们对曲线汽车的渴望。[2]就在贝塞尔发明曲线汽车前10年，另一个法国汽车工程师，雪铁龙公司的保罗·德·卡斯特里奥（Paul de Casteljau）就创造出了后来贝塞尔需要的算法。因此，如果用德·卡斯特里奥来命名这类曲线也未尝不可。或者谢尔盖·纳塔诺维奇·伯恩施坦（Sergei Natanovich Bernstein），他在再往前半个世纪开发出了该曲线要用的数学方法。所有这些数学发现与设计创新都发生在很短的一段时间里。

当我还在学校求学时，我们借助一种被称为曲线板（French curves）的工具画这类曲线，而这种工具今天大概只能在博物馆找到。如果我们这一代人认为自己年轻时所经历的加速发展是一种常态的话，或许是有足够理由被原谅的。贝塞尔曲线一直等着被发现，一旦被发现，就被广泛应用，改变了我们的世界。既改变了我们制造物体的方法，也改变了我们看待事物以及描述变化的方式。

未来不会有无穷无尽的新发现问世，也不会每一个新发现都比上一个更重要，近来大多数创新都只是在过去的伟大发明基础上的细微改善。在我之前的一代人，几乎没有一个在学校画过曲线，因为他们大多数在14岁时就已离开学校，更早的几代人甚至都不知道有学校这个东西。

图67将图5中的钟摆换成了真实钟摆，展示的不再是永远不会停止的理想钟摆模型。现实中的钟摆一定会放缓，呈现出一个漂亮的螺旋轨迹——对数螺旋。

注　释

第1章　焦虑：一种想象

引言：Song Jung-a, "South Korea's Birth Rate Falls to New Developed World Low," *Financial Times*, 28 August 2019, https://www.ft.com/ content/16505438-c96c-11e9-a1f4-3669401ba76f.

【1】引自查尔斯·达尔文的《生存斗争》(*The Struggle for Existence*)，为《物种起源》(1859年伦敦John Murray首版，全名为《论依据自然选择即在生存斗争中保存优良族的物种起源》)导论的第三部分，引用原文出现在首版书中，后续版本措辞略有不同。网上也有许多相似引文版本，见 https:// www.gutenberg.org/files/1228/1228-h/1228-h.htm。

【2】Paul Ehrlich and Anne Ehrlich, *The Population Bomb: Population Control or Race to Oblivion* (New York: Ballantine Books, 1968), 160, http:// projectavalon.net/The_Population_Bomb_Paul_Ehrlich.pdf.

【3】Joel E. Cohen, "How Many People Can Earth Hold?" *Discover*, 1 November 1992, http://discovermagazine.com/1992/nov/howmany peoplecan152/.

【4】见第12章图64，作为导论，本章所提出的大多数结论都能在本书后续章节中找到实证，但也有小部分出自作者本人的猜测和直觉。

【5】近年来，英国最长寿老人格蕾丝·琼斯(Grace Jones)于2019年6月14日去世，享年112岁；欧洲最长寿老人朱塞皮娜·罗布琪(Giuseppina Robucci)于2019年6月18日去世，享年116岁。据说雅娜·路易·卡尔曼特(Jeanne Louise Calment)是世界长寿冠军，但其真实年龄是否如其所声称仍存在疑点。见崔斯汀·霍珀(Tristin Hopper)《史上最长寿女子纪录是一场骗局？俄罗斯研究者宣称122岁的雅娜·卡尔曼特是一个实际只有99岁的冒牌者》(*History's Oldest Woman a Fraud? Russian Researchers Claim 122-Year-Old Jeanne Calment* was Actually a 99-Year-Old Imposter),《全国邮报》(National Post) 2018 年 12 月 31 日版。https://nationalpost.com/news/world/historys-oldest-woman-a-fraud-theory-says-122-year-old-jeanne-calment-was-actually-a-99-year-old-imposter.

【6】本书第 12 章提到了时间线发源于日本，放缓最初就发生在那里。本书最后有一篇短短的附录，详细地解释了如何绘制时间线。在 www.dannydorling.org 中可以找到本书所收录的（以及许多未收录的）时间线所使用的数据，以及依据这些数据绘制时间线的方法。

【7】Michael Friendly, Pedro Valero-Mora, and Joaquín Ibáñez Ulargui, "The First (Known) Statistical Graph: Michael Florent van Langren and the 'Secret' of Longitude," *American Statistician* 64, no. 2 (2010): 174–84, http:// datavis.ca/papers/langren-TAS09154.pdf.

【8】1968 年逃离的人口不出意外地增加。"六日战争"之后巴勒斯坦人口数量减少了 2.1%，与此类似，独裁统治下的葡萄牙人口也出现减少（每年 0.7%）；福克兰群岛（译者注：阿根廷方面称为马尔维纳斯群岛，那里曾发生过英国与阿根廷之间的马岛战争）的人口年减少 0.5%。当时的芬兰每年人口增加 0.1%，英国 0.5%，法国 0.7%，美国 0.9%，日本 1.3%，加拿大 1.7%，全世界总人口（尤其是印度）2.1%，埃塞俄比亚 2.5%，中国 2.8%，菲律宾 3%，伊拉克 3.5%。

【9】Bob Dylan, "*Idiot Wind*," 1974, https://www.bobdylan.com/songs/idiot-wind/.

【10】见 Danny Dorling, *Population 10 Billion* (London: Constable, 2013), 338。如果你曾经看过电影《1313: 杀人巨蜂!》(*1313: Giant Killer Bees*!)，或许你会相信人类已经时日无多，这是一部错得不能再错的电影。如果你了解真相，可能会对曾经困扰人类的恐惧心理付诸一笑。

【11】我曾与同事依据英国官方披露的死亡率和入院统计数据计算过一个人从树上掉下摔死的概率。许多孩子有过从树上掉落并受到轻微伤害的经历，但很少有人因此丧命。如果你担心自己孩子受到伤害，你更应该在他们很小的时候担心那些会卡在他们喉咙里的小东西，注意不要让他们溺水，即使是在相当浅的水中，以及被车撞到的风险。你只需要关注这三种风险，它们发生的概率远高于其他。更重要的是，你应该停止对其他风险杞人忧天，那些让你在夜里辗转反侧的担忧真正发生的概率几乎可以忽略不计。

【12】"每个城市都会有大量的人力物力储备，如果需要，每户人家都有，这些储备会在需要的时候派上用场。这是乌托邦吗？一个没有乌托邦的世界不值一顾，因为它缺少人性，只有当人性降临并眷顾四方之时，才让这个世界变得更好。进

步就是乌托邦的体现。"这是奥斯卡·王尔德在《人类的灵魂》一书中的话。*The Soul of Man* (London: Arthur Humphries, 1900), 40, https://www.gutenberg.org/files/1017/1017-h/1017-h.htm.

[13] P. D. James, *The Children of Men* (London: Faber, 1992).

第2章 放缓：无处不在

引言：中国网络信息中心, "News Analysis: Experts Predict Slowdown in Greek Economy," 新华社, 25 January 2019, http://www.xinhuanet.com/english/2019-01/25/c137772060.htm。

[1] Quoted in Roxanne Darrow, "Culinary Backstreets on the Road-The Mastic Trail in Chios," *Culinary Backstreets*, 23 September 2014, https://culinarybackstreets.com/cities-category/athens/2014/cb-road-17/.

[2] Nikos Merouses, *Chios: Physiko periballon & katoikese apo te neolithike epoche mechri to telos tes archaiothtas* [(Chios: Natural Environment & Habitation from the Neolithic Age to the End of Antiquity), Chios: Papyros, 2002], chapter 5, section 3. 人口数据出自 Maria Papaioannou 对该书的评论, Bryn Mawr Classical Review (2006), http://bmcr.brynmawr.edu/2006/2006-06-38.html。

[3] Roula Ballas and Vassilis Ballas, "How Masticulture Was Created", *Masticulture*, accessed 11 February 2019, http://www.masticulture.com/about masticulture/en/history-of-chios-masticulture.php.

[4] 图3时间线中的人口增长公式：$y_t = 99 + e^{(1.5 \times -t/400)} \times 10 \sin(t/10)$，其中 y 是人口，t 是年份，e 是欧拉常数（约等于 2.71821818）。

[5] 2019年，欧洲统计局报告2017年欧盟女性初次分娩的平均年龄为29.1岁，其按国别统计的分布范围：从保加利亚的16.1岁到意大利的31.1岁。在我撰写本书时，该数字正稳步朝向31.4岁靠近，大致对应着我在上述公式中所采用的10。对欧洲数据的分析见 Eurostat: *Statistics Explained*: *Fertility Statistics*, https://ec.europa.eu/eurostat/statistics-explained/index.php/Fertility statistics。2019年1月10日英国公布的英格兰和威尔士数据显示，那里女性初为人母的平均年龄是28.8岁，自2016年后就不再上升，而初为人父的平均年龄是33.4岁，比2016年时的33.3岁增加了一点点：Kanak Ghosh, *Birth Characteristics in England and Wales*: *2017*(London: Office for National Statistics, 10 January 2019), https://

www.ons.gov.uk/peoplepopulationandcommunity/birthsdeathsandmarriages/livebirths/bulletins/birthcharacteristicsinengland/2017。2017年东京女性首次生育年龄为32.3岁，从日本全国来看，该数字是30.7岁：https://stats-japan.com/t/kiji/14299。在美国，2017年该数字在旧金山最高：31.9岁，全国为26岁，甚至低于保加利亚：Michelle Robertson, "San Francisco Women Have Children Later Than Anywhere Else in the U.S. Here's Why," *SFgate*, 7 August 2018, https://www.sfgate.com/mommyfiles/article/women-sf-children-mother-motherhood-later-age-13136540.php。2016年时的美国在生育上出现双峰分布，社会的两极分化导致初次生育年龄出现了20岁与28岁两个分开的峰值，仅仅在一个世代之前的1980年，还只有一个高峰，峰值在19岁：Quoctrung Bui and Claire Cain Miller, "The Age That Women Have Babies: How a Gap Divides America," *New York Times*, 4 August 2018. All websites accessed 13 July 2019。

【6】事实上，英国前首相大卫·卡梅伦曾做过这个愚蠢的承诺，当时担任其内政大臣的特丽莎·梅试图实现这个承诺却徒劳无功。美国总统唐纳德·特朗普许诺要在美墨边境建一座高墙，终于让英国人与美国人相比显得不那么愚蠢。放缓将让这些想法变得更加可笑。

【7】我在此处将中值设在9900万，因为我在上面公式中输入的数字就是这个，公式里1.5和400这两个常数决定了达到稳定状态的速度，该公式所对应的曲线就是1638年勒内·笛卡尔发明并在1692年被雅各布·伯努利称为"奇迹"的对数螺旋。

【8】G. J. Chin, "Flying along a Logarithmic Spiral," *Science*, 8 December 2000, http://science.sciencemag.org/content/290/5498/1857.3.See also "Spiral Mathematics," *Encyclopaedia Britannica*, https://www.britannica.com/science/spiral-mathematics.

【9】"Not All Japanese Towns and Villages Are Atrophying: More Young Japanese Are Seeking a Rural Idyll," *Economist*, 22 March 2018, https://www.economist.com/asia/2018/03/22/not-all-japanese-towns-and-villages-are-atrophying.

【10】S. Palmer, "Women Novelists Warned Early on That Village Life Wasn't All It's Cracked Up to Be," *Conversation*, 23 June 2018, https://theconversation.com/women-novelists-warned-early-on-that-village-life-wasnt-all-its-cracked-up-to-be-99884.

【11】克里斯蒂安·惠更斯对时间有着广泛兴趣。1669年他还绘制了世界上第二份统计图表：预期寿命在不同年龄上的分布（Michael Friendly, Pedro Valero-

Mora, and Joaquín Ibáñez Ulargui, "The First [Known] Statistical Graph: Michael Florent van Langren and the 'Secret' of Longitude," *American Statistician* 64, no. 2 [2010]: 174–84, http://datavis.ca/papers/langren-TAS09154.pdf)。你可以在下述文献中找到惠更斯 1669 年绘制的统计图：Carl Boyer, "Note on an Early Graph of Statistical Data (Huygens 1669)," *Isis*: *A Journal of the History of Science Society 37*, nos. 3–4 (July 1947), https://www.journals.uchicago.edu/doi/10.1086/348018。

[12] Stacy Taylor, "History of the Pendulum," *Sciencing*, 24 April 2017, accessed 11 February 2019, https://sciencing.com/history-pendulum-4965313.html.

[13] Sascha Reinhardt, Guido Saathoff, Henrik Buhr, Lars A. Carlson, Andreas Wolf, Dirk Schwalm, Sergei Karpuk, Christian Novotny, Gerhard Huber, Marcus Zimmermann, Ronald Holzwarth, Thomas Udem, Theodor W. Hänsch, and Gerald Gwinne, "Test of Relativistic Time Dilation with Fast Optical Atomic Clocks at Different Velocities," *Nature Physics*, 11 November 2007, 861–64, https://www.nature.com/articles/nphys778.

[14] 20 世纪 60 年代，层出不穷的新型致幻剂的出现令这一切变得更加容易，但早在 1797 年，塞缪尔·泰勒·柯勒律治（Samuel Coleridge）就已在吸食鸦片后写下诗篇《忽必烈汗》(*Kubla Khan*)，其副题就是"或是梦境碎片"。整首诗"光怪陆离，包罗万象"，只有在你了解了当时作者的大脑状态后才容易理解。

[15] "The Phase Space and Density Function," *Wikipedia*, accessed 11 February 2019, https://en.wikipedia.org/wiki/Boltzmann-equation #The_phase_space_and_density_function.

[16] 约西亚·吉布斯（Josiah Gibbs）土生土长在康乃狄克州的纽黑文，在耶鲁学院念书。本书中的各种相图最初是用在热动力学领域之中，直到 20 世纪 70 年代，在东京，它们才被首次用在社会科学领域，并用来研究放缓问题，我们在本书最后一章里会引用和详述那段历史。

[17] Haynes Miller, "Linear Phase Portraits: Matrix Entry", *MIT Mathlets*, accessed 11 February 2019, http://mathlets.org/mathlets/linear-phase-portraits-matrix-entry/.

[18] Krishnatej Vedala, "Empowering Caregivers with Technology," *TEDxFIU* (Florida International University) *talk*, 8 December 2014, https://www.youtube.com/watch?v=RVZ5L0LrlOo.

第 3 章　债务：放缓的标记

引言：Annie Nova, "Student Debt Continues to Grow, but There's Been a Slowdown," *CNBC*, 20 September 2018, https://www.cnbc.com/2018/09/20/student-debt-continues-to-grow-but-more-slowly-than-in-the-past.html.

【1】我在 2017 年与 2018 年出版了《平等效应》（*The Equality Effect*）和《不平等高峰》（*Peak Inequality*）二书。这两本书中的数据都显示，经济不平等的增加不仅正在放缓，而且在地球上大多数地区，不平等加剧的趋势近来正趋于反转。不平等的趋于改善并不是一个学术界热衷的研究题目，但自 2008 年以来，事实确实如此。当然，在我撰写本书时，超级富豪们依旧变得更加富有，但该趋势的反转也终将到来，或许很快。如果现在的我们确实处在全球不平等的高峰，我们将很难再次看到全球如此巨大的财富被控制在如此少数的富有家族手中。

【2】Statista, *Number of Higher Education Degrees Earned in the United States from 1950 to 2028*, online open access resource, accessed 11 February 2019, https://www.statista.com/statistics/185153/degrees-in-higher-education-earned-in-the-united-states/.

【3】联邦助学金（Federal Student Aid，美国教育部的一个下属机构），*Federal Student Loan Portfolio*, accessed 11 February 2019, https://studentaid.ed.gov/sa/about/data-center/student/portfolio。

【4】Melanie Lockert, "What Happens to Student Loans When You Die?" *Student Loan Hero Blog*, 18 December 2017, https://studentloanhero.com/featured/what-happens-to-student-loans-when-you-die/.

【5】Danny Dorling and Michael Davies, *Jubilee 2022*: *Writing off the Student Debt* (London: Progressive Economy Forum, 30 October 2018), https://www.progressiveeconomyforum.com/jubilee-2022-writing-off-the-student-debt/; Michael Davies and Danny Dorling, *Jubilee 2022*: *Defending Free Tuition* (London: Progressive Economy Forum, 9 July 2019), https://progressiveeconomyforum.com/publications/jubilee-2022-defending-free-tuition/.

【6】Jun Hongo, "Number of Cars per Household Stagnates in Japan," *Wall Street Journal*, 18 August 2014, https://blogs.wsj.com/japanrealtime/2014/08/18/number-of-cars-per-household-stagnates-in-japan/.

【7】Gil Scott-Heron, "Whitey on the Moon," *The Revolution Will Not Be Televised*

(New York: Flying Dutchman Records, 1974).

[8]Jeff Gitlen, "History of the Auto Lending Industry," Lendedu, accessed 11 February 2019, https://lendedu.com/blog/history-of-auto-lending-industry. Lendedu 是一个旨在吸引你观看广告的网站。

[9]Statista, *Light Vehicle Retail Sales in the United States from 1978 to 2018*, online open-access resource, accessed 11 February 2019, https://www.statista.com/statistics/199983/us-vehicle-sales-since-1951/.

[10]Aarón González Sherzod Nabiyev, "Oil Price Fluctuations and Its Effect on GDP Growth: A Case Study of USA and Sweden" (BA thesis, Jönköping International Business School, Jönköping University, January 2009), https://pdfs.semanticscholar.org/e2dc/68b6cb8346e1bda8491b6dd490594d0e6e94.pdf.

[11]Tracy Jan, "Redlining Was Banned 50 Years Ago. It's Still Hurting Minorities Today," *Washington Post*, 28 March 2018, https://www.washingtonpost.com/news/wonk/wp/2018/03/28/redlining-was-banned-50-years-ago-its-still-hurting-minorities-today.

[12]Federal Reserve Bank of St. Louis, *Mortgage Debt Outstanding, All Holders (MDOAH)*, accessed 11 February 2019, https://fred.stlouisfed.org/series/MDOAH.

[13]Danny Dorling, *All That is Solid*, 2nd ed. (London: Penguin Books, 2015), 236–49.

[14]Daniel Thornton, "The U.S. Deficit/Debt Problem: A Longer-Run Perspective," *Federal Reserve Bank of St. Louis Review 94*, no. 6 (November/December 2012):441–55, https://files.stlouisfed.org/files/htdocs/publications/review/12/11/Thornton.pdf.

[15]International Monetary Fund, *Interest Rates, Discount Rate for United States*, provided by the Federal Reserve Bank of St. Louis and as last updated 1 June 2017, https://fred.stlouisfed.org/series/ INTDSRUSM193N.

[16]宗教对于债务增长以及（因之导致的）财富积聚采取的反对立场可谓无人不知。那些认为少数人积聚财富是因为勤奋努力和美德、大多数人背负债务是因为他们不够谨慎和缺少自制力的人将宗教教义抛在脑后。清教教会针对高利贷的法律被选择性忽略，这是让荷兰变得更加富有的原因之一。1688 年，英国也紧随其后，而美国的清教徒精英们又从英国那里学会这一招。《圣经》规定应该经

常性地举办大赦年(译者注：一般指基督诞辰整周年庆，譬如二十五周年、五十周年、一百周年等)活动，作为庆典的一部分，债务被取消，但这条法令被经常性地遗忘。作为亚伯拉罕系三大宗教中最晚出现的伊斯兰教，在反对由债务利息获得财富方面最为严厉。

【17】Tim Di Muzio and Richard H. Robbins, *Debt as Power* (Manchester: Manchester University Press, 2016), 20.

第4章 信息和技术：不再汇聚新的浪潮

引言：Justin Trudeau, "Justin Trudeau's Davos Address in Full," *World Economic Forum*, 23 January 2018, https://www.weforum.org/agenda/2018/01/pm-keynote-remarks-for-world-economic-forum-2018/.

【1】Elizabeth Palermo, "Who Invented the Printing Press?" *Live Science Blog*, 25 February 2014, https://www.livescience.com/43639-who-invented-the-printing-press.html.

【2】Mathew Wall, "Big Data: Are You Ready for Blast-off?" *BBC Business News*, 4 March 2014, https://www.bbc.co.uk/news/business- 26383058.

【3】Bernard Marr, "How Much Data Do We Create Every Day? The Mind-Blowing Stats Everyone Should Read," *Forbes*, 21 May 2018, https://www.forbes.com/sites/bernardmarr/2018/05/21/how-much-data-do-we-create-every-day-the-mind-blowing-stats-everyone-should-read/ #1ad9abea60ba.

【4】"History of Wikipedia," *Wikipedia*, 24 April 2019, https://en.wikipedia.org/ wiki/ History of Wikipedia.

【5】Tim Simonite, "The Decline of Wikipedia," *MIT Technology Review*, 22 October 2013, https://www.technologyreview.com/s/520446/the-decline-of-wikipedia/.

【6】Max Roser, "Books," *Our World in Data*, 2017, https://ourworldindata.org/books#consumption-of-books.

【7】UNESCO, *Recommendation Concerning the International Standardization of Statistics Relating to Book Production and Periodicals* (Paris: UNESCO, 1964), 145.

【8】Eltjo Buringh and Jan Luiten Van Zanden, "Charting the 'Rise of the West': Manuscripts and Printed Books in Europe; A Long-Term Perspective from the

[9] Sixth through Eighteenth Centuries," *Journal of Economic History* 69, no. 2 (2009): 409–45(and the statistical source used by Roser in the endnote above).

[9] "List of Book-Burning Incidents (Catholic and Martin Luther): The World," *Wikipedia*, accessed 24 April 2019, https://en.wikipedia.org/wiki/List_of_book-burning_incidents#Catholic_theological_works_(by_Martin_Luther).

[10] Science Museum, "Thalidomide," *Exploring the History of Medicine*, accessed 2 September 2019, http://broughttolife.sciencemuseum.org.uk/broughttolife/themes/controversies/thalidomide.

[11] Alexander J. Field, *A Great Leap Forward: 1930s Depression and U.S. Economic Growth* (New Haven: Yale University Press, 2012). See also Alexander J. Field, "The Most Technologically Progressive Decade of the Century," *American Economic Review* 93, no. 4 (2003): 1399, https://www.aeaweb.org/articles?id=10.1257/000282803769206377.

[12] Charles Darwin, "Laws of Variation," in *The Origin of Species by Means of Natural Selection*, 6th ed. (London: John Murray, 1888), https://www.gutenberg.org/files/2009/2009-h/2009-h.htm.

[13] Tim Blanning, *The Pursuit of Glory: Europe, 1648—1815* (London: Penguin, 2007).

[14] 美国国防高级研究计划局(DARPA)微系统技术办公室主任罗伯特·科罗威尔(Robert Colwell)，又被称为鲍勃·科罗威尔(Bob Colwell), "End of Moore's Law: It's Not Just about Physics," *Scientific American*, August 2018, https://www.scientificamerican.com/article/end-of-moores-law-its-not-just-about-physics/。

[15] Evangelia Christodoulou, Jie Ma, Gary S. Collins, Ewout W. Steyerberg, Jan Y.Verbakel, and Ben Van Calster, "A Systematic Review Shows No Performance Benefit of Machine Learning over Logistic Regression for Clinical Prediction Models," *Journal of Clinical Epidemiology* 110 (2019): 12–22, https://www.jclinepi.com/article/S0895-4356(18)31081-3/fulltext.

[16] Christopher L. Magee and Tessaleno C. Devezas, "Specifying Technology and Rebound in the IPAT Identity," *Procedia Manufacturing* 21 (2018): 476–85, https://www.sciencedirect.com/science/article/pii/S2351978918301860.

[17] 关于摩尔定律的文献随处可得，多到让你读不完，见 Wikipedia, accessed 2

September 2019, https:// en.wikipedia.org/ wiki/ Moore %27s law.

【18】Wgsimon, "Microprocessor Transistor Counts 1971–2011 & Moore's Law," *Wikimedia Commons*, 13 May 2011, https://commons.wikimedia.org/wiki/File:Transistor_Count and Moore %27s Law-2011.svg.

【19】物联网（Internet of Things）这个名词的用法和用处本身就经历了迅速放缓。在你眼里，这个词或许毫无意义，取决于你是在什么时间读到这本书的。我们在21世纪初对其寄予厚望，幻想着这是一个全新而奇妙的发明，如今回过头看，这一切仅仅只是一个幻想而已。

第5章 气候：工业、战争、碳和混乱

引言：Jacob Jarvis, "Greta Thunberg Speech: Activist Tells Extinction Rebellion London Protesters 'We Will Make People in Power Act on Climate Change,'" *London Evening Standard*, 21 April 2019, https://www.standard.co.uk/news/london/greta-thunberg-tells-extinction-rebellion-protesters-we-will-make-people-in-power-act-on-climate- a4122926.html.

【1】Jonathan Watts, "A Teen Started a Global Climate Protest. What Are You Doing?" *Wired*, 12 March 2018, https://www.wired.com/story/a-teen-started-a-global-climate-protest-what-are-you-doing/.

【2】Doyle Rice and Doug Stanglin, "The Kid Is All Right: Friday's Worldwide Climate Protest Sparked by Nobel-Nominated Teen," *USA Today*, 15 March 2019, https://eu.usatoday.com/story/news/nation/ 2019/03/14/climate-change-swedish-teen-greta-thunberg-leads-worldwide-protest/3164579002/.

【3】Tessa Stuart, "Greta Thunberg Ups Climate Pressure Ahead of UN Summit: 'This Has to Be a Tipping Point'", *Rolling Stone*, 29 August 2019, https://www.rollingstone.com/politics/politics-news/climate-crisis-activist-greta-thunberg-united-nations-summit-877973/, 它把"玛利琪亚2号"形容为"60英尺高、利用太阳和风能驱动，来自摩纳哥公国的轮船"。

【4】Thomas Boden, Gregg Marland, and Robert Andres, *Global, Regional, and National Fossil-Fuel CO_2 Emissions* (Oak Ridge, TN: National Laboratory, U.S. Department of Energy, 2017), doi 10.3334/CDIAC/00001_V2017, 2017, http://cdiac.ess-dive.lbl.gov/trends/emis/overview 2014.html.

【5】见 "Cragside," *Wikipedia*, accessed 18 September 2019, https:// en.wikipedia.org/ wiki/ Cragside #Technology.

【6】我在本章所举的例子和数据来自综合碳观测系统（Integrated Carbon Observation System，ICOS）的最新预测："Global Carbon Budget 2018," accessed 17 September 2019, https://www.icos-cp.eu/GCP/ 2018。

【7】"Monument to the First Lord Armstrong in Rothbury Graveyard," *Historic England*, accessed 4 September 2019, https://historicengland.org.uk/listing/the-list/list-entry/1371120.

【8】William H. McNeil, *The Pursuit of Power* (Chicago: University of Chicago Press,1982), 26–27.

【9】出处同前，32。

【10】U.S. Bureau of Transportation Statistics, "World Motor Vehicle Production, Selected Countries," sourced from WardsAuto.com, *Motor Vehicle Facts & Figures*, accessed 20 January 2019, https://www.bts.gov/content/world-motor-vehicle-production-selected-countries.

【11】著名经济史学家安格斯·麦迪逊（Angus Maddison, 1926—2010），在格罗宁根增长与发展中心建立了一个网站，收录了他的大多数工作，其中包括麦迪森计划数据库，至今依然在持续更新他的长期系列。见 https://www.rug.nl/ggdc/historicaldevelopment/maddison/original-maddison.

【12】National Bureau of Economic Research, *US Business Cycle Expansions and Contractions, 1854 to 2009 List*, accessed 20 January 2019, https://www.nber.org/cycles.html.

【13】Boden, Marland, and Andres, *Global, Regional, and National Fossil-Fuel CO_2 Emissions*.

【14】这些是英国人在"代际游戏"（Generation Game）中赢得的典型奖品，该游戏1969年始于荷兰，用的是一个不同的名字。英国的终极奖品是一套茶具，而不是自动咖啡机。见 "The Generation Game," *Wikipedia*, accessed 3 September 2019, https://en.wikipedia.org/wiki/The_Generation_Game。

【15】Corinne Le Quéré et al, "Global Carbon Budget 2018," *Earth Systems Science Data* 10 (2018): 2141–94, https://www.earth-syst-sci-data.net/ 10/2141/2018/.

【16】Global Carbon Project, *Global Fossil CO_2 Emissions, 1960–Projected 2018*, accessed 4 September 2019, https://www.icos-cp.eu/sites/default/files/inlineimages/s09_FossilFuel_and_Cement_emissions 1959.png.

【17】ICOS, "Global Carbon Budget 2018".

【18】Intergovernmental Panel on Climate Change (IPCC), "Global Warming of 1.5°C: An IPCC Special Report on the Impacts of Global Warming of 1.5 above Preindustrial levels and Related Global Greenhouse Gas Emission Pathways, in the Context of Strengthening the Global Response to the Threat of Climate Change, Sustainable Development, and Efforts to Eradicate Poverty," 8 October 2018, https://report.ipcc.ch/sr15/pdf/sr15spm final.pdf.

第6章 气温：灾难性的例外

引言：Fiona Harvey, "Sharp Rise in Arctic Temperatures Now Inevitable— UN," *Guardian*, 13 March 2019, https://www.theguardian.com/environment/2019/mar/13/arctic-temperature-rises-must-be-urgently-tackled-warns-un, referring in turn to United Nations Environment Programme, "Temperature Rise Is Now 'Locked-In' for the Coming Decades in the Arctic," http:// www.grida.no/publications/ 431 (accessed 12 October 2019).

【1】Maria Waldinger, "Drought and the French Revolution: The Effects of Adverse Weather Conditions on Peasant Revolts in 1789" (LSE working paper, 2014), https://personal.lse.ac.uk/fleischh/Drought %20and %20the %20French %20 Revolution.pdf.

【2】Tekie Tesfamichael, Bonnie Jacobs, Neil Tabor, Lauren Michel, Ellen Currano, Mulugeta Feseha, Richard Barclay, John Kappelman, and Mark Schmitz, "Settling the Issue of 'Decoupling' between Atmospheric Carbon Dioxide and Global Temperature: Reconstructions across the Warming Paleogene-Neogene Divide," *Geology* 45, no. 11 (2017): 999–1002, https://doi.org/10.1130/G39048.1.

【3】IPCC, "Summary for Policymakers," in *Climate Change 2007: The Physical Science Basis. Contribution of Working Group I to the Fourth Assessment Report of the Intergovernmental Panel on Climate Change*, ed. S. Solomon, D. Qin, M. Manning, Z. Chen, M. Marquis, K. B. Averyt, M. Tignor, and H. L. Miller (Cambridge: Cambridge University Press, 2007), https://www.ipcc.ch/site/assets/

uploads/2018/ 02/ar4-wg1-spm-1.pdf.

【4】"Thermometer," Science Museum, 2017, accessed 18 September 2019, http://www.sciencemuseum.org.uk/broughttolife/techniques/ thermometer.

【5】美国国家航空航天局（NASA）解释了他们使用局部加权平滑处理的方法处理曲线，也就是一种依赖于 K 相邻数据点建模的非参数平滑处理方法。在应用该模型时，我们选取了每十年一个的数据窗口，在五年范围内进行了有效平滑处理。*NASA Goddard Institute*, accessed 3 September 2019, https:// data.giss.nasa.gov/gistemp/graphs/.

【6】我的同事迈尔斯·艾伦（Myles Allan）和他在牛津大学环境变化学院的同事们制作了一个系列，可在下述网站获得：http://globalwarmingindex.org/ (2019 年 9 月 17 日的数据）。该系列数据较少受到诸如火山爆发等一次性偶发事件的影响，作为对比，本章接下来还会用到来自凯文·考坦和罗伯特·韦的系列数据。

【7】如果我们从 2011 年开始从第五世代往前倒着数，最初的加速开始于第一世代，对应着图 17 时间线上开始快速上升的转折点。

【8】有些作者将 X 世代的开始定在 1964 年，还有一些建议定在 1962 年，道格拉斯·柯普兰（Douglas Coupland）就是在这一年最早创造该说法的。他们是在成年中经历放缓的第一个世代。

【9】Wolfgang Helmut Berger, "On the Discovery of the Ice Age: Science and Myth," in *Myth and Geology*, ed. Luigi Piccardi and W. Bruce Masse (London: Geological Society, Special Publications, 2007), 273, 271–78, http://sp.lyellcollection.org/content/specpubgsl/273/1/271.full.pdf.

【10】Jason Hickel, *The Divide*: *A New History of Global Inequality* (London: William Heinemann, 2017), 275, 285.

【11】Walmart, "Walmart on Track to Reduce 1 Billion Metric Tons of Emissions from Global Supply Chains by 2030," 8 May 2019, https://corporate.walmart.com/newsroom/2019/05/08/walmart-on-track-to-reduce-1-billion-metric-tons-of-emissions-from-global-supply-chains-by-2030.

【12】Mary Schlangenstein, "Airline Shares Reach Record as Buffett's Berkshire Extends Bet," *Bloomberg News*, 15 February 2017, https://www.bloomberg.com/news/articles/2017-02-15/airlines-rise-to-a-record-as-buffett-s-berkshire-deepens-bet.

【13】图 17 中所使用的石油价格数据来自：*Crude Oil Prices-70 Year Historical Chart*, accessed 10 March 2019, https://www.macrotrends.net/1369/crude-oil-price-history-chart。

【14】Kevin Cowtan and Robert Way, "Coverage Bias in the HadCRUT4 Temperature Record," *Quarterly Journal of the Royal Meteorological Society*, 12 November 2013, http://www-users.york.ac.uk/~kdc3/papers/coverage2013/.

【15】引文出自上一条注释中由考坦和韦撰写的论文里提到的来源,也能在此网站获取:http://www-users.york.ac.uk/~kdc3/papers/coverage2013/background.html（2019年9月17日）。

【16】Tanya Steele, chief executive, World Wildlife Fund, quoted in Damian Carrington,"Humanity Has Wiped Out 60% of Animal Populations since 1970, Report Finds," *Guardian*, 30 October 2018, https://www.theguardian.com/environment/2018/oct/30/humanity-wiped-out-animals-since-1970-major-report-finds.

第7章 人口统计:踩下了人口增长的刹车

引言:Darrell Bricker and John Ibbitson, "What Goes Up: Are Predictions of a Population Crisis Wrong?" *Guardian*, 27 January 2019, https://www.theguardian.com/world/2019/jan/27/what-goes-up-population-crisis-wrong-fertility-rates-decline.

【1】David Goodheart, "Review: *Empty Planet*: *The Shock of Global Population Decline* by Darrell Bricker and John Ibbitson—What a Shrinking World May Mean for Us," *Times* (London), 3 February 2019, https://www.thetimes.co.uk/magazine/culture/review-empty-planet-the-shock-of-global-population-decline-by-darrell-bricker-and-john-ibbitson-people-will-disappear-5lr726vn0.

【2】Jørgen Randers, "An Update of the 2052 Global Forecast Using New Data from 2011 to 2016," *Glimpse Authors' Gathering*, Cambridge, 12 October 2016, http://www.2052.info/wp-content/uploads/2016/11/2052-Jørgen-Randers.pdf.

【3】我很感激John McKeown指出在他们所在的国际应用系统分析研究所（International Institute for Applied Systems Analysis, IIASA）的中期预测中,鲁茨等学者认为人类总人口将在2070—2080年间达到高峰。他们在Data Explorer常见问题部分中提到,他们在论文发表后又做出修正,现在的预测是

人口数量最高峰将出现在 2070 年后不久: Wolfgang Lutz, Anne Goujon, K. C. Samir, Marcin Stonawski, and Nikolaos Stilianakis, *Demographic and Human Capital Scenarios for the 21st Century*: *2018 Assessment for 201 Countries* (Laxenburg, Austria: IIASA, 2018), 117, https://ec.europa.eu/jrc/en/publication/demographic-and-human-capital-scenarios-21st-century-2018-assessment-201-countries。

[4] John McKeown, "Part 1 of a Review of Darrell Bricker and John Ibbitson, *Empty Planet*: *The Shock of Global Population Decline*," The Overpopulation Project, 11 April 2019, https://overpopulation-project.com/review-of-empty-planet-the-shock-of-global-population-decline-by-darrell-bricker-and-john-ibbitson-part-1/.

[5] Danny Dorling, "We're All... Just Little Bits of History Repeating (Part 1 and Part 2)," *Significance*, 13 and 14 June 2011, http://www.dannydorling.org/?page id = 2255.

[6] Cheyenne MacDonald, "Will the World Run Out of People? Book Claims Global Population Will Start to Decline in 30 Years Despite UN Predictions—and Says Once It Does 'It Will Never End,'" *Daily Mail*, 4 February 2019, https://www.daily.mail.co.uk/sciencetech/article-6666745/Will-world-RUN-people-Book-claims-global-population-start-decline-30-years.html.

[7] "Stephen Hawking's Final Warning to Humanity," *New Zealand Herald*, 28 March 2018, https://www.nzherald.co.nz/world/news/article.cfm?cid = 2&objectid=12013139.

[8] Gordon Brown (former British prime minister), quoted in Danny Dorling and Sally Tomlinson, *Rule Britannia*: *From Brexit to the End of Empire* (London: Biteback, 2019), 78.

[9] "List of Countries by GDP (PPP)," *Wikipedia*, accessed 24 April 2019, https://en.wikipedia.org/wiki/List of countries by GDP (PPP).

[10] Simon Worrall, "When, How Did the First Americans Arrive? It's Complicated," *National Geographic*, 9 June 2018, https://news.nationalgeographic.com/2018/06/when-and-how-did-the-first-americans-arrive—its-complicated-/.

[11] The World Inequality Database, *Income Inequality, USA, 1913—2014*, accessed 28 March 2019, https://wid.world/country/usa/.

[12] Worldmapper, *Migration to USA 1990—2017*, https://worldmapper.org/maps/

migration-to-usa-1990-2017/.

【13】Dara Lind, "The Disastrous, Forgotten 1996 Law That Created Today's Immigration Problem," *Vox*, 28 April 2016, https://www.vox.com/2016/4/28/11515132/iirira-clinton-immigration.

【14】中国夏朝的大禹可能曾下令进行过第一次人口普查,那是比平帝还早2000多年的时代,得到的数字是13553932,这也有可能是户数,如果是户数的话,其对应的人口数应该是39220000。但该记录也有可能源自后世汉代学者的杜撰:John Durand, "The Population Statistics of China, A.D. 2–1953," *Population Studies* 13, no. 3 (March 1960): 209–56, https://www.jstor.org/stable/2172247。

【15】Judith Banister, "A Brief History of China's Population," in *The Population of Modern China*, ed. D. L. Poston and D. Yaukey, The Plenum Series on Demographic Methods and Population Analysis (Boston: Springer, 1992), https://link.springer.com/chapter/10.1007/ 978-1-4899-1231-23.

【16】曹树基,《中国人口史》(*A History of China's Population*)(上海,复旦大学出版社,2001),455, 509。

【17】AFP (Agence France-Presse), "China's Population Growth Slows," *Guardian*, 21 January 2019, https://guardian.ng/news/chinas-population-growth-slows/.18; Bob Yirka, "Slowdown in African Fertility Rate Linked to Disruption of Girls' Education," *Phys Org*, 5 February 2019, https://phys.org/news/2019-02-slowdown-african-fertility-linked-disruption.html.

【19】Danny Dorling, *Population 10 Billion* (London: Constable, 2013), 52.

【20】Gladstone Spoke in Parliament on Wednesday, 8 April 1840: *The Mirror of Parliament for the Third Session of the Fourteenth Parliament of Great Britain and Ireland in the Third and Fourth Years of the Reign of Queen Victoria*, 3:2461.

【21】尽管非洲太阳能驱动灌溉系统潜力巨大,但按目前全球足迹网(Global Footprint Network)的估计,在gHa(标准公顷)数量上,中国一个国家就拥有13.6亿gHa,而非洲所有国家加在一起,只有14.8亿gHa(John McKeown,个人通信)。

【22】Mark Rice-Oxley and Jennifer Rankin, "Europe's South and East Worry More about Emigration Than Immigration Poll," *Guardian*, 1 April 2019, https://www.theguardian.com/world/2019/apr/01/europe-south-and-east-worry-more-about-emigration-than-immigration-poll.

【23】E. Buchanan, "'Only Connect'? Forsterian Ideology in an Age of Hyperconnectivity," *Humanist Life*, 9 April 2014, http://humanistlife.org.uk/2014/04/09/only-connect-forsteran-ideology-in-an-age-of-hyperconnectivity/.

【24】在2004年5月1日最初加入欧盟的8个前苏联阵营成员国：捷克、爱沙尼亚、匈牙利、拉脱维亚、立陶宛、波兰、斯洛伐克和斯洛文尼亚。

【25】从官方数据上看，人口数并没有发生真正下降，因为官方统计显示那一年人口增加了0.64%，而非减少。来自日本统计局官方网站：http://www.stat.go.jp/data/nenkan/65nenkan/02.html，2019年4月4日查看。

【26】Kanae Kaku, "Increased Induced Abortion Rate in 1966, an Aspect of a Japanese Folk Superstition," *Annals of Human Biology* (1975): 2, 2, 111–15, https://www.ncbi.nlm.nih.gov/pubmed/1052742.

【27】Kyodo News Agency, "Number of Babies Born in Japan in 2018 Lowest since Records Began; Population Decline the Highest," *Japan Times*, 21 December 2018, https://www.japantimes.co.jp/news/2018/12/21/national/number-babies-born-japan-2018-lowest-since-records-began-population-decline-highest.

【28】"Timeline: Australia's Immigration Policy," *SBS News*, 3 September 2013, https://www.sbs.com.au/news/timeline-australia-s-immigration- policy.

【29】关于空中人口数量，见：Dan Satherley, "Record Number of Planes in the Air at Once," Newshub, 2 July 2018, https://www.newshub.co.nz/home/travel/2018/07/record-number-of-planes-in-the-air-at-once.html。

【30】Clara Moskowitz, "Space Station Population Hits Record High," Space.com, 17 July 2009, https://www.space.com/7003-space-station-population-hits-record-high.html.

第8章　生育率：史上最大放缓

引言：Helen Pearson, *The Life Project*: *The Extraordinary Story of Our Ordinary Lives* (London: Allen Lane, 2016), 343.

【1】Lee Bell, "What Is Moore's Law? *Wired* Explains the Theory That Defined the Tech Industry, *Wired*, 26 July 2016, http:// www.wired.co.uk/ article/ moores -law -wont -last -forever.

【2】Richard Wilkinson, 个人通信, June 2016, May 2019。

【3】关于美国与英国的两个例子,见: Danny Dorling, "It Is Necessarily So," *Significance* 10, no. 2 (2013): 37–9, http://www.dannydorling.org/ ?page id=3787; and Danny Dorling, "When Racism Stopped Being Normal, but No One Noticed: Generational Value Change," in *Sex, Lies, and the Ballot Box*, ed. Philip Cowley and Robert Ford (London: Biteback, 2014),39–42。

【4】Danny Dorling and Stuart Gietel-Basten, *Why Demography Matters* (Cambridge: Polity, 2017), 33.

【5】Charles Booth, *Life and Labour of the People in London*, vol. 2, *Streets and Population Classified* (London: Macmillan, 1892), available in full at https://archive.org/details/b281251250002/page/n7.

【6】Gabriel Morán, *Uniquely Human: The Basis of Human Rights* (Bloomington, IN: Xlibris, 2013), 136.

【7】William Beveridge et al., *Changes in Family Life* (London: George Allen and Unwin,1932).

【8】Stephen Lynch, "How Elevators Transformed NYC's Social Landscape," *New York Post*, 8 February 2014, http://nypost.com/2014/02/08/how-elevators-transformed-nycs-social-landscape/.

【9】James C. Scott, *Against the Grain: A Deep History of the Earliest States* (New Haven:Yale University Press, 2017), 86.

【10】John van Wyhe, *Darwin Online*, accessed 14 July 2019, http://darwin-online.org.uk/.

【11】拖拉机[tractor,而非牵引机车(traction engine)]一词首次出现在1896年。当时有多个拖拉机原型,艾威农业机车(The Ivel Agricultural Motor)在1901年是第一个商业化了的拖拉机。见"Tractor," *Wikipedia*, accessed 3 September 2019, https://en.wikipedia.org/wiki/Tractor。

【12】Google Books Ngram Viewer, Nowadays 1800—2000, accessed 14 July 2019, https://books.google.com/ngrams/graph?content= nowadays & year start=1800 & year end=2000 & corpus=15 & smoothing=3 & share=& direct url=t1%3B%2Cnowadays%3B%2Cc0.

【13】Innocent Senyo, "Niger Government Secures 130 Tractors to Boost Food Production," *World Stage*, 16 May 2018, https://www.worldstagegroup.com/niger-govt-secures-130-tractors-to-boost-food-production/.

[14] Max Roser, "War and Peace," *Our World In Data.org*, 2016, https://ourworldindata.org/war-and-peace/.

[15] 1955年之前，美国只经历过最轻微的出生率下降，在经过未登记记录调整后，1955年每千人中有25个婴儿新生，共计404.7万新生婴儿：Robert Grove and Alice Hetzel, *Vital Statistics Rates in the United States, 1940—1960* (Washington, D C: U.S. Department of Health Education and Welfare, 1968) table 19 (p. 138), table 80 (p. 876), http://www.cdc.gov/nchs/data/vsus/vsrates1940 60.pdf。

[16] Max Roser and Mohamed Nagdy, "Nuclear Weapons," Our World in Data, accessed 4 September 2019, https://ourworldindata.org/nuclear-weapons/#note-3. Figure 5-22 is based on Steven Pinker, *The Better Angels of Our Nature*: *Why Violence Has Declined* (London: Penguin, 2011).

[17] Statistics New Zealand, "Sure to Rise: Tracking Bread Prices in the CPI," Stats NZ On-line, 2011, http://www.stats.govt.nz/browse for stats/economicindicators/prices_indexes/tracking-bread-prices-in-the-cpi.aspx.

[18] 该名词来自一种游乐园游戏。世界上第一个螺旋滑梯（helter-skelter）相当古老，据说1905年首次出现在赫尔（Hull）的一个游乐园里，实际是否确实如此对于这个故事来说并不重要。或许游乐园中再也见不到它们的身影会更有趣。见 "Helter-skelter," *Wikipedia*, accessed 3 September 2019, https://en.wikipedia.org/wiki/Helter skelter (ride)。

[19] Kyodo News Agency, "1 in 4 Men, 1 in 7 Women in Japan Still Unmarried at Age 50:Report," *Japan Times*, 5 April 2017, http://www.japantimes.co.jp/news/2017/04/05/national/1-4-japanese-men-still-unmarried-age-50-report/.

[20] Mizuho Aoki, "In Sexless Japan, Almost Half of Single Young Men and Women Are Virgins: Survey," *Japan Times*, 16 September 2016, http://www.japantimes.co.jp/news/2016/09/16/national/social-issues/sexless-japan-almost-half-young-men-women-virgins-survey/.

[21] 他的书被题献给自己死于8岁的儿子：David Diamond, "James Gleick's Survival Lessons," Wired, 1 August 1999, https://www.wired.com/1999/08/gleick/。

[22] Nicholas Gane, "Speed Up or Slow Down? Social Theory in the Information Age," *Information, Communication & Society* 9, no. 1 (2006): 35n1.

[23] Danny Dorling and Sally Tomlinson, *Rule Britannia*: *From Brexit to the End of*

Empire(London: Biteback, 2019).

【24】在苏格兰会更早一点,在威尔士则会稍晚一些,在爱尔兰则晚得多。如果你有机会,你的祖父母辈又是英国人,不妨问问他们看他们是否记得它发生在何时。

【25】Jonathan Austen, *Save the Earth... Don't Give Birth*: *The Story behind the Simplest, but Trickiest, Way to Help Save Our Endangered Planet* (Amazon Digital Services, 2018).

【26】这句话摘自我收到的一份题为 "PCF Bulletin 13" 的文件,该文件预测世界末日即将到来,它还指出下一次讨论这句话的会议将在 2019 年 1 月 14 日举行。

【27】Claude Fischer, "Made in America: Notes on American Life from American History," *Lost Children Blog*, 1 November 2011, https:// madeinamericathebook.word press.com/ 2011/ 11/ 01/ lost-children/.

【28】网上来源如下:*A Vision of Britain through Time (1801 to Now)*,2019 年 9 月 4 日获取自 http://www.visionofbritain.org.uk/unit/10001043/rate/INF_MORT;国家统计办公室,*Trends in Births and Deaths over the Last Century*,2019 年 9 月 4 日获取自 https://www.ons.gov.uk/peoplepopulationandcommunity/birthsdeathsandmarriages/livebirths/articles/trendsinbirths anddeaths overthelastcentury/2015-07-15。

【29】Danny Dorling, *Peak Inequality*: *Britain's Ticking Timebomb* (Bristol: Policy, 2018).

【30】Danny Dorling, "Infant Mortality and Social Progress in Britain, 1905—2005," in *Infant Mortality*: *A Continuing Social Problem; A Volume to Mark the Centenary of the 1906 Publication of "Infant Mortality*: *A Social Problem" by George Newman*, ed.Eilidh Garrett, Chris Galley, Nicola Shelton, and Robert Woods (Aldershot, UK:Ashgate, 2006), 223–28, http://www.dannydorling.org/?page id= 2442.

【31】Office for National Statistics, *Age and Previous Marital Status at Marriage*, Historic Series, 11 June 2014, https:// www.ons.gov.uk/ peoplepopulationandcommunity/birthsdeathsandmarriages/marriagecohabitationandcivilpartnerships/datasets/ageandpreviousmaritalstatusatmarriage.

【32】Choe Sang-Hun, "Running Out of Children, a South Korea School Enrolls Illiterate Grandmothers," *New York Times*, 27 April 2019, https://www.nytimes.com/2019/04/27/world/asia/south-korea-school-grandmothers.html.

【33】James Gallagher, "'Remarkable' Decline in Fertility Rates," *BBC Health*, 9 November 2018, https://www.bbc.co.uk/news/health- 46118103.

第9章 经济:生活水平趋向稳定

引言:Martin Wolf, "How Our Low Inflation World Was Made," *Financial Times*, 7 May 2019, https://www.ft.com/content/1b1e0070-709b-11e9-bf5c-6eeb837566c5.

【1】H. D. Matthews, T. L. Graham, S. Keverian, C. Lamontagne, D. Seto, and T. J. Smith, "National Contributions to Observed Global Warming," *Environmental Research Letters* 9, no. 1 (2014): 1–9, http://iopscience.iop.org/article/10.1088/1748-9326/9/1/014010/pdf.

【2】Karl Marx, preface to the first German edition of *Das Capital*, p. 6 of the most popular public domain edition, 1867: https://www.marxists.org/archive/marx/works/download/pdf/Capital-Volume-I.pdf.

【3】See Jared Lang, *Earth Wise: A New Landscape of Globalization*, a project with Danny Dorling and Peter Taylor, accessed 18 September 2019, https://www.lboro.ac.uk/gawc/visual/lang atlas3.html.

【4】B. R. Mitchel, *British Historical Statistics* (Cambridge: Cambridge University Press,1994).

【5】Tim Brown, "Britain Goes 114 Continuous Hours without Using Coal to Generate Electricity," *Manufacturer*, 7 May 2019, https://www.themanufacturer.com/articles/britain-goes-114-continuous-hours-without-using-coal-generate-electricity/.

【6】Kevin O'Sullivan, "Ireland Goes 25 Days without Using Coal to Generate Electricity," *Irish Times*, 10 May 2019, https://www.irishtimes.com/news/environment/ireland-goes-25-days-without-using-coal-to-generate-electricity-1.3888166.

【7】*Maddison Project Database*, updated by Jutta Bolt, Robert Inklaar, Herman de Jong, and Jan Luiten van Zanden, 2018, https://www.rug.nl/ggdc/historicaldevelopment/maddison/releases/maddison-project-database-2018 measure: rgdpnapc——把人均 GDP 换算为 2011 年的美元(适合于国家间发展比较),2017 年所加入的数据来自 2016 年世界银行对各国人均 GDP 变化的估

计，价格均为按 2011 年国际通货膨胀调整后的标准美元值，2018 年加入的数据使用的是国际货币基金组织所给出的基于美元币值的 2018—2019 年各国人均 GDP 估计：https://www.imf.org/external/datamapper/NGDPDPC @WEO/USA/DEU/WEOWORLD。

[8] Joe Romm, "We Might Have Finally Seen Peak Coal," *Think Progress Blog*, 4 January 2016, https://thinkprogress.org/we-might-have-finally-seen-peak-coal-5a3e7b15cdfc.

[9] Danny Dorling, *The Equality Effect: Improving Life for Everyone* (London: New Internationalist, 2017).

[10] Chris Giles, "Global Economy Enters 'Synchronised Slowdown,'" *Financial Times*, 7 April 2019, https://www.ft.com/content/d9bba980-5794-11e9-a3db-1fe89bedc16e?shareType=nongift.

[11] Jeremy Grantham, "The Race of Our Lives Revisited" (GMO White Paper, London: GMO Investment Management), accessed 3 September 2019, https://falcons rock impact.com/wp-content/uploads/2018/11/the-race-of-our-lives-revisited-2018.pdf.

[12] Anna-Sapfo Malaspinas, Michael Westaway, Craig Muller, et al., "A Genomic History of Aboriginal Australia," *Nature*, 21 September 2016, https://www.nature.com/articles/nature18299.

[13] Grantham, "The Race of Our Lives Revisited," 4.

[14] Tom Orlik, "China's Latest Official GDP Report Is Accurate. No, Really?" *Bloomberg Businessweek*, 25 January 2019, https://www.bloomberg.com/news/articles/2019-01-25/china-s-latest-official-gdp-report-is-accurate-no-really.

[15] Tim Cook, "Letter from Tim Cook to Apple Investors," *Apple Press Release*, 2 January 2019, https://www.apple.com/newsroom/2019/01/letter-from-tim-cook-to-apple-investors/.

[16] Tim Jackson, *Chasing Progress: Beyond Measuring Economic Growth* (London: New Economics Foundation, 2004), https://neweconomics.org/2004/03/chasing-progress.

[17] George Monbiot, "Goodbye, Kind World," 10 August 2004, https://www.monbiot.com/2004/08/10/goodbye-kind-world/.

[18] 美国的军用无人机以地球另一边的平民为目标，这些武器不仅仅使用在美国

参加的战争之中，还出现在那些并未与美国处于正式战争状态的国家的天空中。小布什在其担任总统期间，下令实施了57次针对巴基斯坦、索马里和也门的无人机空袭，他的继任者奥巴马总统下令空袭次数多达563次——包括那次在也门误杀了55个平民的袭击，这次空袭的死难者中有21名儿童（其中10个不满5岁）和12名妇女，其中5名怀有身孕。见 Jessica Purkiss and Jack Serle, "Obama's Covert Drone War in Numbers: Ten Times More Strikes Than Bush," *Bureau of Investigative Journalism*, 17 January 2017, https://www.thebureauinvestigates.com/stories/2017-01-17/obamas-covert-drone-war-in-numbers-ten-times-more-strikes-than-bush。

【19】Tim Jackson, "When All Parties Want 'An Economy That Works,' You Know Neoliberalism is Kaput," *Guardian*, 31 May 2017, https://www.theguardian.com/commentisfree/2017/may/31/economy-neoliberalism-free-market-economics.

【20】Osea Giuntella, Sally McManus, Reazo Mujcic, Andrew Oswald, Nattavudh Powdthavee, and Ahmed Tohamy, "Why is There So Much Midlife Distress in Affluent Nations?" Preprint（个人通信）。

【21】无论如何，我关于这方面的建议是：做父母。你会累到永远不会睡不着——如果你真的有这个问题的话。如果这还不够，试试写一本书，来耗尽你最后一丝能量。

【22】Danny Dorling, *Inequality and the 1%*, 3rd ed. (London: Verso, 2019).

【23】Jenni Karjalainen, "Teaching Old Dogs New Tricks," in *Work in the Digital Age: Challenges of the Fourth Industrial Revolution*, ed. Max Neufeind, Jacqueline O'Reilly, and Florian Ranft (New York: Rowman and Littlefield, 2018), 286-94, https://policynetwork.org/wp-content/uploads/2018/06/Work-in-the-Digital-Age.pdf.

【24】Anna Ilsøe, "Progressing the Voluntarist Approach," in *Work in the Digital Age*, ed. Neufeind, O'Reilly, and Ranft, 286.

【25】"Global Unemployment Down, but Too Many Working Poor: UN," *New Straits Times*, 13 February 2019, https://www.nst.com.my/world/2019/02/459969/global-unemployment-down-too-many-working-poor-un. *New Straits Times* 是马来西亚最早的以政治和商业为主题的英语报纸。

【26】*Nationwide House Price Index*, accessed 6 May 2019, https://www.nationwide.co.uk/-/media/MainSite/documents/about/house-price -index/downloads/ukhouse-price-since-1952.xls.

[27] Dan McCrum, "Affordability Backwards," *Financial Times*, 19 February 2004, https://ftalphaville.ft.com/2014/02/19/1776182/affordability-backwards/.

[28] Becky Tunstall, "Relative Housing Space Inequality in England and Wales, and Its Recent Rapid Resurgence," *International Journal of Housing Policy* 15, no. 2 (2015):105–26, http://www.tandfonline.com/doi/full/10.1080/14616718.2014.984826.

[29] "Gold Supply and Demand Statistics," *World Gold Council*, accessed 6 May 2019, https://www.gold.org/goldhub/data/gold-supply-and-demand-statistics.

[30] Robert Shiller, "Speculative Prices and Popular Models," *Journal of Economic Perspectives* 4, no. 2 (1990): 59, http://www.jstor.org/stable/1942890. 凯斯和希勒共同合作多年,但这篇论文由希勒单独完成。

[31] John Muellbauer and Anthony Murphy, "Booms and Busts in the UK Housing Market," *Economic Journal* 107, no. 445 (1997): 1701–27, http://onlinelibrary.wiley.com/doi/10.1111/j.1468-0297.1997.tb00076.x/full.

[32] Mervyn King, "An Econometric Model of Tenure Choice and Demand for Housing as a Joint Decision," *Journal of Public Economics* 14, no. 2 (1980): 137–59, https://doi.org/10.1016/0047-2727(80)90038-9.

[33] James Poterba, David Weil, and Robert Shiller, "House Price Dynamics: The Role of Tax Policy and Demography," *Brookings Papers on Economic Activity*, no. 2 (1991):183, http://www.jstor.org/stable/2534591.

[34] Bruce Ambrose, Piet Eichholtz, and Thies Lindenthal, "House Prices and Fundamentals:355 Years of Evidence," *Journal of Money, Credit and Banking* 45, nos. 2–3(2013): 477–91, http://onlinelibrary.wiley.com/doi/10.1111/jmcb.12011/full.

[35] Matthew Drennan, "Income Inequality: Not Your Usual Suspect in Understanding the Financial Crash and Great Recession," *Theoretical Inquires in Law* 18, no. 1(2017): 97, https://www.degruyter.com/view/j/til.2017.18.issue-1/til-2017-0006/til-2017-0006.xml.

[36] 1997年,优派(View Sonic)、IBM和苹果公司都推出了第一代彩色液晶显示器。自此之后,直到今天我们使用的显示器都万变不离其宗,因为技术进步正在放缓: Benj Edwards, "A Brief 40 History of Computer Displays," *PC World*,

1 November 2010, https://www.pcworld.com/article/209224/historic-monitors-slideshow.html#slide19。

[37] William Miles, "Home Prices and Global Imbalances: Which Drives Which?" *International Review for Social Sciences* 72, no. 1 (2018): 55–75, https://onlinelibrary.wiley.com/doi/full/10.1111/kykl.12191.

[38] Qun Zhang, Didier Sornette, and Hao Zhang, "Anticipating Critical Transitions of Chinese Housing Markets," *Swiss Finance Institute Research Paper*, nos. 17–18 (May 2017), https://ssrn.com/abstract= 2969801; or http://dx.doi.org/10.2139/ssrn.2969801.

[39] Dayong Zhang, Ziyin Liu, Gang-Shi Fan, and Nicholas Horsewood, "Price Bubbles and Policy Interventions in the Chinese Housing Market," *Journal of Housing and the Built Environment* 32 (2017): 133–55, doi:10.1007/s10901-016-9505-6.

[40] Francisco Becerril, "The Sign of China's 'Rebound' May Be a Housing Bubble," *Financial Times*, 25 April 2019, https://www.ft.com/content/71d237aa-6520-11e9-9adc-98bf1d35a056.

[41] International Labour Organisation, *Global Wage Report 2018/19*: *What Lies behind Gender Pay Gaps* (Geneva: International Labour Office, 2018), https://www.ilo.org/wcmsp5/groups/public/---dgreports/---dcomm/---publ/documents/publication/wcms 650553.pdf. <Comp: Set hyphens in this URL as hyphens>.

[42] Bruce Knuteson, "How to Increase Global Wealth Inequality for Fun and Profit," *Social Science Research Network*, 12 November 2018, https://papers.ssrn.com/sol3/papers.cfm?abstract id=3282845; or https://dx.doi.org/10.2139/ssrn.3282845.

[43] Ibid., n. 15. 请注意——我不能保证 Bruce 的建议正确（你也不太可能有数十亿美元投资）: https://www.bruceknuteson.com/。

[44] "涓滴效应"是资本主义万神殿上一个不那么引人注目的神祇,许多人甚至怀疑她的真实存在,哪怕就在她最风行的 20 世纪 80 年代初期。而利润则是主导资本主义世界中一切事物的神。见 Michael Wright and Carolin Herron, "Trickle-Down Theory Revisited and Explained," *New York Times*, 8 May 1983, https://www.nytimes.com/1983/05/08/weekinreview/the-nation-trickle-down-theory-revisited-and-explained.html.

第10章 地缘政治：在一个放缓的时代

引言：E. M. Forster, "The Machine Stops," *Oxford and Cambridge Review*, November 1909, http://archive.ncsa.illinois.edu/prajlich/forster.html.

【1】数据是随意的：1837年，数位发明家竞相提交关于电话的专利申请，第一种具有实用性的通话技术被投入使用，但更早之前，就已经有人创造出相似的形式，而1974年是"互联网络"（internet）这一名词第一次在世界网络协议中被使用：Vinton Cerf, Yogen Dalal, and Carl Sunshine, *Specification of Internet Transmission Control Program*, December 1974, Network Working Group, Request for Comments 65 (RFC65), https:// tools.ietf.org/ html/ rfc675.

【2】在这些政治家和商业精英中被引用最多的是Ron Paul、Paul Ryan和Peter Theil。甚至维基百科的创始人也被认为对兰德大感兴趣。但维基百科上的信息并不完全可靠！见"List of People Influenced by Ayn Rand," Wikipedia, accessed 2 July 2019, https://en.wikipedia.org/wiki/List of people influenced by Ayn Rand。

【3】René Descartes, "Letter to Balzac," 5 May 1631, in *Selected Correspondence*, 22, http://www.earlymoderntexts.com/assets/pdfs/descartes1619_1.pdf.

【4】W. Scheuerman, *Liberal Democracy and the Social Acceleration of Time* (Baltimore: Johns Hopkins University Press, 2004), 5.

【5】Qiujie Shi and Danny Dorling, "Growing Socio-Spatial Inequality in Neo-liberal Times: Comparing the Service Economies of Beijing and London," *Applied Geography*, under review, June 2019.

【6】R. Smith, "London Holds Off New York to Keep Its Title as the World's Number One Financial Centre Despite Brexit Uncertainty," *City AM*, 27 March 2017, http://www.cityam.com/261819/london-holds-off-new-york-keep-its-top-spot-worlds-number.

【7】Z/Yen Group, *The Global Financial Centres Index 25*, March 2019, https://www.zyen.com/publications/public-reports/the-global-financial-centres-index-25/.

【8】Jason Burke, "Kenya Burial Site Shows Community Spirit of Herders 5,000 Years Ago," *Guardian*, 20 August 2018, https://www.theguardian.com/science/2018/aug/20/kenya-burial-site-shows-community-spirit-of-herders-5000-years-ago.

【9】Omar Khan et al., "A Brief Introduction to the Ancient Indus Civilization," *Harappa Blog*, 2017, https://www.harappa.com/har/indus-saraswati.html.

[10] John Keane, *The Life & Death of Democracy* (London: Simon and Schuster, 2009),1933. Keane 认为这些共和国认识到:"尽管这些人并非天使或神祇,他们至少足够高尚,这阻止了其他人认为自己是天使或神祇。民主意味着政府应为普通民众所治、所有、所享。"

[11] "History of Democracy," Wikipedia, accessed 17 June 2019, https://en.wikipedia.org/wiki/History of democracy.

[12] Jeremy Cushing, "Peace and Equality in the Bronze Age: The Evidence from Dartmoor Suggests That War and Rich Elites Were Unknown More Than 3,000 Years Ago," *Guardian*, 24 August 2018, https://www.theguardian.com/science/2018/aug/24/peace-and-equality-in-the-bronze-age.

[13] F. H. King, *Farmers of Forty Centuries*: *Organic Farming in China, Korea, and Japan* (1911; repr., Mineola, NY: Dover, 2004).

[14] Bill Gates, "My New Favorite Book of All Time," *Gates Notes Blog*, 26 January 2018, https://www.gatesnotes.com/Books/Enlightenment-Now.

[15] Jeremy Lent, "Steven Pinker's Ideas about Progress Are Fatally Flawed. These Eight Graphs Show Why," *Patterns of Meaning*, 17 May 2018, https://patternsofmeaning.com/2018/05/17/steven-pinkers-ideas-about-progress-are-fatally-flawed-these-eight-graphs-show-why/.

[16] "Meaning of feitorias (Portuguese)," Wiktionary, accessed 3 July 2019, https://en.wiktionary.org/wiki/feitoria #Portuguese.

[17] Danny Dorling, *Injustice*: *Why Social Inequality Still Persists*, rev. ed. (Bristol: Policy,2015), 18.

[18] Timothy Hatton and Bernice E. Bray, "Long Run Trends in the Heights of European Men, 19th–20th Centuries," *Economics and Human Biology* 8 (2010): 405–13.

[19] Timothy Hatton, "How Have Europeans Grown So Tall?" *Oxford Economic Papers* 66 (2014): 353 (table 2).

[20] Mary Bells, "The History of Vacuum Cleaners," *The Inventors* (part of the *New York Times*), 2006, http://theinventors.org/library/inventors/blvacuum.htm: "英国工程师 Hubert Cecil Booth 在 1901 年 8 月 30 日获得真空吸尘器的英国专利,其形状是一台马拉的烧汽油的巨大机器,停在需要清洁的房子的室外,用长长的管子穿过窗户工作。当 Hubert Booth 在 1901 年去一家饭馆演示该装置

时，两位美国人在该基础上进行了改进。Corinne Dufour 发明了一种能将灰尘吸入潮湿海绵的装置。David E. Kenney 那巨大的机器被装在酒窖里并和一个通到每个房间的管道网络相连。将机器从一幢房子移到另一座房子时需要一大支队伍。"

[21] "Activated Sludge— 100 Years and Counting," *International Water Association Conference*, June 2014, Essen, Germany, http://www.iwa100as.org/history.php.

[22] Max Roser, "Human Height," *Our World In Data.org*, 2016, https://ourworldindata.org/human-height/.

[23] Lisa Trahan, Karla Stuebing, Merril Hiscock, and Jack Fletcher, "The Flynn Effect: A Meta-analysis," *Psychological Bulletin* 140, no. 5 (2014): 1332–60, https://www.ncbi.nlm.nih.gov/pmc/articles/PMC4152423/.

[24] Ariane de Gayardon, Claire Callender, K.C. Deane, and Stephen Des Jardins, "Graduate Indebtedness: Its Perceived Effects on Behaviour and Life Choices—A Literature Review" (working paper no. 38, Centre for Global Higher Education, June 2018),https://www.researchcghe.org/publications/working-paper/graduate-indebtedness-its-perceived-effects-on-behaviour-and-life-choices-a-literature-review/.

[25] Hannah Devlin, "IVF Couples Could Be Able to Choose the 'Smartest' Embryo: US Scientist Says It Will Be Possible to Rank Embryos by 'Potential IQ' within 10 years," *Guardian*, 24 May 2019, https://www.theguardian.com/society/2019/may/24/ivf-couples-could-be-able-to-choose-the-smartest-embryo.

[26] Tim Morris, Neil Davies, and George Davey Smith, "Can Education be Personalized Using Pupils' Genetic Data?" Preprint, 2019, https://doi.org/10.1101/645218. 在我们所调查的孩子样本里，在预测他们未来所接受教育方面，采用遗传多样性分值几乎与采用父母的社会经济地位或教育程度同样有效。遗传多样性分值和成就分布也高度相关，在个体水平上则呈现出较低的预测精度，以早年成就为条件的多样性分值无法预测未来成就。我们的结果显示，遗传多样性分值对于预测群体水平有一定帮助，但迄今为止，在个体成就预测上只能产生非常有限的结果。

[27] Tim Morris, Danny Dorling, and George Davey Smith, "School Enjoyment and Educational Attainment," 正在评阅中，或许将在 2020 年正式发表。

[28] Hartmut Rosa and William Scheuerman, eds., *High-Speed Society*: *Social*

Acceleration, Power, and Modernity (Philadelphia: Pennsylvania State University Press, 2008), http://www.psupress.org/books/titles/978-0-271-03416-4.html. 为得出此结论,作者们引用了下述文章: Peter Wollen, "Speed and the Cinema," *New Left Review* 16 [July/August 2002], https://new left review.org/II/16/peter-wollen-speed-and-the-cinema)。该文献讨论了在不同时期镜头长度如何,以及它们是如何变得越来越短的,但该文献的研究显示变短并没有达到减半程度,更不用说超过50%了。

【29】Greg Miller, "A Century of Cinema Reveals How Movies Have Evolved," *Wired*, 9 August 2014, https:// www.wired.com/ 2014/ 09/ cinema -is -evolving/.

【30】Rosa 和 Scheuerman 论证他们的论点——发展正以极快的速率加速的第二个证据是自1945年以来,议员们在挪威议会的发言速度加快了50%。事实可能确实如此,但或许这只是因为现在的风尚是言简意赅,人们越来越难以忍受长篇大论。但是,如果考虑到一本讲述万物加速的书需要建立在被极度夸大的电影镜头长度缩短,以及几乎无人注意的挪威政客们的演讲速度这类牵强的证据之上,多多少少说明了至少在2008年该书出版之时,或者在撰写此书的更早一些时候,找出世界依然处于加速之中的证据已经变得越来越困难。

【31】世界各地都进行过大量针对性伴侣的调查,其中不少是为了监控艾滋病的传播。通常情况下,艾滋病病例数并没有表现出随时间增加的迹象,反而常常是随时间减少。在日本年轻一代宅男文化(hikikomori)这一极端现象中,人们几乎不再与他人接触,选择结婚的人也越来越少。在美国,连环离婚(有过三次、四次甚至五次婚姻史的人)的高峰早已发生在多年以前。结婚率的高峰总有现实限制,现在人们的性伴侣数量少于过去,结婚的人数也在减少。婚外情数量能够增加的必要前提显然是那些越来越少有资格卷入婚外情的人变得更加主动,其招蜂引蝶的速度必须超过"宅男文化"传播的速度。

【32】如果你想对卡巴莱(cabaret)有更多了解,不妨读一读 Christopher Isherwood 的《再见柏林》(*Goodbye to Berlin*, London: Hogarth, 1939)。

【33】Office for National Statistics, *Changing Trends in Mortality: An International Comparison, 2000 to 2016*, figures 1 and 2, 7 August 2018, https://www.ons.gov.uk/peoplepopulationandcommunity/birthsdeathsandmarriages/lifeexpectancies/articles/changingtrendsinmortalityaninternationalcomparison/2000to2016.

【34】有一张非常出名的照片,摄于1967年,镜头里乔治·埃杰列·哈里斯三世(George Edgerly Harris III)在五角大楼外将一朵玫瑰插入枪管。见 "Be the Flower in the Gun: The Story behind the Historic Photograph 'Flower Power' in 1967," *Vintage Everyday*, 11 September 2017, https://www.vintag.es/2017/09/be-flower-in-gun-story-behind-historic.html。

【35】Anna Lührmann and Staffan I. Lindberg, "A Third Wave of Autocratization Is Here:What Is New about It?" *Democratization*, 1 March 2019,doi:10.1080/13510347.2019.1582029.

【36】其领导人"与真正的小便艺术家站在一起","该党候选人是一名公益艺术家,他的艺术作品就是在公共场所撒尿。因为法庭无法从中看出任何艺术成分而获罪"。见 Daniel Boffey 的 "Danish Far-Right Party Calling for Muslim Deportation to Stand in Election," *Guardian*, 5 May 2019, https://www.theguardian.com/world/2019/may/05/danish-far-right-party-stram-kurs-calling-for-muslim-deportation-to-stand-in-election。

【37】Sithembile Mbete, "The Economic Freedom Fighters—South Africa's Turn towards Populism?" *Journal of African Elections* 14, no. 1 (2015): 35–9, https://repository.up.ac.za/handle/2263/51821.

【38】Paul Beaumont, "Brexit, Retrotopia and the Perils of Post-colonial Delusions," *Global Affairs*, 26 June 2018, 379–90, doi:10.1080/23340460.2018.1478674, https://www.tandfonline.com/doi/abs/10.1080/23340460.2018.1478674.

【39】Danny Dorling and Sally Tomlinson, *Rule Britannia*: *From Brexit to the End of Empire* (London: Biteback, 2019).

【40】Pål Røren and Paul Beaumont, "Grading Greatness: Evaluating the Status Performance of the BRICS," *Third World Quarterly* 40, no. 3 (2018): 429–50, https://www.researchgate.net/publication/329373842 Grading greatness evaluating the status_performance of the BRICS/link/5c42f22d92851c22a3800547/download.

【41】Eli Zaretsky, "The Mass Psychology of Brexit," *London Review of Books Blog*, 26 March 2019, https://www.lrb.co.uk/blog/2019/march/the-mass-psychology-of-brexit.

【42】在 2019 年英国报告中儿童贫困率最高的地区如下:Tower Hamlets—56.7%, Newham—51.8%, Hackney—48.1%, Islington—47.5%, Blackburn with Darwen—46.9%, Westminster—46.2%, Luton—45.7%, Manchester—45.4%, Pendle—44.7%, Peterborough—43.8%, Camden—43.5%, Sandwell—

43.2%。见 "Child Poverty Is Becoming the New Normal in Parts of Britain," *End Child Poverty*, 15 May 2019, https://www.endchildpoverty.org.uk/chid-poverty-is-becoming-the-new-normal-in-parts-of-britain/。

[43] Kathryn Torney, "The Religious Divide in Northern Ireland's Schools," *Guardian Datablog*, 24 November 2012, https://www.theguardian.com/news/datablog/2012/nov/24/religious-divide-northern-ireland-schools.

[44] Toby Helm and Michael Savage, "Poll Surge for Farage Sparks Panic among Tories and Labour," *Observer*, 11 May 2019, https://www.theguardian.com/politics/2019/may/11/poll-surge-for-farage-panic-conservatives-and-labour?CMP = Share iOSApp_Other.

[45] 2019年欧盟议会作为一个整体，主流保守政党（EPP）赢得179个席位，社会党（PES）152个席位，自由党（ALDE）110个席位，绿党（EGP和EFA）76席，以及寥寥无几的极右翼政党席位：两个UKIP和一个民族联盟MEP组成一个"非结盟成员"——大多数是极右翼分子，包括希腊金色黎明（Golden Dawn of Greece）和匈牙利的Jobbik Party这两个法西斯政党。现在，保守的MEP只剩下4席，加入了一个被称为ECR的组织，其中的决定力量是波兰的极右翼政党——法律与正义党。

[46] Keir Milburn, "Acid Corbynism Is A Gateway Drug," *Red Pepper*, 10 November 2017, http://www.redpepper.org.uk/acid-corbynism-is-a-gateway-drug/.

[47] Erle C. Ellis, "Science Alone Won't Save the Earth. People Have to Do That: We Need to Start Talking about What Kind of Planet We Want to Live On," *New York Times*, 11 August 2018, https://www.nytimes.com/2018/08/11/opinion/sunday/science-people-environment-earth.html.

[48] Danny Dorling, *The Equality Effect*: *Improving Life for Everyone* (Oxford: New Internationalist, 2016).

[49] 事实上，他们证实了放缓这一过程正在加速，但这并不是重点——重点是这一切都可以预期。

[50] 仅仅不到150年之前，查尔斯·达尔文将黑人和澳大利亚原住民形容为"低等"，并且暗示他们与大猩猩相似得令人不安。达尔文还认为人类将继续演化，并可能产生比白人（the Caucasian）更文明的种类。他几乎从未意识到白人有多么不文明，以及演化的速度并没有那么快。老态龙钟又步履维艰的达尔文已经是那个时代的君子了，但他依然远称不上完美，在知识上也并非全知。在他60

岁出头时，已经积累了近一辈子的经验，但他依然写出："未来某个时期，用世纪来衡量的话说不定都不用太久，更文明的人类种族将在全世界范围内消灭并取代原始种族。如沙福赫森（Schaaffhausen）教授所指出的，类人猿们也无疑会灭绝。到了那时，差异将变得更大，如我们所希望的，它将使人类进入一个更文明的状态，甚至比白人更加文明，更文明的种族与白人的差距就像白人与狒狒之间的差距那么大，而非现在白人与黑人、澳大利亚土著和大猩猩之间的差距。" Charles Darwin, *The Descent of Man, and Selection in Relation to Sex* (London: John Murray, 1871),2:201, http://darwin-online.org.uk/content/frameset?pageseq=1 & itemID=F937.1 & viewtype=text.

【51】Greta Thunberg, *No One Is Too Small to Make a Difference* (London: Penguin, 2019).

第11章　生活：后大加速时代

引言：Quoted in Mark O'Brien and Paul Kyprianou, *Just Managing: What It Means for the Families of Austerity Britain* (Cambridge: Open Book, 2017), 187.

【1】Greg Clark, "One Giant Leap: Vertical Launch Spaceport to Bring UK into New Space Age," press release, Department for Transport, U.K. Space Agency, Civil Aviation Authority, Department for Business, Energy & Industrial Strategy, Office of the Secretary of State for Wales, 15 July 2018, https://www.gov.uk/government/news/one -giant-leap-vertical-launch-spaceport-to-bring-uk-into-new-space-age.

【2】航空旅行不太可能被未来的航天旅行所取代，反倒有可能慢慢被"飘向中国"所替代：未来以太阳能驱动的充满氦气的飞艇利用信风从美国和欧洲向东飘行，然后再横渡太平洋或南下印度、非洲和南美，甚至还能到达澳大利亚。这将是一种尽管速度较慢，却完全清洁的旅行方式。

【3】Leslie White, *The Science of Culture: A Study of Man and Civilization*, part 3, "Energy and Civilization" (New York: Grove, 1949).

【4】Richard Wilkinson, *Poverty and Progress: An Ecological Model of Economic Development* (London: Methuen, 1983), 18.

【5】William Scheuerman, *Liberal Democracy and the Social Acceleration of Time* (Baltimore:Johns Hopkins University Press, 2004), xiii.

【6】"China's Slowing Pains: After Three Decades of Strong Growth, the World's

Second-Largest Economy Has Been Slowing Down," *Financial Times article series*, written in 2018 and 2019, collected at https://www.ft.com/content/9903d7e2-5c43-11e9-939a-341f5ada9d40.

[7] Alain Badiou, *The True Life*, trans. Susan Spitzer (Cambridge: Polity, 2017), 41.

[8] Stefan Kühn et al., *World Employment and Social Outlook* (Geneva: ILO, 2018), https://www.ilo.org/global/about-the-ilo/newsroom/news/WCMS 615590/lang—en/index.htm.

[9] Cyril Ramaphosa and Stefan Löfven, *Global Commission on the Future of Work* (Geneva: ILO, 2019), https://www.ilo.org/global/about-the-ilo/newsroom/news/WCMS663006/lang—en/index.htm.

[10] Steven Kapsos (head of the ILO's Data Production and Analysis Unit), *Just 10 Percent of Workers Receive Nearly Half of Global Pay* (Geneva: ILO, 2019), https://www.ilo.org/global/about-the-ilo/newsroom/news/WCMS712234/lang—en/index.htm.

[11] F. Engels, preface to the third German edition of *Das Capital* (1867), p. 17 of the most popular public domain edition: https://www.marxists.org/archive/marx/works/download/pdf/Capital-Volume-I.pdf.

[12] Isabel Sawhill and Christopher Pulliam, *Six Facts about Wealth in the United States*, Middle Class Memo Series, Brooking Institute, 25 June 2019, https://www.brookings.edu/blog/up-front/2019/06/25/six-facts-about-wealth-in-the-united-states/.

[13] Robert Gordon, "Is US Economic Growth Over? Faltering Innovation Confronts the Six headwinds," *Centre for Economic Research Policy Insight*, no. 6 (September 2012), https://cepr.org/sites/default/files/policyinsights/PolicyInsight63.pdf.

[14] Danny Dorling, *Do We Need Economic Inequality?* (Cambridge: Polity, 2018), 130 (figure 8.1), http://www.dannydorling.org/books/economicinequality/figures-and-tables/figure-8-1.html.

[15] Darrell Bricker and John Ibbitson, *Empty Planet: The Shock of Global Population Decline* (London: Robinson, 2019), 156.

[16] Ian Goldin, Pantelis Koutroumpis, François Lafond, Nils Rochowicz, and Julian Winkler, "Why Is Productivity Slowing Down?" (working paper, Oxford

Martin, 17 September 2018), https://www.oxfordmartin.ox.ac.uk/downloads/academic/201809ProductivityParadox.pdf.

[17] François Lafond and Daniel Kim, "Long-Run Dynamics of the U.S. Patent Classification System," *Journal of Evolutionary Economics* 29, no. 2 (April 2019): 631–44 (see figure 1 on p.), https://link.springer.com/article/10.1007%2Fs00191-018-0603-3.

[18] Carolyn Cummins, "'Levels Not Seen since the GFC': NAB Calls the Retail Recession," *Sydney Morning Herald*, 14 June 2019, https://www.smh.com.au/business/companies/levels-not-seen-since-the-gfc-nab-calls-the-retail-recession-20190613-p51xbr.html.

[19] "UK Rich Increase Their Wealth by £274 Billion Over Five Years," *The Equality Trust*, 13 May 2018, https://www.equalitytrust.org.uk/wealth-tracker-18.

[20] "A Nation of Ferraris and Foodbanks—UK Rich Increase Wealth by £253 Billion Over Five Years," *The Equality Trust*, 12 May 2019, https://www.equalitytrust.org.uk/nation-ferraris-and-foodbanks-uk-rich-increase-wealth-%C2%A3253-billion-over-five-years-0.

[21] Danny Dorling, *Peak Inequality: Britain's Ticking Timebomb* (Bristol: Policy, 2018).

[22] 引文出自 Charlton Heston（1923—2008）扮演的上校宇航员泰勒："或许希望是一种有用的情绪。《纽约杂志》发表了一篇描述气候变化所导致的一系列致命后果的文章，包括可怕的死海、二氧化碳浓度升高引起的认知障碍、人类身体无法承受的高温让整个大陆变得几乎无法居住，当这些已经无可辩驳时，对这篇文章的批评铺天盖地，认为作者没有责任心，这种杞人忧天只会令大众成为失败主义者，人们将确信已经没有其他出路。"见 Andrew Whalen, "'Planet of the Apes' Ending is the Antidote to Aggressively Hopeful Blockbusters," *Newsweek*, 3 April 2018, https://www.newsweek.com/planet-apes-1968-ending-explained-50th-anniversary-870672。

[23] United Nations, press release of 6 May 2019, "UN Report: Nature's Dangerous Decline 'Unprecedented'; Species Extinction Rates 'Accelerating,'" *Sustainable Development Goals*, accessed 23 June 2019, https://www.un.org/sustainabledevelopment/blog/2019/05/nature-decline-unprecedented-report/.

[24] World Wild Life Fund, *2018 Living Planet Report*, accessed 23 June 2019, http://

livingplanetindex.org/projects?mainpageproject=LivingPlanetReport&homefl ag=1. 关于 LPI 数据报告,见 http://livingplanetin dex.org/projects?mainpageproj ect=AboutTheIndex& home_flag=1 (accessed 4 September 2019)。

[25] International Union for Conservation of Nature (IUCN), "Table 9: Possibly Extinct Species," *Red List Summary Statistics*, accessed 23 June 2019, https://www.iucnredlist.org/resources/summary-statistics.

[26] 弗雷德·莱尔斯是独立工党(Independent Labour Party)的长期拥趸,该党最早成立于布拉德福德,后来成为英国工党。见 Martin Crick, "The Bradford Branch of the Social-Democratic Federation," *Bradford Antiquary, the Journal of the Bradford Historical and Antiquarian Society*, 3rd ser., 5 (1991): 24–40, http://www.bradfordhistorical.org.uk/oddities.html。

[27] 下面这篇文章解释了 Gina Bridgeland 和 Bob Jones 是如何在 20 世纪 80 年代拯救了该标语免遭遗失:"Banner of the East Bradford Socialist Sunday School," *Working Class Movement Library*, accessed 23 June 2019, https://www.wcml.org.uk/our-collections/creativity-and-culture/leisure/socialist-sunday-schools/banner-of-the-bradford-socialist-sunday-school/。

[28] Anders Sandberg, "The Five Biggest Threats to Human Existence," *The Conversation*, 29 May 2014, https://theconversation.com/the-five-biggest-threats-to-human-existence-27053.

[29] Anders Sandberg, "Will Climate Change Cause Humans to Go Extinct?" *The Conversation*, 29 May 2019, https://theconversation.com/will-climate-change-cause-humans-to-go-extinct-117691.

[30] David Wallace Wells, *The Uninhabitable Earth*: *A Story of the Future* (London: Allen Lane, 2019), 4.

[31] Torbjörn Säterberg, Stefan Sellman, and Bo Ebenman, "High Frequency of Functional Extinctions in Ecological Networks," *Nature*, 7 July 2013, 468–70, https://www.nature.com/articles/nature12277.

[32] 很难知道什么地方值得保护,以及什么地方是你认为值得保护但实际上那里的地形和动植物生态却已经发生了根本变化。在 What Is Missing 网页里,Oxfordshire 的一个行人出入口对一个自然保护区构成威胁,那个保护区就邻着一个居住区,我在那里从 6 岁住到 18 岁。这个保护区本身没有危险,但围绕它的树林是人工林,很早以前为了满足国王狩猎的乐趣而种植。现在的人

工林里找不到任何原生野生物种，尽管蘑菇长得不错。入口处写道："个人纪念——Oxfordshire，英国：2017年夏天我得到一次访问Clive Staples Lewis故居的机会，他是我最喜欢的作家之一。在他家周围，有一大片树林，在他出生前就属于他家。我知道现在有一个组织试图获得这块土地的开发权以建造一座公寓大楼。这块土地的历史意义当然重要，但除此之外，我还担心那里的野生动植物。许多人说这片树林地面泥泞，里面的池塘也不干净，到处长满蘑菇，一点都不漂亮。但我不以为然，因为我认为所有的自然状态都是美丽的。"或许所有的自然状态都很美丽，但其中的有些地方比另一些地方更有价值。见 https://whatismissing.net/ memory/ forgotten-beauty（2019年9月4日访问）。

【33】Amanda Goodall and Andrew Oswald, "Researchers Obsessed with FT Journals List Are Failing to Tackle Today's Problems," *Financial Times*, 8 May 2019, https://www.ft.com/content/b820d6f2-7016-11e9-bf5c-6eeb837566c5.

【34】Paul Chatterton, "The Climate Emergency and the New Civic Role for the University:As We Face a Climate Emergency, Universities Must Undergo Radical Change to Lead the Way in Tackling the Crisis," *Times Higher Education*, 21 June 2019, https://www.timeshighereducation.com/blog/climate-emergency-and-new-civic-role-university.

【35】Vasilis Dakos, Marten Scheffer, Egbert van Nes, Victor Brovkin, Vladimir Petoukhov,and Hermann Held, "Slowing Down as An Early Warning Signal for Abrupt Climate Change," *Proceedings of the National Academy of Sciences* 105, no. 38 (23 September 2008): 14308–12, doi: 10.1073/pnas.0802430105.

【36】Vasilis Dakos, Egbert van Nes, Raul Donangelo, Hugo Fort, and Marten Scheffer,"Spatial Correlation as Leading Indicator of Catastrophic Shifts," *Theoretical Ecology* 3, no. 3 (August 2010): 163–74, doi:10.1007/s12080-009-0060-6; Marten Scheffer, Jordi Bascompte, William Brock, Victor Brovkin, Stephen Carpenter, Vasilis Dakos, Hermann Held, Egbert van Nes, Max Rietkerk, and George Sugihara, "Early-Warning Signals for Critical Transitions," *Nature*, 3 September 2009, 53–39, https://www.nature.com/articles/nature08227.

【37】Erle Ellis, "Science Alone Won't Save the Earth. People Have to Do That: We Need to Start Talking about What Kind of Planet We Want to Live On," *New York Times*, 11 August 2018, https://www.nytimes.com/2018/08/11/opinion/sunday/science-people-environment-earth.html.

[38] Global Carbon Project, "Global CO_2 Emissions Rise Again in 2018 According to Latest Data," press release, COP24: *24th Conference of the Parties to the United Nations Framework Convention on Climate Change* (UNFCCC), 5 December 2018, http://www.globalcarbonproject.org/carbonbudget/18/files/Norway CICERO_GCPBudget2018.pdf.

[39] United Nations press release, "9.7 Billion on Earth by 2050, but Growth Rate Slowing, Says New UN Population Report," *UN News*, 17 June 2019, https://news.un.org/en/story/2019/06/1040621.

[40] OCED Social Policy Division, Directorate of Employment, Labour and Social Affairs, PF 2.5 Annex: "Detail of Change in Parental Leave by Country," *OECD Family Database*, 26 October 2017, https://www.oecd.org/els/family/PF25Trendsin_leaveentitlements_around_childbirth_annex.pdf.

[41] See Danny dorling and Annika Kolion, *Finntopia: What We Can Learn from the Can Learn from the World's Happiest Country* (New York: Agenda, 2020).

[42] Tony Lawson, "A Speeding Up of the Rate of Social Change? Power, Technology, Resistance, Globalisation and the Good Society," in *Late Modernity: Trajectories towards Morphogenic Society,* ed. Margaret Archer (Cham, Switzerland: Springer, 2014), doi:10.1007/978-3-319-03266-5_2; http://www.springer.com/cda/content/document/cdadownloaddocument/9783319032658-c2.pdf?SGWID=0-0-45-1490820-p176345324.

[43] Thomas Rudel and Linda Hooper, "Is the Pace of Social Change Accelerating? Latecomers, Common Languages, and Rapid Historical Declines in Fertility," *International Journal of Comparative Sociology*, 1 August 2005, http://citeseerx.ist.psu.edu/viewdoc/download?doi=10.1.1.1013.4276 & rep=rep1 & type=pdf. See also Chapter 2 of this book.

[44] William J. Goode, "The Theory and Measurement of Family Change," in *Indicators of Social Change: Concepts and Measurements*, ed. Eleanor Bernert Sheldon and Wilbert Moore (Hartford, CT: Russell Sage Foundation, 1968), 337.

[45] Jamie Ducharme, "It May Not Be a Bad Thing Fewer U.S. Babies Were Born in 2018 Than in Any Year Since 1986," *Time*, 15 May 2019, http://time.com/5588610/us-birth-rates-record-low/.

第12章 人：认知与鲶鱼

引言：Robin Wigglesworth, "Japanification: Investors Fear Malaise is Spreading Globally," *Financial Times*, 27 August 2019, https://www.ft.com/content/314c626a-c77b-11e9-a1f4-3669401ba76f.

[1] Hephzibah Anderson, "The 1968 Sci-Fi That Spookily Predicted Today," *BBC Culture*, 10 May 2019, http://www.bbc.com/culture/story/ 20190509-the-1968-sci-fi-that-spookily-predicted-today.

[2] James Fulcher and John Scott, *Sociology* (Oxford: Oxford University Press, 2011),273.

[3] 本书作者采用来自安格斯·麦迪逊和联合国的数据计算得出：1901年时全球人口年度增长是1.029%，在1971年时达到了2.128%的增长高峰。增长速度的减慢可能比上升时迅速得多。

[4] Helen Pearson, Th e Life Project: *The Extraordinary Story of Our Ordinary Lives* (London:Allen Lane, 2016), 348.

[5] Richard Clegg, *Graduates in the UK Labour Market*: *2017* (London: Office for National Statistics, 2017), https://www.ons.gov.uk/employmentandlabourmarket/peopleinwork/employmentande mployeetypes/articles/graduatesintheuklabourmarket/2017.

[6] Sutton Trust, Elitism Britain, 2019: *The Educational Backgrounds of Britain's Leading People* (London: Social Mobility Commission and the Sutton Trust, 2019), 6. https://www.suttontrust.com/wp-content/uploads/2019/06/Elitist-Britain-2019.pdf.

[7] African Child Policy Forum, "The African Report on Child Wellbeing, 2018: A Ticking Demographic Time Bomb," Addis Ababa, Ethiopia, press release, 2 November 2018, https://africanchildforum.us1.list-manage.com/track/click?u=30fc8ce3edcac87cef131fc69&id=e9f04d0f36&e=8f9ea6f9c6.

[8] 引自Emma Hagestadt, review of *The Examined Life*, by Stephen Grosz, *Independent*,3 January 2013, http://www.independent.co.uk/arts-entertainment/books/reviews/the-examined-life-by-stephen-grosz-book-review-9035081.html。

[9] E. Cort Kirkwood, "Immigrant Invasion," *New American*, 9 July 2019, https://www.thenewamerican.com/print-magazine/item/32664-immigrant-invasion.

【10】Steven Shapin, "The Superhuman Upgrade" (a review of Homo Deus: A Brief History of Tomorrow, by Yuval Noah Harari), *London Review of Books*, 13 July 2017, 29–31.

【11】Umair Haque, "The Three Causes of the World's Four Big Problems: Deep Transformation,or What London's Climate Change Protests Teach Us about the Future," *Eudaimonia and Co. Blog*, 22 April 2019, https://eand.co/the-three-causes-of-the-worlds-four-big-problems-e9fe49d89e3d.

【12】Cesar Victora and Ties Boerma, "Inequalities in Child Mortality: Real Data or Modelled Estimates?" *Lancet*, May 2018, https://doi.org/10.1016/S2214-109X(18)30109-8.

【13】Lucinda Hiam and Martin McKee, "The Real Scandal Behind Britain's Falling Life Expectancy," *Guardian*, 24 June 2019, https://www.theguardian.com/commentisfree/2019/jun/24/britain-life-expectancy-health-gap-rich-poor-tory-leadership.

【14】Marc Luy, "Causes of Male Excess Mortality: Insights from Cloistered Populations," *Population and Development Review*, 20 April 2004, 647–76, https://onlinelibrary.wiley.com/doi/abs/10.1111/j.1728-4457.2003.00647.x.

【15】出处同前；Jon Minton, 个人通信（多亏他点醒了我）。

【16】Gordon Marcle Roux, "'Whistle While You Work': A Historical Account of Some Associations Among Music, Work, and Health," *American Journal of Public Health* 95, no. 7 (July 2005): 1106–9, doi:10.2105/AJPH.2004.042564; https://www.ncbi.nlm.nih.gov/pmc/articles/PMC1449326/.

【17】下述网站上有此歌曲的完整歌词和演唱：Union Songs: T*he H-Bomb's Thunder*, accessed 4 September 2019, https://unionsong.com/u576.html. Accessed 7 July 2019。

【18】参考多个来源是聪明的，此处源自：*The World Population Review*, accessed 4 September 2019: http://worldpopulationreview.com/world-cities/istanbul-population/。

【19】Tony Lawson, "A Speeding Up of the Rate of Social Change? Power, Technology,Resistance, Globalisation and the Good Society," in *Late Modernity*: *Trajectories towards Morphogenic Society*, ed. Margaret Archer (Cham, Switzerland: Springer,2014), 21–47.

【20】Kimura Masato, "Warning for Japan as A 'Migrant Power': Great Britain Changes Its Immigration Policy by Leaving the EU," *Yahoo Japan*, 23 December 2018, https://news.yahoo.co.jp/byline/kimuramasato/20181223-00108781/ [Japanese].

【21】Kawashima Tatsuhiko, "Recent Urban Evolution Processes in Japan: Analysis of Functional Urban Regions" (paper presented at the Twenty-Fifth North American Meetings of the Regional Science Association, Chicago, 1978).

【22】Kawashima Tatsuhiko and Hiraoka Norijuki, "Spatial Cycles for Population Changes in Japan: Larger Metropolitan Areas and Smaller-and-Non-Metropolitan Area," *Gakushuin Economics Papers* 37, no. 3 (2001): 227–44, https://www.gakushuin.ac.jp/univ/eco/gakkai/pdffiles/keizaironsyuu/contents/3703=04/3703=04-18kawashima, hiraoka.pdf; Kawashima Tatsuhiko, Fukatsu Atsumi, and Hiraoka Noriyuki, "Reurbanization of Population in the Tokyo Metropolitan Area: ROXY-index / Spatialcycle Analysis for the Period 1947—2005," *Gakushuin Economics Papers* 44, no. 1 (2007): 19–46, https://ci.nii.ac.jp/naid/110007524073/en/?range=0&sortorder=0&start=0&count=0.

【23】Martti Hirvinen, Norijuli Hiraoka, and Tatsuhiko Kawashima, "Long-Term Urban Development of the Finnish Population: Application of the ROXY-index Analytical Method," *Gakushuin Economic Papers* 36, no. 2 (August 1999): 243–63, http://www.gakushuin.ac.jp/univ/eco/gakkai/pdffiles/keizaironsyuu/contents/3602/3602-21hirvonen,hiraoka.pdf.

【24】David Sanger, "Tokyo Journal: She's Shy and Not So Shy, Japan's Princess Bride," *New York Times*, 26 June 1990, https://www.nytimes.com/1990/06/26/world/tokyo-journal-she-s-shy-and-not-so-shy-japan-s-princess-bride.html.

【25】"Prince Hisahito Tells Junior High School Entrance Ceremony of New Students' Hopes to Broaden Perspectives," *Japan Times*, 8 April 2019, https://www.japantimes.co.jp/news/2019/04/08/national/prince-hisahito-tells-junior-high-school-entrance-ceremony-new-students-hopes-broaden-perspectives/#.XMLczutKjUI.

【26】Sanger, "Tokyo Journal".

附录 如何读懂和绘制时间线

【1】Pierre Bézier, "How Renault Uses Numerical Control for Car Body Design and Tooling," *SAE Technical Paper* 680010 (1968), https://www.sae.org/publications/technical-papers/content/680010/.

【2】Danny Dorling, *Injustice: Why Social Inequality Still Persists* (Bristol: Policy, 2015), 145.

索引

（页码为本书边码）

A

Abe Shinzō, 安倍晋三, 326

abortion, 堕胎, 274, 276

acceleration, 加速, 4–7, 图1

Advanced Research Project Agency, 美国高级计划署网络计划（阿帕网 ARPANET）, 31

Affordable Care Act,《平价医疗法案》, 313

Afghanistan, 阿富汗, 图29, 173

Africa 非洲：

    children in, 儿童, 316–317；

    fertility rates, 生育率, 158, 226, 227；

    language in, 语言, 73；

    Niger fertility rate, 尼日尔生育率, 201–4, 图38；

    out-migration from, 移出人数, 158；

    population, 人口, 157–61, 图28

agnosia, 失认症, 187

AI (artificial intelligence), 人工智能, 85, 87, 96–97, 301–2

air travel, 航空旅行, 302–4, 图62, 363n2

Alexa, 阿利克夏, 79, 97

Americas, 美洲：

    fertility rates, 生育率, 226, 227；

    population, 人口, 177–79, 图31, 209

Amsterdam, 阿姆斯特丹：

    as center of selfishness, 作为自私的中心, 263；

    house price, 房价, 248, 图51

Anderson, Li, 李·安德森, 312

Angus Maddison Project Database 2018, 安格斯·麦迪逊数据库, 149, 155；

    GDP, 图47, 图48；

    population, 人口, 图21–30

Apple 苹果公司（CEO 蒂姆·库克）, 239–40

Ardern, Edward, 爱德华·阿登, 269

Armstrong, William, 威廉·阿姆斯特朗, 94, 97

Australia, 澳大利亚：

    population, 人口, 175, 图30, 177

automobile debt, 汽车贷款, 43–49, 图7

automobile, 汽车：

    and carbon emission, 与碳排放, 101–2, 112–16；

    and debt, 与贷款, 43–49；

    numbers manufactured, 生产数量, 114–15, 118；

B

babies, 婴儿, 143, 218, 图 63

baby booms, 婴儿潮, 104–5, 143, 147, 165, 205, 图 63

Ballas, Roula and Vassilis, 瓦斯里斯·巴拉斯和劳拉·巴拉斯, 16–18

Bangladesh, 孟加拉国, 165, 图 27, 168

Beaumont, Paul, 保罗·博蒙特, 279

Beveridge, William, 威廉·贝弗里奇, 185–86

Bézier curves, 贝塞尔曲线, 33, 337

Bible, 《圣经》, 65, 66, 73, 77, 288

biodiversity, 生物多样性, 298–301, 图 61, 302, 304

birth rates, 出生率, 307–13, 图 63;
    family-planning clinics and, 堕胎诊所与, 311–12;
    inequality and, 不平等与, 153;
    maternity leave and, 产假与, 310–11;
    of teenage mothers, 年轻妈妈, 313;
    women's freedom to choose and, 女性自由选择权与, 312

Black Death, 黑死病, 147, 174

Blade Runner, 《银翼杀手》, 214

Blaiklock, Katherine, 凯瑟琳·布雷克, 281

Boltzmann, Ludwig, 路德维希·玻尔兹曼, 32

books, 书, 72–85;
    European explosion in book publishing, 欧洲书籍出版爆炸, 72–74;
    importance of, 重要性, 80–81;
    increasing literacy and production of, 识字率的提高与出版数增加, 77;
    Netherlands production and consumption, 荷兰书籍出版与销售数量, 73, 74–77, 81–85;
    and obsolescence, 老书, 74–80, 81;
    oldest, 最古老的书籍, 65

Booth, Charles, 查尔斯·布斯, 185

boredom, 无聊, 17–18, 322–23

Brazil, 巴西:
    car production, 汽车生产, 115, 118;
    fertility rates, 生育率, 225, 图 46;
    slavery, 奴隶, 8

Bread, 《面包》, 287

Braxit, 脱欧, 280

Braxit Party, 脱欧党, 281

Bricker, Darrell, 达雷尔·布里克, 140, 141, 296

British Empire, 大英帝国, 145, 279–80

British Isles, 英伦三岛:
    emigration from, 移出人数, 162;
    population, 人口, 161–65

Brunner, John, 约翰·布鲁纳, 314, 324

Buchanan, Emily, 艾米莉·布坎南, 163

Bush, George W., 乔治·W. 布什, 61, 图 58, 279, 356n18

C

Canada, 加拿大, 177–79

capital controls, 资本管控, 256

capitalism, 资本主义：

    Haque on, 哈克的评论, 319；

    as transitional/temporary, 转变, 10–11, 188, 230–32, 235–37, 283, 284, 317–18；

    trickle-down effect, 涓滴效应, 259, 358n44

carbon emissions, 碳排放, 90–119；

    accerleration of(1884–World WarI), 1884年到第一次世界大战的加速, 94–96, 图13；

    automobiles and, 汽车与, 101–2, 112–16, 118；

    China and, 中国与, 98–99；

    and global warming, 与全球变暖, 110, 112, 119；

    Industrial Revolution, 工业革命, 90–94, 图13；

    population growth and, 人口增长, 102–3, 106–9；

    postwar consumption and, 战后消费主义, 104–5；

    recessions and depressions, 衰退及萧条, 93–94, 99, 101, 104；

    reduction of, 降低, 116–19, 136–37；

    timelines, 时间线, 图13–15；

    war and, 战争与, 102–4

carbon taxes, 碳税, 304

Caribbean Islands, 加勒比岛屿, 177–79, 图29

cars 汽车, 另见 automobiles

Case, Karl, 卡尔·凯斯, 253–54

Celsius, Andres, 安德里斯·塞尔希斯 123

change, 变化：

    1901–1968年, 314–15；

    normality/abnormality of, 常态与非常态, 284–86；

    and slowdown, 与放缓, 180–82

"Chasing Progress"（Jackson）,《追逐进步》（杰克逊）, 242

China 中国：

    automobile production, 汽车产量, 118；

    and coal, 与煤炭, 233；

    fertility rates 生育率, 196–98, 199, 图37；

    GDP, 239–41；

    growth of Beijing, 北京的发展, 263–64；

    house price crashes, 房价崩溃, 256；

    iron production and carbon emissions in, 钢铁产量和碳排放, 98–99；

    largest companies, 最大公司, 126；

    one-child policy, 独生子女政策, 157；

    population, 人口, 105–6, 154–57, 161；

    productivity, 生产率, 149；

    slowdown in, 放缓, 291

Chios, Greece, 希腊希俄斯岛, 16–18

Christy, John, 约翰·克里斯蒂, 134

cities, growth of, 城市发展, 323–24

climate change, 气候变化：

carbon emissions and，碳排放与，110，112，119，120–21；
finding solutions to，找出应对之道，305–7；
Grantham on，格兰瑟姆的评论，236–37；
politics and，政治与，121–22；
skeptics，怀疑论，133–34，图19，136，137，图20；
slowdown and，放缓与，305，307；
Thunberg and，桑伯格与，89，286

Clinton, Bill，比尔·克林顿，60，图58

Clocks，钟表，30–31

coal and coke，煤炭与焦炭，90–92，202，232，233，235

Coale Ansley，安斯利·科尔，3

Cold War periods，冷战期间，105–6，319

colonization，殖民，103，105，145，147，166.175

companies, ten largest，十大公司，126–27

computers，计算机，31，66–67，85–87

Conservative Party，保守党，281–83，

consumption/consumerism，消费/消费主义，8，10–11，96，105，125–27，133，215，323

contraception，避孕，14，27，163，313

Cook, Tim，蒂姆·库克，239–40

Corbyn, Jeremy，杰里米·科尔宾，281，283

Coupland, Douglas，道格拉斯·柯普兰，208

Cowtan, Kevin，凯文·考坦 131–33，132

creative destruction，创新性破坏，11，296–97，317

D

Daily Mail，《每日邮报》，144–45

Darwin, Charles，查尔斯·达尔文，1，81，188，189，191，285–86，363n50

data/information，数据/信息，64–88；
computers and，计算机与，66–67；
control of，控制，65；
exponentially growing quantities of，指数增长，66–71；
printing，印刷，65–66；
storytelling，讲故事，64–65；
writing，写作，65，73

Dealing with Climate Change (Grantham)，《应对气候变化》(格兰瑟姆)，236–37

debt 贷款：
automobiles，汽车，43–49；
concentration of wealth and，财富集中与，37–38，45–46，56–58；
and the great acceleration，与大加速，61–62；
home loans，房屋抵押贷款，49–56；
industrial growth, carbon emissions and，工业增长及碳排放与，95–96；
interconnectedness of debts，债务的互

相联结，51–53；

religious edicts against, 宗教反对债务，344n16；

student debt, 学生贷款，39–43, 52, 96；

U.S.national, 美国国债，56–63

debtors' prisons, 欠债者监狱，56

deceleration, 负加速，图 2

democracy, 民主，77, 264–66, 330

Democratic Party, 民主党，277–79, 294–95

Denmark, 丹麦，247, 267, 277

Descartes, René, 勒内·笛卡尔，263

Descent of Man (Darwin), 《人类的由来》（达尔文），285–86, 363n50

Dick, Philip K., 菲利普·K. 迪克，214

disaster capitalists, 灾难资本家，317

discoveries and innovations, 发现与创新，32, 62, 80, 180–82, 267, 291, 295–96

diseases and population growth, 疾病与人口增长，102–3, 147, 图 22, 150, 174, 185

Do Androids Dream of Electric Sheep? (Dick), 《机器人会梦见电子羊吗？》（迪克），214

dot.com buddle, 互联网泡沫，255–56, 图 53, 图 54

drones, 无人机，356n18

Dyson, James, 詹姆斯·戴森，267

E

East Bradford Socialist Sunday School banner, 东布拉德福德社会党周日学校横幅，299, 301, 365n27

East Timor, 东帝汶：

fertility rates, 生育率，204–5, 图 39

economics and economic indicators, 经济学与经济指标：

capitalism, 资本主义，10–11, 188, 230–32, 235–37, 283；

creative destruction, 创新性破坏，11, 296–97, 317；

gold price, 金价，251–53；

house price, 房价，247–51, 253–55；

market clearing, 市场出清，296–97；

money illusion, 金钱幻象，250；

quality of life, 生活质量，242–47；

share prices, 股价 255–61；

speculation, 投机，254–55；

top-ranking financial centers, 顶级金融中心，263–64；

vulnerable employment, 脆弱的雇佣关系，294；

wages, 工资，244–47

Economist,《经济学人》，22, 23

ecotourism, 生态旅游，17–18, 19, 23

education, 教育：

fake university degrees, 虚假的大学文凭，236；

and fertility rates, 与生育率，160；

and rate of change, 与变化率，121；

tertiary, 高等教育, 270, 图56, 315–16

Ehrlich, Paul and Anne, 保罗·艾里奇和安娜·艾里奇, 2–3, 7

Elizabeth Ⅱ, Queen 伊丽莎白二世, 英国女王, 183, 198

Ellis, Erle, 埃尔勒·埃利斯, 283, 305–6

Empty Planet (Bricker and Ibbitson), 《空荡荡的地球》(布里克和伊比特森), 140

energy use and cultural evolution, 能源消耗与文化演变, 289–90

England, 英格兰:

    and capitalism, 与资本主义, 230–31;

    carbon emission, 碳排放, 90–91;

    and coal, 与煤炭, 230, 232;

    Generation V, V世代, 202;

    marriage, 婚姻, 273–76

English monarchs, generations of, 英国王室世代, 194–96, 198

Enlightenment Now (Pinker), 《当下的启蒙》(平克), 265–66

entertainment and sports, 娱乐与运动, 322–23

epidemics, 大流行病, 102, 131, 147, 150, 162, 171, 174

eugenics, 优生学, 185–86, 217, 314

Eurasia, 欧亚大陆:

    population, 人口, 171–74

European Union, 欧盟, 279–80, 341n5, 362n45

extinction, 灭绝, 12–15, 298–99, 图61, 301–2, 304–5

Extinction Rebellion protest, 动物灭绝大抗议, 301–2

F

Fahrenheit, Gabriel, 加布里埃尔·华伦海特 123

family-planning clinics, 堕胎诊所, 311–12

famine, 饥荒, 155, 162, 166, 168, 215

Faster (Gleick), 《更快》(格雷克), 211

fears and worries, 恐惧与焦虑, 8–10, 174, 215, 298–99, 316, 340n11

Federal Reserve Bank of St.Louis, 联邦储备银行圣路易斯分行, 40, 图6, 图9, 图48, 图50, 图53, 图54

fertility, 生育率, 182–225;

    average age of first-time mothers in European Union, 欧盟初为人母者的平均年龄, 341n5;

    Brazil, 巴西, 225, 图46;

    China, 中国, 196–98, 199, 图37;

    defined, 定义, 183;

    East Timor, 东帝汶, 204–5, 图39;

    education for women and, 妇女教育与, 160;

    and the end of population growth, 与人口增长末期, 225–27, 229;

    eugenics and, 优生学与, 185–86;

    France, 法国, 215, 图42;

global slowdown, 全球放缓 183, 图 32, 186–89；

Guatemala, 危地马拉, 209, 图 40；

Haiti, 海地, 212, 图 41；

infant mortality and, 婴儿死亡率与, 185, 217–18；

Korea, 韩国, 220, 图 44, 222；

Niger, 尼日尔, 201–4；

Portugal, 葡萄牙, 223, 图 45；

social change as measure of, 作为衡量社会变化的指标, 194–96, 207–14, 220–223, 226；

trends by region, 地区趋势, 223–25, 227；

United Kingdom, 英国, 218–20, 219；

United States, 美国, 189, 190；

using generations to measure, 代与代之间, 194–96, 207–14, 220, 222–23, 226；

war and, 战争与, 202, 204；

world, 全球, 184, 187；

world regions, 全球各地区, 226, 227

film and TV shot lengths, 电影与电视节目镜头长度, 272

financial centers, top-ranking, 顶级金融中心, 263–64

Financial Times,《金融时报》, 235–36, 250, 304–5

First World War, 第一次世界大战, 27, 102–3, 128, 131, 170, 202

flu pandemic, 流感大流行, 102–3

Forbes,《福布斯》, 67

Forster, E. M., 爱德华·摩根·福斯特, 163, 262

France, 法国：

automobiles production, 汽车产量, 113–15；

fertility, 生育率, 215, 图 42；

Paris, 巴黎, 26, 263, 324；

population, 人口, 图 29, 173

G

Gates, Bill, 比尔·盖茨, 265

Gayardon, Ariane de, 阿丽亚娜·德盖阿登, 270

generations of transition (V, W, X, Y, Z), 转折世代, 189–94, 284–85；

and the British Royal family, 与英国王室, 212；

definition, 定义, 124；

fertility and, 生育率与, 194–96；

and measuring fertility, 与生育率计算, 220；

temperature rise, 与气温升高, 124–25

Generation V, V 世代（出生于 1901–1928）, 124, 表 7, 196, 201–2, 253

Generation W, W 世代（出生于 1929–1955）, 124, 表 7, 196, 204–5, 207, 222, 226, 227, 253

Generation X, X 世代（出生于 1956–1981）, 124–25, 表 7, 196, 207–9, 222, 226, 227, 253, 348n8

Generation Y, Y 世代（出生于 1982–2011），125，181–82，表 7，209，211，222，226，227

Generation Z, Z 世代（出生于 2012–2042），125，表 7，212，214

genuine progress rate, 真正进步速率（GPR），265

George Alexander Louis, Prince of Cambridge, 剑桥王子乔治·亚历山大·路易斯，212

Germany, 德国：
 automobile prodution, 汽车产量，113–15；
 largest companies, 最大公司，126；
 population, 人口，图 29，173

Gibbs Josiah Willard, 约西亚·威拉德·吉布斯，32

Gilgamesh,《吉尔伽美什史诗》，65

Gladstone, William, 威廉·格莱斯顿，161

Gleick, James, 詹姆斯·格雷克，211

gold prices, 金价，251–53

Goodall, Amanda, 阿曼达·古德尔，304–5

Gordon, Robert, 罗伯特·戈登，295，296

Grantham, Jeremy, 杰里米·格兰瑟姆，236–37

great acceleration, 大加速（历史时期）：
 and carbon emission, 与碳排放，90，91；
 debt and, 贷款与，57，61–62；

 expection and assumption, 期待与假设，1–2；
 oringins of, 起源，90，98，299，301

Great Depression, 大萧条（1929–20 世纪 30 年代后期），57，104，152

Great Recession, 大衰退（2007–21 世纪第二个十年），53–55，54，60–61，130，255

Greece, 希腊：
 life on, 在希俄斯岛生活，16–18；
 support for emigration controls in, 移民控制，161

greed, 贪婪，45，112，182，217，235，237

greenhouse gas, 温室气体（GHG），113，125–26，131，13，

gross domestic product, 国内生产总值（GDP），232–40；
 China, 中国，239–40，图 49；
 concept of, 概念，232–33；
 global, per capita, 全球人均，233–37；292，图 60，297；
 United States, 美国，237–39

Grosz, Stephen, 斯蒂芬·格罗兹，317

Guatemala, 危地马拉，209，210

H

Haiti, 海地，212，图 41

Haque, Umair, 乌麦尔·哈克，319

Harrison, John, 约翰·哈里森，30

Hawking, Stephen, 史蒂芬·霍金，144

height, average adult, 成年人平均身高, 266–67, 图55, 269, 283

Henriksson, Anna-Maja, 安娜-玛雅·亨里克松, 312

hierarchy, 阶层, 152, 182, 264, 285–86, 363n50

High-Speed Society, (Rosa and Scheuerman),《高速社会》(罗莎和绍伊尔曼), 272–73, 360n28, 360n30

home-loan debt, 房屋贷款债务, 49–56,

Hong Kong, 中国香港, 154, 263

household appliances, 家用电器, 267, 269

housing, 住房:

    house prices, 房屋价格, 247–51;

    mortgages, 抵押贷款, 49–56;

    rental, 出租房, 49–50;

    social housing, 社会福利住房, 51, 56

Huygens, Christiaan, 克里斯蒂安·惠更斯, 30

I

Ibbitson, John, 约翰·伊比特森, 140, 141, 296

Illegal Immigration Reform and Immigration Responsibillity Act (IIRIRA), 美国《非法移民改革与移民责任法案》, 153–54

Immigration, 移民:

    and fertility rates, 与出生率, 312;

    future scarcity, 未来短缺, 296;

    Japan and, 日本与, 326;

    and population growth, 与人口增长, 318;

    United Kingdom and, 英国与, 165;

    United States and, 美国与, 152, 153–54, 296, 318

income inequality, 收入不平等, 24, 284, 294

India, 印度:

    automobiles (production), 汽车产量, 115, 118;

    democracy in, 民主, 264–65;

    fertility rates, 生育率, 226, 227;

    population, 人口, 3, 147, 165–68, 171, 307–8

Indicators of Social Change (Sheldon and Moore),《社会变化症状》(谢尔顿和摩尔), 313

Indonesia, 印度尼西亚, 图29, 173, 174

Industrial Revolution, 工业革命, 99, 230

Indus Valley Civilization, 印度河文明, 264

inequalities, 不平等:

    debt and the concentration of wealth, 债务与财富聚集, 37–38, 45–46, 56–58;

    and population slowdown, 与人口增长放缓, 7–8;

    redistribution imperative, 重新分配的紧迫性, 294–95;

and slowdown, 与放缓, 319–22；

in United States, 美国, 152–53

infant mortality, 婴儿死亡率, 185, 217–18, 220

intelligence, 智力, 以智商（IQ）衡量, 269–70, 272

Intergovernmental Panel on Climate Change（IPCC）, 气候变化国际委员会, 119, 123, 136

International Labour Organisation（ILO）, 国际劳工组织, 294

International Monetary Fund, 国际货币基金组织, 160

International Union for Conservation of Nature（IUCN）, 世界自然保护联盟, 299

Internet of Things, 物联网, 87

Iran, 伊朗, 图29, 173

Iraq, 伊拉克, 图29, 173

Ireland, 爱尔兰, 162, 163, 图26, 165, 232

iron smelting, 熔铁, 90–91, 98–99

Istanbul, 伊斯坦布尔, 323

Italy, 意大利, 113, 114, 161, 173

J

Jackson, Tim, 蒂姆·杰克逊, 242, 243

Japan, 日本：

automobiles production, 汽车产量, 113–15, 118；

as leader of slowdown, 放缓的先行者, 326–30；

marriage, 婚姻, 211；

population, 人口, 5, 168–71, 图28；

rural migration, 农村迁徙, 22–24；

Shimanto, 四万十市, 22–23；

Tokyo ROXY index, 东京ROXY指数, 326–29, 图65

Japan Times,《日本时报》, 170, 330

Journal of the Society of Industrial Chemistry,《工业化学学会期刊》, 269

K

Kase, Mayu, 加势真雪, 23

Kawashima Tatsuhiko, 川岛辰彦, 326, 327

killer bees, 杀人蜂, 9–10

King, Clive, 克莱夫·金, 78–79

Korea, Republic of, 韩国：

automobiles production, 汽车产量, 115, 118；

fertility rates, 生育率, 1, 220–22；

and early printing, 与早期印刷术, 65–66

Krishnavedala, 克里什纳维达拉, 34, 35

Kulmuni, Katri, 卡特里·库尔穆尼, 312

L

Labour Party, 工党, 281

Lake Turkana, Kenya, 肯尼亚图尔卡纳湖, 264

Lancet,《柳叶刀》, 226

Larkin, Philip, 菲利普·拉金, 208

Lent, Jeremy, 杰里米·伦特, 265–66

Leonardo da Vinci, 莱昂纳多·达·芬奇, 77

life expectancy, 预期寿命, 4, 320–22, 339n5

Liles, Fred, 弗雷德·莱尔斯, 299, 301

Lind, Dara, 达拉·林德, 154

Lindberg, Staffan, 斯塔凡·林德伯格, 276–77

Lindzen, Richard, 理查德·林森, 237

Living Plant Index（LPI）, 地球生命力指数, 299, 图61

living standards, 生活水准, 242–47, 245

Lockett, William, 威廉·洛克特, 269

London, 伦敦：

 as center of selfishness, 作为自私中心, 263；

 conditions in (1901), 1901年时的情形, 185；

 decline of marriage in, 结婚率下降, 274；

 population, 人口, 323；

 poverty in, 贫困, 280–81；

 rise of anticonservative forces in, 反保守力量的崛起, 279

Luhrmann, Anna, 安娜·卢赫曼, 276–77

Lutz, Wolfgang, 沃尔夫冈·鲁茨, 141

Luy, Marc, 马克·路易, 320

M

machine learning, 机器学习, 85

Maddison, Angus, 安格斯·麦迪逊, 149–50, 155, 233, 347n11

Malaysia, 马来西亚, 247

Malthus, Thomas Robert, 托马斯·罗伯特·马尔萨斯, 162

Marin, Sanna, 桑娜·马林, 312

market clearing, 市场出清, 296–97

marriage, 婚姻, 273–76, 361n31；

 England and Wales, 英格兰与威尔士, 218, 273–74, 图57；

 Japan, 日本, 211

Marx, Karl, 卡尔·马克思, 230, 294

Massey, Douglas, 道格拉斯·马瑟, 153–54

mastic harvest, 乳香收割, 16–18

maternity leave, 产假, 310–311

McClure, Kirsten, 克尔斯滕·麦克卢尔, 183

measure of domestic progress（MDP）, 国内进步指标, 242–43

Mexico, 墨西哥：

 automobiles production, 汽车产量, 115, 118；

 migration, 迁徙, 153

microprocessor efficiency, 微处理器效率, 85

migration, 迁徙, 21；

 and birth rates, 与出生率, 312；

 British Isles, 英伦三岛, 161–65；

control, 控制, 21, 341n6；
  to London, 去伦敦, 185；
  rural, 乡村, 16–18, 22–25；
  and slowdown, 与放缓, 19；
  to United States, 去美国, 152–54
miraculous spiral, 对数螺旋, 19–21
Monbiot, George, 乔治·蒙贝尔特, 217, 243
money illusion, 金钱幻象, 250
Moore's Law, 摩尔定律, 85, 87
Morawetz, Nancy, 南希·莫拉维兹, 153
mortgages, 房屋抵押贷款, 49–56
  and house price, 房价, 254
Music While You Work (BBC),《音乐伴您工作》, 322–23

N

NASA, 美国国家航空航天局, 123, 127–28, 图 17, 130–31, 348n5
NASDAQ Composite Index, 纳斯达克综合指数, 图 53, 图 54
Nationwide Building Society, 全国建筑协会, 248, 250
Native Americans, 美洲原住民, 150
natural gas, 112, 天然气
Netherlands, 荷兰：
  Amsterdam, 阿姆斯特丹, 248, 图 51；
  production andconsumption 书籍出版与销售数量, 73, 74–77, 81–85
New Straits Times,《新海峡时报》, 247

Newton, Isaac, 艾萨克·牛顿, 4
New York, 纽约：
  city, 城市, 263–64；
  state voting, 州投票, 277–79
New Zealand, 新西兰, 175, 图 30, 177
Niger, 尼日尔, 201–4
Nixon, Richard, 理查德·尼克松, 25, 图 58, 279
NOAA, 美国国家海洋和大气管理局, 134, 图 19
nuclear weapons 核武器, 205, 301, 306, 307, 314

O

Obama, Barack, 巴拉克·奥巴马, 图 58, 279–81, 313, 356n18
Objectivism, 客观主义, 263
Observer,《观察家》, 281
Oceania, 大洋洲：population, 人口, 174–77
Ohisalo, Maria, 玛丽亚·奥希萨洛, 312
oil, 原油, 109–12, 116, 126–28, 图 17
On the Origin of Species,《物种起源》, 189
optimism, 乐观主义, 299, 301, 312, 319
Organisation for Economic Cooperation and Development（OECD）, 经济合作与发展组织, 310–11
Oswald, Andrew, 安德鲁·奥斯瓦尔德, 243–44, 304–5

P

Pakistan, 巴基斯坦, 165, 167, 168

Paleoclimatology, 古气候学, 123

Palmerston, Henry John Temple, 3rd Viscount, 亨利·约翰·坦普尔·帕麦斯顿子爵(第三代), 283

Paris, 巴黎, 26, 263, 324

patriarchy, 男权政治, 319

peak human, 人口峰值, 317

pendulums, 摆, 5, 29–30, 34–36, 图67

phase portraits, 相图, 29–36, 35, 图67

phase space, 相空间, 32

Philippines, 菲律宾, 图29, 173, 174

Pinker, Steven, 史蒂芬·平克, 265–66

Planet of the Apes,《人猿星球》, 298, 365n22

Poincaré, Henri, 亨利·庞加莱, 32

political change, 政治变化, 276–83;
 decline in number of –isms, 主义的数量减少, 276;
 Democratic Party in New York States, 民主党在纽约州, 277–79;
 London and the Conservative Party, 伦敦与保守党, 281–83;
 populism and, 民粹主义与, 277;
 rate of autocratization, 独裁化速度, 276–77;
 women and, 女性与, 276

Ponzi schemes, 庞氏骗局, 63

population, 人口, 140–79;
 Africa, 非洲, 157–61, 图28;
 baby booms and, 婴儿潮与, 104–5, 143, 147;
 beginning of slowdown (1968), 1968年放缓开始, 25–26, 141, 144–45, 图21, 340n8;
 birth rates, 出生率, 153, 307–13;
 British Isles, 英伦三岛, 161–65;
 carbon emissions and, 碳排放与, 102–3, 106–9, 107;
 change versus rate of change, 变化与变化率, 27–29, 36;
 China, 中国, 154–57;
 colonization and, 殖民与, 103, 145, 147;
 diseases and, 疾病与, 147, 图22, 174;
 Eurasia, 欧亚大陆, 171–74;
 famines and, 饥荒与, 155, 162, 166, 168, 174;
 fastest period of growth, 增长最快时期, 315–16;
 growth transforming to slowdown and extinction, 从增长到放缓再到灭绝, 12–15;
 immigration and, 移民与, 318;
 Indian subcontinent, 印度次大陆, 165–68;
 interruptions in growth, 增长中断, 147–49;
 of largest cities, 最大城市, 323–24;
 Oceania, 大洋洲, 174–177;
 poverty and instability and, 贫困及不稳定与, 105–6;

predictions of slowdown, 放缓预言, 140–42；

reduction in total numbers, 总数减少, 214；

ROXY indexes, ROXY 指数, 326–29；

stabilization, 稳定性, 18–22, 143–44；

United States, 美国, 149–54；

World War II and, 第二次世界大战与, 147

Population Bomb,《人口爆炸》, 3, 7

Population 10 Billion,《百亿人口》, 142

populism, 民粹主义, 277

Portugal, 葡萄牙, 223, 图 45

Poverty and Progress,《贫穷与进步》, 289

Pren, Karen, 凯伦·普兰, 153–54

printing, 出版, 65–66, 72–74

public debt, 公共债务, 59–63

Putin, Vladimir, 弗拉基米尔·普京, 312

Q

quality of life, 生活质量, 243–44

Quinkey, 五键鼠标, 86

R

Race of Our Lives Revisited,《再谈我们的生死之争》, 237

Rand, Ayn, 安·兰德, 262–63, 358n1

Randers, Jørgen, 乔根·兰德斯, 140

rate of change, 变化率, 4–5, 33, 76, 333, 图 66

Reagan, Ronald, 罗纳德·里根, 60, 192, 194, 图 58

recessions and depressions, 衰退与萧条, 53–55, 60–61, 93–94, 99, 101, 104, 130, 179, 255

redistribution, 再分配, 294–95

rental housing, 出租房, 49–50, 53

Republic Party, 共和党, 277, 图 58, 279

revolution, 革命, 122, 143, 198, 263

Roosevelt, Franklin D., 富兰克林·D.罗斯福, 277, 图 58, 279

Rousseau, Jean-Jacques, 让–雅克·卢梭, 185

ROXY indexes, ROXY 指数, 326–29, 图 65

Rudd, Kevin, 陆克文, 175

Russia, 俄罗斯：

Moscow population, 莫斯科人口, 323；

population, 人口, 图 29, 173, 174；

status of, 状态, 280

S

Sanyal, Sanjeev, 桑杰夫·桑亚尔, 141

Schengan Agreement/Area, 申根协定/地区, 161

Scheuerman, William, 威廉·舒尔曼,

Shiller, Robert J., 罗伯特·J. 希勒, 253–54

science fiction, 科幻小说, 207, 214

Scott, James C., 詹姆斯·C. 司各特, 189

sea levels, 海平面, 10, 130, 137

Second World War, 第二次世界大战, 27, 57, 103–4, 128, 147, 152, 165, 170

selfishness, 自私, 262–63

sewage treatment, 污水处理, 269

sexual politics, 性别政治, 272

Shapin, Steven, 史蒂文·夏平, 318–19

Shimanto, Japan, 日本四万十市, 22–23

shot lengths in movies, 电影镜头长度, 272

Sinclair C5, 辛克莱 C5, 78

slavery, 奴隶制, 8–9, 145, 162

slowdown, 放缓:

    adaptation to, 适应, 9；

    as alarming, 作为警报, 8–10, 235–36, 246, 316–19；

    alternative theories, 其他理论, 288–89；

    effects of, 后果, 11–14；

    evidence of, 证据, 324–26；

    explanations of why, 为什么会发生, 296–98；

    as good thing, 作为一件好事, 1–4, 10–11, 180–82, 291–92, 323, 330–31；

    government and, 政府与, 287–88；

    human agency and human ignorance and, 人类以及人类的无知与, 326–30；

    Japan as leader of, 作为先行者的日本, 326–30；

    and old ideologies, 与老观念, 276, 319；

    predicting the future, 预测未来, 317–19；

    speeding train analogy, 高速铁路的类比, 2, 15, 198, 199, 236；

    and stability, 与稳定性, 7–8, 10, 192, 194–99；

    as temporary, 暂时的, 324；

    use of term, 词语使用

Smyrnioudis, Ilias, 伊利亚斯·斯迈尼奥底斯, 16

social housing, 社会福利住房, 51, 56

socialism, 社会主义, 276

Song Jung-A, 宋京雅, 1

sound-recording technology, 录音技术, 288–89, 290–91

South America, 南美, 177–79

space travel, 太空旅行, 3, 149, 288, 363n2

Spain, 西班牙：

    automobile production, 汽车产量, 118；

    support for emigration controls in, 支持限制移民, 161

speculation, 投机, 254–56

speed, 速度, 272–76

Spencer, Roy, 罗伊·斯宾塞, 134
stability, 稳定性, 18–19, 280;
 and capitalism, 与资本主义, 231;
 and Generation Z, 与Z世代, 214–15
standards of living, 生活水准, 242–47
Stand on Zanzibar, 《立于桑给巴尔》, 314, 324
steam engines, 蒸汽引擎, 289–90
Steele, Tanya, 塔尼娅·斯蒂尔, 133
Stern, Nicolas, 尼古拉斯·斯特恩, 125
Stevenson screens, 史蒂文森百叶箱, 124
stock market, 股票市场, 255–61
storytelling, 讲故事, 64–65
Stram Kurs party, 斯特拉姆库尔党, 277
student debt, 学生贷款, 39–43, 45, 52, 96
student protests (1960s), 学生运动（20世纪60年代）, 25–26
suicide, 自杀, 243–44
sustainability, 可持续性, 237, 265–66, 291, 298;
 and capitalism, 与资本主义, 231

T

Takase, Naofumi, 高瀨直文, 23
technological progress, 技术进步：
 artificial intelligence, 人工智能（AI）, 85, 87, 96–97, 301–2;
 assumptions about continuation of, 其将持续的假设, 1–2, 32, 67, 87, 96, 182;
 diminishing returns of, 回报递减, 182, 267, 269, 288–89;
 household appliance, 家用电器, 267, 269;
 rise and fall of new technologies, 新技术的起落, 77–80, 98;
 stabilization and slowdown, 稳定与放缓, 38, 85–88, 288–91, 295–96
temperature rise, 气温升高, 120–39;
 acceleration of, 加速, 124–25;
 cause of, 原因, 125–27, 131;
 NASA GISS 数据（1881–2018）, 127–28, 图17, 130–31;
 对流层气温异常, UAH 卫星数据（1978–2019）, 图19, 图20;
 projections, 预测, 136–37;
 英国气象局数据（1850–2018）, 131–33;
 measuring, 测量, 122–24;
 and weather extremes, 与极端天气, 137;
tertiary education, 高等教育, 270, 图56, 315–16;
 and debt, 与债务, 39–43, 52–53
Thatcher, Margaret, 玛格丽特·撒切尔, 114
thermometers, 温度计, 122, 123
Thunberg, Greta, 格蕾塔·桑伯格, 89, 286
Time, 《时代周刊》, 313
time, measuring, 时间测量, 29–31
timelines, explained, 时间线介绍,

4–5，图1, 13, 20, 32–34，图5, 128, 333–37

Tokyo，东京, 170, 263, 326–29

train analogy，火车比喻, 2, 15, 198, 199, 236

trickle-down effect，涓滴效应, 259, 358n44

tripartite labour market cooperation(tripartite commissions)，劳动力市场三方合作组织（三方委员会）, 246–47

Trudeau, Justin，贾斯廷·特鲁多, 64

Trump, Donald，唐纳德·特朗普, 277, 图58, 312, 313, 341n6

Turkey，土耳其，图29, 173

22 Letters，《22个字母》, 78–79

U

UN Enviroment Programme, Nairobi，联合国环境计划署（内罗毕）, 120

UNESCO(United Nations Educational, Science and Cultural Organization)，联合国教科文组织, 72

unions，工会, 105, 246, 247

United Kingdom，英国：

 automobile production，汽车产量, 118；

 education disparity，教育分化, 315–16；

 fertility，生育率218–20；

 house prices，房屋价格, 248, 250–51, 253–55；

 and immigration，与移民, 165；

 and out-of-touch government，与脱节的政府, 287–88；

 political change，政治变化, 279–83；

 quality of life，生活质量, 243–44；

 and rate of wealth growth，与财富增长率, 297；

 student debt，学生贷款, 43

United Nations population predictions，联合国人口预测, 140–41, 142–43, 144，图21，图22, 150, 151，图24–30，图32–43, 285, 307–8，图63, 310，图64

United States，美国：

 automobile debt，汽车贷款, 44–49；

 automobile production，汽车产量, 113–15, 118；

 birth rate，出生率, 343n15；

 carbon emission，碳排放, 106–7, 109；

 as country of acceleration，作为加速之国, 44；

 and end of hegemony，与霸权时代的终结, 279；

 fertility rates，生育率, 189，图34；

 GDP, 237–39；

 and Guatemala，与危地马拉, 209；

 home-loan debt，房屋贷款, 49–56；

 house price trends，房屋价格趋势, 255；

 and immigration，与移民, 152, 153–54, 296, 318；

 income inequality in，收入不平等,

152–53；

innovation in, 创新, 296；

largest companies, 最大公司, 126；

as least progressive rich country, 富裕国家中进步最慢, 247, 280, 311, 313；

and maternity leave, 与产假, 311；

median wages, 中位工资, 244–46, 245；

national debt, 国债, 56–63；

population, 人口, 3, 149–54, 323–24；

rural decline, 乡村的衰落, 24；

student debt, 学生贷款, 40–43

University of Alabama in Huntsville（UAH）, 亨茨维尔的亚拉巴马大学, 134–36, 图 20

University of Oxford, 牛津大学, 78, 315, 316

urbanization, 城市化, 16–18, 22–25, 323–24

V

vacuum cleaners, 真空吸尘器, 267–68, 359n20

Vietnam, 越南, 图 29, 173

vulnerable employment, 不稳定雇佣关系, 294

W

wages, 工资, 244–47, 294

Walmart, 沃尔玛, 126

war, 战争：

and book publishing, 与书籍出版, 74–76；

and fertility rates, 与生育率, 202, 204, 205

War of the Worlds,《世界之战》, 207

Way, Robert, 罗伯特·韦, 131–33

wealth tax, 富人税, 294–95

weather extremes, 极端天气, 137

Wells, H·G·, 赫伯特·乔治·威尔斯, 207

White, Leslie, 莱斯利·怀特, 289

Wigglesworth, Robin, 罗宾·威格尔斯沃思, 314

Wikipedia, 维基百科, 34, 35, 68–71, 264–65

Wilde, Oscar, 奥斯卡·王尔德, 340n12

Wilkinson, Richard, 理查德·威尔金森, 289–90

"Will the World RUN OUT of People?",《世界会出现人口荒吗？》, 144–45

Wolf, Martin, 马丁·沃尔夫, 230

women, 女性：

and education, 与教育, 315–16, 317；

and political change, 与政治变化, 276

World Bank, 世界银行, 160

World Bank Open Data, 世界银行公开数据, 图 32–43

Z

Zaretsky, Eli, 伊利·扎列茨基, 280
Zhou Enlai, 周恩来, 25

图表索引

图 1 空幻国人口总数变化, 1950—2020 年（假设增长率为每年 2%） P10
图 2 空幻国人口总数变化, 1950—2070 年（假设人口从增加转为下降） P20
图 3 空幻国人口总数变化, 1950—2650 年（对数螺旋） P28
图 4 空幻国人口总数变化, 1950—2020 年（传统图表） P37
图 5 表现钟摆摆动的三种方式 P47
图 6 美国学生贷款, 2006—2018 年 P56
图 7 美国汽车贷款, 2003—2018 年 P65
图 8 美国房屋抵押贷款, 2003—2018 年 P73
图 9 美国公共债务, 1966—2018 年 P83
图 10 维基百科词条数, 2001 年 1 月 15 日—2019 年 1 月 1 日 P93
图 11 荷兰出版新书数量, 1500—1680 年 P101
图 12 荷兰出版新书数量, 1580—2009 年 P111
图 13 全球燃料／工业二氧化碳排放量, 1750—1910 年 P132
图 14 全球燃料／工业二氧化碳排放量, 1910—1960 年 P141
图 15 全球燃料／工业二氧化碳排放量, 1960—2018 年（传统图表） P145
图 16 全球燃料／工业二氧化碳排放量, 1960—2018 年 P149
图 17 全球陆地与海洋年度平均气温, 1881—2018 年 P161
图 18 全球陆地与海洋年度平均气温, 1850—2018 年 P169
图 19 对流层的气温异常, 1978—2019 年 P173
图 20 对流层的气温异常, 1978—2019 年 P175
图 21 全球总人口, 1—2100 年 P184
图 22 全球总人口, 1—2100 年（对数坐标） P186
图 23 美国总人口, 1—2100 年 P191
图 24 中国总人口, 1—2100 年 P196
图 25 非洲总人口, 1—2100 年 P199
图 26 英伦三岛总人口, 1—2100 年 P206
图 27 印度次大陆总人口, 1—2100 年 P209
图 28 日本总人口, 1—2100 年 P212

图 29 欧亚大陆其余地区总人口（除去英伦三岛、印度次大陆、中国和日本），
　　　1—2100 年　　　　　　　　　　　　　　　　　　　　　　P215
图 30 大洋洲总人口，1—2100 年　　　　　　　　　　　　　　　P220
图 31 美洲总人口（除去美国），1—2100 年　　　　　　　　　　P223
图 32 全球总和生育率，1960—2016 年　　　　　　　　　　　　P229
图 33 全球总和生育率，1998—2016 年　　　　　　　　　　　　P234
图 34 美国总和生育率，1960—2016 年　　　　　　　　　　　　P238
图 35 美国总和生育率，1973—2016 年　　　　　　　　　　　　P241
图 36 中国总和生育率，1960—2016 年　　　　　　　　　　　　P246
图 37 中国总和生育率，1999—2016 年　　　　　　　　　　　　P250
图 38 尼日尔总和生育率，1960—2016 年　　　　　　　　　　　P253
图 39 东帝汶总和生育率，1960—2016 年　　　　　　　　　　　P256
图 40 危地马拉总和生育率，1960—2016 年　　　　　　　　　　P262
图 41 海地总和生育率，1960—2016 年　　　　　　　　　　　　P266
图 42 法国总和生育率，1960—2016 年　　　　　　　　　　　　P270
图 43 英国总和生育率，1960—2016 年　　　　　　　　　　　　P274
图 44 韩国总和生育率，1960—2016 年　　　　　　　　　　　　P277
图 45 葡萄牙总和生育率，1960—2016 年　　　　　　　　　　　P280
图 46 巴西总和生育率，1960—2016 年　　　　　　　　　　　　P284
图 47 全球人均 GDP，1—2018 年　　　　　　　　　　　　　　 P293
图 48 美国人均 GDP，1500—2019 年　　　　　　　　　　　　　P298
图 49 中国人均 GDP，1978—2019 年　　　　　　　　　　　　　P301
图 50 美国全职员工真实周薪中位数，1979—2019 年　　　　　　P307
图 51 荷兰绅士运河房屋价格指数，1628—1973 年　　　　　　　P311
图 52 以美元计价的黄金价格，1950—2019 年　　　　　　　　　P315
图 53 纳斯达克综合指数，1971 年 2 月—1996 年 12 月　　　　　P321
图 54 纳斯达克综合指数，1971 年 2 月—2019 年 5 月　　　　　P325
图 55 全球成年人的平均身高（出生于 1896—1996 年间）　　　　P336
图 56 全球高校学生数量，1970—2014 年　　　　　　　　　　　P339
图 57 英格兰及威尔士每年异性结婚数量，1947—2016 年　　　　P344
图 58 民主党在纽约州的选票优势，1932—2016 年　　　　　　　P349
图 59 保守党在伦敦的选票优势，1835—2017 年　　　　　　　　P351

图 60 全球人均 GDP，1—2018 年（对数坐标）　　　　　　　　　　P366
图 61 LPI：依据低置信区间统计的物种灭绝，1970—2013 年　　　　P376
图 62 全球民用航空乘客数量，1970—2017 年　　　　　　　　　　P379
图 63 全球新生儿总数（预测），1950—2100 年　　　　　　　　　　P387
图 64 全球预期寿命，1950—2099 年（男女两性综合）　　　　　　　P403
图 65 东京人口的区域性聚合与分散，1920—2010 年　　　　　　　P412
图 66 个人咖啡消费量，1995—2020 年　　　　　　　　　　　　　P418
图 67 表现钟摆运动的三种方式　　　　　　　　　　　　　　　　P421

表 1　中国铁产量　　　　　　　　　　　　　　　　　　　　　　　P129
表 2　1929 年前美国几次主要的经济衰退　　　　　　　　　　　　　P131
表 3　全球以及美国年度人口增长，1951—1960 年　　　　　　　　　P139
表 4　全球小汽车产量以及各国小汽车产量在全球占比，1961—2016 年　P153
表 5　2018 年全球收入排名前十的公司　　　　　　　　　　　　　　P163
表 6　2100 年欧亚大陆其余地区人口最多的国家及人口　　　　　　　P217
表 7　过去三十五代人时间表（以英国国王为参照）　　　　　　　　　P245
表 8a　1960—2017 年全球各地区总和生育率（以十年为单位）　　　　P281
表 8b　1960—2017 年全球各地区总和生育率变化率　　　　　　　　　P282